[清]吴楚材 吴调侯 编选

洪本健 方笑一 戴从喜 李强 解题汇评

古文觀止

解题汇评本

上

图书在版编目(CIP)数据

古文观止：解题汇评本/(清)吴楚材,吴调侯编选；洪本健等解题汇评. —上海：上海古籍出版社, 2018.11(2025.2重印)
ISBN 978-7-5325-8947-0

Ⅰ.①古… Ⅱ.①吴… ②吴… ③洪… Ⅲ.①古典散文-散文集-中国②《古文观止》-译文③《古文观止》-注释 Ⅳ.①H194.1

中国版本图书馆CIP数据核字(2018)第161492号

古文观止：解题汇评本
(全二册)

[清] 吴楚材 吴调侯 编选
洪本健等解题汇评
上海古籍出版社出版发行
(上海市号景路159弄A座5层 邮政编码201101)
(1) 网址：www.guji.com.cn
(2) E-mail：guji1@guji.com.cn
(3) 易文网网址：www.ewen.co
启东市人民印刷有限公司印刷
开本850×1168 1/32 印张28.5 插页4 字数700,000
2018年11月第1版 2025年2月第5次印刷
印数：8,601—10,100
ISBN 978-7-5325-8947-0
I·3307 定价：98.00元
如有质量问题，请与承印公司联系

前 言

清人吴楚材、吴调侯编选于康熙年间的《古文观止》,与乾隆年间蘅塘退士(孙洙)编选的《唐诗三百首》一样,自问世以后,就深受读者的欢迎,流传甚广,影响甚大,经久不衰。这本遴选并荟萃了不少我国历代散文精品的读物,近些年来,加上了注释和白话翻译,出了很多版本,拥有很大的发行量。这充分说明,经过时间考验的古代散文的精华,仍具有旺盛的生命力。

我从事中国古代散文的教学与研究,经常翻阅这部脍炙人口的清代启蒙读物,觉得它的颇多篇章在思想内容上有可取之处,在艺术上也有不凡的魅力,对青年学生古文修养的增进很有好处。自古以来,有不少学者对《古文观止》中的作品加以评说,真知灼见在在皆是,如汇集并附于原文之后,必定对今天读者的鉴赏分析有所帮助;而各篇作品的背景与题旨之所在,诸多古代文献中不乏记载,如搜集而列于原文之前,对深入理解和研究作品,也大有裨益。由是我滋生了编纂《古文观止》解题汇评本的念头。

当我把自己的想法告诉方笑一、戴从喜和李强三位研究生时,得到了他们的赞同和支持。我们认为,当前有很多普及类的《古文观止》,足以满足读者扫除文字障碍的需求,在这样的情况下,推出学术版的《古文观止》,以满足读者进一步研究的需要,是适宜的。于是,我们从收集资料、做卡片开始,着手《古文观止》的解题和汇评工作。经过近两年共同的紧张劳动,终于完成了这部书稿,把它奉献给广大读者,也作为我们对切磋与共教学相长的一段难忘经历的纪念。

古文观止（解题汇评本）

  本书的原文与夹注夹评，依据的是映雪堂本，另参考了中华书局1987年版安平秋先生点校本和其他一些版本。本书引用书目中的绝大多数线装图书都是华东师范大学图书馆古籍部提供的。在此一并致以衷心的谢意。

洪本健

2001年8月8日于上海

原　序

　　余束发就学时，辄喜读古人书传。每纵观大意，于源流得失之故，亦尝探其要领。若乃析义理于精微之蕴，辨字句于毫发之间，此衷盖阙如也。

　　岁戊午，奉天子命抚八闽，会稽章子、习子，以古文课余子于三山之凌云处。维时从子楚材，实左右之。楚材天性孝友，潜心力学，工举业，尤好读经史，于寻常讲贯之外，别有会心，与从孙调侯，日以古学相砥砺。调侯奇伟倜傥，敦尚气谊，本其家学，每思继序前人而光大之。二子才器过人，下笔洒洒数千言无懈漫，盖其得力于古者深矣。

　　今年春，余统师云中，寄身绝塞，不胜今昔聚散之感。二子寄余《古文观止》一编，阅其选，简而该，评注详而不繁，其审音辨字，无不精切而确当。披阅数过，觉向时之所阙如者，今则辄然以喜矣。以此正蒙养而裨后学，厥功岂浅鲜哉！亟命付诸梨枣，而为数语，以弁其首。

　　康熙三十四年五月端阳日，愚伯兴祚题。

目 录

前言 ··· 1
原序 ··· 1

卷一 周 文

郑伯克段于鄢 ··· 1
周郑交质 ··· 9
石碏谏宠州吁 ··· 13
臧僖伯谏观鱼 ··· 17
郑庄公戒饬守臣 ··· 20
臧哀伯谏纳郜鼎 ··· 25
季梁谏追楚师 ··· 29
曹刿论战 ··· 33
齐桓公伐楚盟屈完 ··· 37
宫之奇谏假道 ··· 41
齐桓下拜受胙 ··· 46
阴饴甥对秦伯 ··· 48
子鱼论战 ··· 51
寺人披见文公 ··· 55
介之推不言禄 ··· 58
展喜犒师 ··· 62
烛之武退秦师 ··· 66
蹇叔哭师 ··· 70

1

卷二 周　文

郑子家告赵宣子……………………………………… 73
王孙满对楚子………………………………………… 77
齐国佐不辱命………………………………………… 80
楚归晋知罃…………………………………………… 84
吕相绝秦……………………………………………… 88
驹支不屈于晋………………………………………… 94
祁奚请免叔向………………………………………… 97
子产告范宣子轻币…………………………………… 101
晏子不死君难………………………………………… 104
季札观周乐…………………………………………… 107
子产坏晋馆垣………………………………………… 112
子产论尹何为邑……………………………………… 117
子产却楚逆女以兵…………………………………… 121
子革对灵王…………………………………………… 124
子产论政宽猛………………………………………… 128
吴许越成……………………………………………… 131

卷三 周　文

祭公谏征犬戎………………………………………… 135
召公谏厉王止谤……………………………………… 141
襄王不许请隧………………………………………… 145
单子知陈必亡………………………………………… 149
展禽论祀爰居………………………………………… 155

里革断罟匡君	159
敬姜论劳逸	162
叔向贺贫	166
王孙圉论楚宝	170
诸稽郢行成于吴	174
申胥谏许越成	178
春王正月	181
宋人及楚人平	183
吴子使札来聘	186
郑伯克段于鄢	189
虞师晋师灭夏阳	191
晋献公杀世子申生	194
曾子易箦	196
有子之言似夫子	198
公子重耳对秦客	200
杜蒉扬觯	202
晋献文子成室	205

卷四 秦 文

苏秦以连横说秦	207
司马错论伐蜀	213
范雎说秦王	217
邹忌讽齐王纳谏	221
颜斶说齐王	224
冯煖客孟尝君	227
赵威后问齐使	232

庄辛论幸臣	235
触詟说赵太后	239
鲁仲连义不帝秦	244
鲁共公择言	250
唐雎说信陵君	252
唐雎不辱使命	254
乐毅报燕王书	257
李斯谏逐客书	263
卜居	269
宋玉对楚王问	273

卷五 汉 文

五帝本纪赞	277
项羽本纪赞	281
秦楚之际月表	284
高祖功臣侯年表	288
孔子世家赞	291
外戚世家序	293
伯夷列传	295
管晏列传	301
屈原列传	308
酷吏列传序	315
游侠列传序	318
滑稽列传	323
货殖列传序	327
太史公自序	331

报任安书 ………………………………………… 337

卷六 汉 文

高帝求贤诏 ………………………………………… 347
文帝议佐百姓诏 …………………………………… 349
景帝令二千石修职诏 ……………………………… 351
武帝求茂材异等诏 ………………………………… 353
贾谊过秦论上 ……………………………………… 355
贾谊治安策一 ……………………………………… 362
晁错论贵粟疏 ……………………………………… 369
邹阳狱中上梁王书 ………………………………… 373
司马相如上书谏猎 ………………………………… 380
李陵答苏武书 ……………………………………… 383
路温舒尚德缓刑书 ………………………………… 390
杨恽报孙会宗书 …………………………………… 394
光武帝临淄劳耿弇 ………………………………… 399
马援诫兄子严敦书 ………………………………… 401
诸葛亮前出师表 …………………………………… 404
诸葛亮后出师表 …………………………………… 409

卷七 六朝唐文

陈情表 ……………………………………………… 413
兰亭集序 …………………………………………… 417
归去来辞 …………………………………………… 420
桃花源记 …………………………………………… 425

五柳先生传 …… 428
北山移文 …… 430
谏太宗十思疏 …… 436
为徐敬业讨武曌檄 …… 439
滕王阁序 …… 443
与韩荆州书 …… 450
春夜宴桃李园序 …… 454
吊古战场文 …… 456
陋室铭 …… 461
阿房宫赋 …… 463
原道 …… 468
原毁 …… 476
获麟解 …… 481
杂说一 …… 485
杂说四 …… 488

卷八 唐　文

师说 …… 491
进学解 …… 495
圬者王承福传 …… 502
讳辩 …… 506
争臣论 …… 510
后十九日复上宰相书 …… 517
后廿九日复上宰相书 …… 521
与于襄阳书 …… 525
与陈给事书 …… 529

应科目时与人书 ………………………………… 532
送孟东野序 ……………………………………… 535
送李愿归盘谷序 ………………………………… 541
送董邵南序 ……………………………………… 546
送杨少尹序 ……………………………………… 551
送石处士序 ……………………………………… 555
送温处士赴河阳军序 …………………………… 560
祭十二郎文 ……………………………………… 564
祭鳄鱼文 ………………………………………… 571
柳子厚墓志铭 …………………………………… 576

卷九 唐宋文

驳复仇议 ………………………………………… 581
桐叶封弟辨 ……………………………………… 585
箕子碑 …………………………………………… 589
捕蛇者说 ………………………………………… 593
种树郭橐驼传 …………………………………… 597
梓人传 …………………………………………… 601
愚溪诗序 ………………………………………… 606
永州韦使君新堂记 ……………………………… 610
钴鉧潭西小丘记 ………………………………… 613
小石城山记 ……………………………………… 617
贺进士王参元失火书 …………………………… 620
待漏院记 ………………………………………… 624
黄冈竹楼记 ……………………………………… 628
书洛阳名园记后 ………………………………… 631

7

严先生祠堂记 ⋯⋯⋯⋯⋯⋯⋯⋯⋯⋯⋯⋯⋯ 634
岳阳楼记 ⋯⋯⋯⋯⋯⋯⋯⋯⋯⋯⋯⋯⋯⋯ 638
谏院题名记 ⋯⋯⋯⋯⋯⋯⋯⋯⋯⋯⋯⋯⋯ 643
义田记 ⋯⋯⋯⋯⋯⋯⋯⋯⋯⋯⋯⋯⋯⋯⋯ 645
袁州州学记 ⋯⋯⋯⋯⋯⋯⋯⋯⋯⋯⋯⋯⋯ 648
朋党论 ⋯⋯⋯⋯⋯⋯⋯⋯⋯⋯⋯⋯⋯⋯⋯ 651
纵囚论 ⋯⋯⋯⋯⋯⋯⋯⋯⋯⋯⋯⋯⋯⋯⋯ 655
释秘演诗集序 ⋯⋯⋯⋯⋯⋯⋯⋯⋯⋯⋯⋯ 659

卷十 宋 文

梅圣俞诗集序 ⋯⋯⋯⋯⋯⋯⋯⋯⋯⋯⋯⋯ 665
送杨寘序 ⋯⋯⋯⋯⋯⋯⋯⋯⋯⋯⋯⋯⋯⋯ 669
五代史伶官传序 ⋯⋯⋯⋯⋯⋯⋯⋯⋯⋯⋯ 673
五代史宦者传论 ⋯⋯⋯⋯⋯⋯⋯⋯⋯⋯⋯ 678
相州昼锦堂记 ⋯⋯⋯⋯⋯⋯⋯⋯⋯⋯⋯⋯ 681
丰乐亭记 ⋯⋯⋯⋯⋯⋯⋯⋯⋯⋯⋯⋯⋯⋯ 686
醉翁亭记 ⋯⋯⋯⋯⋯⋯⋯⋯⋯⋯⋯⋯⋯⋯ 690
秋声赋 ⋯⋯⋯⋯⋯⋯⋯⋯⋯⋯⋯⋯⋯⋯⋯ 694
祭石曼卿文 ⋯⋯⋯⋯⋯⋯⋯⋯⋯⋯⋯⋯⋯ 699
泷冈阡表 ⋯⋯⋯⋯⋯⋯⋯⋯⋯⋯⋯⋯⋯⋯ 702
管仲论 ⋯⋯⋯⋯⋯⋯⋯⋯⋯⋯⋯⋯⋯⋯⋯ 708
辨奸论 ⋯⋯⋯⋯⋯⋯⋯⋯⋯⋯⋯⋯⋯⋯⋯ 712
心术 ⋯⋯⋯⋯⋯⋯⋯⋯⋯⋯⋯⋯⋯⋯⋯⋯ 717
张益州画像记 ⋯⋯⋯⋯⋯⋯⋯⋯⋯⋯⋯⋯ 720
刑赏忠厚之至论 ⋯⋯⋯⋯⋯⋯⋯⋯⋯⋯⋯ 724
范增论 ⋯⋯⋯⋯⋯⋯⋯⋯⋯⋯⋯⋯⋯⋯⋯ 729

留侯论	733
贾谊论	738
晁错论	743

卷十一 宋　文

上梅直讲书	747
喜雨亭记	750
凌虚台记	754
超然台记	757
放鹤亭记	762
石钟山记	766
潮州韩文公庙碑	770
乞校正陆贽奏议进御札子	777
前赤壁赋	781
后赤壁赋	788
三槐堂铭	793
方山子传	796
六国论	800
上枢密韩太尉书	803
黄州快哉亭记	807
寄欧阳舍人书	810
赠黎安二生序	815
读孟尝君传	819
同学一首别子固	822
游褒禅山记	825
泰州海陵县主簿许君墓志铭	828

卷十二　明　文

送天台陈庭学序 ·· 831
阅江楼记 ·· 834
司马季主论卜 ·· 838
卖柑者言 ·· 840
深虑论 ·· 842
豫让论 ·· 845
亲政篇 ·· 849
尊经阁记 ·· 852
象祠记 ·· 856
瘗旅文 ·· 859
信陵君救赵论 ·· 862
报刘一丈书 ·· 866
吴山图记 ·· 869
沧浪亭记 ·· 871
青霞先生文集序 ··· 873
蔺相如完璧归赵论 ··· 876
徐文长传 ·· 879
五人墓碑记 ·· 883

引用书目 ·· 887

卷一
周 文

郑伯克段于鄢

《左传·隐公元年》

解题　《史记·郑世家》:"庄公元年,封弟段于京,号太叔。祭仲曰:'京大于国,非所以封庶也。'庄公曰:'武姜欲之,我弗敢夺也。'段至京,缮治甲兵,与其母武姜谋袭郑。二十二年,段果袭郑,武姜为内应。庄公发兵伐段,段走。伐京,京人畔段,段出走鄢。鄢溃,段出奔共。于是庄公迁其母武姜于城颍,誓言曰:'不至黄泉,毋相见也。'居岁余,已悔,思母。颍谷之考叔有献于公,公赐食。考叔曰:'臣有母,请君食赐臣母。'庄公曰:'我甚思母,恶负盟,奈何?'考叔曰:'穿地至黄泉,则相见矣。'于是遂从之,见母。"

初,郑武公娶于申,曰武姜,初者,叙其始也。郑,姬姓国。武公,名掘突。申,姜姓国。武姜者,姓姜而谥武也。生庄公及共恭。叔段。共,国名。段奔共国,故名共叔。庄公寤生,寤,犹寤也。寤生,言生之难,绝而复苏也。惊姜氏,故名曰寤生,命名奇。遂恶乌故切。之。一"遂"字,写尽妇人任性情况。爱共叔段,欲立之,亟器。请于武公。公弗许。恶庄公而因爱段,欲立为太子。亟请者,不一请也。庄公蓄怨非一日矣。○以上叙武姜爱恶之

1

偏，以基骨肉相残之祸。

及庄公即位，为去声。之请制。制邑最险，姜请封段。公曰："制，岩邑也，虢叔死焉。他邑唯命。"言制乃岩险之邑，昔虢叔居此，恃险灭亡，他邑则唯命是听。○庄公似为爱段之言，实恐段居制邑，太险难除。他邑虽极大，谅不若制邑之险，适可以养其骄而灭除之。"他邑唯命"四字毒甚。请京，京邑最大，姜请封段。使居之，谓之京城大泰。叔。邑大可以养骄，而不除亦必易制，故使居之。大叔者，张大其名，所以张大其心也。○庄公处心积虑，主于杀弟。封邑之始，已早计之矣。

祭债。仲郑大夫。曰："都城过百雉，国之害也。邑有先君之庙曰都，城方丈曰堵，三堵曰雉。雉，长三丈，高一丈。言都城不可过三百丈也。先王之制：大都不过参同三。国之一；侯伯之国，其城长三百雉。大都，三分其国之一，不过百雉也。中省都字。五省国字。之一；中都，五分其国之一，不过六十雉也。小九之一。小都，九分其国之一，不过三十三雉也。今京不度，非制也，京城过于百雉，不合法度，非先王之制。君将不堪。"叔段据有大邑，将为郑害，庄公必不堪也。○祭仲一梦中人。公曰："姜氏欲之，焉烟。辟同避。害？"直称母姜氏而故作无可奈何语，毒声。对曰："姜氏何厌平声。之有！厌，足也。不如早为之所，或裁抑，或变置。无使滋蔓，万。○滋蔓，滋长而蔓延。蔓难图也。蔓草犹不可除，先出"蔓"字，后出"草"字，顿挫。况君之宠弟乎！"言向后即欲为之所而不能。○梦中。公曰："多行不义必自毙，备。子姑待之。"毙，败也。滋蔓自多行不义，则必自败。"待之"云者，唯恐其不行不义，而欲待其行也。庄公之心愈毒矣，而祭仲终未之知也。

既而大叔命西鄙、北鄙贰于己。鄙，边邑。贰，两属也。段命西、北二边之邑两属于己，果行不义也。公子吕郑大夫，字子封。曰："国不堪贰，君将若之何？国不堪使人有携贰、两属之心，君将何以处段。欲与大叔，臣请事之；先搠一笔。若弗与，则请除之，无生民心。"无使郑国之民生他心也。○子封又一梦中人。公曰："无庸，将自及。"言无用除之，将自及于祸。○庄公实欲杀弟，而曰"自毙"，曰"自及"，故为段自作自受之语，毒甚。大叔又收贰以为己邑，至于廪延。廪延，郑邑。前两属者，今皆取以为己邑，直至廪延，所侵愈多也。子封曰："可矣。可正段罪。厚将得众。"厚，地广也。前犹贰已，故云生心；今直收贰，故云得众。○梦中。公曰："不义不昵，昵入声。厚将崩。"昵，亲近也。不义于君，不亲于兄，非众所附，虽厚必崩。崩者，势如土崩，民逃身窜，直至灭亡。较"自毙"、"自及"更加惨毒矣，而子封终未之知也。

大叔完聚，完城郭、聚人民。缮甲兵，缮，治也。具卒乘，去声。○步曰卒，车曰乘。将袭郑，掩其不备曰袭。○段至此不义甚矣。然庄公平日处段能小惩而大戒之，段必不至此。段之将袭郑，庄公养之也。夫人武姜。将启之。启，开也。言欲为内应。○妇人姑息之爱，不晓大义，故欲启段。使庄公平日在母前能开陈大义，动之以至情，惕之以利害，夫人必不至此。夫人之启段，庄公陷之也。公闻其期，闻其袭郑之期也。○祭仲不闻，子封不闻，何独公闻？盖公含毒已久，刻刻留心，时时侦探，故独闻之也。曰："可矣！"三字写庄公得计声口，与上"可矣"句紧照，言这遭才好伐了。郑庄公蓄怨一生，到此尽然发露，不觉一句说出来。命子封帅率。车二百乘以伐京。京叛大叔段。段入于鄢。烟。○鄢，郑邑名。公伐诸鄢。既命子封伐诸京，公又自伐诸鄢，两路夹攻，期在必杀。五月辛丑，大叔出奔共。叙段事止此。

书曰："郑伯克段于鄢。"经文。下释经也。段不弟，故不言弟。如二君，故曰克。称郑伯，讥失教也。谓之郑志。庄公养成弟恶，故曰失教。郑志者，郑伯之志，在于杀弟也。○"郑志"二字是一篇断案。不言出奔，难之也。段实出奔，而以"克"为文，明郑伯志在杀段，难言其奔也。○释经止此。下遥接前文再叙。

遂寘同置。姜氏于城颍寘，弃也。城颍，郑地。而誓之曰："不及黄泉，无相见也！"黄泉，地中之泉也。立誓永不见母，将前日恶己爱段之忿一总发泄，忍哉！既而悔之。悔誓之过，是天性萌动。○"无相见也"以上，纯是杀机。"颍考叔"以下，纯是太和元气。"既而悔之"一句，是转杀机为太和的紧关。颍考叔郑大夫。为颍谷封人，时为颍谷典封疆之官。闻之，闻其悔也。有献于公。或献谋，或献物。公赐之食。食舍捨。肉。食而舍肉，挑其问也。公问之，公问何故舍肉不食。对曰："小人有母，只四字，妙甚。直刺入心。皆尝小人之食矣，未尝君之羹，请以遗去声。之。"善于诱君，使之自然心动情发。公曰："尔有母遗，繄衣。我独无！"繄，语助也。○哀哀之音，宛然孺子失乳而啼，非复前日含毒恶声。颍考叔曰："敢问何谓也？"佯为不知。妙。公语去声。之故，公语以誓母之故。且告之悔。且告以追悔无及之意。对曰："君何患焉！黄泉之誓，何足患焉。若阙掘。地及泉，隧而相见，其谁曰不然？"隧，地道也。掘地使及黄泉，为地道以见母，便是相见于黄泉，谁以此说为背誓也。○天大难事，轻轻便解。公从之。公入而赋："大隧之中，其乐洛。也融融。"赋，赋诗也。"大隧"二句，公所赋诗辞。融融，和乐也。则知其前之阴毒矣。姜出而赋："大隧之外，其乐也泄泄。"异。○"大隧"二句，姜所赋诗辞。泄泄，舒散也。则知其前之隐忍矣。○从前一路刻毒惨伤之心，俱于"融融"、"泄泄"四字中消尽，摹写生色。遂为母子如初。叙姜氏止此。○"初"字起，"初"字结。

君子曰：左氏设君子之言以为论断也。"颍考叔，纯孝也。爱其母，施去声。及庄公。拈"爱"字妙。亲之偏爱，足以召祸；子之真爱，可以回天。《诗》曰：'孝子不匮，永锡尔类。'其是之谓乎！"《诗·大雅·既醉》篇。言孝子之心无穷，又能以己孝感君之孝，而锡及其畴类也，其颍考叔纯孝之谓乎！○引《诗》咏叹作结，意致冷然。

汇评

[宋] 吕祖谦：钓者负鱼，鱼何负于钓？猎者负兽，兽何负于猎？庄公负叔段，叔段何负于庄公？且为钩饵以诱鱼者钓也，为陷阱以诱兽者猎也，不责钓者而责鱼之吞饵，不责猎者而责兽之投阱，天下宁有是耶？庄公雄猜阴狠，视同气如寇仇，而欲必致之死；故匿其机而使之狎，纵其欲而使之放，养其恶而使之成。甲兵之强，卒乘之富，庄公之钩饵也；百雉之城，两鄙之地，庄公之陷阱也。彼叔段之冥顽不灵，鱼尔，兽尔，岂有见钩饵而不吞，过陷阱而不投者哉！导之以逆而反诛其逆，教之以叛而反讨其叛，庄公之用心亦险矣。（《东莱博议》卷一）

[清] 魏禧：此篇写姜氏好恶之昏僻、叔段之贪痴、祭仲之深稳、公子吕之迫切、庄公之奸狠、颍考叔之敏妙，情状一一如见。（《左传经世钞》卷一）

[清] 金圣叹：通篇要分认其前半是一样音节，后半是一样音节。前半，狱在庄公，姜氏只是率性偏爱妇人，叔段只是娇养失教子弟。后半，功在颍考叔，庄公只是恶人到贯满后，却有自悔改过之时。（《天下才子必读书》卷一）

[清] 冯李骅、陆浩：选《左》者无不以此为称首，大都注意"克段"一边，否或兼重武姜，竟以"君子曰"与"书曰"作对断章注，皆未尽合。盖作经立传本在郑庄兄弟之际，开手却从姜氏偏爱酿祸叙入，便令精神全聚于母子之间。故论事以"克段于鄢"为主，论文以置母于颍为主。玩其中间结局兄弟，末后单收母子，与起呼应一片。左氏最多宾主互用笔法，细读自晓也。（《春秋左绣》卷一）

[清] 谢有煇：吕成公曰："左氏叙郑庄之事，极有笔力。写其怨端之所以萌，良心之所以回，皆可见。"……犹忆幼时受业于蒋先生济选，

先生指示曰："叙事有原本，有余波，有正主。武姜之偏爱，此原本也；考叔之格君，此余波也；其正主，全在'郑志'句。"(《古文赏音》卷一)

[清] 林云铭：考《郑风·叔于田》二诗，称段多材好勇，国人爱之，亦不过纨袴骄痴习气，驰马试剑伎俩耳。无论其他，即封京之后，既值危疑之际，乃公然贰两鄙，收两鄙，且及廪延，而谓公不知乎？抑谓公知而不忘乎？此病狂丧心之举，虽至愚者不为也。其无曲沃兼翼大手段，可知矣。然则庄公何以必杀之而后快？盖庄公，猜刻残忍人也。于怨弟久矣。"请制"、"请京"，弓影之疑，都认作有心轧己。因思不陷段于恶，必不能及其母而快其私。故祭仲之说行，犹可以全兄弟之义也，而公弗愿；子封之说行，犹可以全母子之恩也，而公弗欲。直伺其修战守之备，有涉于篡夺形迹，毋论袭郑不袭，有期无期，只消用两个"将"字，一个"闻"字，便把夫人一齐拖入浑水中，无可解救，此公之志也。夫以段之骄蹇无状，全无国体，纾臂之谋，不必深辩。乃夫人处深宫严密之地，且当庄公刻刻堤防之际，安能与外邑定期，向国门作内应耶？段既走死，公随以罪段者罪母，废置边城，而出重誓绝之，所以示其平昔爱段种种，皆适以祸段且自祸也，快心极矣！惟是秦太后以嫪毐被迁，比之姜氏，罪大而情确，时谏死者二十七人，茅焦且继之。姜氏乃莫须有之事耳，而郑臣如祭仲、子封辈未闻一言，直待颍考叔就誓言中寻个迁就之法，幸复母子之旧，而后知公积怨必不可回。黄泉之誓，不但绝母，且藉以杜谏臣之口也。通篇只写母子三人，却扯一局外之人赞叹作结，意以公等本不孝，即末后二着，亦是他人爱母施及，与公无与，所以深恶之。此言外微词也。(《古文析义》卷一)

[清] 王源：文章贵乎变化。如此篇叙庄公，残忍人也，阴贼人也，乃未写其如何残忍，如何阴贼，先写其仁厚。而既写其如何残忍，如何阴贼，又另写一孝子如何仁爱，如何笃孝，因写庄公如何念母，如

何见母，如何母子如初，且曰"纯孝"，曰"爱其母"，曰"孝子不匮"，与前文固秦越之不侔也，非变化之妙哉！千秋而下，生气犹拂拂纸上。(引自《古文翼》卷一)

〔清〕 吴楚材、吴调侯：郑庄志欲杀弟，祭仲、子封诸臣，皆不得而知。"姜氏欲之，焉辟害"、"必自毙，子姑待之"、"将自及"、"厚将崩"等语，分明是逆料其必至于此，故虽婉言直谏，一切不听。迨后乘时迅发，并及于母。是以兵机施于骨肉，真残忍之尤。幸良心忽现，又被考叔一番救正，得母子如初。左氏以纯孝赞考叔作结，寓慨殊深。(《古文观止》卷一)

〔清〕 浦起龙：经曰"克段"，传推怼母，弟段只中间轻递，故知篇主在母姜也。左氏自述所闻，深著郑罪，以传补经，写一幅枭獍小照。(《古文眉诠》卷一)

〔清〕 余诚：左氏体认《春秋》书法微旨，断以"失教"、"郑志"，通篇尽情发明此四字。以简古透快之笔写惨刻伤残之事，不特使诸色人须眉毕现，直令郑庄狠毒性情流露满纸，千百载后，可以洞见其心。真是鬼斧神工，非寻常笔墨所能到也。其实字法、句法、承接法、衬托法、摹写法、铺叙断制法、起伏照应法，一一金针度与，固宜吕东莱谓十分笔力，吴荪右洵称以文章之祖也。(《重订古文释义新编》卷一)

〔清〕 过珙：叔段到底不过一骄弟耳，稍裁抑之，庸讵知不恭于兄？曰"姑待"、曰"无庸"，是谁氏之酿成之也？及后母子如初，而不闻反弟于国，悔犹得半而失半也。郑伯始终其忍人乎哉！(《详订古文评注全集》卷一)

〔清〕 唐介轩：武姜一爱一恶，实酿祸根。文极写郑庄阴险，却步步插入姜氏溺爱，太叔僭侈，至同室操戈，几乎天伦澌灭矣。厥后考叔从一"悔"字拨动母子如初，势若转圜，可见慈孝之性原未尝无，特为物欲所蔽耳。此极有关系文字。篇中离合变化，藏针伏线之妙，亦难以言尽。(《古文翼》卷一)

［清］ 毛庆蕃：左氏叙事，多从细微琐屑处起，是为神品。盖天下大事，无不从细微琐屑处起，君子所以慎厥初也。一结尤有意外巧妙，盖母之偏爱，适以祸子，兄弟争国，遂贻五世之乱。臣下阴谋辣手，非所以处人骨肉之间。郑之足称者，惟颍谷封人耳。"君子曰"数语，可以翼书法而行。左氏为《春秋》素臣，信矣。（《古文学余》卷二）

［清］ 唐文治：郑庄公为人，无君无母无弟，而又事事出以作伪。得此生辣之笔，以正其罪，千秋而后，大义凛然矣。（《国文经纬贯通大义》卷四）

周郑交质

《左传·隐公三年》

解题　《史记·郑世家》："（庄公）二十四年，……郑侵周地，取禾。……二十七年，始朝周桓王。桓王怒其取禾，弗礼也。"

郑武公、庄公为平王卿士。父子俱秉周政。王贰于虢，王病郑之专，欲分政于虢公。郑伯庄公。怨王。"贰"与"怨"，俱根心上来，伏下"信不由中"。王曰："无之。"只用"无之"二字支吾，全是小儿畏扑光景。故周、郑交质。至。○质，物相质当也。君权替，臣纪废，自此极矣。王子狐为质于郑，郑公子忽为质于周。平王子名狐，郑公子名忽。○先言王出质而后言郑出质者，明郑伯逼王立质毕，而后聊以公子塞责，是恶平王先与人质也。王崩，周人将畀虢公政。畀，与也。将者，未决之辞。却为郑庄窥破。故王以三月崩，而祭足以四月寇，言其疾也。四月，郑祭债。足即祭仲。帅率。师取温之麦；秋，又取成周之禾。温，周邑名。成周，今洛阳县。○书温又书成周者，四月犹温，秋则径入成周。写郑庄之恶，不唯无君，直是异样惨毒。周、郑交恶。如字。○叙事止此。下皆左氏断辞。

君子曰："信不由中，质无益也。一句喝倒交质之非。明恕而行，要平声。之以礼，虽无有质，谁能间去声。之？明则不欺，恕则不忌，所谓由中之信也。言本明恕而行，又以礼文，彼此要结，虽不以子交质，谁能离间之也。苟有明信，推开一步说。涧、溪、沼、沚之毛，山夹水曰涧。水注川曰溪。方池曰沼。小渚曰沚。毛，草地，即下文所谓菜也。**蘋、蘩、蕰藻之菜**，蘋，大萍也。蘩，白蒿也。蕰藻，聚藻也。皆生于涧、溪、沼、沚，可以为菜者。**筐、筥、锜、釜之器**，方曰筐，圆曰筥，皆竹器。有足曰锜，无足曰釜，皆鼎属。**潢黄。汙、行潦之水**，潢汙，停水也。行潦，流水也。**可荐于鬼神，可羞于王公**，荐，祭也。羞，进也。○以上七句，言至薄之物，犹可借明信以为祭祀燕享。**而况君子结二国之信，行之以礼，又焉烟。用质？**此通言凡结信者，不得用质，非专指周、郑也。○上言要之以礼，此又言行之以礼，全是恶周、郑交质之非礼也。**《风》有《采蘩》、《采蘋》，《雅》有《行苇》、《泂迴。酌》**，《采蘩》、《采蘋》，《国风》二篇名。义取于不嫌薄物。《行苇》、《泂酌》，《大雅》二篇名。《行苇》篇，义明忠厚。《泂酌》篇，义取虽行潦可以供祭。**昭忠信也。**"此四诗者，明有忠信之行，虽薄物皆可用也。○引《诗》作结。以"蘩"、"蘋"、"苇"、"酌"等字与"涧、溪、沼、沚"十六字相映照，而仍以"忠信"字关应"信不由中"，风韵悠然。

汇评

［元］ 杨维桢：周，天子也；郑，诸侯也。曰"交质"、"交恶"，则郑之罪大矣。然平王亦不能无罪焉。欲退郑伯而不敢退，欲进虢公而不敢进，反为虚言以欺其臣，固已失天下之体，郑亦何所忌惮哉！温之麦，洛之禾，宜稛载而不顾也。（引自《评选古文正宗》卷一）

［明］ 邱濬：郑庄之恶，至于质王子，射王肩，蝥旒其君，无臣甚矣。然身殁未几而庶孽夺正，公子互争，兵革不息。忽仪、亹、突之际，其祸莫延。呜呼！天之报施乱贼，信乎丝粟不爽矣。（引自《评选古文正宗》卷一）

［清］ 谢有煇：周虽失驭臣之道，郑更目无天子，可以"交质"，即可以"交恶"。故以周、郑并称，刺周也，实罪郑也。"君子"一段，以"信"、"礼"二字为骨，而意犹重"礼"字，盖能守礼，则进人退人，权在天子，群工唯一心以听上命，不言信而信在其中矣。惟周、郑不能守

礼,故始责以"信不由中"耳。(《古文赏音》卷一)

[清] 林云铭:平生欲退郑伯而不敢退,欲进虢公而不敢进,盖由不能自强于政治所致。若郑庄睥睨无君,种种不臣尤为可罪。是篇把这些大关大节一概阁起,止将君臣交质处,以"信"字、"礼"字作眼,闲闲断其无益,且以周、郑并称,若敌国然者,人皆訾其失当,而不知其立言之意,盖有在也。细玩首句,王是王,卿士是卿士,堂陛之分,非不凛然。乃王既不能自强政治,进人以礼,退人以礼,反用虚词欺饰,致行敌国质子之事,是明明拔本塞源,欲自同于列国,安能强为别异?犹《黍离》降为《国风》,与《风》诗并称十五国,即夫子删诗,亦不能强登之于《雅》也。《春秋》之作,伤天下之无王,故特系王于天,借二百四十二年南面之权,进退诸侯,所以谓之天子之事。按平王崩,在隐公三年,则与郑交质事,犹在前。左氏以周、郑并称者,明此时天下无王,《春秋》所以托始也。不然,三尺童子亦稔知周是天子、郑是诸侯。以千古文章之宗,且夫子曾称其所耻与己相同,顾独懵于此哉?(《古文析义》卷一)

[清] 吴楚材、吴调侯:通篇以"信"、"礼"二字作眼。平王欲退郑伯而不能退,欲进虢公而不敢进,乃用虚词欺饰,致行敌国质子之事,是不能处己以信而驭下以礼矣。郑庄之不臣,平王致之也。曰"周郑",曰"交质",曰"二国",寓讥刺于不言之中矣。(《古文观止》卷一)

[清] 余诚:左氏劈头特书一笔,使上下名分凛然难越。以下层层写出周之不信,郑之无礼,仅七十余字,括尽许多事迹,描出许多情形,而且平平叙次中,君臣罪过皆见。"君子曰"以下,揭出"信"、"礼"二字作眼目,闲闲论断,不泥在周、郑上说煞,而周、郑罪过不言已喻。神闲致远,笔挟飞霜。至一意翻作五层,更极纵横排奡之势,虽寥寥九十余字,窃恐他人滔滔滚滚千万言莫能罄也。奇文,至文!(《重订古文释义新编》卷一)

[清] 唐介轩:"交质"、"交恶",双峰对峙。"君子曰"以下,单顶"质"字,

作三层波折。笔极灵紧,一掉更神味无穷。(《古文翼》卷一)

[清] 毛庆蕃:天子、诸侯而以二国平视之,伤已!然苟有明信,则士庶可羞于王公;苟无明信,则王公不可污于士庶。虽在古昔盛时,无以异也。君子之言,可谓深知风雅者矣。(《古文学余》卷二)

卷一　周文

石碏谏宠州吁

《左传·隐公三年》

解题　《史记·卫康叔世家》："庄公五年，取齐女为夫人，好而无子。又取陈女为夫人，生子，蚤死。陈女女弟亦幸于庄公，而生子完。完母死，庄公令夫人齐女子之，立为太子。庄公有宠妾，生子州吁。十八年，州吁长，好兵，庄公使将。石碏谏庄公曰：'庶子好兵，使将，乱自此起。'不听。二十三年，庄公卒，太子完立，是为桓公。"

卫庄公娶于齐东宫得臣之妹，曰庄姜，东宫，太子宫也。得臣，齐太子名。○叙庄姜与太子同母，表其所生之贵也。与下嬖人紧照。美而无子，美于色，贤于德，而不见答，终以无子。○四字深妙。卫人所为去声。赋《硕人》也。《硕人》,《国风》篇名。国人以庄姜美而不见答，作《硕人》之诗以闵之。○引证冷隽。又娶于陈，曰厉妫，规。生孝伯，蚤死。其娣弟。戴妫生桓公，庄姜以为己子。妫，陈姓。厉、戴，皆谥也。妻之妹从妻来者曰娣。桓公虽非正出，然为正嫡所子，自然当立。○庄姜以为己子，应"无子"句。

公子州吁，嬖人之子也。庄公嬖妾，生子名曰州吁。贱而得幸曰嬖。有宠而好去声。兵，母嬖故有宠。"宠"字是一篇主脑。伏下"六逆"祸根。公弗禁。以宠故弗禁。庄姜恶乌故反。之。纵其好兵，必致祸，故恶之。○以上叙庄姜贤美而不见答，所宠者乃嬖人之子州吁，卫国之祸自此始矣，以起下文。

13

石碏鹊。○卫大夫。谏曰:"臣闻爱子,教之以义方,弗纳于邪。方,矩则也。《易》曰:"义以方外"。纳,使之入也。邪者,义之反。指好兵言。骄、奢、淫、佚,所自邪也。四者之来,宠禄过也。骄、奢、淫、佚,乃邪之所自起。而所以有此四者,由宠禄之过。禄者,宠之实也。○以上推言宠之流弊适所以纳子于邪,实非爱子也。将立州吁,乃定之矣;先拗一笔。若犹未也,阶之为祸。不定其位,势必缘宠而为祸。○四句,与"欲与大叔"数句,笔法相同。夫扶。宠而不骄,骄而能降,降而不憾,憾而能眕紾。者,鲜去声。矣。眕,安重貌。言宠爱而不骄肆,骄肆而能降心,降心而不怨恨,怨恨而能安重,如此者少也。○此就人常情上,申言所自邪之义,以明州吁之必为祸也。且夫以下推开一步,就庄姜、桓公与嬖人州吁,两两相对说。贱妨贵,以爵言。少去声。陵长,掌。○以齿言。远间去声。亲,以地言。新间旧,以情言。小加大,以势言。淫破义,以德言。所谓六逆也;此六者,皆逆理之事。君义,臣行,以在国言。父慈,子孝,兄爱,弟敬,以在家言。所谓六顺也。此六者,皆顺理之事。去顺效逆,今宠州吁,其于六逆,则贱妨贵,少陵长;其于六顺,则弟不敬。是去顺而效逆矣。所以速祸也。君人者,将祸是务去,而速之,无乃不可乎?"两"祸"字,应前"阶之为祸"。"君人"以下十六字,一气三转,词意恺切。

弗听。庄公不听。其子厚与州吁游,禁之,应弗禁。不可。石厚不听。桓公立,乃老。谓告老致仕。○夫以石碏之贤,谏既不行于君,令复不行于子,命也。夫其见几而作,不俟终日,智矣哉。

汇评

[明] 袁宏道:侃侃陈辞。(引自《评选古文正宗》卷一)
[清] 林云铭:按卫州吁始末,如弑立伐郑,《传》则专罪州吁;如杀州吁、

石厚，《传》则专美石碏。此传则叙过宠速祸之由，专责庄公也。庄公惑于嬖妾，以美而贤如庄姜者，终不见答。考《终风》、《绿衣》诸诗，自见州吁以宠阶祸，实基于此。故开口把庄姜说得十分贵重，而以桓公、州吁二人邪正，亦借庄姜好恶为定衡，最有深意。篇中"有宠"、"好兵"四字，为此案始终关键。石碏之谏，总欲裁抑州吁之宠，使其知守本分，不至于骄，自不入于邪，以作祸本，语语先着。至于"将立州吁"二语，或谓不宜以告痴人，不知州吁义不当立，庄公亦知之。以必不可行之事，作反诘语，甚言其必为祸之意，非激语也。末把"六逆"、"六顺"庄诵二遍，不但见得州吁不当宠，即嬖妾配嫡之戒，无不跃然，与篇首叙事照应，细读方知。（《古文析义》卷一）

［清］　王源：前入州吁之宠，笔笔曲；后叙石碏之谏，笔笔切。曲矣，而立案甚严；切矣，而敷辞甚变。用笔之妙也。（引自《古文翼》卷一）

［清］　吴楚材、吴调侯："宠"字，乃此篇始终关键。自古宠子未有不骄，骄子未有不败。石碏有见于此，故以教之义方为爱子之法。是拔本塞源，而预绝其祸根也。庄公愎而弗图，辨之不早，贻祸后嗣，呜呼惨哉！（《古文观止》卷一）

［清］　余诚：此传因是年桓公为州吁所杀，而追录其事之终始，以罪庄公也。其曰"纳邪"，曰"阶祸"，曰"速祸"，语语归罪庄公，见桓公之死，死于庄公之手也。虽石碏谏时尚未见弑之迹，然据其"有宠而好兵"，则其后来之必弑桓公，可预为决矣。故正叙州吁处，只此五字，而州吁之作祸、桓公之受祸、庄公之酿祸，一齐都到。夫往者不谏，来者可追，苟及其时而严以教之，格其非心，即不能为正人君子，或可免为贼子乱臣。石碏所为，不能默然已乎！其谏之义，大抵是要杜渐防微，词旨最要恳切。开口特提出"教之以义方，弗纳于邪"九字，作侃侃正论，随以"骄、奢、淫、佚"指出邪所自来，又以四者之来归在宠禄之过，则宠之生祸已自昭著。于此直以"将立"四语作危言以悚听，能不令人惊心动魄耶？其下复径接

"宠"字,递推出所以生祸之故,虽属泛言,而州吁之不宜宠益可见矣。"且夫"以下,顺逆并陈,而以"去顺效逆"为"速祸",则州吁固不宜宠,而嬖妾僭嫡亦断然不可之意,隐隐言外。其不粘在庄公身上说。义严词婉,立言亦极有体。此谏谋深虑远,关系匪轻。无奈庄公狂荡暴疾,僻溺之意牢不可破,难以挽回,纵州吁为邪行,以致桓公见弑,庄公恶能逃其罪哉?藉使庄公肯听此谏,从前即有"弗禁"之失,尚或不难匡救。篇中"弗禁"、"弗听"皆特笔也。至入手详叙姜、桓、州吁本末,字字针锋相对,尤当细心寻。(《重订古文释义新编》卷一)

[清] 毛庆蕃:天下之治乱,生于好恶。好恶得其平,治之所由兴也;好恶不得其平,乱之所由兴也。显则将相,隐则宫闱,要未有隐而不显者,是故石碏忧之,而为谠论,庄姜悲之,而为变风。(《古文学余》卷二)

臧僖伯谏观鱼

《左传·隐公五年》

解题 《史记·鲁周公世家》："隐公五年，观渔于棠。"

春，公将如棠观鱼同渔。者。如，往也。棠，鲁之远地。隐公将往棠地陈鱼而观之。

臧僖伯公子彄。谏曰："凡物不足以讲大事，其材不足以备器用，则君不举焉。物，鸟兽之属。讲，习也。大事，谓祀与戎也。材，谓皮革齿牙、骨角毛羽也。器用，军国之资。举，行也。此言君人之道，以军国祀戎为重，以游观宴乐为轻。○提出"君"字作主。三句是一篇之纲领。君，将纳民于轨、物者也。一定者为轨，当然者为物。○承上"君"字转下，见得君之所举，关系甚大。"轨"字承"凡物"句，"物"字承"其材"句，观下文自见。故讲事以度轨。轨量谓之轨。轨有差等曰量。取材以章物采谓之物。物有华饰曰采。不轨不物，谓之乱政。乱政亟器。行，所以败也。反收四句，以明"则君不举"之故。故春蒐、搜。夏苗、秋狝、先上声。冬狩，蒐、苗、狝、狩，皆猎名。蒐，搜索，择取不孕者。苗，为苗除害也。狝，杀也。以杀为名，顺秋气也。狩，围守也。冬物毕成，获则取之，无所择也。皆于农隙以讲事也。四时讲武，各因农力之闲。三年而治兵，入而振旅。虽四时讲武，犹复三年而大习。出曰治兵，入曰振旅。振，整也。旅，众也。谓整众而还也。归而饮至，归乃告至于庙而饮。以数上声。军实。以计军徒器械及所获之数。昭文章，昭，著也。

君、大夫、士，车服旌旗，各有文章。**明贵贱**，田猎之制，贵者先杀。所以明君、大夫、士、庶人之贵贱。**辨等列**，辨上下之等第行列。坐作进退皆是也。**顺少**去声。**长**，掌。○出则少者在前，趋敌之义；还则少者在后，殿师之义。所谓顺也。**习威仪也**。皆所以讲习上下之威仪也。○此一段，应"讲大事"句。**鸟兽之肉不登于俎**，谓不足登于俎，以供祭祀。**皮革、齿牙、骨角、毛羽不登于器**，谓不足登于法度之器，以为采饰。**则君不射**，石。**古之制也**。君不亲射，此古先王之法制。○此一段，应"备器用"句。**若夫山林、川泽之实，器用之资，皂隶之事，官司之守，非君所及也。**"山林，谓材木樵薪之类。川泽，谓菱芡鱼鳖之类。所资取以为器用者，是贱臣皂隶之事，小臣有司之职，非君之所亲也。○此一段，应"君不举"句。

公曰："吾将略地焉。"言欲按行边境，不专为观鱼也。○饰说。**遂往，陈鱼而观之**。陈，设张也。公大设捕鱼之具而观之。

僖伯称疾不从。

书曰："公矢鱼于棠。"矢，亦陈也。**非礼也，且言远地也**。非礼便是乱政。棠实他境，故曰远地。

汇评

[清] 孙琮：王维山曰："僖伯之谏作二段看，上'物不足以讲大事'，而以'乱政'结之；下'农隙以讲事'，而以'非君所及'结之。叙事典赡，铸句庄雅，尤为上乘。古之王者，往往于蒐、苗、狝、狩之间，寓讲武作师之意。使公果出于略地也者，有何不可？特其为饰过之辞耳。《春秋》曰："公矢鱼于棠。"因其文而无所笔削，僖伯之笔，且进于经矣。(《山晓阁左传选》卷一)

〔清〕 谢有煇：以"讲大事"二句为纲，下文分应，堂堂正正之师。(《古文赏音》卷一)

〔清〕 林云铭：观鱼自是纵欲逸游，在隐公以为无伤于民，且可以自遂其乐，独不思君之所行，皆所以为教，无不与民相关者。僖伯把"君"字说得十分郑重，以"纳民轨物"一句作眼，因以"讲事"、"取材"二句，诠"轨物"字义。语虽并提，看来"取材"即在"讲事"之内。故四时之讲，提出"蒐"、"苗"、"狝"、"狩"四字，则所当取之物材，不言自见。三年大讲中，插入"军实"、"文章"二语，即"章物采"之义，亦无不跃然。惟是隐公观鱼，却在取物材上用意。上而既仅带说，不得不以讲事之时、物材之不当取者另找一段，词意方足。末止泛论平常物材，无关成祀者，皆非君所宜亲，与开口三句相应，亦不必露出观鱼字样，何等正大停蓄！细读是一滚说来，庄重中有流动之气。(《古文析义》卷一)

〔清〕 吴楚材、吴调侯：隐公以观鱼为无害于民，不知人君举动关系甚大。僖伯开口便提出"君"字，说得十分郑重，中间历陈典故，俱与观鱼映照，盖观鱼正与"纳民轨物"相反，末以"非礼"斥之，隐然见观鱼即为乱政，不得视为小节而可以纵欲逸游也。(《古文观止》卷一)

〔清〕 浦起龙：口中不曾一字说出观鱼，而观则非轨，鱼则非物。非轨非物，即是非礼。言归典则，法归丝扣。(《古文眉诠》卷一)

〔清〕 余诚：僖伯此谏，秉礼以匡君。……虽未明言观鱼之非礼，而观鱼之非礼直可不言而喻。左氏一眼觑破，入手只用一笔提清，随将谏词详述，后幅补出公之饰非拒谏，并正写观鱼，亦只共用三四笔，简劲无敌。至前以"将"字起，后以"遂"字收，呼应一气，章法尤入妙。末从书法论断作结。"非礼"二字，从谏词看出，是正意。"且言远地"，从"略地"看出，是余意。○《郑伯克段》篇"失教"、"郑志"，从叙事中写出；此篇"非礼"，即从谏词中写出。《谏宠州吁》篇叙事将近百字，此篇叙事不足三十字，各有其妙。试参观之，可以知文家之变化矣。(《重订古文释义新编》卷一)

郑庄公戒饬守臣

《左传·隐公十一年》

解题　《春秋左传集解》第一《隐公》："(十一年)夏，公会郑伯于郲，谋伐许也。郑伯将伐许，五月甲辰，授兵于大宫。公孙阏与颍考叔争车，颍考叔挟辀以走，子都拔棘以逐之，及大逵，弗及，子都怒。"按：本文所记"秋七月"之事，即在此后发生。大宫为郑祖庙。子都，即公孙阏，为郑大夫。

秋七月，公会齐侯、郑伯伐许。庚辰，傅_附。于许。_{三国之师，俱附于许之城下。}颍考叔取郑伯之旗蝥弧_胡。以先登，_{蝥弧，旗名。}子都_{郑大夫公孙阏。}自下射食。之，_{恨考叔夺其车，故射之。}颠。_{颠，坠也。}_{考叔坠而死。}瑕叔盈_{郑大夫。}又以蝥弧登，周麾而呼曰："君登矣！"_{周，遍也。麾，招也。蝥弧，郑伯旗，故呼曰"君登"。}郑师毕登。_{郑师见君之旗，故尽登城。}壬午，遂入许。许庄公奔卫。齐侯以许让公。_{齐不取。}公曰："君谓许不共，_{同供。○谓许不供职贡。}故从君讨之。许既伏其罪矣。虽君有命，寡人弗敢与闻。"_{鲁不取。}乃与郑人。_{郑庄始以三国之师同克许，难自专功，而佯让齐、逊鲁，及齐、鲁交让，而郑庄因受焉。是齐、鲁堕郑术中也。盖郑与许为邻，庄公眈眈虎视已久，一旦得许，心满意足，又欲掩饰其贪许狡谋，故下文逐层商量，逐步打算，遂成曲曲折折、袅袅亭亭之笔。}

郑伯使许大夫百里奉许叔_{许庄之弟。}以居许东偏，_{偏，边鄙也。}

卷一　周文

○己弟叔段何在？而爱及他人之弟。特借此布置一番,是奸雄手段。曰:"天祸许国,鬼神实不逞于许君,而假手于我寡人,逞,快也。言许祸降自天,非我欲伐许也。寡人唯是一二父兄同姓群臣。不能共同供。亿,其敢以许自为功乎？共,给也。亿,安也。○就处常推出一层。寡人有弟,叔段。不能和协,而使糊其口于四方,其况能久有许乎？糊口,寄食也。段出奔共国,故云寄食于四方。是怕人说,自开口先说。○就处变推出一层。吾子其奉许叔以抚柔此民也,以上追前,以下料后,只此句点题。吾将使获郑大夫公孙获。也佐吾子。伏下。若寡人得没于地,天其以礼悔祸于许,以礼,如人以恩礼相遇。悔祸,悔前日之祸许,而转而佑之。根上"天祸许国"来。○十五字作一句读。若者,逆料之词。是说在自己身后者,明明自己在时,天未必其悔祸于许也。下乃紧承悔祸意,作两层写。无宁兹许公复奉其社稷,唯我郑国之有请谒焉,如旧昏同婚。媾,其能降以相从也。无宁,犹宁无也。兹,此也。言宁无此许公复奉许之社稷。唯我郑国之有所请告于许,如旧昏姻,许其能悛心以从郑也。○三十字作一气读。就有益于郑处,推出一层。无滋他族实逼处此,以与我郑国争此土也。吾子孙其覆福亡之不暇,而况能禋因。祀许乎？言无长他族类迫近居此,以与我郑国争此许地。吾子孙将颠覆危亡,救之不暇,而况能禋祀许之山川乎？精意以享曰禋。或谓"他族"是暗指齐、鲁,似极有照应,但此是说在自己身后者,恐非专指齐、鲁也,玩"子孙"二字可见。○三十三字作一气读。就有害于郑处,推出一层。寡人之使吾子处此,居许东偏。不惟许国之为,去声。○应许公复奉其社稷。亦聊以固吾圉语。也。"圉,边陲也。应"无滋他族实逼处此"。○三句总收上文。乃使公孙获处许西偏,曰:"凡而器用财贿,无置于许。而,汝也。我死,应前"得没于地"。乃亟去之！乃,亦汝也。以无财物之累,可以速去许。○亦说在自己身后者,明明自己在时,汝一日不可去许也。吾先君新邑于此,新邑,河南新郑也。旧郑在京兆。庄公之父武公,始迁邑于河南。王室而既卑矣,周自东迁之后,日见衰微。周之子孙日失其序。序,班列也。周序先同姓，后异姓。王室既卑，故子孙日失其序。夫许，大泰。岳之胤印。也。大岳，神农之后，尧四岳也。胤，嗣也。见许非周子孙，后未可量。天而既厌周德矣，吾其能与许争乎？"王室既卑，子孙失序，是天厌周德。而郑亦周之子孙，岂能与许争此地乎？此明公孙获不可久居许之意。○已上两边戒饬之词。满口假仁假义，只为自家掩饰。绝不厌其词之烦。快笔英锋，文中仅有。

君子谓："郑庄公于是乎有礼。于是乎有礼者，见郑庄一生无礼，唯此若有礼耳。礼，经国家，定社稷，序人民，利后嗣者也。四句，是礼之用。许无刑而伐之，刑，法也。服而舍捨。之，度铎。德而处之，量力而行之，相去声。时而动，无累后人，六句，是说郑庄用礼。可谓知礼矣。"又断一句。言从外面看去，真可谓知礼矣。

汇评

[清] 林云铭：许在颍昌，与郑为邻，郑欲吞并已久，但以三国共伐，两国交让，不敢独专其利，故特空其国，分为东西两偏，假存许名色，结许人之心，而使公孙获角立箝制。但戒饬之词，委婉纡曲，似难猝解其意。细阅之，全不为许计，止为郑计，不为己之当身计，止为己之死后计。其意以为己存一日，而智力可以制许一日，亦自觉忍心害理，必不能长有许国，遂不禁谆谆为子孙之虑如此。故其命百里也，曰"得没于地"；命公孙获也，曰"我死亟去"。打算至此，止是智穷力竭，无可如何。不然，图许之心未肯已也。惜左氏被其瞒过，以"知礼"称之，千载而下，犹有余憾焉。或取其"寡人有弟，不能和协"句，有引过之意，但问当日何不云"寡人有母，不能孝养，而使置其身于城颍"乎？何不云"寡人有君，不能忠事，而使夏丧其麦，秋丧其禾"乎？此等作用，如何欺得后世？况射王中肩，又为入许以后事乎？但辞命妙品，洵不多得。（《古文

析义》卷一）

［清］ 吴楚材、吴调侯：郑庄戒饬之词，委婉纡曲，忽为许计，忽为郑计，语语放宽，字字放活。篇中三提"天"字，见事之成败，一听于天，己未尝容心于其际。曰"得没于地"，曰"我死亟去"，俱从身后著想，可见生前断不容许吐气。更妙在用四个"乎"字，是心口相商，吞吞吐吐，无从捉摸，真奸雄之尤。但辞令妙品，洵不多得。谓之有礼，亦止论其事，未暇诛其心也。（《古文观止》卷一）

［清］ 浦起龙：郑、许壤接，庄复擅有时望，疑其直攘是许矣。岂知老猾不肯造次，料定许非我得终有，身后更无制许远图，第以口擅予夺，使之一时弭首而止。左氏谓伐之舍之，度德量力，相时无累，正识得奸雄分际深也。（《古文眉诠》卷一）

［清］ 余诚："有礼"一语，通篇结束，又复申言一段，字字照应全文，读者亦可以得其用意之所存矣。胡《正宗》、《析义》咸以被庄公瞒意为左氏惜，其且谓"千载而下，犹有余憾"耶？试以做文一道言之。起伏照应，一线到底，乃定法也。虽小小作家，断未有前后矛盾、绝不照应者。左氏文章之祖，宁乞漫无纪律耶？盖郑庄为人，左氏深悉，于此独云"知礼"者，正谓合此无一当礼也。就此一事，郑庄亦未尽当礼。其曰"知礼"，褒中又且寓有贬焉。作者本自分明，评者徒自愦愦耳。顾或又谓三国伐许，齐、鲁交让，郑庄故不敢独专其利。若然，是郑庄畏齐、鲁也。无论许在颍昌，齐、鲁非其接壤，而郑实邻之，伐许原为郑志，齐、鲁之与，亦所以成郑庄之志也。即郑庄之戒饬百里，开口辄云"假手寡人"，将齐、鲁全然扫却，后又云"无滋他族实逼处此"，言下注射齐、鲁，则郑庄心目中，初何尝有齐、鲁乎？而畏之乎？彼以为郑庄为因二国之让，而不取许者，殆为庄公瞒矣。或又谓郑庄"假存许名色"，为灭许计，抑知郑庄欲灭许矣，岂尚有顾虑乎？左氏曰："郑伯使许大夫百里奉许叔以居许东偏。"又曰："使公孙获处许西偏。"是非不知其为假，特姑取其有此一假耳，而讵为庄公瞒也？或又谓郑庄自知德薄，

难庇后昆,故不取许。不知郑非不取许,不取之取,深于取也。借问从古英豪谁是开创之时虑及后人难守而弃置之者?始初伐许,不过借齐、鲁为与国之援,二君适为其所用耳。克许之后,一定是归郑。庄公妙算,久已精详:不克,三国同居其败;克,则郑独享其成。此老奸滑,畴其知之?故不待二国以许与郑,而许久已为郑掌中物矣,何必言取不取?不然,始之颍考叔先登,瑕叔盈又登,郑师毕登,多所劳扰者,何心后之?二国交让,而反弃置不取者,又何心也?……前后两戒饬,虽似真情,究多假意。然则左氏奚为而以"知礼"许之?左氏亦只就其外面大概举动,与夫戒词之瞻前顾后,度势审时,姑以"知礼"许之也。细玩末段,足见其用心之所存。而猥云为庄公瞒也,左氏实未为庄公瞒。吾恐纷纷之众,则非惟为庄公瞒,而并且为左氏瞒矣。(《重订古文释义新编》卷一)

臧哀伯谏纳郜鼎

《左传·桓公二年》

解题　《史记·鲁周公世家》："(桓公)二年，以宋之赂鼎入于太庙，君子讥之。"

夏四月，取郜告。大鼎于宋，纳于大泰。庙。宋华督弑殇公，恐诸侯讨己，故以郜国所造之鼎赂鲁。桓公至是取所赂之鼎于宋，纳于大庙。○曰"取"、曰"纳"，书法凛然。非礼也。受弑逆者之赂器，以污宗庙，非礼之甚也。○断一句。

臧哀伯鲁大夫，僖伯之子。谏曰："君人者，将昭德塞违，以临照百官，犹惧或失之，故昭令德以示子孙。言人君者，将昭明善德，闭塞邪违，以显示百官，如日月之临照焉，犹恐不能世守而弗失，故复以其德之最善者昭著于物，以垂示子孙。○"昭德"、"塞违"并提，是一篇主意，然"昭德"正所以"塞违"也，故下历言"昭德"之实。是以清庙茅屋，清庙，肃然清净之庙也。茅屋，以茅饰屋也。大路越席，大路，祀天车，朴素无饰。越席，结草为席也。大羹不致，大羹，大古之羹，肉汁也。不致，谓无盐梅之和也。粢食嗣。不凿，作。○黍稷曰粱。凿，精米也，一石舂为八斗。昭其俭也；俭约不敢奢侈。○"昭令德以示子孙"者一。衮、冕、黻、珽，挺。衮，画衣。冕，冠也。黻，蔽膝也。珽，玉笏也。带、裳、幅、舄，昔。○带，革带。裳，下衣。幅，今之行膝，即裹脚也。舄，复履也。衡、紞、耽上声。纮、宏。綖，延。○衡，维持冠者。

25

纮,冠之垂者。綖,缨从下而上者。纮,冠上覆者。**昭其度也**;尊卑各有制度。○"昭令德以示子孙"者二。**藻**、**率**、**鞞**、**丙**、**鞶**,卜上声。○藻、率,以韦为之,所以借玉也。佩刀之鞘,上饰曰鞞,下饰曰鞛。**鞶**、**盘**。**厉**、**游**、**留**、**缨**,鞶,大带。厉,大带之垂者。游,旌之末垂者。缨,马饰。**昭其数也**;尊卑各有等数。○"昭令德以示子孙"者三。**火**、**龙**、**黼**、**黻**,火,画火也。龙,画龙也。黑与白谓之黼,黑与青谓之黻。龙,画于衣。火、黼、黻,绣于裳。**昭其文也**;上下各有文章。○"昭令德以示子孙"者四。**五色比象**,车服器械之有五色,皆以比象天地四方。**昭其物也**;大小各有物色。○"昭令德以示子孙"者五。**钖**、**扬**。**鸾**、**和**、**铃**,四者皆铃类,钖在马额,鸾在镳,和在衡,铃在旂。**昭其声也**;四者齐声,自然节奏。○"昭令德以示子孙"者六。**三辰旂旗**,三辰,日月星也。画于旂旗。交龙为旂,熊虎为旗。**昭其明也**。旌旗灿烂,象天之明。○"昭令德以示子孙"者七。**夫德**,**俭而有度**,**登降有数**,**文**、**物以纪之**,**声**、**明以发之**,**以临照百官**。**百官于是乎戒惧**,**而不敢易纪律**。登降,谓有损益。纪,维也。发,扬也。纪律,纪纲,法律也。○总"昭德"作一收。戒惧而不敢易纪律,即所以"塞违"也。**今灭德立违**,今受赂立督,是不昭德而灭德,不塞违而立违。**而寘同置。其赂器于大庙**,寘,犹纳也。**以明示百官**。**百官象之**,**其又何诛焉?**象,效尤也。诛,责也。○不可纳者一。**国家之败**,**由官邪也**。由百官之违邪。**官之失德**,**宠赂章也**。谓宠臣之受贿赂,章明而无所忌惮也。**郜鼎在庙**,**章孰甚焉?**大庙,百官助祭之所。章明昭著,莫过于此。○不可纳者二。**武王克商**,**迁九鼎于雒**同洛。**邑**,九鼎,夏禹所铸,三代相传,以为有国之宝。武王克商,迁九鼎于成周之雒邑。**义士犹或非之**,义士,伯夷之属。**而况将昭违乱之赂器于大庙**,**其若之何?**"其见非于义士必甚。○不可纳者三。○历言灭德立违之失,以见赂鼎当速出之于庙也。**公不听**。**仍寘大庙**。

周内史_{大夫官}。闻之，曰："臧孙达即哀伯。其有后于鲁乎！_{僖伯谏隐观鱼，其子哀伯谏桓纳鼎，积善之家，必有余庆，故曰"有后于鲁"。}君违，不忘谏之以德。"桓公虽灭德立违，哀伯惓惓不忘谏之以昭德。○"昭德塞违"总结。

汇评

[宋] 吕祖谦：桓公亲为弑逆而不惧，岂惧取一乱人之一鼎乎？羽父为桓公画弑逆之谋，哀伯为桓公画守成之策，正名定罪，不当置哀伯于羽父之下。（引自《评选古文正宗》卷一）

[宋] 真德秀：桓公本以弑立，故不复知宋君弑立之恶。哀伯之言，始若平缓，至"灭德立违"以后，乃始激切。论事体当如是。（引自《山晓阁左传选》卷一）

[清] 孙琮：起、结两"违"字固自凛然，譬之画家点睛处不在多。钟伯敬议其"暗于裁"，得毋枝叶之见乎！（《山晓阁左传选》卷一）

[清] 谢有煇：一亡国之器，何足宝重，况其为弑逆之赂乎？臧孙"昭德塞违"之言，及"百官象之"之语，可谓痛切矣。（《古文赏音》卷一）

[清] 林云铭：华督弑殇公，鲁即不讨，亦不当受其赂而立为宋相。哀伯前此不谏，以齐、陈、郑皆有赂，共平其乱，置之勿论可也。至以赂鼎纳于太庙，是明明以赂当受，督当立矣，哀伯必不意公出此，而公竟出此者。弑逆之人，本视弑逆为常事，不知宗庙礼法之所在，子孙所世守，百官所瞻瞩。若见赂器在庙，皆以为君可弑，弑君之罪可赂也，岂有国者之利乎？此篇全在"临照百官"上着眼，把"昭德塞违"四字做个主脑，以为人君不能有德而无违，但德当明示，违当闭匿。德可训，违不可训，故把庙堂上物件逐一分疏，皆所以昭令德，并无一件昭违乱之物在内，则太庙容不得郜鼎可知。若连忙退出，犹不失"塞违"之义。此在既纳之后而谏，胸中有许多不过意处，故周内史谓之"不忘"。（《古文析义》卷一）

[清] 吴楚材、吴调侯：劈头将"昭德塞违"四字提纲，而"塞违"全在"昭德"处见，故中间节节将"昭"字分疏，见庙堂中何一非令德所在，则大庙容不得违乱赂鼎可知，后复将"塞违"意，分作三样写法，以冀君之一寤而出鼎，故曰"不忘"。(《古文观止》卷一)

[清] 浦起龙：宋臣逆，取赂是奖逆，置赂器于庙是诲逆。臧孙不以鼎视鼎，而以乱贼视鼎。尤着眼在"置庙"二字，礼法重地，而以违器示耶？许多"昭"字、"临照"字、"象"字、"章"字，俱对此眼。(《古文眉诠》卷一)

[清] 余诚："非礼"二字，一篇纲领。"昭德塞违"原与此二字表里发明。哀伯开口提"昭德塞违"作主，前半详尽"昭德"处，皆与"礼"字关合；后半痛斥纳鼎处，见不能"塞违"而极言其非；末引内史赞哀伯语作结，益见纳鼎非礼矣。哀伯此谏在既纳郜鼎后，而桓公亦弑逆之人，故虽极典切，极忠恳，而卒不听也。此与《观鱼》篇皆以"非礼"二字为一篇主意，其纪事略而谏词详，亦复相类。但《观鱼》篇先述谏词而后断，此篇先断而后述谏词；《观鱼》篇谏词绝不明言，此篇谏词痛斥纳鼎。(《重订古文释义新编》卷一)

[清] 唐介轩：以"德"字为关键，以"昭"字为眼目，中间无数层折，如散钱皆一索子串成，极有纪律，设色亦甚古雅。(《古文翼》卷一)

卷一　周文

季梁谏追楚师

《左传·桓公六年》

解题　《史记·楚世家》："(楚武王)三十五年，楚伐随。随曰：'我无罪。'楚曰：'我蛮夷也。今诸侯皆为叛相侵，或相杀。我有敝甲，欲以观中国之政，请王室尊吾号。'随人为之周，请尊楚，王室不听，还报楚。"

楚武王侵随，随，汉东姬姓国。使薳章委。章楚大夫。求成焉，使之求平于随，诈也。军于瑕以待之。瑕，地名。楚军于此，以待随之报。随人使少去声。师董成。少师，随大夫。董成，主行成之事。斗伯比楚大夫。言于楚子曰："吾不得志于汉东也，我则使然。言不得志于汉东，是我失策使然。我张吾三军，而被吾甲兵，以武临之，彼则惧而协以谋我，故难间去声。也。张，侈大也。楚之失策，正坐此患，故不能得志。下乃为楚画策。汉东之国，随为大。随张，必弃小国。小国离，楚之利也。张则不惧，离则不协，楚然后可以得志，故曰利。少师侈，随之少师，素自侈大。请嬴雷。师以张之。"请藏其精兵，示以羸弱之卒，使少师忽楚，而愈自侈大。○三"张"字呼应紧峭。熊率律。且比。比楚大夫。曰："季梁随贤臣。在，何益？"言季梁在彼必谏，虽羸师无益于楚。斗伯比曰："以为后图，少师得其君。"言不徒为今日计，且随君宠少师，未必听季梁之言。王毁军而纳少师。毁军，羸师也。王从伯比之计。

少师归，请追楚师。随侯将许之。季梁止之曰："天方授楚，楚之嬴，其诱我也，君何急焉？一句喝破毁军之诈。臣闻小之能敌大也，小道大淫。小有道，大淫乱，然后小能敌大。所谓道，忠于民而信于神也。忠民、信神，是一篇主意。○承道。上思利民，忠也；祝史正辞，信也。祝史正辞，谓祝官、史官实其言辞，而不欺诳鬼神。○又承"忠"、"信"。今民馁而君逞欲，是无利民之忠。祝史矫举以祭，矫举，谓诈称功德以告鬼神。○是无正辞之信。臣不知其可也。"臣不知其小之可以敌大也。此断言楚不可追之意。公曰："吾牲牷全。肥腯，突。粢盛成。丰备，何则不信？"牲，牛、羊、豕也。牷，纯色完全也。腯，肥貌。黍稷曰粢，在器曰盛。○上兼举忠民、信神。随侯单说信神，一边已忘却忠民了，故下归重民为神之主上。对曰："夫民，神之主也，是以圣王先成民而后致力于神。信神只在忠民上看出，故下三"告"皆关民上。成民，指养与教言。故奉牲以告祝史奉牲以告神。下仿此。曰'博硕肥腯'，博，广也。硕，大也。言是牲广大而肥充。○告神只一句。下仿此。谓民力之普存也，告神以"博硕肥腯"者，谓民力之普遍安存，所以能如此也。谓其畜休去声。之硕大蕃滋也，谓其不疾瘯促。蠡祼。也，谓其备腯咸有也。瘯蠡，疥癣也。三句俱承"民力普存"说。唯民力之普存，故其所养之畜，蕃大而无疥癣，咸备而不阙失。○答上"牲牷肥腯"句。奉盛以告曰'洁粢丰盛'，谓其三时不害而民和年丰也。奉酒醴以告曰'嘉栗旨酒'，以善敬之心，将其旨酒。谓其上下皆有嘉德而无违心也。答上"粢盛丰备"句。"酒醴"一段是补笔。所谓馨香，无谗慝也。牺牲、粢盛、酒醴，所以谓之馨香者，乃民德之馨香，无谗谀邪慝故也。○总一笔，答上"何则不信"句。○内用七个"谓"字、七个"也"字，顿挫生姿。末"所谓馨香"一句，直与上"所谓道"一句呼应。故务其三时，养以成民。修其五教，亲其九族，九论，上至高祖，下及玄孙。○教以成民。以致其禋因。祀。精意以享曰禋。于是乎民和而神降之福，故动则有成。谓祭则受福，战则心，而鬼神乏主，应"夫民，神之主"句。君虽独丰，其何福之有？收完上文。君姑修政而亲兄弟之国，庶免于难。"去声。○修政，指忠信而言。兄弟之国，谓汉东姬姓小国。言当与之亲而协，不可与之弃而离，庶免于楚国之难也。○又找一笔。与斗伯比之意暗合。妙。**随侯惧而修政，楚不敢伐。**应"惧"字结。

汇评

[明] 张鼐："忠于民而信于神"，正是修政。季梁知政本矣，故楚不敢伐。至后随入于楚，岂修政之言终息乎？（《评选古文正宗》卷一）

[明] 钟惺：此篇事情极为曲折，左氏叙法曲尽其妙。季梁能识兵机，而其言深远合道，可谓贤臣。使随能终始用其言，不为少师所误，其能遽灭于楚哉？（引自《山晓阁左传选》卷一）

[清] 谢有煇：国势不论大小，在为之何若耳。楚有伯比，随有季梁，可谓英雄所见略同。果能利民以邀神福，楚虽强，其奈我何？乃未几而速杞之战，楚遂得志，以楚能听伯比，而随不能卒用季梁也。（《古文赏音》卷一）

[清] 林云铭：此传为八年速杞之战张本。楚大随小，伐随非一次者，以汉东诸国惧楚，与随互相倚毗。伯比之计，即汉匈奴匿其壮士、健马，以示娄敬之意。若堕入计中，则随既败，不得不服属于楚，汉东诸国可以肆其并吞，不是专为一随起见也。观后此速杞败随之后，即盟贰、轸，伐郧，伐绞，伐罗，灭邓，意可知矣。季梁谓"修政而亲兄弟之国，庶免于难"，许多用力，只讨得个自全，断不敢求胜。楚以小必不能敌大，所谓知彼知己者也。全篇问答，可与《宫之奇谏假道》传参看。晋欲兼取虞、虢，楚欲得志汉东，其措意同；荀息以虞公病在贪，以重宝饵之，斗伯比以少师病在侈，以羸师骄之，其作用同；晋惮宫之奇，楚惮季梁，其先见同；及宫之奇谏，而虞公谓祀神可据，季梁谏，而随侯谓祀神独丰，其愚感同；宫之奇以神依于德，立言最切，季梁以神主于民，析义最精，其识解同。

31

然二国所以存亡不同者,只在二君听与不听耳。篇中斗伯比之言,明净简古,人所易知;季梁之语,挈定"民为神主"一句,而以告神之词串入成民处,得未曾有。其行文如天花乱落,烂漫迷离,令人应接不暇。细玩其中穿插布置,针线甚密,所以为奇。(《古文析义》卷一)

[清] 吴楚材、吴调侯:起手将忠民、信神并提,转到民为神主。先民后神,乃千古不易之论。篇中偏从致力于神处看出成民作用来,故足以破随侯之惑,而起其惧心。至其行文,如流云织锦,天花乱坠,令人应接不暇。(《古文观止》卷一)

[清] 浦起龙:就文貌言,重在季梁谏随之文,楚伯比之言,只似引局;若合后传全势言,则"少师侈"一言,乃是上下筋络所会,而季梁之谏,特局阵展布之藉也。须二篇连看。(《古文眉诠》卷一)

[清] 余诚:通篇以季梁为主,却用斗伯比等作宾,而季梁又从熊率且比口中说出,非所谓宾中有主乎?季梁谏词以修政为主,却兼及亲兄弟之国,是有正意,亦有带说也,而正意却又只于末幅并带说者一点,非倒纲文法乎?盖季梁之意以修政为纲,以忠民信神为目,以信神正在忠民为发挥,而其要以一"道"字为骨子,变化参错而不离乎宗,洵左氏极老横文字。○自"吾不得志"至"张之"一段六十余字,虽一反一正,却具有无数转折,无数层次,而笔力又英健豪迈,夭矫不群。徐退山以为遒劲峭拔,有山立海飞之势,良然。(《重订古文释义新编》卷一)

[清] 毛庆蕃:楚灭诸姬,其阴谋不忍言,若季梁所言,则有国者所宜铭诸座右者也。文章深切著明,却自尔雅温厚,其声声打入人心坎处,备《豳风》、《无逸》之菁英焉。(《古文学余》卷二)

曹刿论战

《左传·庄公十年》

解题 《国语》卷四《鲁语上》："长勺之战，曹刿问所以战于庄公。公曰：'余不爱衣食于民，不爱牲玉于神。'对曰：'夫惠本而后民归之志，民和而后神降之福。若布德于民而平均其政事，君子务治而小人务力；动不违时，财不过用；财用不匮，莫不能使共祀。是以用民无不听，求福无不丰。今将惠以小赐，祀以独恭。小赐不咸，独恭不优。不咸，民不归也；不优，神弗福也。将何以哉？夫民求不匮于财，而神求优裕于享者也，故不可以不本。'公曰：'余听狱虽不能察，必以情断之。'对曰：'是则可矣。知夫苟中心图民，智虽弗及，必将至焉。'"

齐师伐我。公将战。曹刿贵。○鲁人。请见。现。○请见庄公。其乡人曰："肉食者谋之，又何间去声。焉？"肉食，谓在位有禄者。间，犹与也。言在位者自能谋之，汝又何与其谋焉。刿曰："肉食者鄙，未能远谋。"肉食者所见鄙陋，其谋未能远大也。○"远谋"二字是一篇关眼。遂入见。

问："何以战？"问何恃以与齐战。○问得峭。公曰："衣食所安，弗敢专也，必以分人。"衣、食二者，必分之冻馁之人，或者感吾之德，而可以战乎！对曰："小惠未遍，民弗从也。"分惠未能遍及，民心不肯从上所使，未可恃以为战。公曰："牺牲玉帛，弗敢加也，必以信。"牺牲，祭牲也。玉，苍璧、黄琮之类。帛，币也。此皆礼神之物。言祭祀之礼不敢有加于旧，而祝史告神必以诚信，或者感格神明而可以战乎！对曰："小信未孚，神弗福也。"一

33

时之小信，未能感孚于神，而神亦弗肯降之以福，未可恃以为战。**公曰："小大之狱，虽不能察，必以情。"**小狱，争讼也。大狱，杀伤也。情，实也。言小大之狱，虽不能明察，然必尽己之心以求其实，或者狱无冤枉，而可以战乎！**对曰："忠之属也，可以一战。**察狱以情，不使有枉，是能尽己之心，亦忠之一端也。君能尽心于民，则民宜尽心于君，庶可以一战。○"可以一战"，紧照"问何以战"。一"可"字，又与下四"可"字相应。**战，则请从。"**去声。○若与齐战，则请从行。○"请从"与上"请见"相应。

公与之乘。去声。○乘，兵车也。**战于长勺。**酌。○长勺，地名。**公将鼓之。**公欲鸣鼓以进兵。**刿曰："未可。"齐人三鼓。刿曰："可矣！"齐师败绩。**大崩曰败绩。**公将驰之。**公欲驰车而逐齐兵。○"将鼓"、"将驰"，与上"将战"相应。**刿曰："未可。"下视其辙，登轼而望之，**辙，车迹也。轼，车前横木。**曰："可矣！"遂逐齐师。**两"未可"，两"可矣"，突兀相应。

既克，公问其故。公问刿不鼓及下视、登望之故。○又与"问何以战"相应。**对曰："夫战，勇气也。一鼓作气，再而衰，三而竭。彼竭我盈，故克之。**言所以必待齐人三鼓之故。○未战论忠，将战论气，肉食人见不到此。**夫大国，难测也，惧有伏焉。吾视其辙乱，望其旗靡，故逐之。"**言所以下视、登望之故。○"克之"、"逐之"，作两样写法，笔墨精采。

汇评

[明]　孙鑛：一节照应一节，句句典实。未审狱一段似出别调，仍归本格，所以为佳。曰"请见"，自荐甚奇；曰"肉食者鄙"，憨直得妙；问"何以战"，便不是一剑伎俩。而《公羊》、《国策》皆记其他日劫盟事，胡氏于此又以诈谋讥之，何刿之多不幸乎！据左氏前后所记

刿本末,真古大臣器识,岂止一将之任有余哉!"(引自《山晓阁左传选》卷一)

[清] 孙琮:曹刿持重周密,大将才也。曰"请见",突然自荐;曰"肉食者鄙",目空一时;曰"问何以战",直悬细心;曰"战则请从",毅然自任。从"惠"与"信",直说到"忠",可见能用其民;从"三鼓"直等到"辙乱旗靡",可见能制其敌。通篇自首至尾,步步有精神,着着有定算。曹刿妙用,得此为之写生。(引自《详订古文评注全集》卷一)

[清] 林云铭:齐师压境,正鲁国君臣戒严之日。若论不在其位,不谋其政,曹刿以局外之人,忽欲插身庙算,何等唐突!且不直陈应敌急策,却闲闲发问,把庄公平日所行政事,较论一番,何等迂阔!迨既入战场,死生存亡,定在呼吸矣,乃应鼓而偏不鼓,应逐而偏不逐,何等乖방失宜!时庄公既不解其故,而在位诸臣,亦寂无一言掣肘于其间,直待成功之后,方请解说。希有仅事。细玩通篇,当分三段。以"远谋"二字作眼,总是一团慎战之意。惟知慎战,故于未战之先,必考君德;方战之时,必养士气;既胜之后,必察敌情。步步详审,持重处皆成兵机妙用。所谓"远谋"者,此也,肉食辈能无汗浃!(《古文析义》卷一)

[清] 吴楚材、吴调侯:"肉食者鄙,未能远谋",骂尽谋国偾事一流人,真千古笑柄。未战考君德,方战养士气,既战察敌情,步步精详,著著奇妙,此乃所谓远谋也。左氏推论始末,复备参差错综之观。(《古文观止》卷一)

[清] 浦起龙:显语见微,爽语见奥。政本军机皆具,孙、吴不能出乎其宗,左氏所以为言兵之祖也。层节对举,章法矜炼。(《古文眉诠》卷一)

[清] 余诚:"远谋"二字,一篇眼目,却借答乡人语,闲闲点出。入后层层写曹刿远谋,正以见肉食者之"未能远谋"也。通篇不满一百二十字,而其间具无限事势、无限情形、无限问答,急弦促节,在《左

传》中另自别是一词。(《重订古文释义新编》卷一)

[清] 过珙：料敌决胜，刿可谓知己知彼矣，而必原之以平日之忠。列之问，公之答，尤为知战之本。至于"彼竭我盈"而"克之"，"辙乱旗靡"而"逐之"，自是有见。(《详订古文评注全集》卷一)

[清] 唐介轩："远谋"二字，是一篇之骨，前后一问一对，及战时之审量，总莫非"远谋"也。通篇一冒三截，其中自具起伏照应之妙，如"何以"、"可以"、"未可"、"可矣"、"故克"、"故逐"等句，章法极细。(《古文翼》卷一)

[清] 毛庆蕃：齐师伐我，无衅而动，败之机也。虽然，小敌大，弱敌强，不可不惧也。问何以战，盖以人心为本也。曹氏其知兵乎！(《古文学余》卷二)

齐桓公伐楚盟屈完

《左传·僖公四年》

解题 《史记·楚世家》："(成王)十六年,齐桓公以兵侵楚,至陉山。楚成王使将军屈完以兵御之,与桓公盟。桓公数以周之赋不入王室,楚许之,乃去。"

春,齐侯以诸侯之师侵蔡。蔡溃,会。遂伐楚。无钟鼓曰侵,有钟鼓曰伐。民逃其上曰溃。○看齐来楚踪迹,便不正大。楚子使与师言曰:"君处北海,寡人处南海,唯是风马牛不相及也,牛走顺风,马走逆风,两不相及,喻齐楚不相干也。不虞君之涉吾地也,何故?"问得冷隽,绝不以齐为意。妙。管仲对曰:"昔召邵、康公命我先君太公曰:召康公,周太保召公奭也。太公,吕望,齐始封之君也。'五侯九伯,女汝。实征之,以夹辅周室!'五侯,五等诸侯。九伯,九州伯长。○一援王命,破"不相及"句。赐我先君履,东至于海,西至于河,南至于穆陵,北至于无棣。第。○履,所践履之地。穆陵、无棣,皆齐境。言其所赐之履不限地界也。○二宣赐履,破"涉吾地"句。尔贡包茅不入,王祭不共,供。无以缩酒,寡人是徵。昭王南征而不复,寡人是问。"包,裹束也。茅,菁茅也。《禹贡》:"荆州贡菁茅"。缩酒,束茅立之祭前,而灌鬯酒其上,象神饮之也。徵,问也。昭王,成王孙也,南巡狩,渡汉水,船坏而溺死。○三举楚罪,破"何故"句。对曰:"贡之不入,寡君之罪也,敢不共给?昭王之不复,君其问诸水滨!"昭王时汉水非楚境,故不受罪。○管仲问罪之词原开一条生路,故对便一认一推,恰好。

"问诸水滨"一语,近谑。师进,次于陉。刑。○陉,楚地,颍州召陵县南有陉亭。

夏,楚子使屈完楚大夫。如师。如,往也。使往齐师观兵势。师退,次于召陵。屈完请盟故也。楚不服罪,故师进。楚既请盟,故师退。齐侯陈诸侯之师,与屈完乘去声。而观之。乘,共载也。○写齐总不正大。齐侯曰:"岂不穀是为?去声。先君之好去声。是继,与不穀同好何如?"不穀,诸侯谦称。言诸侯之附从,非为我一人,乃是寻我先君之好。未知汝楚君与我同好否。○此处一番和缓,后复一番恐喝,霸术往往如是。对曰:"君惠徼骄。福于敝邑之社稷,辱收寡君,寡君之愿也。"徼,求也。言我以君之惠,而得徼社稷之福,使寡君见收于君,虽为君辱,实寡君之愿也。齐侯曰:"以此众战,谁能御之?以此攻城,何城不克?"前犹是挟天子以令诸侯,此直是挟诸侯以令诸侯矣。宜乎其穷于屈完之对也。对曰:"君若以德绥诸侯,谁敢不服?君若以力,楚国方城以为城,方城之山,可用为城。汉水以为池,江汉之水,可用为池。虽众,无所用之。"齐桓说攻说战,何等矜张,屈完只闲闲将以德、以力两路合来,一扬一抑,又何等安雅。

屈完及诸侯盟。"及诸侯盟",则非专与齐盟也,与篇首关应。

汇评

[宋] 真德秀:僭王,罪之大者;不贡,罪之小者。舍大而责其小,何哉?桓之内失德、外失义者多矣,设以大恶责之,彼必斥我之恶以对,岂不为诸侯羞?舍其所当责,而及其不必责,庶几楚人不尽力以抗我,则不劳而师有功,此其为伯者之师与?(引自《山晓阁左传选》卷二)

［清］　金圣叹：此篇写齐，凡三换声口；写楚，只是一意闲闲然，此为左氏于小白之微词也。(《天下才子必读书》卷一)

［清］　何焯：楚素强，陵暴中夏，诸侯怀两端。……惟率之伐蔡，则诸侯无所顾忌而毕至，因而劫其众以伐楚。诸侯在其术中，有不唯命者乎？虽然，非素约也，心与力之不一，其何以战？屈完来即与之盟而退，唯用其虚声焉耳，又齐之得也。(《义门读书记》卷九)

［清］　林云铭：齐桓公伐楚一事，千古美谈，而鲁僖犹借其功作颂，极力铺张。看来当日合八国之师，历三时之久，其声罪也，仅得其半推半认；其陈师也，反惹其先恭后倨。以列国诸侯不能睹楚君之面，止盟一大夫而还，有何功绩？越二年，齐侯伐郑，而楚即围许救郑，仍是相持不下景况，何曾得其半点心服乎？不知伯者作用，本是个假，兵一到而来盟，便算楚服，所谓拏得起，放得倒也。或谓楚有僭王之罪，桓公问之，何说之辞？试问当日伐楚果能胁楚令去王号乎？若楚不听，果何以中止而还师乎？此皆管仲筹之最熟，正恐楚之不能罪辞也。后儒纷纷饶舌，无有是处。(《古文析义》卷一)

［清］　吴楚材、吴调侯：齐桓合八国之师以伐楚，不责楚以僭王猾夏之罪，而顾责以包茅不入、昭王不复，一则为罪甚细，一则与楚无干。何哉？盖齐之内失德，而外失义者多矣，我以大恶责之，彼必斥吾之恶以对，其何以服楚而对诸侯乎？故舍其所当责，而及其不必责。霸者举动，极有收放，类如此也。篇中写齐处，一味是权谋笼络之态；写楚处，忽而巽顺，忽而诙谐，忽而严厉，节节生峰。真辞令妙品。(《古文观止》卷一)

［清］　余诚：篇中层层问答，针锋相对，究其深旨，全在无字句处，读者当求诸笔墨之外，方是慧眼慧心。○《论战》篇似赞曹刿，实是责鲁；此篇似赞屈完，实是善齐。读者当微会之。(《重订古文释义新编》卷一)

［清］　过珙：齐人词气张皇，妙在以一二冷语折之，两发言而两口塞。甚

矣,见齐之师出无名也! 或云:何不责楚以僭王猾夏? 然管子筹之熟矣。楚即不义,齐亦岂无失德? 以屈完之智,宁肯以口舌让人? 使遽加以无上之罪,彼必斥我之恶以对,岂不为诸侯羞? 故特轻加罪案,非特便楚,亦便齐也,何得罪管仲以失言?(《详定古文评注全集》卷一)

[清] 毛庆蕃:此对如歌之有和,盖善问者必先为答者作地步也。或乃谓其胜于管仲,岂非痴人说梦乎!(《古文学余》卷三)

宫之奇谏假道

《左传·僖公五年》

解题 《史记·晋世家》："是岁（按：指晋献公二十二年）也，晋复假道于虞以伐虢。虞之大夫宫之奇谏虞君曰：'晋不可假道也，是且灭虞。'虞君曰：'晋我同姓，不宜伐我。'宫之奇曰：'太伯、虞仲，太王之子也，太伯亡去，是以不嗣。虢仲、虢叔，王季之子也，为文王卿士，其记勋在王室，藏于盟府。将虢是灭，何爱于虞？且虞之亲能亲于桓、庄之族乎？桓、庄之族何罪，尽灭之。虞之与虢，唇之与齿，唇亡则齿寒。'虞公不听，遂许晋。宫之奇以其族去虞。其冬，晋灭虢，虢公丑奔周。还，袭灭虞，虏虞公及其大夫井伯百里奚以媵秦穆姬，而修虞祀。荀息牵曩所遗虞屈产之乘马奉之献公，献公笑曰：'马则吾马，齿亦老矣。'"

晋侯献公。复扶又切。假道于虞以伐虢。二年，虞师、晋师伐虢，灭下阳。至是又假道以伐虢。○下一"复"字便伏下"一甚可再"意。宫之奇虞贤大夫。谏曰："虢，虞之表也；表，外护也。言虢为虞之外护。虢亡，虞必从之。虞失外护，则必与之俱灭。○事急故陡作险语。通篇著眼在此。晋不可启，寇不可翫，玩。一之为甚，其可再乎？翫，狎也。在昔为晋，在今为寇。在昔为启，在今为翫。晋不可启，故一为甚；寇不可翫，故不可再也。谚所谓'辅车昌遮切。相依，唇亡齿寒'者，其虞、虢之谓也。"辅，颊辅。车，牙车。言虞如牙车，如齿在里；虢如颊辅，如唇在表。虢存，则辅车相依；虢灭，则唇亡齿寒。○此言灭虢正所以自灭。应"虢亡，虞必从之"句。

41

公曰："晋，吾宗也，岂害我哉？"晋、虞皆姬姓，故曰"吾宗"。对曰："大伯、虞仲，大王之昭也；虞仲，即仲雍。二人皆太王之子、王季之兄也。太王于周为穆，穆生昭，故太王之子为昭。大伯不从，是以不嗣。大伯不从太王剪商，与虞仲俱逊国而奔吴，是以不嗣于周。而虞仲支子，别封西吴，是为虞之始祖。○此段只说虞固出于太王。虢仲、虢叔，王季之穆也；二人皆王季之子、文王之弟也。王季于周为昭，昭生穆，故王季之子为穆。仲封东虢，为郑所灭。叔封西虢，为今虢公始祖。为文王卿士，勋在王室，藏于盟府。王功曰勋。盟府，司盟之官。二人皆有功于王室，文王与为盟誓之书而藏于盟府。○此段乃说虢更亲于虞仲。将虢是灭，何爱于虞？虢比虞于晋，又近一世。晋既灭虢，何爱于虞，而反不灭乎？○破"晋吾宗"句。且进一层说。虞能亲于桓、庄乎？其爱之也，桓叔，始封于曲沃，庄伯其子也。献公乃桓叔曾孙、庄伯之孙。言晋虞不过同宗，而桓、庄之族与献公同祖兄弟，实至亲也。○倒句妙。若顺写，则将云："且晋爱虞能过于桓、庄乎？"桓、庄之族何罪？而以为戮，不唯逼乎？逼，贵近也。桓叔、庄伯之族无罪，而献公尽杀之，是恶其族大势逼也。亲以宠逼，犹尚害之，况以国乎？"至亲而以宠势相逼，犹尚杀害之，况虞有一国之利，献公肯相容乎？○破"岂害我"句。

公曰："吾享祀丰洁，神必据我。"据，犹依也。言虞有神祐，晋虽欲害而不能。○写痴人如画。对曰："臣闻之，鬼神非人实亲，惟德是依。鬼神非实亲近乎人，惟有德者乃依据之。故《周书》曰：'皇天无亲，惟德是辅。'《蔡仲之命》篇辞。○"德"字引《书》一。又曰：'黍稷非馨，明德惟馨。'《君陈》篇辞。○"德"字引《书》二。又曰：'民不易物，惟德繄物。'《旅獒》篇辞。言祭者不改易其物，而神唯享有德者之物。繄，语助也。○"德"字引《书》三。如是，总三《书》。则非德，民不和，神不享矣。民为神之主，神要从民和看出，故带说此句。神所冯凭。依，将在德矣。冷语。妙。若晋取虞，而明德以荐馨香，神其吐之乎？"吐，不食其所祭也。言虞国社稷山川之神，亦享晋明德之祀，所谓"非人实亲，惟德是依"也。○破"享祀丰洁，神必据我"二句。

弗听，许晋使。去声。宫之奇以其族行，恐惧晋祸，挈其妻子以奔曹。曰："虞不腊矣。在此行也，腊，岁终合祭诸神之名。言虞不能及岁终腊祭，即在吾族既行而遂灭也。○"腊"字根上"享祀"来。晋不更举矣。"即以灭虢之兵灭虞，不再举兵也。○说虢亡虞必从之，何等斩截。冬，晋灭虢。师还，馆于虞，遂袭虞，灭之。执虞公。

汇评

[明] 袁宏道：先说"虞之表"，后以"辅车"、"唇齿"申明"表"之一字。"晋，吾宗也"二句，是虢公昏处。"太伯、虞仲"下十二句，正破"吾宗"之说。"且虞能亲于桓、庄乎"八句，又深一层说话，言晋之亲族且以宠逼而戮害。"逼"之一字，正破"岂害"之说。至虞公托神"据我"，则其昏愈甚，而以"吐"之一字破"据我"之说，尤见刺骨。（引自《评选古文正宗》卷一）

[清] 金圣叹：事险，便作险语。看其段段俱是峭笔健笔，更不下一宽句宽字。古人文，必照事用笔，每每如此。（《天下才子必读书》卷一）

[清] 林云铭：晋伐虢，必假道者，以虞为虢蔽，不可飞越而往也。虢既就灭，但间晋，岂能越国鄙远，时时假道于虞，以往治其民人乎？人虽至愚者，亦知虞必不免矣。"吾宗"、"享祀"二语，总为璧马所迷，以国殉货，故作此支饰之词。宫之奇语语破的，无奈不悟。所谓不仁者不可与言，岂奇之懦哉？（《古文析义》卷一）

[清] 吴楚材、吴调侯：宫之奇三番谏诤，前段论势，中段论情，后段论理，层次井井，激昂尽致。奈君听不聪，终寻覆辙。读竟为之掩卷三叹。（《古文观止》卷一）

[清] 余诚：开首一语提清，以下先论势，次论情，再次论理。危言正论，

总见晋使不可许,虞公弗听而许之。又作去后之谏,而卒亦不悟。是一时最不快意之事,却是千古最快意之文。(《重订古文释义新编》卷一)

[清] 过珙:虞公只是利令智昏耳。曰"吾宗",曰"神必据我",虽一时饰说,未必由中之发,然亦愚冈极矣。使迷惑在此,只一点便破,何始喻之辅车唇齿不悟,再谕以灭虢同宗而犹不悟?愦愦乃尔,宜其覆亡也。(《详订古文评注全集》卷一)

[清] 冯李骅、陆浩:开手提明"复假道于虞",故文中前则曰"其可再乎",后则曰"晋不更举矣",首尾呼应一片。中间"吾宗"、"神据"两层,却因虞公自解自宽,就其说而驳之。其实正意已于首段说尽也,然层层驳难,于本文为绝妙波澜,于后文为绝妙埋伏。读之下半,其详写灭虢童谣时日,偏不一笔商量及虞,分明是"虢亡"、"虞从"、"晋不更举"注脚。其详写执及大夫以媵秦,分明为"吾宗"二字写出极其不堪。其详写修祀归贡,又分明为"神其吐之"还他着落。而末以"罪虞公,且言易也"结之。前半妙文得后半实事,两两相应,使人读之又好哭又好笑也。刻本往往删去后半,亦食蔗而遗其本矣。(《春秋左绣》卷五)

[清] 林纾:此一篇是愚智之互镜。虞公开口抱一"宗"字,继此抱一"神"字,其愚呆处已从两语描出。宫之奇即分两项驳他。说到"宗"字,宫之奇即将"宗"字分出亲疏。虞、虢视晋,则虢近于虞;犹恐驳他不倒,又出桓、庄二族,不但同宗,且属近支。近支尚尔,何况遥遥之华胄?一步紧似一步。"将虢是灭",是叫他从虢一边翻转看;视"亲于桓、庄",又叫他从晋一边翻转看。"犹"字是纵笔,"况"是收笔,文字精透极矣,词锋亦便利极矣。乃犹不悟,拈出"神"字,以为可据。此直是璧、马之余情,贪心不已,以为尚有后酬。"据"之为言,安也,谓神安其享,即是亲己。宫之奇心悯其愚,牢不可破,连举七个"德"字,苦苦醒他……综言德之关系于存亡,无所不至,故言之重叠,不惟不见其沓,且反复辩论,亦一步紧

似一步。已乃用"弗听"二字,将其忠言截住。宫之奇两用"矣"字,一断虞之亡,一决晋之得。此双锁之笔。文笔既含蓄而又完满。或谓必增下文,始谓之有归结。吾意殊不谓然。试视开头一个"复"字,宫之奇口中一个"再"字,虞之国家,已了此两字之中,何必再续下文邪?(《左传撷华》)

[清] 毛庆蕃:宫之奇谏虞较季梁谏随为尤切。虞亡在旦夕也,季梁用而宫之奇不用,不幸也。然荀息用而死,宫之奇不用而以其族全,何者幸,何者不幸,必有能辨之者。《传》解《经》为"罪虞",为宫之奇痛也。晋一举而灭二国,其罪当何如哉!执虞易,定晋则难矣。(《古文学余》卷三)

齐桓下拜受胙

《左传·僖公九年》

解题 《国语》卷六《齐语》：葵丘之会，天子使宰孔致胙于桓公，曰："余一人之命有事于文、武，使孔致胙。"且有后命曰："以尔自卑劳，实谓尔伯舅，无下拜。"桓公召管子而谋，管子对曰："为君不君，为臣不臣，乱之本也。"桓公惧，出见客曰："天威不违颜咫尺，小白余敢承天子之命曰'尔无下拜'？恐陨越于下，以为天子羞。"遂下拜，升受命。赏服大辂，龙旗九旒，渠门赤旗，诸侯称顺焉。

会于葵丘，寻盟，且修好，去声。礼也。修睦以尊周室，故以为礼。

王使宰孔赐齐侯胙，宰，官。孔，名。胙，祭肉。异姓诸侯，非夏、商之后，不赐胙。襄王使宰孔赐齐桓胙，盖尊之比于二王也。曰："天子有事于文、武，使孔赐伯舅胙。"有事于文、武，谓有祭祀之事于文、武之庙。天子称异姓诸侯皆曰"伯舅"。○本与下"以伯舅耋老"句连文，只因齐侯欲下拜，歇住，王命遂分两番说，错落入妙。齐侯将下拜。将下阶拜，受天子之赐。○插入一句，妙。孔曰："且有后命。紧接。天子使孔曰：'以伯舅耋迭。老，加劳，如字。赐一级，无下拜！'"七十曰耋。劳，功劳也。级，等也。言天子以伯舅年老，且有功劳于王室，故进一等，不令下阶而拜。对曰："天威不违颜咫止。尺，言君尊如天，其威严常在颜面之前。八寸曰咫。小白余敢贪天子之命'无下拜'？恐陨越于下，以遗去声。天子羞。敢不下拜？"小白，桓公名。陨越,颠坠也。公自称名,言我岂敢贪天子之宠命,不下阶而拜?恐得罪于天,而颠坠于下,适足以昭天子之辱,敢不下阶而拜乎?**下**,句。**拜**,句。**登**,句。**受**。句。

汇评

［清］ 孙琮:葵丘之会,或以为盛,或以为衰,读左氏则两意俱见。下拜受胙非盛乎?晋侯私还非衰乎?宰孔知齐而不知晋,乌得为智者?(《山晓阁左传选》卷二)

［清］ 林云铭:葵丘之会,所以明王禁,乃尊王之意,实有功于周室。况襄王得立,原藉首止之盟以定其位,为劳甚大。襄王赐胙,比之同姓诸侯,所以亲之;比之夏、商之后,所以尊之。又命无下拜,以宠异之,可谓加恩无不至矣。但恩可加而礼不可假。齐桓之对,君臣堂陛之分凛然,较之晋文请隧,不啻霄壤。此夫子所以评其正,孟子所以称其盛也。文之严肃处,带有婉曲之致,愈诵愈有味。(《古文析义》卷一)

［清］ 吴楚材、吴调侯:看他一连写五个"下拜"。两"无下拜"与"敢不下拜"应,"将下拜"与下、拜、登、受应。(《古文观止》卷一)

［清］ 浦起龙:极写尊礼而受恭,为齐侯功成大结。赐胙,异数也;下拜,常分也。若非"将下"一抱,齐侯精神不出。斯为入神之笔。(《古文眉诠》卷二)

［清］ 唐介轩:称"天子",尊君也;"下拜",抑臣也。篇中四写"天子",五写"下拜",君臣之义,千古为昭。小小文字,有尺水兴龙之势。(《古文翼》卷一)

［清］ 毛庆蕃:齐侯之下拜,管仲之辞礼,小心翼翼,礼之节也。君重其劳,臣守其分,如闻《小雅》之遗音焉。(《古文学余》卷三)

阴饴甥对秦伯

《左传·僖公十五年》

解题　《春秋左传集解》第五《僖公上》:"(十五年)晋饥,秦输之粟,秦饥,晋闭之籴。故秦伯伐晋。……(九月)壬戌,战于韩原,……秦获晋侯以归。"《国语》卷九《晋语》:"公(按指晋惠公)在秦三月,闻秦将成,乃使郤乞告吕甥。吕甥教之言,令国人于朝曰:'君使乞告二三子曰:秦将归寡人,寡人不足以辱社稷,二三子其改置以代圉也。'且赏以悦众,众皆哭,焉作辕田。……吕甥逆君于秦,穆公讯之曰:'晋国和乎?'对曰:'不和。'公曰:'何故?'对曰:'其小人不念其君之罪,而悼其父兄子弟之死丧者,不惮征缮以立孺子,曰必报仇,吾宁事齐、楚,齐、楚又交辅之。其君子思其君,且知其罪,曰必事秦,有死无他。故不和。比其和之而来,故久。'公曰:'而无来,吾固将归君,国谓君何?'对曰:'小人曰不免,君子则否。'公曰:'何故?'对曰:'小人忌而不思,愿从其君而与报秦,是故云。其君子则否,曰:吾君之入也,君之惠也,能纳之,能执之,则能释之;德莫厚焉,惠莫大焉;纳而不遂,废而不起,以德为怨,君其不然!'秦君曰:'然。'乃改馆晋君,馈七牢焉。"又,《史记·秦本纪》:"缪公曰:'我得晋君以为功,今天子为请,夫人(按指夷吾姊)是忧。'乃与晋盟,许归之,更舍上舍,而馈之七牢。十一月,归晋君夷吾,夷吾献其河西地,使太子圉为质于秦。"不及吕甥对秦伯事。

十月,晋阴饴甥_{即吕甥}。会秦伯,_{穆公。}盟于王城。_{王城,秦地。}

秦许晋平之后，晋惠使郤乞召吕甥迎己，故会秦伯盟于此。

秦伯曰："晋国和乎？"对曰："不和。"不和"二字，对得骇人。小人耻失其君而悼丧去声。其亲，不惮征缮以立圉语。也，曰：'必报仇，宁事戎狄。'小人，在下之人也。君，指惠公。亲，谓死于战者。征缮，征赋治兵也。圉，惠公太子名。言小人耻其君为秦所执，痛其亲为秦所杀，不惮征赋治兵以立太子，曰必报秦之仇，宁事戎狄而与之共图也。君子爱其君而知其罪，不惮征缮以待秦命，曰：'必报德，有死无二。'君子，在上之人也。言君子爱其君，而知晋国之有罪，不惮征赋治兵，以待秦归晋君之命，曰必报秦之德，惟有死而无二心也。○初读"不和"二字，只谓尽露其短，今说出"不和"之故来，始知正炫其长。两边一样加"不惮征缮"四字，是制缚秦伯要著。以此不和。"又用"不和"二字作一束。笔法严整。秦伯曰："国谓君何？"或死，或归。对曰："小人戚，谓之不免；君子恕，以为必归。小人不知事理，徒为忧戚，以为秦必害其君；君子以己之心度人之心，以为秦必归其君也。小人曰：'我毒秦，秦岂归君？'毒秦，谓晋背施闭籴，毒害秦国也。○所以可戚。君子曰：'我知罪矣，秦必归君。所以为恕。○即承上君子、小人说来。双开双合，章法极整，又极变。贰而执之，服而舍捨。之，晋有贰心，而秦执之。晋既知罪，而秦舍之。德莫厚焉，刑莫威焉。舍之，则秦之德莫厚于此；执之，则秦之刑莫威于此。服者怀德，贰者畏刑，服秦者，怀秦之德；贰秦者，畏秦之刑。此一役也，秦可以霸。秦归晋君之役，使诸侯怀德畏刑，可以成霸业也。纳而不定，若秦初纳晋君，今执之而不安定其位。废而不立，秦既执晋君，今不归而使之复立为君。以德为怨，秦不其然。'"是秦始有德于晋，而今则变德为怨，秦岂肯为此。○前两段并述君子、小人意中事，"贰而执之"以下单就君子意中，一反一正歆动他。秦伯曰："是吾心也。"入其彀中。改馆晋侯，馈七牢焉。牛、羊、豕各一，为一牢。将归之故加其礼焉。

汇评

[清] 何焯：阴饴甥征缮以辅孺子，有种、蠡之才。王城对秦伯之词，才智纵横，卒脱其君，可谓能矣。(《义门读书记》卷九)

[清] 林云铭：吕甥作用全在教郤乞。征缮以辅孺子一语示晋已有君，使秦徒抱空质耳。此番以不和言和，借君子小人口中逗出立圉、待命二意，浑成无迹。末把归晋君一着为秦之利。抑扬中纯是一片笼络，可谓词令妙品。(《古文析义》卷一)

[清] 吴楚材、吴调侯：通篇作整对格，而反正开合，又复变幻无端。尤妙在借君子、小人之言，说我之意，到底自己不曾下一语。奇绝。(《古文观止》卷一)

[清] 毛庆蕃：阴氏各种词令不及"是吾心也"一语。盖含宏光大，已并晋君臣而包之也。晋侯杀庆郑，秦伯又饩之粟，是晋再败而秦伯再克也已。(《古文学余》卷三)

子鱼论战

《左传·僖公二十二年》

解题 《春秋左传集解》第六《僖公中》："二十二年春,伐邾,取须句,反其君焉,礼也。三月,郑伯如楚。夏,宋公伐郑。子鱼曰:'所谓祸在此矣。'初,平王之东迁也,辛有适伊川,见被发而祭于野者,曰:'不及百年,此其戎乎!其礼先亡矣。'"按"子鱼"又作"子反"。《春秋穀梁传》:"(僖公二十二年)冬,十有一月己巳朔,宋公及楚人战于泓,宋师败绩。……宋公与楚人战于泓水之上,司马子反曰:'楚众我少,鼓险而击之,胜无幸焉。'襄公曰:'君子不推人危,不攻人厄。'须其出,既出,旌乱于上,陈乱于下。子反曰:'楚众我少,击之,胜无幸焉。'襄公曰:'不鼓不成列。'须其成列而后击之,则众败而身伤焉,七月而死。"

楚人伐宋以救郑。以宋襄公伐郑故。宋公将战,大司马固即子鱼。谏曰:"天之弃商久矣,宋,商之后。君将兴之,公将图霸兴复。弗可赦也已。获罪于天,不可赦宥。○言不可与楚战。弗听。

及楚人战于泓。弘。○泓,水名。○总一句。宋人既成列,宋兵列阵已定。楚人未既济。楚人尚未尽渡泓水。○是绝好机会。司马曰:"彼众我寡,及其未既济也,请击之。"公曰:"不可。"何意?既济而未成列,机会犹未失。又以告。省句法。公曰:"未可。"又何意?既陈阵。而后击之,宋师败绩。大崩曰败绩。公伤股,门官歼尖。焉。门官,守门之官，师行则从。歼，尽杀也。○二句，写败绩不堪。

国人皆咎公。归咎襄公不用子鱼之言。**公曰："君子不重**去声**伤，不禽**同擒**。二毛。**重，再也。二毛，头黑白色者。言君子于敌人被伤者，不忍再伤；头黑白色者，不忍擒之。○二句引起。**古之为军也，不以阻隘也。**阻，迫也。隘，险也。言不迫人于险。○释上"不可"意。**寡人虽亡国之余，不鼓不成列。"**亡国之余，根"弃商"句来。鼓，鸣鼓进兵也。言不进兵以击未成阵者。○释上"未可"意。○寡固不可以敌众。宋公既不量力以致丧师，又为迂腐之说以自解，可发一笑。

子鱼曰："君未知战。一句断尽。**勍擎。敌之人，隘而不列，天赞我也。**勍，强也。强敌厄于险隘，而不成阵，是天助我以取胜机会。**阻而鼓之，不亦可乎？**迫而鼓进之，何不可之有？**犹有惧焉。**犹恐未必能胜也。○加一句，更透。○辨"不以阻隘"、"不鼓不成列"。**且今之勍者，皆吾敌也。虽及胡耇，苟。获则取之，何有于二毛？**胡耇，元老之称。言与我争强者，皆吾之仇敌，虽及元老，犹将擒之，何有于二毛之人。○辨"不禽二毛"。**明耻、教战，求杀敌也。伤未及死，如何勿重？**明设刑戮之耻，以教战斗，原求其杀人至死。若伤而未死，何可不再伤以死之。○辨"不重伤"。**若爱重伤，则如勿伤；爱其二毛，则如服焉。**若不忍再伤人，则不如不伤之；不忍禽二毛，则不如早服从之。○再辨"不重伤，不禽二毛"，更加痛快。**三军以利用也，**凡行三军，以利而动。**金鼓以声气也。**兵以金退，以鼓进，以声佐士众之气。**利而用之，阻隘可也**；若以利而动，则虽迫敌于险，无不可也。**声盛致志，鼓儳谗。可也。"**儳，参错不齐之貌。指未整阵而言。声士气之盛，以致其志，则鼓敌之儳，勇气百倍，无不可也。○再辨"不以阻隘"、"不鼓不成列"，更加痛快。○篇中几个"可"字相呼应，妙。

汇评

[宋] 苏轼：宋襄公非独行仁义而不终者也。以不仁之资，盗仁者之名尔。……宋襄公执鄫子用于次睢之社，君子杀一牛犹不忍，而宋公戕一国君若犬豕然，此而忍为之，天下孰有不忍者耶！泓之役，身败国衄，乃欲以"不重伤，不禽二毛"欺诸侯。人能紾其兄之臂以取食，而能忍饥于壶餐者，天下知其不情也。襄公能忍于鄫子，而不忍于"重伤"、"二毛"，此岂可谓其情也哉？……齐桓、晋文得管仲、子犯而兴，襄公有一子鱼不能用，岂可同日而语哉？自古失道之君，如是者多矣，死而论定，未有如宋襄公之欺于后世者也。（《苏轼文集》卷三《宋襄公论》）

[明] 茅坤：尖刻快利与战国类矣，但彼率此炼，彼薄此浓，风气胜之耳。"爱其二毛"以下，申前三意，分合法变，笔锋变峭为宕。（引自《山晓阁左传选》卷二）

[明] 陈懿典：子鱼之论战当矣。然予意宋君或者自料其非楚敌也，而托于"不鼓不成列"之说以自解。不然，违礼而战，战又不克，名实两丧，其何说之辞！（《读左漫笔》）

[清] 金圣叹：笔快却如剪刀快相似，愈剪愈疾，愈疾愈剪。胸中无数关隔噎咳之病，读此文便一时顿消。（《天下才子必读书》卷一）

[清] 林云铭：宋襄以不阻不鼓取败。公羊过褒，胡氏过贬，均失其实。总是继霸之初，不知度德量力，欲以假仁假义笼络诸侯，故但用正兵，不肯诈胜，是其愚处。与前此以乘车会楚被执，同一好笑。及败后，受通国咎责，因引及"不重伤，不禽二毛"门面话头，虚张掩护，更觉不情。独不思敌之伤可恤，敌之老可矜，而己之师、己之股、己之门官皆可不必计乎？子鱼此论，从不阻不鼓，倒说到不重不禽；复从不重不禽，顺说到不阻不鼓。一句一驳，总见其未知战，所以深惜其愚也。文之精练斩截，如短兵接战，转斗无前。（《古文析义》卷一）

[清]　吴楚材、吴调侯：宋襄欲以假仁假义笼络诸侯以继霸，而不知适成其愚。篇中只重阻险鼓进意，"重伤"、"二毛"带说。子鱼之论，从不阻不鼓，说到不重不禽；复从不重不禽，说到不阻不鼓。层层辨驳，句句斩截，殊为痛快。（《古文观止》卷一）

[清]　唐介轩："不可"、"未可"，宛然曹刿从战，疑宋公亦大有把捉，乃一败涂地。只子鱼"君未知战"四字了之。后逐层抉进，却用两"可也"收住，恰好照应，妙极！（《古文翼》卷一）

[清]　冯李骅、陆浩：此是左氏开手第一篇驳难文字。看其层层抉摘，一转一紧，临了却作宕漾之笔，于紧处得松，尤能令意味悠然有余也。（《春秋左绣》卷六）

[清]　林纾：凡驳难文字，取其遒紧。宋公满腔迂腐，子鱼满腹牢骚，君臣对答之言，针锋极难。通篇用五"可"字。公曰"不可"，又曰"未可"。子鱼则曰："不亦可乎？"此犹作商量语。至末段用两"可也"，则直出兵谋，为教导襄公语矣。一步紧似一步，词锋之便利，令读者动色。（《左传撷华》）

寺人披见文公

《左传·僖公二十四年》

解题 《史记·晋世家》："文公元年春，秦送重耳至河。……二月辛丑，咎犯与秦、晋大夫盟于郇。壬寅，重耳入于晋师。丙午，入于曲沃。丁未，朝于武宫，即位为晋君，是为文公。群臣皆往。怀公圉奔高梁。戊申，使人杀怀公。怀公故大臣吕省、郤芮本不附文公，文公立，恐诛，乃欲与其徒谋烧公宫，杀文公。文公不知。始尝欲杀文公宦者履鞮知其谋，欲以告文公，解前罪，求见文公。文公不见，使人让曰：'蒲城之事，女斩予祛。其后，我从狄君猎，女为惠公来求杀我。惠公与女期三日至，而女一日至，何速也？女其念之。'宦者曰……于是见之，遂以吕、郤等告文公。文公欲召吕、郤，吕、郤等党多，文公恐初入国，国人卖己，乃为微行，会秦缪公于王城，国人莫知。三月己丑，吕、郤等果反，焚公宫，不得文公。文公之卫徒与战，吕、郤等引兵欲奔，秦缪公诱吕、郤等，杀之河上，晋国复而文公得归。夏，迎夫人于秦，秦所与文公妻者卒为夫人。秦送三千人为卫，以备晋乱。"

吕、郤畏逼，将焚公宫而弑晋侯。吕甥、郤芮，皆惠公旧臣，恐为文公所逼害，欲焚公宫而弑之。寺人披请见。现。○寺人，内官也，名披。请见文公，欲以难告。公使让之，且辞焉，让，责也。公使人数其罪而责之，且辞不相见。○总二句。曰："蒲城之役，五年，献公使寺人披伐公于蒲城。君命一宿，女汝。即至。献公命汝经宿乃至，汝不待宿，而即日至。其后余从狄君以田渭滨，其后我奔狄国，从狄君田猎于渭水之滨。女为去声。惠公来求杀余，命女三宿，女中宿至。惠公命汝三宿乃至，汝不待三宿，而次宿即至。○就文公口中说出伐狄一事，补传所未及。虽有君命，何其速也？二者虽奉献公、惠公之命，何至之太速也。○已上皆让之之词。夫袪区。犹在，女其行乎！"袪，衣袂也。披伐蒲，斩公袪。言所斩之袪尚在，汝其去乎！○二句，是辞之之词。对曰："臣谓君之入也，其知之矣。若犹未也，又将及难。去声。○臣谓君之入晋也，庶几知君人之道矣。若犹未也，又将及于祸难。○含讥带诮，小人轻薄口吻。"又将及难"句，已微露其意。下就文公之言，作两层辨驳。君命无二，古之制也。奉君命无二心，古之法制如此。除君之恶，唯力是视。前此伐公，乃为君除恶，当尽吾力为之。蒲人、狄人，余何有焉？公在献公时，则为蒲人；在惠公时，则为狄人，于我何关，而不速杀之？○竟斥之为恶，复等之蒲、狄人，快语。今君即位，其无蒲、狄乎！今安知无有如蒲、狄而能为公害者乎？当亦有人奉命速至如披者也。意在含吐间，隽甚。○已上答"虽有君命，何其速也"之意。齐桓公置射石。钩，而使管仲相。去声。○庄公九年，鲁纳子纠，与齐战于乾时，管仲射中齐桓公带钩，后桓公用管仲为相。○"射钩"对"斩袪"，恰好。君若易之，何辱命焉？君若反其所为，则我将自去，无所辱于君命。行者甚众，岂唯刑臣？"披，阉人，故称"刑臣"。言但恐惧罪而行者甚多，宁独我刑余之人？言外见旧臣畏逼不安，必有祸难。意在含吐间，隽甚。○已上答"夫袪犹在，女其行乎"之意。公见之，以难告。公乃召见寺人披。披以吕、郤之谋告。

晋侯潜会秦伯于王城。避难也。己丑晦，公宫火。瑕甥、即吕甥。郤芮瑞。不获公，乃如河上，秦伯诱而杀之。吕郤之才，不亚狐赵，一事失计，自取戮辱，惜哉！

汇评

[清] 孙琮：子犯授璧，寺人告难，……左氏于文公初反国独叙二事，见重耳之能用人。(《山晓阁左传选》卷二)

[清] 林云铭：献公蒲城之命，乃惑于谗；惠公渭滨之命，实出于忌。寺人披奉命速至，济君之恶，以为固宠之媒。此番复借吕、郤作难，改而市德，真小人倾险反复常态也。文公让而辞之，犹从宽典，乃侃侃提出"君命无二"四字，以为己在当日必当速至加害，绝无半语掩饰引过。且以文公既立之后，必不当记念旧怨，致人惧罪以取祸难，总缘其胸中有所挟而来耳。幸文公处危疑之际，纳其言而贳其罪，若遇郑厉、卫献，将来总不免于诛死耳。《国语》所载之词，过于劫胁，不如此篇劫胁中犹带婉切，不尽伤对君之体。(《古文析义》卷一)

[清] 吴楚材、吴调侯：寺人披倾险反复，诚无足道，然持机事告人，危言迫胁，说得毛骨俱悚，人自不得不从之，可谓阉人之雄。(《古文观止》卷一)

介之推不言禄

《左传·僖公二十四年》

解题　《吕氏春秋》卷一二:"晋文公反国,介之推不肯受赏,自为赋诗曰:'有龙于飞,周遍天下。五蛇从之,为之丞辅。龙反其乡,得其处所。四蛇从之,得其露雨。一蛇羞之,桥死于中野,悬书公门,而伏于山下。'文公闻之曰:'嘻!此必介之推也。'避舍变服,令士庶人曰:'有能得介之推者,爵上卿,田百万。'或遇之山中,负釜盖簦,问焉曰:'请问介之推安在?'应之曰:'夫介之推苟不欲见而欲隐,吾独焉知之。'遂背而行,终身不见。"《史记·晋世家》:"文公修政,施惠百姓。赏从亡者及功臣,大者封邑,小者尊爵。未尽行赏,周襄王以弟带难出居郑地,来告急晋。晋初定,欲发兵,恐他乱起,是以赏从亡,未至隐者介子推。推亦不言禄,禄亦不及。……介子推从者怜之,乃悬书宫门曰:'龙欲上天,五蛇为辅。龙已升云,四蛇各入其宇,一蛇独怨,终不见处所。'文公出,见其书,曰:'此介子推也。吾方忧王室,未图其功。'使人召之,则亡。遂求所在,闻其入绵上山中,于是文公环绵上山中而封之,以为介推田,号曰介山,'以记吾过,且旌善人'。"

晋侯赏从亡者,文公反国,赏从亡之臣。**介之推不言禄,禄亦弗及。**介,姓。之,语助。推,名。介推亦在从亡中,未尝言禄,而文公颁禄亦不及介推。○先正多责推借正言以泄私怨。看此叙事,先书"不言禄"三字,便知推本自过人一等。

推曰：" 献公之子九人，唯君在矣。八人皆死，唯文公独存。○一非人力。惠、怀无亲，外内弃之。惠公、怀公皆忮害无亲，外而诸侯，内而臣民，无不弃之。○二非人力。天未绝晋，必将有主。三非人力。主晋祀者，非君而谁？四非人力。天实置之，而二三子以为己力，不亦诬乎？置，立也。○总断一笔。二三子更有何说？窃人之财，犹谓之盗，况贪天之功以为己力乎？再痛骂之。快极。下义其罪，上赏其奸；上下相蒙，难与处矣。" 贪天之功，在人为罪，在国为奸。而下反以为义，上反以推赏，是上下相欺，难与一日并处于朝矣。○此即是归隐意，乃"不言禄"之由也。

其母曰："盍亦求之？以死谁怼？"兑。○言何不自去求赏，即不求以死，将谁怨耶？○母特试之，故作相商语。对曰："尤而效之，罪又甚焉。尤，过也。我以贪天者为过，今复效之，则我之罪又甚于彼矣。且出怨言，不食其食。"看推自亦认有怨言，何劳后人又责其怨。其母曰："亦使知之，若何？"母特再试之，故再作相商语。○上是试以求利，此是试以求名。对曰："言，身之文也。身将隐，焉烟。用文之？是求显也。"人之有言，所以文饰其身。吾身将隐于山林，何用假言辞以文饰之？若自言之，是非隐而求显也。○上是不欲享其利，此是不欲享其名。其母曰："能如是乎？细玩此四字，乃知其母上二番特试之也。与汝偕隐。"有此贤母，故能成子之高。遂隐而死。"不言禄"，结案。

晋侯求之不获。以绵上为之田，绵上，西河地名。以此为介推供祭之田。曰："以志吾过，且旌善人。"志，记也。旌，表也。言以此田记吾禄不及推之过，且表推"不言禄"之善也。○"禄亦弗及"，结案。

汇评

[宋] 吕祖谦：推尤诸臣之贪功，其言未必非也。其心之所发则非也，不过借正义以泄私怨耳。推若果以从亡之臣为不当赏，则文公之赏狐、赵为滥，而不赏己者，乃理之常也，非失之于狐、赵而得之于我乎！君待我以常，我自安其常，怨何为而生，身何为而隐也？是非无两立之理。今既咎文公滥赏，又咎文公之不赏，此近于人情乎？吾是以知推之言，特借理以逞怨也。（引自《评选古文正宗》卷一）

[清] 金圣叹：最是清绝峭绝文字，写其母三段话，是三样文字，细细玩味之。（《天下才子必读书》卷一）

[清] 林云铭：服其事，不居其功，虽臣子之心，然录其劳而定其赏，亦国家之典。晋文从亡之臣，十九年在外，若尽说无功，则栉风沐雨，与家食坐视者等，无是理也。但行赏时，必待求之而后得，不求则不得，为可议耳。篇中重冒功一边，滥赏意只带说。后段借与母问答之词，自明其不为名、不为利二意。则介之推之立品，有大过人者。晋侯绵上之举，亦知己之不及赏为过，推之不言禄为善，可谓失之东隅，收之桑榆者矣。（《古文析义》卷一）

[清] 吴楚材、吴调侯：晋文反国之初，从行诸臣，骈首争功，有市人之所不忍为者。而介推独超然众纷之外，孰谓此时而有此人乎？是宜百世之后，闻其风者，犹咨嗟叹息不能已也。篇中三提其母，作三样写法，介推之高，其母成之欤！（《古文观止》卷一）

[清] 余诚：此传直起直收，一似平铺顺叙，毫无结构者，然起伏照应，丝丝入扣，神明于法，而绝无用法痕迹。是宇宙间极有数文字，勿谓寥寥数语中不具大观也。○"不言禄"三字是一篇纲领，"禄亦弗及"只带说，"推曰"以下皆发明"不言禄"意，但自"献公之子九人"至"难与处矣"，皆以他人言禄作衬。议论滔滔不竭，有一泻千里之势，而自己"不言禄"意，只于言外见得，其笔趣却又浑如蜻蜓点水一般。"其母曰"至"与女偕隐"，几番问答便移宫换羽，纯用清

峭之笔,几于不多著墨,而"不言禄"意层层实写得出。又酷类颜鲁公书法,精力直透过纸背数重。前后笔法迥异,正足见谋篇之妙。末用"绵上为之田"紧应"禄亦弗及",又用晋侯语暗应"不言禄"、"禄亦弗及"两层,周到精密,细心寻绎,当自得之。(《重订古文释义新编》卷二)

[清] 过珙:之推口不言功,逃身隐死,于纯臣之品,真有大过人者。若偕隐之母,死而不悔,尤非笄黛中所可多得。文公志过旌善,可谓有礼,然到底是奸雄语耳。(《详订古文评注全集》卷一)

[清] 毛庆蕃:介子之贤也,数从者不及,其善藏其才也;赏从者不及,其善藏其功也;晋侯求之不获,其善藏其身也。介子其春秋之夷、齐乎?介母益深远矣。(《古文学余》卷三)

展喜犒师

《左传·僖公二十六年》

解题 《国语》卷四《鲁语上》：齐孝公来伐鲁，臧文仲欲以辞告。病焉，问于展禽。对曰："获闻之，处大教小，处小事大，所以御乱也，不闻以辞。若为小而崇，以怒大国，使加己乱，乱在前矣，辞其何益？"文仲曰："国急矣！百物唯其可者，将无不趋也。愿以子之辞行赂焉，其可赂乎？"展禽使乙喜以膏沐犒师，曰："寡君不佞，不能事疆场之司，使君盛怒，以暴露于弊邑之野，敢犒舆师。"齐侯见使者曰："鲁国恐乎？"对曰："小人恐矣，君子则否。"公曰："室如悬罄，野无青草，何恃而不恐？"对曰："恃二先君之所职业。昔者成王命我先君周公及齐先君太公曰：'女股肱周室，以夹辅先王。赐女土地，质之以牺牲，世世子孙无相害也。'君今来讨弊邑之罪，其亦使听从而释之，必不泯其社稷；岂其贪壤地而弃先王之命？其何以镇抚诸侯？恃此以不恐。"齐侯乃许为平而还。

齐孝公伐我北鄙。公使展喜犒考去声。师，展喜，鲁大夫展禽之弟。犒，劳也。〇人来伐我，却往迎劳之，便妙。使受命于展禽。受命，受犒师之辞命也。展禽，即柳下惠，名获，字禽，食采于柳邑，谥曰惠。

齐侯未入竟，同境。展喜从之，伏后"乃还"二字，妙。曰："寡君闻君亲举玉趾，将辱于敝邑，使下臣犒执事。"不敢斥尊，托言来犒执事之臣。〇辞令婉转。齐侯曰："鲁人恐乎？"对曰："小人恐矣，君子则

卷一　周文

否。"小人，君子，以无识、有识言。○说恐不得，说不恐又不得，分作君子、小人说，奇妙。齐侯曰："室如县同悬。罄，野无青草，何恃而不恐？"县，系也。罄，《国语》作"磬"，谓府藏空虚，如悬磬然。青草，蔬食也。时夏四月，今之二月，百物未成，故言在内而府藏空虚，在野而蔬食不备，鲁之所恃者何在？而不恐乎？对曰："恃先王之命。先王，成王也。○一句喝出，辞气正大。昔周公、鲁祖。大泰。公齐祖。股肱周室，夹辅成王。成王劳去声。之，而赐之盟，提出二国之祖，转到王命，论有根据。曰'世世子孙无相害也！'此句是先王之命。载在盟府，太师职之。太师，司盟之官。职，主也。○加此二句，见王命凛凛至今。桓公是以纠合诸侯，而谋其不协，弥缝其阙，而匡救其灾，昭旧职也。阙，失也。灾，难也。弥缝、匡救，所以谋其不协。若此者，盖欲昭明太公夹辅之旧职也。○"是以"字，紧承上王命来。三"其"字，皆指鲁而言。及君即位，先之以桓公，疾接"及君即位"，妙。诸侯之望曰：'其率桓之功！'诸侯之望君，咸曰："其能率循桓公弥缝、匡救之功。"○不独写鲁，通写诸侯，妙。我敝邑用不敢保聚，曰：'岂其嗣世九年，而弃命废职？其若先君何？我敝邑用是不敢聚众保守，咸曰："岂其嗣桓公世方及九年，而遽弃王命，废旧职，其若先君太公、桓公何？"○二十五字，作一气读。"曰"者，心口相商之词。盖用反语收上王命、旧职二层，宕逸。君必不然。'正转一句，紧闭。恃此以不恐。"直收到"君子则否"句。○三"恃"字，呼应。

齐侯乃还。齐侯更不下一语，妙。

汇评

　　［清］　金圣叹：只是短幅，却有无数奇妙。如斗按"恃"字作突兀一句，一也；并举二祖同事先王，二也；赐盟至今在府，三也；忽然感颂桓公，四也；诸侯共望率桓之功，不止鲁之望之，五也；自写无恐，裒

袅二十五字只作一句,六也。(《天下才子必读书》卷一)

[清] 林云铭:一篇大旨,止在"恃先王之命"一句。此受展禽之教,以大义为感动,不必又赘。独是应对之语,须取给于临时,何以知齐侯必有是问?妙在乘其师未入境,先往迎犒,钓出他口中一个"恐"字。又把"恐"字分别个君子小人,钓出他口中一个"恃"字。然后好把口授大旨,滔滔汩汩提起。太公受命,桓公修职,横说竖说,了无滞碍矣。及说到孝公来伐,却不言鲁无以保聚,反谓鲁不敢保聚;不信齐肆其毒害,反谓齐必不加害,如此则是。鲁之士马本无藉于饱腾迎敌,又何待以县罄、青草为忧乎?词之严正中却加许多回护,宜齐侯之动听还师也。但齐师既退之后,鲁却遣襄仲乞师于楚,伐齐取谷,岂载在盟府之词,止可责齐,不堪自责耶?可发一笑。(《古文析义》卷一)

[清] 吴楚材、吴调侯:篇首"受命于展禽"一语,包括到底。盖展喜应对之词,虽取给于临时,而其援王命、称祖宗大旨,总是受命于展禽者。大义凛然之中,亦复委婉动听。齐侯无从措口,乘兴而来,败兴而返。所谓子猷山阴之棹,何必见戴也。真奇妙之文。(《古文观止》卷一)

[清] 浦起龙:师出无名,但以室空野旷诘人无恃,齐亦妄矣!历举先绪,以塞其口,其妄自废,而词令之递卸总卷,笔力清括。(《古文眉诠》卷二)

[清] 余诚:是年春,齐曾侵鲁西鄙,鲁曾追之至酅,弗及。齐愤鲁党卫,鲁愤齐侵伐,春秋交讥之至是。齐又伐鲁北鄙,卫人亦伐齐,仍以前一年盟洮之故,齐师尤为非义。展喜重申王命以却之,词严义正。后复感颂先世,属望孝公,语婉气和,令人无可置辞,故齐师不战自退。此等妙用,虽出自展喜,而篇首有"使受命于展禽"一语,则喜之言皆禽之命,觉虚中有实,实处皆虚,篇法奇变,迥异恒蹊。若夫措语之妙,针锋紧对中,极其超脱警拔,更见异样精神。(《重订古文释义新编》卷二)

［清］　过珙：齐侯劈头以"恐"字吓他，展喜陡然分个君子小人，占尽许多地步；以"恃"字笑他，陡然抬出"先王之命"，何等名正言顺！中间陡然将"先王之命"细述一番，陡然将桓公能守"先王之命"细述一番，后又陡然一劝，陡然一惩，直令齐侯闻义而返，真所谓谈笑而却敌人之兵者。(《详订古文评注全集》卷一)

［清］　唐介轩：抬出先王、周公、太公、成王、桓公，力争上流，而以"恃此不恐"句陡然煞住，令齐侯难措一辞，此为词令第一。(《古文翼》卷一)

［清］　毛庆蕃：略似阴饴甥之对秦伯，而大义凛然，较彼弥缝掩饰之说，不可同年而语矣。盖一则情曲义亏，一则理直气壮，左氏传之，如化工之肖物也。(《古文学余》卷三)

烛之武退秦师

《左传·僖公三十年》

解题　《史记·晋世家》："七年，晋文公、秦缪公共围郑，以其无礼于文公亡过时，及城濮时郑助楚也。围郑，欲得叔瞻。叔瞻闻之，自杀。郑持叔瞻告晋。晋曰：'必得郑君而甘心焉。'郑恐，乃间令使谓秦缪公曰：'亡郑厚晋，于晋得矣，而秦未为利。君何不解郑，得为东道交？'秦伯说，罢兵。晋亦罢兵。"

晋侯、文公。秦伯穆公。围郑，晋文主兵，秦穆会之。以其无礼于晋，文公出亡过郑，郑不礼之。且贰于楚也。郑伯虽受曹盟，犹有二心于楚。○二句，言致伐之由。晋军函陵，秦军氾凡。南。函陵、氾南，皆郑地。○二句，写秦、晋分军次舍。可以乘间私说。伏下烛之武夜缒见秦君。

佚之狐郑大夫。言于郑伯曰："国危矣，若使烛之武郑大夫。见秦君，师必退。"佚之狐已有定算。公从之。遣烛之武。辞曰："臣之壮也，犹不如人；今老矣，无能为也已。"隐示不早见用意。虽近怨，然辞亦婉曲。公曰："吾不能早用子，今急而求子，是寡人之过也。公先自责。然郑亡，子亦有不利焉。"转语急切，自然感动。许之。乃许出见秦君。

夜缒坠。而出。缒，悬索也。至夜乃悬城而下，恐晋觉也。见秦伯曰：

"秦、晋围郑,郑既知亡矣。提过郑事一边,妙绝。若亡郑而有益于君,敢以烦执事。反跌一句。下乃历言亡郑之无益而有害,极为透快。越国以鄙远,君知其难也,秦在西,郑在东,晋居其间。设若得郑,而秦欲越晋国,以为边鄙,相隔甚远,君亦当知其难也。○亡郑无益。焉烟。用亡郑以陪邻?邻之厚,君之薄也。陪,益也。邻,谓晋也。言秦得郑,必为晋所有,是益邻矣。邻之地厚,则秦之地相形而薄也。○亡郑又有害。若舍捨。郑以为东道主,行李之往来,共同供。其乏困,君亦无所害。郑在秦东,故曰东道。行李,使人也。言秦能舍郑以为东道主人,秦之使者,往来过此,或资粮乏困,郑能供给之,于秦又何所害焉。○舍郑有益无害。且君尝为晋君赐矣,许君焦、瑕,朝济而夕设版焉,君之所知也。晋君,谓惠公。赐,犹德也。焦、瑕,晋河外二邑。言穆公曾纳惠公,亦云有德矣。惠公许秦以河外焦、瑕二邑,乃朝济河,而夕即设版筑,以守二城。其背秦之速,君之所知也。○此借旧事以见晋惯背秦德,与之共事,断无有益。绝好一证。夫晋,何厌平声。之有?宕笔妙。进一层说。既东封郑,又欲肆其西封。若不阙秦,将焉取之?封,疆也。肆,大也。阙,削也。言既灭郑,以辟其东方之封疆,势必又欲大其西方之封疆,若不削小秦地,将何所取之以肆其西封也?○此言晋不独得郑,后必将欲得秦,为害甚大。阙秦以利晋,唯君图之。"上言"亡郑以陪邻",此直言"阙秦以利晋",何等透快。

秦伯说,悦。与郑人盟,使杞子、逢孙、杨孙戍恕。之,三子皆秦大夫。戍,屯兵以守也。乃还。秦师退矣。

子犯晋文公舅。请击之。请击秦师。公曰:"不可。微夫人之力不及此。微,无也。夫人,指秦伯。文公亦秦所纳,故言微秦伯之力,何缘得为晋君?因人之力而敝之,不仁;赖秦力得国,而反害秦,是不仁也。失其所与,不知;智。○误与同事,是不知也。以乱易整,不武。二国整师而来,而

乃自相攻击,易之以乱,是不武也。**吾其还也。**"亦去之。<small>晋师亦退矣。</small>

汇评

[明] 钟惺:烛之武以老辞,而"郑亡"、"不利"之言,自然感悟而去。先说郑亡无益于秦,而后以越国鄙远亡郑陪邻动之。"且君尝为"四句,以往日之陪秦言;"夫晋何厌"五句,以后日之阙秦言。词命之善,一至于此,宜秦伯之说且盟也。(引自《评选古文正宗》卷一)

[清] 金圣叹:分明一段写舍郑之无害,一段写陪晋之有害,而其文皆作连锁不断之句,一似读之急不得断者。○妙在其辞愈委婉,其读愈晓畅。(《天下才子必读书》卷一)

[清] 林云铭:晋文修怨于郑,与秦何涉? 会兵围之,自是过举。但既同围郑矣,乃听烛之武之言,中变而与郑盟,且舍戍焉,晋岂有不憾者? 后此,晋柩牛吼,西师暴骨于二陵,结衅不休,皆自此始。此尤失策之大者也。但烛之武为国起见,说秦之词句句悚动,有回天之力,其中无限层折,犹短兵接战,转斗无前,不虑秦伯不落其彀中也。计较利害处,实开战国游说门户,佚之狐当受荐贤上赏矣。(《古文析义》卷一)

[清] 吴楚材、吴调侯:郑近于晋,而远于秦。秦得郑而晋收之,势必至者。越国鄙远,亡郑陪邻,阙秦利晋,俱为至理。古今破同事之国,多用此说。篇中前段写亡郑乃以陪晋,后段写亡郑即以亡秦,中间引晋背秦一证,思之毛骨俱竦。宜乎秦伯之不但去郑,而且戍郑也。(《古文观止》卷一)

[清] 余诚:此篇起首一段叙出围郑之故并两军驻扎之地,便见郑原未尝得罪于秦,而乘间可以进说意,是为下文伏案也。"佚之狐"段叙遣武事,却用一辞作波,是行文纡徐有致处。武"见秦伯"之段,前一段就秦与郑说,后一段就秦与晋说,皆从利害上立言。反反复复,似深为秦筹者,委婉入情,令人自为心折,极是辞令妙品。

后段末以"乃还"二字结"秦军汜南"句。"子犯"一段,又另将晋作一波,以"亦去之"三字结"晋军函陵"句,章法尤为精密。(《重订古文释义新编》卷二)

〔清〕 过珙:得势全在"秦、晋围郑,郑既知亡"二语,先令人气平了一半。以后纡徐曲折,言言刺入秦伯心窝里去。词令之妙,一至于此。其悦而且戍也,固宜。(《详订古文评注全集》卷一)

蹇叔哭师

《左传·僖公三十二年》

解题 《史记·秦本纪》："(缪公)三十二年冬，晋文公卒。郑人有卖郑于秦曰：'我主其城门，郑可袭也。'缪公问蹇叔、百里傒，对曰：'径数国千里而袭人，希有得利者。且人卖郑，庸知我国人不有以我情告郑者乎？不可。'缪公曰：'子不知也，吾已决矣。'遂发兵，使百里傒子孟明视、蹇叔子西乞术及白乙丙将兵。行日，百里傒、蹇叔二人哭之。缪公闻，怒曰：'孤发兵而子沮哭吾军，何也？'二老曰：'臣非敢沮君军。军行，臣子与往；臣老，迟还恐不相见，故哭耳。'二老退，谓其子曰：'汝军即败，必于殽阨矣。'三十三年春，秦兵遂东。……当是时，晋文公丧尚未葬。太子襄公怒曰：'秦侮我孤，因丧破我滑。'遂墨衰绖，发兵遮秦兵于殽，击之，大破秦军，无一得脱者。虏秦三将以归。"

杞子_{秦大夫。}三十年，秦伯与郑人盟，使杞子等戍郑。自郑使告于秦曰："郑人使我掌其北门之管，_{管，锁钥也。}若潜师以来，国可得也。"穆公访诸蹇叔。_{秦大夫。}蹇叔曰："劳师以袭远，非所闻也。_{轻行而掩之曰袭。○总断一句，破潜师得国之非。下作两层写。}师劳力竭，远主备之，_{兵师劳苦，其力必尽。远方之主，易为之备。}无乃不可乎？_{一层言郑不可得。}师之所为，郑必知之，勤而无所，必有悖心。_{郑既知之，则秦兵勤劳而无所得，必生悖逆之心而妄为。}且行千里，其谁不知？"_{不但郑知，他国无不尽知，伏下晋人御师。○一层言师}

不可潜。

公辞焉。不受其言。召孟明、西乞、白乙,使出师于东门之外。孟明,姓百里,名视。西乞名术。白乙名丙。蹇叔哭之,曰:"孟子!呼孟明也。吾见师之出而不见其入也!"十三字,要作哭声读。公使谓之曰:"尔何知?中寿,尔墓之木拱矣。"合手曰拱。言尔何有知识,设当中寿而死,尔之墓木已拱矣。极诋其衰老失智也。

蹇叔之子与去声。师,哭而送之,曰:"晋人御师必于殽,殽地险阻,可以邀击。晋有宿怨,御师必在于此。殽有二陵焉。大阜曰陵。其南陵,夏后皋桀之祖。之墓也;其北陵,文王之所辟同避。风雨也。殽之北陵,两山相欹,故可以避风雨。○点缀情景,惨淡凄其,不堪再诵。必死是间,余收尔骨焉!"四十一字,要作哭声读。

秦师遂东。为明年晋败秦于殽张本。

汇评

[清] 金圣叹:一片沉痛,却出之以异样兴会。(《天下才子必读书》卷一)

[清] 陆次云:蹇叔以言谏不从,继之以哭,一哭再哭,以哭谏也。而穆公终不悟,而丧师,枉死其子,是秦国再无第二个有识如蹇叔者。真所谓一个臣矣。至今读之似闻青山犹哭声也。(引自《详订古文评注全集》卷一)

[清] 孙琮:为家为国,深情之至,语自悲痛,此《离骚》之所始与?三帅闻之,犹不心动,盖贪功之心胜耳。(《山晓阁左传选》卷二)

[清] 吴楚材、吴调侯:谈覆军之所,如在目前,后果中之,蹇叔可谓老成

先见。一哭再哭,出军时诚恶闻此,然蹇叔不得不哭,若穆公之既败而哭,晚矣!(《古文观止》卷一)

[清] 过珙:蹇叔所陈,计深虑远,皆老成练达之语。读到哭孟明、哭子,景色最是惨凄。(《详订古文评注全集》卷一)

卷二

周　文

郑子家告赵宣子

《左传·文公十七年》

解题　《春秋左传集解》第九《文公下》："十七年春，晋荀林父、卫孔达、陈公孙宁、郑石楚伐宋。讨曰：'何故弑君！'犹立文公而还。"本文之前的这段记载，显示了晋国的强大。面对强邻关于郑"贰于楚"的指责，郑国大夫子家予以严正的驳斥，令晋方无言以对，只能与郑和解，并以晋卿与晋侯女婿为质。郑亦派出国君之子与大夫作人质。《左传》本文之后叙曰："冬十月，郑大子夷、石楚为质于晋。"

晋侯<small>灵公</small>。合诸侯于扈，<small>户。○扈，郑地</small>。平宋也。<small>平宋乱以立文公</small>。于是晋侯不见郑伯，<small>穆公</small>。以为贰于楚也。<small>以其有二心于楚，故不与相见</small>。

郑子家<small>公子归生</small>。使执讯而与之书，<small>执讯，通讯问之官</small>。以告赵宣子，<small>晋卿赵盾</small>。曰：<small>下皆书辞</small>。"寡君即位三年，召蔡侯<small>庄公</small>。而与之事君。<small>君，晋襄公</small>。九月，蔡侯入于敝邑以行。敝邑以侯宣多<small>郑大夫</small>。之难，<small>去声。○侯宣多以援立穆公之故，恃宠专权而作乱</small>。寡君是以不

73

得与蔡侯偕。十一月,克减侯宣多,克减,少除其难也。而随蔡侯以朝潮。于执事。踵蔡庄公朝晋之后,即来朝也。○朝襄一。十二年六月,归生子家自称名。佐寡君之嫡夷,郑太子名夷。以请陈侯共公。于楚,而朝诸君。陈共公将朝晋而畏楚,故归生辅太子夷,先为请命于楚。君,晋灵公。○朝灵二。十四年七月,寡君又朝以蒇谙。陈事。蒇,成也。郑穆又亲朝,以成往年陈共之好。○朝灵三。十五年五月,陈侯灵公。自敝邑往朝于君。陈灵新即位,自郑入朝。○朝灵四。往年正月,烛之武郑大夫。往朝夷也。烛之武又辅太子夷往朝于晋。"往朝夷"三字是倒语。○朝灵五。八月,寡君又往朝。郑穆又亲朝。○朝灵六。○已上叙朝晋之数,叙朝晋之年,叙朝晋之月,叙朝晋之人。真是帐簿皆成妙文。下复结算一通,妙,妙。以陈、蔡之密迩于楚,而不敢贰焉,则敝邑之故也。陈、蔡之朝,皆郑之功。○结上召蔡侯、请陈侯、往朝君三事。虽敝邑之事君,何以不免?无论陈、蔡,虽以郑自己事晋而言,何以不免于罪?○百忙中复作此二语,以起下二层意,何等委婉。在位之中,一朝于襄,而再见现。于君,结上随蔡侯蒇陈事,又往朝三事。夷与孤之二三臣相及于绛。夷,郑太子。孤,谓君也。二三臣,谓烛之武及子家自谓。绛,晋都邑。相及于绛,谓朝晋不绝也。○结上归生佐夷、烛之武往朝夷二事。虽我小国,则蔑以过之矣。郑虽小国,其事晋无以过之矣。○又总结一笔,道紧。今大国曰:'尔未逞吾志。'逞,快也。○只一句点题。敝邑有亡,无以加焉。郑国唯有灭亡而已,不能复加其事晋之礼也。○八字激切而沉痛。下乃引古人成语,曲曲转出不能复事晋意。古人有言曰:'畏首畏尾,身其余几?'上声。○既畏首,又畏尾,则身之不畏者,有几何哉?又曰:'鹿死不择音。'同荫。○鹿将死,不暇择庇荫之所。小国之事大国也,德,则其人也;不德,则其鹿也。德,恩恤也。言以人视我,我还是人;以鹿视我,我便是鹿。○奇思创解。铤挺。而走险,急何能择?铤,疾走貌。鹿知死而走险,何暇择荫?国知危而事大,何暇择邻?皆由急则

74

生变也。命之罔极，亦知亡矣，晋命过苛，无有穷极。事之亦亡，叛之亦亡，郑已知之矣。○"亡"字呼应。将悉敝赋以待于儵，酬。唯执事命之。赋，兵也。儵，晋郑之境。言将尽起郑兵，以待于儵地，唯听晋执事之命令也。○收紧敌晋意。文公二年，朝于齐。四年，为去声。齐侵蔡，亦获成于楚。郑文公二年，朝于齐桓公。后复从齐侵蔡，蔡属楚而郑为齐侵之。宜获罪于楚，而反获成。○晋责郑贰于楚，忽反写楚之宽大以讽晋。奇妙。居大国之间，而从于强令，岂其罪也？郑居晋、楚之间，而从于大国之强令，未可执以为罪。言贰楚出于不得已也。○开胸放喉，索性承认，妙，妙。大国若弗图，无所逃命。"晋若弗图恤郑国，则唯晋所命，不敢逃避也。○结语，多少激烈愤懑！

晋巩拱。朔晋大夫。行成于郑，赵穿、晋卿。公婿池晋侯女婿。为质至。焉。晋见郑之词强，故使巩朔行成。而赵穿、公婿池为质于郑以示信。此以见晋之失政，而霸业之衰也。

汇评

[明] 茅坤：其妙在叙事文法变换，先历叙，后两分结之，字字劲炼流逸。（引自《古文翼》卷一）

[清] 林云铭：郑既与晋同盟新城，又不敢背楚厥貉之好。虽反复可罪，但念前此失三大夫而待救不至，则晋不可恃可知。会而不见，何以服其心乎？子家是书，初言朝晋之勤，即以厥貉从楚之陈、蔡，因郑事晋以为己功，不但自明其非实心与楚，且以示晋若弃郑，则陈、蔡狐兔之悲，亦当永与晋绝。其命意最深远也。因两引古人成语，以斥晋命之不堪；上征先世事齐，以明从楚之无罪。语语锋刃，纯是一团怒气，挥洒而出。至说及索赋待儵，无所逃命，乃以犊触虎，不顾死生话头，亦量晋之无能为耳。其中分叙总叙，旁喻远引，无不入妙，非后人所能措笔。（《古文析义》卷一）

［清］　吴楚材、吴调侯：前幅写事晋唯谨，逐年逐月算之，犹为兢兢畏大国之言。后幅写到晋之不知恤小，郑亦不能复耐，竟说出贰楚亦势之不得不然，晋必欲见罪，我亦顾忌不得许多。一团愤懑之气，令人难犯，所以晋人竟为之屈。(《古文观止》卷二)

［清］　浦起龙：晋人所诃，在"贰于楚"。巧借近楚假途之陈、蔡以自功，又即借楚以自诡，强辞隐恃，瘦硬通神。(《古文眉诠》卷三)

王孙满对楚子

《左传·宣公三年》

解题　《史记·周本纪》:"定王元年,楚庄王伐陆浑之戎,次洛,使人问九鼎。王使王孙满应设以辞,楚兵乃去。"

楚子庄王。伐陆浑之戎,陆浑之戎,秦、晋所迁于伊川者。遂至于雒,同洛。观去声。兵于周疆。雒,水名。周所都也。观,示兵威以胁周也。○一"遂"字,便见楚庄无礼。定王使王孙满周大夫。劳去声。楚子。楚强周弱,定王无如之何,故使大夫劳之。楚子问鼎之大小、轻重焉。禹之九鼎,三代相传,犹后世传国玺也。楚庄问大小轻重,有图周天下意。对曰:"在德不在鼎。有天下者,在有德不在有鼎。○一语喝破。昔夏之方有德也,紧承"德"字。远方图物,远方图画山川、物怪献之。贡金九牧,九州牧守,皆贡其金。铸鼎象物,以九州之金,铸为九鼎,而著图物之形于其上。百物而为之备,百样物怪,各为备御之具。使民知神、奸。使民尽知鬼神、奸邪形状。故民入川泽、山林,不逢不若。若,顺也。民知神、奸,故不逢不顺。螭魅鬾蜽,罔两,莫能逢之。螭,山神。魅,怪物。罔、两,水神。既为之备,故莫能逢人为害。用能协于上下,以承天休。民无灾害,则上下和以受天之祐。○已上言有德方有鼎。桀有昏德,鼎迁于商,载祀六百。伏下三十、七百。商纣暴虐,鼎迁于周。已上言无德则鼎迁。德之休明,虽小,重也。鼎非加大,而不可迁移,若增重然。其奸回昏乱,虽大,轻也。鼎非加小,而汤武迁之,若遂轻然。○总括四语,正缴"在德不在鼎"意。"大"、"小"、"轻"、"重"四字,错落有致。天祚明德,有所底止。言有尽头处。○二句起下,方入本意。成王定鼎于郏夹。鄏,辱。○郏鄏,东周王城,今河南也。卜世三十,卜年七百,天所命也。此天有所底止之定命也。周德虽衰,天命未改。未满卜数。鼎之轻重,未可问也。"结语冷隽。

汇评

[明] 焦竑:"在德不在鼎"一句,是一篇主意。"夏之方有德"以下,正见"在德不在鼎";"成王定鼎"以下,见"天祚明德,有所底止"。(引自《评选古文正宗》卷一)

[清] 谢有煇:王孙满不责楚子之无王,至谓"天祚明德,有所底止"。人皆咎其失言,不知观兵周疆,天王尚不敢责其无礼,岂问鼎之言独能深罪耶?故只以"在德不在鼎"折之,见楚子殊为失问,冷讽逾于显斥矣。至末提出"天所命也"四字,则冠履之分,仍自凛然。(《古文赏音》卷二)

[清] 林云铭:楚庄问鼎,自不是闲问,但彼时周室虽微,名义犹存,未必遽为楚并。即楚力能并周,诸侯亦未必服从,徒负不义之名于天下耳。王孙满"在德不在鼎"一语,确是正论。其言铸鼎之始,乃在夏后有天下之后,非因得鼎而后兴也。其言夏鼎迁商,商鼎迁周,必有奸回昏乱如桀、纣者,而汤、武始得以休明之德,坐享天祚。况天命有当改之时,非人力所能胜。今周纵失德,未必如桀、纣,楚之明德,未必如汤、武,即此日之天命,亦未必遽祚楚而厌周,则鼎之问也,不太早计乎?是一篇极有斟酌文字。旧评谓满却楚之功,不足以赎怠周之罪,何其刻而不当理也!(《古文析义》卷二)

[清] 吴楚材、吴调侯:提出"德"字,已足以破痴人之梦;揭出"天"字,尤足以寒奸雄之胆。(《古文观止》卷二)

[清] 浦起龙:"在德",一篇之主。鼎之象物卜年,皆牢贴"德"字说。五

霸知尊周者，桓、文耳。秦、宋无论，楚直陵之矣。厥后入郑入陈，虽有气局，抑末也。（《古文眉诠》卷三）

［清］　余诚：通篇以"德"字作骨，惟德乃能惬民情以膺天眷。故有德则下有以宜民，上有以承天，而无鼎者可以铸；无德则下无以宜民，上无以承天，而有鼎者势必迁。是时周德虽衰，楚亦不德，庄王乃欲窥伺周室，宜乎王孙满深折之也。正论侃侃，千古不磨之作。（《重订古文释义新编》卷二）

齐国佐不辱命

《左传·成公二年》

解题 鲁成公二年（前589），爆发齐、晋鞌之战，齐国大败，晋军紧追不舍，攻至马陉。本文叙齐顷公派国佐与晋国谈判求和，在外交战中占得上风的情况。《左传》本文后面尚有一段，于阅读本文有助，兹录之："鲁、卫谏曰：'齐疾我矣！其死亡者，皆亲暱也。子若不许，雠我必甚。唯子则又何求？子得其国宝，我亦得地，而纾于难，其荣多矣！齐、晋亦唯天所授，岂必晋？'晋人许之，对曰：'群臣帅赋舆以为鲁、卫请，若苟有以藉口而复于寡君，君之惠也。敢不唯命是听。'"该年七月，齐国佐终与晋方在爰娄签订了和约。

晋师从齐师，齐师败走，晋师追之。入自丘舆，击马陉。刑。○丘舆、马陉，皆齐邑。齐侯使宾媚人宾姓，媚人族，即国佐也。赂以纪甗、演。玉磬与地。甗，玉甑也。玉甑、玉磬，皆灭纪所得者。地，鲁、卫之侵地。"不可，则听客之所为。"言晋人不许，则听其所为，欲战则更战也。客，指晋人。○此句并顷公语意夹入，妙。伏下"寡君之命使臣则有辞"一段。

宾媚人致赂，晋人不可，晋人果不许。曰："必以萧同叔子为质，至。而使齐之封内尽津上声。东其亩。"萧，国名。同叔，萧君字，其女嫁于齐，即顷公之母。晋人欲质其母，而不便直言，故称萧同叔子。言必以萧同叔子为质于晋，而使齐国境内田亩皆从东西而行，则我师舍去矣。○重上句，下句带说，故用"而"字转下。盖前此晋郤克与臧孙许同时而聘于齐，顷公之母踊于棓而窥客，则客或跛、或眇，于是使跛者迓跛者，使眇者迓眇者。夫妇人窥客，已是失体，翘侮客以取快乎？出尔反尔，无足怪也。对曰："萧同叔子非他，寡君之母也。只"非他"二字，多少郑重。妙。若以匹敌，则亦晋君之母也。若以齐、晋比并言之，则齐之母，犹晋之母。其为国君之母，则一也。○陪一句，更凛然。吾子布大命于诸侯，而曰必质其母以为信，其若王命何？其若先王孝治天下之命何？○上不便。且是以不孝令也。且欲令人皆蹈不孝之行。○下不便。《诗》曰：'孝子不匮，永锡尔类。'《诗·大雅·既醉》篇。言孝子爱亲之心，无有穷匮，又以孝道长赐汝之族类。若以不孝令于诸侯，其无乃非德类也乎？晋既以不孝号令诸侯，是非以孝德赐及同类矣。○已上破"为质"句。先王疆理天下，物土之宜，而布其利。疆者，为之大界也。理者，定其沟涂也。物，相也。相土之宜，而分布其利。故《诗》曰：'我疆我理，南东其亩。'《诗·小雅·南山》篇。或东西其亩，或南北其亩，皆相土宜，而布其利也。言东南则西北在其中。今吾子疆理诸侯，而曰'尽东其亩'而已，唯吾子戎车是利，无顾土宜，其无乃非先王之命也乎？井田之制，沟洫纵横，兵车难进。今欲尽东其亩，则晋之伐齐，循垄东行，其势甚易，是唯晋兵车是利，而不顾地势东西南北所宜，非先王疆理土宜之命矣。○已上破"东亩"句。○两"其无乃非"句应。反先王则不义，何以为盟主？其晋实有阙。上分两层辨驳，此总括数语，下复畅言之。四王之王去声。也，树德而济同欲焉；四王，禹、汤、文、武也。皆树立德教，而济人心之所同欲。○树德，照上"德类"。济同欲，照上土宜布利。五伯如字。之霸也，勤而抚之，以役王命。伯，长也。夏昆吾，商大彭、豕韦，周齐桓、晋文，皆勤劳而怀抚诸侯，以服事树德、济同欲之王命。今吾子求合诸侯，以逞无疆之欲，指质母、东亩而言。《诗》曰：'布政优优，百禄是遒。'《诗·商颂·长发》篇。优优，宽和也。遒，聚也。子实不优，而弃百禄，诸侯何害焉？晋质母、东亩二令，实不宽和，而先自弃其福禄，又何能为诸侯之害乎？○晋人所命，本欲害齐，而国佐却以为何害，妙绝。○已上言晋实有阙，不得为盟主，以足上二段之意。不然，若终不见

81

许。寡君之命使去声。臣，则有辞矣。寡君之命我使臣，已有辞说，意如下文所云。○上分责二段，又总责一段。此忽如饥鹰，撇然一转。曰：下皆齐侯命辞。'子以君师辱于敝邑，不腆忝。敝赋，以犒从去声。者。腆，厚也。赋，兵也。言齐有不厚颓敝之兵，以犒晋师。○战而曰犒，婉辞。畏君之震，师徒挠败。畏君师之震动，以故齐兵挠曲而致败衂。吾子惠徼骄。齐国之福，言我以吾子之惠，而得徼齐国之福。不泯其社稷，使继旧好，去声。唯是先君之敝器、土地不敢爱。敝器，谓甗磬也。子又不许，应上"晋人不可"。请收合余烬，荩。背佩。城借一。烬，火余木也。以喻齐战败之余意，言欲以已败之兵，背齐城而更借一战。敝邑之幸，亦云从也；况其不幸，敢不唯命是听！'"言齐幸而得胜，当亦唯晋命是从，况其不幸而又战败，敢不唯晋命之是听乎？曰"从"曰"听"，即听从质母、东亩之命。○已上言齐既以赂求不免，势必决战，胜与不胜，虽未可知，总在既战后再听从晋命也。极痛快语，而却出以婉顺。

汇评

[清] 谢有煇：国武子可谓专对不辱命矣。晋人之言太亢，使非武子有辞，将如何收拾乎？《公羊》谓武子言毕将去，"郤克眄鲁、卫之使，以其辞而为之请"，良然。(《古文赏音》卷二)

[清] 林云铭：战败行赂，又责以必不可从之事，晋人已甚，不待言矣。国佐侃侃置对，两提出王命来，且责其不足为盟主，词严义正，已足以夺其魄。复以君命有辞，请背城一战，毫不躲闪，觉死灰中大有生气。若此时晋人不听鲁、卫之谏，上得罪于天伦，下结怨于民生，此忿彼奋，非齐敌矣。则袁娄之盟，晋之幸也。《公》、《穀》传内有一战再战三战四战五战等语，反觉画添。但齐致寇之由，以帷妇人笑容之故，虽当此有国佐之词，难免前此覆军之辱，所以郭汾阳屏诸姬而见卢杞，虑患于微，其识诚不可及也。(《古文析义》

卷二)

[清] 吴楚材、吴调侯：先驳晋人质母、东亩二语，屡称王命以折之，如山压卵，已令气沮；后总结之，又再翻起。将寡君之命，从使臣口中婉转发挥，既不欲唐突，复不肯乞哀。即无鲁、卫之请，晋能悍然不应乎？(《古文观止》卷二)

[清] 余诚：就他质母、东亩重提王命以斥之，不怕晋人不屈服。吾恐即无鲁、卫之谏，亦所不许也。首段纲领全篇，以下便重重说开去，直至末段，方作收合，是一篇大开大合文字。对词四段固是不辱命处，得末一段，更足实见其不辱。(《重订古文释义新编》卷二)

楚归晋知罃

《左传·成公三年》

解题　《春秋左传集解》第十一《宣公下》："十二年春，楚子围郑。……夏六月，晋师救郑。……楚熊负羁囚知罃。知庄子以其族反之，厨武子御，下军之士多从之。每射，抽矢菆，纳诸厨子之房。厨子怒曰：'非子之求而蒲之爱，董泽之蒲，可胜既乎？'知季曰：'不以人子，吾子其可得乎？吾不可以苟射故也。'射连尹襄老，获之，遂载其尸。射公子谷臣，囚之。以二者还。及昏，楚师军于邲，晋之余师不能军，宵济，亦终夜有声。"按：此记知罃被囚后，其父知庄子有意射捕楚方要人，以备日后交换。另，《左传》第十二本文之后，有一段称扬知罃之贤的描述："荀罃之在楚也，郑贾人有将置诸褚中以出。既谋之，未行，而楚人归之。贾人如晋，荀罃善视之，如实出己。贾人曰：'吾无其功，敢有其实乎？吾小人，不可以厚诬君子。'遂适齐。"

　　晋人归楚公子谷臣与连尹襄老之尸于楚，以求知去声。罃。英。○宣公十二年，晋楚战于邲，楚囚知罃。知庄子射楚连尹襄老，载其尸；射公子谷臣，囚之。以二者还。庄子，知罃父也，至是晋归二者于楚，以赎知罃。于是荀首佐中军矣，故楚人许之。荀首，即知庄子，是时为晋中军佐，楚人畏其权要，故许归其子。

　　王送知罃，曰："子其怨我乎？"指久留于楚言。对曰："二国治戎，臣不才，不胜升。其任，以为俘孚。馘。国。○俘馘，军所房获者。

系其人曰俘，截左耳曰馘。执事不以衅欣去声。鼓，使归即戮，君之惠也。以血涂鼓曰衅鼓，言楚不杀我而以其血涂鼓。即，就也。臣实不才，又谁敢怨？"作自责语，撇开"怨"字。妙。王曰："然则德我乎？"指许归于晋言。对曰："二国图其社稷，而求纾其民，晋、楚皆为社稷之谋，而欲纾缓其民。各惩其忿，以相宥也。各惩戒前日战争之忿，以相赦宥。两释累囚，以成其好。去声。○累，系也。晋释谷臣之囚，楚释知罃之囚，以成其和好。二国有好，臣不与去声。及，其谁敢德？"作与己不相干语，撇开"德"字。妙。王曰："子归，何以报我？"问得有意。对曰："臣不任平声。受怨，君亦不任受德，无怨无德，不知所报。"言我未尝有怨于君，君亦未尝有德于我，有怨则报怨，有德则报德，我无怨而君无德，故不知所报也。○臣怨、君德，分贴得好。"不知"二字，更妙。王曰："虽然，必告不穀。"不穀，诸侯谦称。言虽是如此，必告我以相报之事。○共王一团兴致，被知罃说得雪淡，无可奈何，又作此问。对曰："以君之灵，累臣得归骨于晋，寡君之以为戮，死且不朽。身虽死，而楚君之私恩不朽腐也。○客意。一层。若从君惠而免之，以赐君之外臣首；首其请于寡君，而以戮于宗，亦死且不朽。称于异国曰外臣。首，荀首也。宗，荀氏之宗也。○客意。二层。○此虽二客意，然显见晋之国法森然，家法森然。若不获命，若君不许戮。○转入正意。而使嗣宗职，使继祖宗之职。次及于事，以次及于军旅之事。而帅率。偏师以修封疆，其父为上军佐，故曰帅偏师。修，治也。虽遇执事，其弗敢违，虽遇楚之将帅，亦不敢违避。○一"敢"字，应上二"敢"字。其竭力致死，无有二心，以尽臣礼，所以报也。"忠晋即以报楚。妙。王曰："晋未可与争。"重为之礼而归之。收煞得好。

汇评

[明] 陈与郊：玩"于是荀首"一句，见楚归知罃非其本心，以罃父佐中军

故也。不任怨德,不知所报,出自胸臆之语,自然理直气壮。"以君之灵"下三转语,而不激不随,不失邻好,宜楚王之以礼归之也。(引自《评选古文正宗》卷一)

[清] 金圣叹:四问,便有四段妙论,一段妙是一段,读之增添意气。逐段细看其起伏转折,直是四篇文字,四篇又是四样。(《天下才子必读书》卷一)

[清] 谢有煇:晋公子反国,君也,故得以辟君三舍为报;知罃,臣也,军国事重,非己所得行其私,故直以竭力致死为辞,然其立言之妙则一也。(《古文赏音》卷二)

[清] 何焯:"以君之灵"至"所以报也",其为言也,文而有礼,忠而能力,一句一字,皆有义理次第。(《义门读书记》卷一〇)

[清] 林云铭:此篇问答当与楚成王飨重耳一段参看。但楚成之送重耳,为重耳起见;楚其之送知罃,为其父荀首起见,其立意已不侔矣。重耳归晋则为君,其治兵进退可以自主,故许以退三舍为报;知罃归晋不过为臣,若以军旅之事报私惠,是怀二心以事其君者,故不敢言报,其所处之地又不侔也。"怨我"、"德我"两句,被罃数语推得干干净净。迨诘之不已,始以就戮于国、就戮于宗两意跌起,盖既就戮,则国家于我已矣,而归骨之惠终不可忘。若使嗣职任事,则君命为重,私惠为轻。遇楚将而引避,是怀二心以事君矣。顾楚亦何爱此二心之臣而加惠之乎?以不报为报,正是所以报也。厥后罃相悼公,三驾伐郑,而楚不能争,即在此日言下决之。文之婉曲中有正大光明之气,绝不易得。(《古文析义》卷二)

[清] 吴楚材、吴调侯:玩篇首"于是荀首佐中军矣,故楚人许之"二语,便见楚有不得不许之意。"德我"、"报我",全是捉官路当私情也。楚王句句逼人,知罃句句撇开,末一段所对非所问,尤匪夷所思。(《古文观止》卷二)

[清] 浦起龙:着些子"怨"、"德",便是私,便是二心;只说"尽臣礼"三字,何等精白。文亦传中习境,识解特高。(《古文眉诠》卷四)

［清］　过珙：德怨两忘是圣贤学问语，竭力致死是英雄血性语，一令人心折，一令人气馁。以礼而归，楚王其有戒心哉！（《详订古文评注全集》卷二）

吕相绝秦

《左传·成公十三年》

解题 《春秋左传集解》第十三《成公下》:"(十一年)秦、晋为成,将会于令狐,晋侯先至焉。秦伯不肯涉河,次于王城,使史颗盟晋侯于河东。晋郤犨盟秦伯于河西。范文子曰:'是盟也何益?齐盟,所以质信也。会所,信之始也。始之不从,其可质乎?'秦伯归而背晋成。……(十三年)公及诸侯朝王,遂从刘康公、成肃公会晋侯伐秦。……夏四月戊午,晋侯使吕相绝秦,曰……(按:此处略去本文。)秦桓公既与晋厉公为令狐之盟,而又召狄与楚,欲道以伐晋,诸侯是以睦于晋。……五月丁亥,晋师以诸侯之师及秦师战于麻隧。秦师败绩,获秦成差及不更女父。"

晋侯厉公。使吕相去声。○魏锜之子。绝秦,成十一年,秦、晋盟于令狐。秦桓公归而叛盟,故厉公使吕相数其罪而绝之。曰:下皆吕相口宣君命。

"昔逮我晋。献公及秦。穆公相好,去声。戮力同心,申之以盟誓,重之以昏同婚。姻。从秦、晋相好说起。天祸晋国,骊姬之难。文公重耳。如齐,惠公夷吾。如秦。重耳奔狄及齐,齐桓公妻之。夷吾奔梁,赂秦以求纳。无禄,献公即世。晋无福禄,而献公卒。穆公不忘旧德,应"相好"。俾我惠公用能奉祀于晋。僖十年,穆公纳夷吾于晋,为惠公。○说秦德轻。又不能成大勋,而为韩之师。僖十五年,秦伐晋,战于韩原,获惠

88

公。○说秦为德不终。是秦第一罪案。**亦悔于厥心，用集我文公，是穆之成也。**惠公卒，怀公立，穆公纳重耳于晋，为文公。是穆成安晋之功也。○作一顿，说秦德轻。

"**文公躬擐**惠。**甲胄，跋履山川，逾越险阻，征东之诸侯，虞、夏、商、周之胤**印。**而朝诸秦，**擐，贯也。胤，嗣也。文公备历艰难，以率东方之诸侯，皆四代帝王之嗣，而西向朝秦。○二十九字作一句读。**则亦既报旧德矣。**应"旧德"。又作一顿，说晋有报，即宕下以叙晋德。郑人怒君之疆场，亦。**我文公帅**率。**诸侯及秦围郑。**怒，犹犯也。○诬秦。僖三十年，郑贰于楚，文公与秦围之，郑未尝犯秦，亦无诸侯之师。○说晋德重。**秦大夫不询于我寡君，擅及郑盟。**郑使烛之武见秦穆公，穆公背晋而私与郑盟。不敢斥言，故托言秦大夫。○是言秦第二罪案。**诸侯疾之，将致命于秦。**皆欲致死命以讨秦。○诬秦。无诸侯致命之事。**文公恐惧，绥靖诸侯，秦师克还**旋。**无害，**不敢怨秦背己，反保全其师。**则是我有大造于西也。**又作一顿，说晋大有德于秦，能自占地步。

"**无禄，文公即世，穆为不吊，蔑死我君，**以文公死为无知而轻蔑之。**寡我襄公，**以襄公新立为寡弱，而陵忽之。**迭我殽地，**迭，侵突也。穆公从杞子之谋，潜师以袭郑，道过晋之殽地。**奸**干。**绝我好，**奸犯断绝，不复与我和好。**伐我保城，**诬秦。袭郑时，无伐晋保城之事。**殄灭我费**如字。**滑，**还入声。○滑，姬姓国，都于费。秦袭郑无功，乃灭滑还。**散离我兄弟，**滑与晋为同姓兄弟。**扰乱我同盟，**滑、郑皆从晋，是为晋同盟之国。**倾覆**福。**我国家。**秦伐滑、图郑，是欲倾覆灭晋之国家。○叠写九个"我"字。○是秦第三罪案。**我襄公未忘君之旧勋，**未忘穆公纳文公之勋。○折一笔。**而惧社稷之陨，**实恐晋为秦灭。**是以有殽之师。**僖三十三年，晋败秦于殽。○我"是以有"一,言殽师出于万不得已也。**犹愿赦罪于穆公。**晋虽有殽师之失,犹愿求解于秦。○"犹愿"二字,紧接无痕,妙。**穆公弗听,**不肯释憾。**而即楚谋我。**文十四年,楚斗克囚于秦。至是秦使归楚,求成以谋晋。**天诱其衷,成王陨命,**幸天默诱人心,而商臣弑楚成王。**穆公是以不克逞志于我。**楚有篡弑之祸,穆公是以不能快意于晋。设使成王未陨,而即楚谋我之志成矣。○是秦第四罪案。○自"献公即世"至此,作一截,是历数秦穆之罪。

"**穆**,秦。**襄**晋。**即世,康**、秦。**灵**晋。**即位。康公,**晋之外甥。**我之自出,又欲阙**掘。**翦我公室,倾覆我社稷,**阙,犹掘也。翦,截断也。**帅我蟊**谋。**贼,以来荡摇我边疆,**蟊、贼,皆食禾虫,以喻公子雍。谓秦纳雍以荡摇晋之边鄙。○诬秦。雍之来,晋实召之。○叠写四个"我"字。○是秦第五罪案。**我是以有令**平声。**狐之役。**文七年,晋败秦于令狐。○"我是以有"二,言令狐之役,出于万不得已也。**康犹不悛,**铨。○悛,改也。**入我河曲,**河曲,晋地。事在文十二年。**伐我涑**速。**川,**涑川,水名。**俘我王官,**俘,虏也。王官,地名。○伐涑川、俘王官,经传无见。**翦我羁马,**羁马,地名,其时秦取其地。○叠写四个"我"字。○是秦第六罪案。**我是以有河曲之战。**晋与秦战于河曲,秦兵夜遁。○"我是以有"三,言河曲之战,出于万不得已也。**东道之不通,则是康公绝我好也。**晋在秦东,故曰东道。康公绝晋之好,故不东通于晋。○此段独拖一句,妙。○自"穆、襄即世"至此,作一截,是历数秦康之罪。

"**及君之嗣也,**君,指秦桓公。**我君景公引领西望曰:'庶抚我乎!'**景公望秦抚恤晋国。○此处独作一波,妙。**君亦不惠称**去声。**盟,**桓公不肯惠然称晋望而共盟。**利吾有狄难,**去声。○谓宣十五年,晋灭赤狄潞氏时。**入我河县,焚我箕**、**郜,**告。○河县、箕、郜,晋二邑名。入河县,焚箕、郜,经传无见。**芟刑。夷我农功,**芟,刈也。夷,伤也。损害我禾稼,如去草然。**虔刘我边陲,**垂。○虔、刘,皆杀也。杀戮我边境之人民。○叠写四个"我"字。

○是秦第七罪案。**我是以有辅氏之聚。**晋聚众于辅氏以拒秦。○"我是以有"四,言辅氏之聚,出于万不得已也。○"之师"、"之役"、"之战"、"之聚",句法变幻。**君亦悔祸之延,而欲徼**福于先君献、穆,桓公亦悔二国结祸之长,而欲我求福于晋献、秦穆。**使伯车**秦桓公子。**来命我景公曰:'吾与女**汝。**同好弃恶,复修旧德,以追念前勋。'**言我与晋同结所好,共弃前恶,再修旧日之德,以追念前人献、穆之功勋。○此段回应篇首献、穆相好。关锁甚紧。**言誓未就**,约誓之言,未及成就。**景公即世,我寡君**厉公。**是以有令狐之会。**成十一年,晋厉公与秦桓公盟于令狐。○入题。又与上四"我是以有"句相呼应。**君又不祥,背佩。弃盟誓。**桓公又萌不善之心,归而背晋成。○此下方入当时正事。**白狄及君同州**,及,与也。白狄与秦皆属雍州。**君之仇雠,**白狄与秦世为仇雠。**而我之昏姻也。**赤狄之女季隗,白狄伐而获之,纳诸文公,故云婚姻。○疏句无限烟波。**君来赐命曰:'吾与女伐狄。'寡君不敢顾昏姻,畏君之威,而受命于使。**去声。○深文。**君有二心于狄,曰:'晋将伐女。'狄应且憎,是用告我。**狄虽口应秦命,心实憎其无信,而以秦之二心来告晋。○一"告我"。**楚人恶君之二三其德也**,恶秦反覆不常。**亦来告我曰:'秦背令狐之盟,而来求盟于我**,下述秦桓盟楚之词。**昭告昊天上帝、秦三公**,穆、康、共。**楚三王**成、穆、庄。**曰:"余虽与晋出入**,我虽与晋往来。**余唯利是视。"**我唯利之是从,不诚心与晋也。○二十四字,一气说下。**不穀恶其无成德,是用宣之,以惩不一。'**不穀,楚共王告晋自称。言我恶秦之无成德,是用宣布其言,以惩戒用心不一之人。○二"告我"。○两引"告我",俱是实证。是秦反覆真正罪案。○自"及君之嗣"至此作一截,是历数秦桓之罪。为绝秦正旨。**诸侯备闻此言**,狄与楚告晋之言,诸侯无不闻之。○牵引诸侯,妙,使秦无所逃罪。**斯是用痛心疾首,昵**昵入声。**就寡人。**诸侯由是恶秦之甚,皆来亲近于晋。○一路备说秦恶,归到此句。**寡人帅以听命,唯好是求。**我今帅诸侯以来听命于秦,唯与秦结好是望耳。○终是求好,妙。君若惠顾诸侯,矜哀寡人,而赐之盟,则寡人之愿也,其承宁诸侯以退,岂敢徼乱?是客。君若不施大惠,寡人不佞,其不能以诸侯退矣。是主。○句句牵引诸侯,妙。

"敢尽布之执事,俾执事实图利之。"或和或战,当图谋其有利于秦者而为之。

汇评

[明] 孙鑛:词气从容慷慨,凛然有大节正气,且出自立谈间,尤不易得。(引自《评选古文正宗》卷一)○通篇虽是造作语言,就文而论,最为工炼。叙事婉曲,有条理。字法细,句法古,章法整,篇法密,诵之数十过不厌。在辞令中又是一种格调,古今无两,可谓神品。(引自《国文经纬贯通大义》卷五)

[明] 茅坤:述己之功,过为崇让;数秦之罪,曲加诋诬。余谓此谓知有我而不知有他,故通篇以"我"字作骨,中间虚字"以"、"是以"、"是用"作为贯串。(引自《国文经纬贯通大义》卷五)

[清] 金圣叹:饰辞驾罪何足道,止道其文字。章法句法字法,真如千岩竞秀,万壑争流,而又其中细条细理,异样密致,读万遍不厌也。(《天下才子必读书》卷一)

[清] 谢有煇:一气挥洒,能使曲者皆直,文可谓奇矣。然辞多虚诬,舍其目前之无信,而文致其从前之过,何以使秦心服?辩给而夸,不若质言近理之为上也。(《古文赏音》卷二)

[清] 林云铭:秦桓公既与晋为令狐之盟,又召狄与楚,欲道以伐晋,则绝之有辞矣。使当日吕相止将后段背弃盟誓,二心于狄,求盟于楚二意以大义责之,秦岂有不愧服受盟乎?乃溯自献、穆以来,多端开列。若平情而论,止有穆公擅及郑盟与袭郑灭滑二事,是其本罪,余皆互相报复,曲直相当。至于晋迎公子雍,又败秦于令

狐,则晋曲甚矣。顾尽撼拾张皇以为秦罪,所谓能胜人之口,不能服人之心。虽欲不为麻隧之战,其可得乎?夫以力胜人,何如以理服人?此驰辞之巧而实拙者也。(《古文析义》卷三)

[清] 吴楚材、吴调侯:秦、晋权诈相倾,本无专直,但此文饰辞驾罪,不肯一句放松,不使一字置辨,深文曲笔,变化纵横,读千遍不厌也。(《古文观止》卷二)

[清] 浦起龙:始、中、终,以"好"字作骨肋。凡见德处,承之以掠美;凡构怨处,先之以嫁祸。前路叙旧皆然,至落到令狐责言,则自身立空,而托之狄告楚告,证以诸侯备闻,一若勉循众怒然者。君子乐诵其文而恶其佞。(《古文眉诠》卷四)

[清] 余诚:只为背盟起见,因备溯先世之事,竟把秦晋之世好写成世仇,好则归之己,恶则归之人。即有道人之好处,亦略而不详;有道己之恶处,皆因人而起。故言词极婉曲中都含极愤怨意。及叙至背盟伐狄与楚作两确证,直使秦桓无可置喙。说到绝秦处,牵定诸侯,两意双铃,听秦自寻一条路走。观此可以想见麻隧誓师之词,是奋三军之勇,固宜其克败秦师也。至行文之妙,一波未平,一波随起,前后相生,机神鼓荡。有顿挫处,有跌宕处,有关锁处,有收束处,有重复处,有变换处,长短错综,纵横排奡,无美不备,是左氏得意之作。(《重订古文释义新编》卷二)

[清] 过琪:述己之功,过为崇护;数秦之罪,曲加诋诬。特其旁引曲证,错落纵横,如万马奔驰,而不失衔勒;三军决骤,而各中纪律。一合一辟,乍放乍收,是左氏之绝奇而正者。(《详订古文评注全集》卷二)

[清] 唐文治:自古辞令之委婉,无过此文,或谓其近于策士习气,殊不然,《国策》文字不若是也。(《国文经纬贯通大义》卷五)

古文观止(解题汇评本)

驹支不屈于晋

《左传·襄公十四年》

解题　《春秋左传集解》第十五《襄公二》:"十四年春,吴告败于晋。会于向,为吴谋楚故也。范宣子数吴之不德也,以退吴人。执莒公子务娄,以其通楚使也。将执戎子驹支。……宣子辞焉,使即事于会,成恺悌也。"按:省略号处略去本文。

　　会于向,晋会诸侯于向,为吴谋楚。将执戎子驹支。戎,四岳之后,姜姓。驹支,戎子名。

　　范宣子晋士匄。亲数上声。诸朝,执之何名？乃于未会前一日,数其罪而责之。朝,会向之朝位也。曰:"来！姜戎氏！先呼来,次呼姜戎氏,便是相陵口角。昔秦人迫逐乃祖吾离于瓜州,乃,汝也。吾离,戎祖名,昔为秦穆公迫而逐之。瓜州,今敦煌地。乃祖吾离被苫盖苫闪平声。盖、合。蒙荆棘以来归我先君,苫盖,白茅也。无衣,故被苫盖;无居,故蒙荆棘。先君,谓惠公。○极写其流离困苦之状,以出戎丑。我先君惠公有不腆忝。之田,与女汝。剖分而食之。腆,厚也。中分为剖。○写加恩于戎非复寻常,宜后世报答不已。今诸侯之事我寡君不如昔者,诸侯事晋,不比昔日。盖言语漏泄,则职女之由。职,主也。戎与晋同壤,尽知晋政阙失,是言语漏泄于诸侯,由汝实主之。不然,今日诸侯之事晋,何遽不如昔日乎？○悬空坐他罪名。诘乞。朝之事,诘朝,明日也。事,谓会事。尔无与去声。焉。与,将执

94

女。"写得声色俱厉，令人难受。

对曰："昔秦人负恃其众，贪于土地，逐我诸戎。秦恃强而欲得土地，所以逐我。○此辨戎祖被逐，则秦人实恶，非戎之丑。惠公蠲涓。其大德，谓我诸戎，是四岳之裔异。胄也，毋是翦弃。蠲，明也。四岳，尧时方伯。裔胄，后嗣也。翦弃，灭绝也。○此辨惠公加德于戎，乃因戎本圣裔，礼应存恤，不为特惠。赐我南鄙之田，狐狸所居，豺狼所嗥。豪。我诸戎除翦其荆棘，驱其狐狸豺狼，以为先君不侵不叛之臣，至于今不贰。赐我之田，荒秽僻野，非人所止。我力为驱除而处之，以臣事晋之先君，不内侵，亦不外叛，至于今日，不敢携贰。○此辨晋剖分之田，至为敝恶，戎自开垦，非受实惠。昔文公与秦伐郑，秦人窃与郑盟，而舍戍恕。焉，舍，留也。僖三十年，秦、晋围郑，郑使烛之武见秦君，秦私与郑盟，而留杞子等戍郑而还。于是乎有殽之师。僖三十三年，晋败秦师于殽。晋御其上，戎亢其下，秦师不复，我诸戎实然。当殽之战，晋遏秦兵于上，戎当秦兵于下，秦师无只轮返，我诸戎效力攻秦实使之然。○此辨戎大有功于晋，亦足云报。譬如捕鹿，晋人角之，诸戎掎鸡上声。之，与晋踏同仆。之。譬如逐鹿，晋执其角以御上，戎戾其足以亢下，是戎与晋同毙此鹿也。○一喻入情。戎何以不免？戎有功如此，何故尚不免于罪乎？○问得妙。自是以来，晋之百役，与我诸戎相继于时，以从执政，犹殽志也，岂敢离逷？剔。○自败秦以来，晋凡百征讨之役，戎皆相继以从执政之使令，犹从战于殽，无变志也，岂敢有离贰遏远之心？○此辨戎之报晋，不止殽师一役，至于百役，不可胜数，以足上"至于今不贰"意。今官之师旅无乃实有所阙，以携诸侯，而罪我诸戎！今晋之将帅，或自有阙失，以携贰诸侯之心，而乃罪及我诸戎。○此辨诸侯事晋不如昔者，乃晋实有阙，与我诸戎无干。我诸戎饮食衣服不与华同，贽币不通，言语不达，何恶之能为？恶，指漏泄言语以害晋。○此辨"言语漏泄，职汝之由"。言戎与华不相习，非但不敢为恶，亦不能为恶。不与于会，亦无瞢孟。焉。"瞢，闷也。我不与会,亦无所闷。○此辨"诘朝之事,尔无与焉"。言我亦不愿与会也。说得雪淡,妙。**赋《青蝇》而退**。《青蝇》,《诗·小雅》篇名。赋是诗者,取"恺悌君子,无信谗言"之意。盖讥宣子信谗言也。退,去,不与会也。

宣子辞焉,使即事于会,辞,谢也。宣子自知失责,故谢戎子,而使就诸侯之会。**成恺悌也**。欲成恺悌君子之名。○结出宣子心内事,妙。

汇评

[清] 谢有煇:驹支委婉剖析,末讽之以信谗,使宣子疑团如雪融冰释。不谓贽币不通之子,有此辞命。(《古文赏音》卷二)

[清] 林云铭:按僖公二十三年,秦、晋迁陆浑之戎于伊川。盖秦贪其地,晋贪其人,而其诱之,在秦固为怨矣,在晋亦未为德也。南鄙秽区分惠几何,而戎既属晋之后,效命征讨,二陵之功烂然,亦何负于晋哉!宣子所谓言语漏泄之罪,茫无确据,乃欲绝之于会,定出听信谗言。驹支逐一分释,理直辞婉,其行文整练中复有流动宕逸之趣,真辞命正宗矣。(《古文析义》卷二)

[清] 吴楚材、吴调侯:宣子责驹支之言,怒气相陵,骤不可犯。驹支逐句辨驳,辞婉理直,宣子一团兴致,为之索然,真词令能品。(《古文观止》卷二)

[清] 浦起龙:起结似简而闲,却是会向主笔;中间范戎质辩一大片,文繁而语健,却是会向旁笔。盖以旁文刺主会者,文阵大奇。(《古文眉诠》卷五)

祁奚请免叔向

《左传·襄公二十一年》

解题 《春秋左传集解》第十四《襄公一》：(三年)祁奚请老，晋侯问嗣焉。称解狐，其仇也，将立之而卒。又问焉，对曰："午也可。"于是羊舌职死矣，晋侯曰："孰可以代之？"对曰："赤也可。"于是使祁午为中军尉，羊舌赤佐之。君子谓："祁奚于是能举善矣。称其仇，不为谄。立其子，不为比。举其偏，不谓党。《商书》曰：'无偏无党，王道荡荡。'其祁奚之谓矣！解狐得举，祁午得位，伯华得官，建一官而三物成，能举善也夫！唯善，故能举其类。《诗》云：'惟其有之，是以似之。'祁奚有焉。"又，同书第十六《襄公三》：(二十一年)栾桓子娶于范宣子，生怀子。范鞅以其亡也，怨栾氏，故与栾盈(按：即怀子)为公族大夫而不相能。桓子卒，栾祁与其老州宾通，几亡室矣。怀子患之。祁惧其讨也，愬诸宣子曰："盈将为乱，以范氏为死桓主而专政矣，曰：'吾父逐鞅也，不怨而以宠报之，又与吾同官而专之，吾父死而益富。死吾父而专于国，有死而已！吾蔑从之矣。'其谋如是，惧害于主，吾不敢不言。"范鞅为之征。怀子好施，士多归之。宣子畏其多士也，信之。怀子为下卿，宣子使城著而遂逐之。秋，栾盈出奔楚。……初，叔向之母妒叔虎之母美而不使。其子皆谏其母。其母曰："深山大泽，实生龙蛇。彼美，余惧其生龙蛇以祸女。女，敝族也。国多大宠，不仁人间之，不亦难乎？余何爱焉！"使往视寝，生叔虎。美而有勇力，栾怀子嬖之，故羊舌氏之族及于难。按：省略号处略去本文。

栾盈晋大夫。出奔楚。范宣子逐之，故出奔。宣子杀羊舌虎，囚叔向。虎，盈党。叔向，虎之兄。

人谓叔向曰："子离同罹。于罪，其为不知智。乎？"讥叔向无保身之哲。叔向曰："与其死亡若何？虽被囚，犹胜于死亡。《诗》曰：'优哉游哉，聊以卒岁。'《诗》言君子优游于乱世，聊以卒吾之年岁。《注疏》以为《小雅·采菽》之诗。按：《采菽》无"聊以卒岁"之文，恐是逸诗。知也。"此乃所以为知也。○叔向已算到可以不死，不知者焉能有此定见？

乐王鲋附。○晋大夫。见叔向，曰："吾为子请。"为子请于君而免之。叔向弗应。出，不拜。大是骇人。其人皆咎叔向。自然见咎。叔向曰："必祁大夫。"谓祁奚也。能免我者，必由此人。○胸中泾渭，介然分明，是为真智。室老家臣之长。闻之，曰："乐王鲋言于君无不行，求赦吾子，吾子不许。祁大夫所不能也，而曰必由之，何也？"常人只是常见。叔向曰："乐王鲋，从君者也，何能行？惟阿意顺君，何能行此救人之事。○提过乐王鲋一边。祁大夫外举不弃仇，举其解狐。内举不失亲，举其子祁午。其独遗我乎？其独遗我一人而不救乎？《诗》曰：'有觉德行，去声。四国顺之。'《诗·大雅·抑》之篇。言有正直之德行，则天下顺之。夫子，觉者也。"祁大夫，觉然正直者也。○收句冷隽。

晋侯平公。问叔向之罪于乐王鲋。问其果与弟虎有谋否。对曰："不弃其亲，其有焉。"言叔向笃于亲亲，其殆与弟有谋焉。○谮语，故作猜疑，妙。

于是祁奚老矣，告老致仕。闻之，闻叔向被囚。乘驲曰。而见宣子，驲，传车也。乘驲，恐不及也。曰："《诗》曰：'惠我无疆，子孙保之。'

《诗·周颂·烈文》篇。言文、武有惠训之德，及于百姓，无有疆限，故周之子孙，皆保赖之。《书》曰：'圣有谟勋，明征定保。'《书·夏书·胤征》篇。言圣哲之有谟谋功勋者，当明证其谟勋而定安之。夫谋而鲜上声。过、惠训不倦者，叔向有焉，谋少过失，圣有谟勋也。惠训不倦，惠我无疆也。社稷之固也，此社稷所赖以安固也。○"社稷"二字，是立言之旨。犹将十世宥之，以劝能者。今壹不免其身，以弃社稷，不亦惑乎？假使其十世之后，子孙有罪，犹当宽宥之，以劝有能之人。今壹以弟故不免其身，以弃社稷之所倚赖，不亦惑之甚乎？○此言叔向之能，尚可庇子孙之有罪，岂可及身见杀？鲧殛而禹兴，不以父罪废其子。伊尹放大甲而相去声。之，卒无怨色；不以一怨妨大德。管、蔡为戮，周公右王。兄弟罪不相及。若之何其以虎也弃社稷？此言不当以弟虎罪及叔向。○两提"弃社稷"，叔向之身何等关系。子为善，谁敢不勉？多杀何为？"子若力行善事，谁敢不勉于为善？何必多杀，然后人不敢为恶乎？○归到宣子身上，亦复善于劝解。

宣子说，悦。与之乘，去声。○与祁奚共载。以言诸公而免之。不见叔向而归，祁奚不见叔向而归，以见为社稷，非私叔向也。叔向亦不告免焉而朝。叔向亦不告免于祁奚，而即往朝君。以明祁奚之非为己也。○两不相见，径地俱高。

汇评

[清] 林云铭：羊舌虎以栾氏死，而叔向囚以待罪，此生死关头也。有乐王鲋代请而不听，人咸知其拒小人而俟君子，而不知其所以拒小人之意。盖小人一饭之施，亦必责报。乐王鲋好货者也，既知叔向之不当坐，便应言之于公，乃私来见，而许其代请，意欲何为？……左氏言"祁奚不见叔向而归，叔向亦不告免焉而朝"，施受之间，彼此相忘如此，而谓乐王鲋其肯乎？读此篇，知古人之见

非古人所能识也。(《古文析义》卷三)

[清] 吴楚材、吴调侯：乐王鲋见叔向而自请免之，祁奚免叔向而竟不见之。君子、小人，相去霄壤。不应、"不拜"，所以绝小人；"不告免"，所以待君子。(《古文观止》卷二)

卷二　周文

子产告范宣子轻币

《左传·襄公二十四年》

解题　《左传》本文之前,有范宣子与穆叔的一段对话,可借以了解范宣子其人:"二十四年春,穆叔如晋。范宣子逆之,问焉,曰:'古人有言曰,死而不朽,何谓也?'穆叔未对。宣子曰:'昔匄之祖,自虞以上,为陶唐氏,在夏为御龙氏,在商为豕韦氏,在周为唐、杜氏,晋主夏盟为范氏,其是之谓乎?'穆叔曰:'以豹所闻,此之谓世禄,非不朽也。鲁有先大夫曰臧文仲,既没,其言立。其是之谓乎?豹闻之,大上有立德,其次有立功,其次有立言,虽久不废,此之谓不朽。若夫保姓受氏,以守宗祊,世不绝祀,无国无之。禄之大者,不可谓不朽。'"

　　范宣子_{晋士匄}。为政,_{将中军,执国政}。诸侯之币重,_{诸侯朝贡于晋者,其币增重。币,礼仪也}。郑人病之。_{病,患也}。

　　二月,郑伯_{简公}。如晋。子产寓书于子西,以告宣子,_{寓,寄也。子西相郑伯如晋,故子产寄书与子西,以劝告宣子}。曰:"子为晋国,为晋执政。○只此四字,落笔便妙。四邻诸侯_{牵引四邻,妙}。不闻令德,而闻重币,_{不闻有善德,但闻增重诸侯之币。○先提"令德",引起"令名"}。侨_{子产名}。也惑之。侨闻君子长_掌。国家者,非无贿_毁。之患,而无令名之难。_{贿,财也。令名,善誉也。○"贿"字,从重币推出。"令名",从"令德"推出。○二句是一篇主意}。夫诸侯之贿聚于公室,则诸侯贰。_{敛诸国之财,而积聚于}

101

晋之公室，则诸侯离心于晋。若吾子赖之，则晋国贰。若汝自利赖其财，而私入于己，则晋人离心于汝。诸侯贰，则晋国坏；晋不能保国。晋国贰，则子之家坏，汝不能保家。何没没也！何其沉溺而不反也。将焉用贿？贿之为祸如此，将安用之。○此段申"非无贿之患"句。

"夫令名，德之舆也；有德者，必以令名为舆，始能远及。德，国家之基也。有国者，必以令德为基，始能自立。有基无坏，有德以为基，故国家不坏。○一"坏"字，应上两"坏"字。无亦是务乎！无亦以是令名为先务乎！○从名转德，从德转国家，从国家转无坏，笔笔转，笔笔应，有德则乐，洛。乐则能久。务令名在有德，有德则乐与人同，而能久居其位。《诗》云'乐只君子，邦家之基'，有令德也夫！《小雅》之诗。言君子有德可乐，则能立国之基，使之长久。有令德之谓也夫！○引《诗》证德为国家之基。'上帝临女，汝。无贰尔心'，有令名也夫！《大雅》之诗。言上帝鉴临武王之德，则下民无敢有离贰之心。有令名之谓也夫！○引《诗》证名为德之舆。一"贰"字，应上四"贰"字。○此段申"无令名之难"句。恕思以明德，则令名载而行之，是以远至迩安。以恕存心而自明其德，则自然有令名以为之舆，而载是德以行于世，所以远者闻风而至，近者赖德而安，为国家之基也。○又合德与名，双收一笔，道紧。毋宁使人谓子'子实生我'，而谓'子浚我以生'乎？毋宁，宁也。宁可使人议论吾子，以为子实能生养我民，而可谓子取民以自养乎？○以贿与令名二者比并言之，语绝波峭，又叠用三"子"字，尤有态。象有齿以焚其身，贿也。"焚，毙也。象因有齿以杀身，以齿之有贿故耳。○指"贿"字作结，仍收到重币上。见有贿非但国坏家坏，而且身亦坏也。是危语，亦是冷语。

宣子说，悦。乃轻币。

汇评

[明] 陶安：此书凡四五转折，先后照应，一节妙一节。通篇口气，全是圣贤。前提纲，中申两段，后照应，末譬喻，以一二语檃括大意，何等郑重！真关系世教之文。（引自《评选古文正宗》卷一）

[清] 孙琮：真西山曰："此古文通书之始，看他口气，全似圣贤。书中凡四五转折，先后照应，一节妙于一节，中间以'家坏'恐之，又以'令名'歆之，能不使人心悦？"以"德"字折却"贿"字，又以"名"字换却"贿"字，务德则名从之，务贿则祸伏之。论甚剀切而语更委婉，宜宣子之悦也。（《山晓阁左传选》卷五）

[清] 谢有煇："晋国坏"、"子之家坏"，足箴宣子之膏肓。人之聚财以自祸者，特未看破究竟耳。宣子说而轻币，郑诚受其益；而宣子赖以保家，其受赐于子产更多矣。（《古文赏音》卷二）

[清] 林云铭：币重虽病诸侯，究竟不利于盟主。书中把晋国、卿家两路双敲，复以令德、令名动之。末总言利害，引喻作结，俱是君子爱人以德处，不特为郑国少苏其力也。（《古文析义》卷二）

[清] 吴楚材、吴调侯：劈起将令德、令名与重币对较，持论正大。其写德名处，作赞叹语；写重币处，作危激语。回环往复，剀切详明。宜乎宣子之倾心而受谏也。（《古文观止》卷二）

[清] 浦起龙：居然泰山岩岩气象。如是则坏，如是则不坏，亲切明晓，辞直而姿逸，能令听者降心。（《古文眉诠》卷六）

[清] 余诚：以令德令名对重币，讲义极严正，而行文又有层次、有节奏，措语亦有丰神、有蕴藉。孙月峰目以遒宕，金圣叹赏其遒婉，两人所见略同。（《重订古文释义新编》卷二）

晏子不死君难

《左传·襄公二十五年》

解题　《春秋左传集解》第十七《襄公四》："齐棠公之妻，东郭偃之姊也。东郭偃臣崔武子。棠公死，偃御武子以吊焉。见棠姜而美之，使偃取之。……庄公通焉，骤如崔氏。……（二十五年）夏五月，莒为且于之役故，莒子朝于齐。甲戌，飨诸北郭。崔子称疾不视事。乙亥，公问崔子，遂从姜氏。姜入于室，与崔子自侧户出。公拊楹而歌。侍人贾举止众从者，而入闭门。甲兴。公登台而请，弗许。请盟，弗许。请自刃于庙，弗许。皆曰：'君之臣杼疾病，不能听命。近于公宫，陪臣干掫有淫者，不知二命。'公逾墙。又射之，中股，反队。遂弑之。贾举、州绰、邴师、公孙敖、封具、铎父、襄伊、偻堙皆死。祝佗父祭于高唐，至，复命。不说弁而死于崔氏。申蒯侍渔者，退谓其宰曰：'尔以帑免，我将死。'其宰曰：'免，是反子之义也。'与之皆死。崔氏杀鬷蔑于平阴。晏子立于崔氏之门外……（按：此处略去本文。）崔子曰：'民之望也！舍之，得民。'卢蒲癸奔晋，王何奔莒。"

崔武子<small>崔杼</small>。见棠姜而美之，遂取<small>同娶</small>之。<small>棠姜，齐棠公之妻也。棠公死，崔杼往吊，见而美之，遂娶之。</small>庄公通焉，<small>齐庄公与之私通</small>。崔子弑之。<small>死于淫乱。</small>

晏子立于崔氏之门外，<small>庄公死于崔杼之家。其门未启，故晏子立于其门外。</small>其人<small>晏子左右</small>曰："死乎？"<small>为君死难。</small>曰："独吾君也乎哉，吾死也？"君不独我之君，我何为独死？曰："行乎？"弃国而奔。曰："吾罪也乎哉，吾亡也？"君死非我之罪，我何为逃亡？曰："归乎？"既不死难，又不出奔，则当归家，何必立于此地？曰："君死，安归？臣以君为天，君死将安归？○死、亡既不必，归又不可，于此可觇贤者立身。君民者，岂以陵民？社稷是主。臣君者，岂为去声。其口实，社稷是养。陵，居其上也。口实，禄也。养，奉也。君不徒居民上，臣不徒求禄，皆为社稷。○"社稷"与"己"字对看。是立言之旨。故君为社稷死，则死之；为社稷亡，则亡之。若为己死，而为己亡，非其私昵，银入声。谁敢任平声。之？己，指淫乱之事。私昵，嬖幸之臣，同君为恶者。"敢"字妙。言虽欲死亡，限于义也。○从社稷立论，案断如山，不可移易。且人有君而弑之，人，谓崔子。人有君，便见非社稷主也，妙。吾焉得死之？而焉得亡之？将庸何归？"收上死、亡、归三段。

门启而入，崔子启门，而晏子入。枕尸股而哭。以公尸枕己股而哭之。兴，既哭而兴。三踊勇。而出。踊，跳也。哀痛之至，故三踊乃出。○写晏子尽礼。人谓崔子："必杀之！"崔子曰："民之望也，舍捨。之，得民。"狡甚。

汇评

［明］ 孙鑛：晏子不避君患，忠矣！故以崔子之大恶，犹知舍之，亦其良心不自泯灭处。不然，大史执笔而书，死者且三人，又何有于晏子哉？（引自《山晓阁左传选》卷五）

［明］ 袁宏道：此篇文字最奇古，以行文代叙事，三段文法潇洒。晏子数语，已立断案，后又收上三段，读之，最能开豁人胸襟者。（引自《评选古文正宗》卷一）

［清］ 金圣叹：注眼看定"社稷"二字，便于君臣生死之际，处之夷然自如。此本严毅之论，而出之以犹夷之调，最是脱俗文字。（《天下才子必读书》卷一）

[清]　孙琮：棠姜之乱齐与夏姬之亡陈也，事同而情异。陈以君臣宣淫而发愤于征舒，至贼其君而丧其国。齐则崔实以姜饵公，欲弑之，以说于晋。此其弑逆之隐，东郭偃不知，陈文子不知，而入室出户，姜固知之而谋之矣。晏子不死君难，言曰："非其私暱，谁敢任之？"二语上结十人之死，下起四人之亡，以见庄公所亲非国士，卒至不得以礼葬。杼秉心维忍，而庄之悦色致祸，亦君国之炯戒哉！（《山晓阁左传选》卷五）

[清]　林云铭：齐庄公以淫见弑，若论食其禄者死其事，未尝不是。晏子却揭出"社稷"二字来，非欲自惜，盖得以此而死，以此而亡，煞有许多不当理处。故齐襄姑棼之弑而死者，乃徒人费、石之纷如是也；陈灵少西之弑而亡者，乃公子小宁、仪行父是也。此等皆平日导君于淫，以阶祸乱，所谓其私暱是矣，而谓晏子肯以是自处乎？然第言不死不亡而已，则君臣大义，又似乎漠不关情。故忙著一语曰"君死安归"，以明虽非私暱，而君臣大义固自在也。此等见解，千古未经拈破，非仁精义熟者不能如此透彻。末又言"人有君而弑之"，其意谓庄公虽失德，而崔子弑君之罪，总不能免于讨。我不当死不当亡，自有当死当亡者在，隐隐射著崔子身上，非把前言重述一遍也。（《古文析义》卷二）

[清]　吴楚材、吴调侯：起手死、亡、归三层叠下，无数烟波，只欲逼出"社稷"两字也。注眼看著"社稷"两字，君臣死生之际，乃有定案。（《古文观止》卷二）

[清]　余诚：认真社稷为重，则君臣死生之际辨析得自然精细，而以潇洒摆脱之笔出之。此在晏子为超越千古之识，在左氏为超越千古之文。然非此超越千古之文，何足以传超越千古之识？（《重订古文释义新编》卷二）

[清]　过琪：只起手三段，便已断尽千古君臣大义。下再一伸一束，隐而著，直而曲，是立言有体、明哲保身者。故以崔子之大恶，犹知舍晏子以从民望。（《详定古文评注全集》卷二）

季札观周乐

《左传·襄公二十九年》

解题 《春秋左传集解》第十五《襄公二》：（十四年）吴子诸樊既除丧，将立季札。季札辞曰："曹宣公之卒也，诸侯与曹人不义曹君，将立子臧。子臧去之，遂弗为也，以成曹君。君子曰：'能守节。'君，义嗣也。谁敢奸君？有国，非吾节也。札虽不才，愿附于子臧，以无失节。"固立之。弃其室而耕。乃舍之。同书第十九《襄公六》：（二十九年）吴公子札来聘，见叔孙穆子，说之。谓穆子曰："子其不得死乎？好善而不能择人。吾闻'君子务在择人'。吾子为鲁宗卿，而任其大政，不慎举，何以堪之？祸必及子！"请观于周乐。按：本文即在此段文字之后。

吴公子札来聘。札，吴寿梦之子，季札也。吴子夷昧新立，使来聘鲁。**请观于周乐。**成王赐鲁以天子之乐，故周乐尽在鲁。○"请观"二字伏案。**使工**使我乐工也。○二字直贯到底。**为**去声。**之歌《周南》、《召**邵。**南》，**为之，为季札也。以下段段著"为之"，见当时重季札。**曰："美哉！**美其声也。**始基之矣，犹未也，然勤而不怨矣。"**文王之化，基于二《南》。犹有商纣之虐政，其化未洽于天下，然民赖其德，虽劳于王室，而亦不怨。○一句一折。**为之歌《邶》、**佩。**《鄘》、**容。**《卫》，**三国，乃管、蔡、武庚三监之地，康叔封卫，兼而有之。今三国之诗，皆卫诗也，而必别而三之者，岂非以疆土不同，故音调亦从而异欤？**曰："美哉，渊乎！忧而不困者也。**渊，深也。亡国之音哀以思，其民困，卫遭宣公淫乱、懿公灭亡，赖有先世之德，虽忧思之深，而不至于穷困。吾闻卫康叔、武公之德如是，是其《卫风》乎！"康叔，卫始封之君。武公，其九世孙。言吾闻二公德化入人之深如是，是得非《卫国风》之诗乎？○穆然神遇。为之歌《王》，王，周平王也。平王东迁，王室下同于列国，故其诗不得入《雅》，而《黍离》降为《国风》。曰："美哉！思而不惧，其周之东乎！"思文、武而不畏播迁，其东迁以后之诗乎？为之歌《郑》，曰："美哉！其细已甚，民弗堪也。是其先亡乎？"美有治政，而讥其烦琐，民既不支，国何能久？为之歌《齐》，曰："美哉！泱泱央。乎，大风也哉！泱泱，弘大之声。大风，大国之风也。○变调。表东海者，其大公乎？国未可量也。"太公为东海之表式，国祚不可限量。

为之歌《豳》，按：今《豳风》列于《国风》之终，与此次序不同者，盖此时未经夫子删定故也。曰："美哉，荡乎！乐洛。而不淫，其周公之东乎？"荡，广大之貌。周公遭流言之变，东征三年，为成王陈后稷先公乐于农事而不敢荒淫，以成王业，故曰周公之东。为之歌《秦》，曰："此之谓夏声。秦起自西戎，至秦仲始有车马礼乐，去戎狄而有诸夏之声。○变调。夫能夏则大，大之至也，其周之旧乎！"夏有大义，西戎而有夏声，则大之至。秦襄公佐平王东迁，尽有西周之地，故云"周之旧"。为之歌《魏》，曰："美哉，沨沨凡。乎！大而婉，险而易行，以德辅此，则明主也。"沨沨，中庸之声。高大而又婉顺，险阻而又易行，所以为中庸也，惜其无德以辅之尔。○变调。为之歌《唐》，此晋诗也，而谓之唐者，唐本叔虞始封之地也。曰："思深哉！叹其忧深思远。其有陶唐氏之遗民乎？晋本唐尧故地，故其遗俗犹存。不然，何忧之远也？何其忧深思远？情发乎声。非令德之后，谁能若是？"非承继陶唐盛德之后，安能如此？○一句一折。为之歌《陈》，曰："国无主，其能久乎！"淫声放荡，无复畏忌，故曰"无主"。其灭亡将不久。○全是贬词。自《郐》贵。

以下无讥焉。《郐》，曹之诗。不复议论，微之也。

为之歌《小雅》，曰："美哉！思而不贰，思文、武之德，而无反叛之心。怨而不言，怨商纣之政，而能忍而不言。其周德之衰乎？其周德未盛之时乎？犹有先王之遗民焉。"犹有殷先王之遗民，故周未能盛大。为之歌《大雅》，曰："广哉，熙熙乎！广，大也。熙熙，和乐声。〇变调。曲而有直体，其声委曲，而有正直之体。其文王之德乎！"得非文王之盛德乎！

为之歌《颂》，曰："至矣哉！独赞其"至"，与赞他歌不同。直而不倨，直而不失于倨傲。曲而不屈，曲而不失于屈挠。迩而不逼，近而不至于逼害。远而不携，远而不至于携贰。迁而不淫，迁动而不至于淫荡。复而不厌，反复而不为人厌弃。哀而不愁，虽遇凶灾，不至忧愁。乐而不荒，虽当逸乐，不至荒淫。用而不匮，用之不已，不至穷匮。广而不宣，志虽广大，不自宣扬。施而不费，虽好施与，无所费损。取而不贪，或有所取，不至贪求。处而不底，旨。〇虽复止处，而不底滞。行而不流。虽常运行，而不流放。〇总赞其德之无偏胜。一气连用十四句，何等笔力。五声和，五声，宫、商、角、徵、羽。八风平，八风，八方之气。节有度，八音克谐。守有序，无相夺伦。〇再衬四句，更有力。盛德之所同也。"周、鲁、商三颂，盛德皆同。〇以上是歌，以下是舞。上俱以"为之"二字引起，下俱以"见"字引起；上皆是反复想像，下语多著实，盖闻虚而见实也。

见舞《象箾》、宵。《南籥》者，箾、籥，皆舞者所执。象箾，武舞也。南籥，文舞也。皆文王之乐。曰："美哉！美其容也。犹有憾。"文王恨不及己致太平。见舞《大武》者，大武，武王之乐。曰："美哉！周之盛也，武王兴周之盛。其若此乎！"四字，形容不出。是赞词，亦是微词。见舞《韶濩》获。者，韶濩，汤乐。曰："圣人之弘也，汤德宽弘。而犹有惭德，犹有可

109

惭之德,谓始以征伐而得天下。**圣人之难也。**"以见圣人处世变之难。○一句一折。**见舞《大夏》者,**大夏,禹乐。**曰:"美哉!勤而不德,**勤能治水,而不自矜其德。**非禹,其谁能修之?"**非禹之圣,谁能修举其功。**见舞《韶箾》**同箫。**者,**《书》曰:"箫韶九成"。盖舜乐之总名。**曰:"德至矣哉,大矣!**赞其"至",复赞其"大",与赞他舞不同。**如天之无不帱也,如地之无不载也。**所以为大。**虽甚盛德,其蔑以加于此矣。**所以为至。**观止矣!**应"观"字。○三字,收住全篇。**若有他乐,吾不敢请已。"**应"请"字。

汇评

[明] 张鼐:论诗而归之于《颂》,论乐而归之于《韶》,如百川赴海,如七政丽天,脉络分明,纲领具备。非季札不能博览古今,非左氏不能发扬词理。(《评选古文正宗》卷一)

[清] 金圣叹:每一歌,公子皆出神细听,故能深知其为何国何风。今读者于公子每一评论,亦当逐段逐字出神细思,便亦能粗粗想见其为是国是风也。不然,杂杂读之,乃复何益?(《天下才子必读书》卷一)

[清] 谢有煇:端木子云:"闻乐知德。"观吴公子之论而益信。(《古文赏音》卷二)

[清] 林云铭:按孔氏谓札此时遍观周乐,《诗》三百篇不可尽歌,或每诗只歌一二篇示意耳。又云:"乐人采诗辞为乐章,述其诗之本旨,为乐之定声。其声既定,其法可传,虽多历年世而其音不改。札所美者,皆其声也。"二说似不可易。但札观乐在襄公二十九年,时夫子才九岁,则所歌之诗,未必皆在所删三百篇之内。即工当歌时,亦未与札先言系何国之诗,故札赞语多用"乎"字,乃从声中想象而得也。夫乐所以象德,不可以为伪,神而明之,存乎其人。故钟期知流水,蔡邕惊捕蝉,闻乐知德,理本如此。札为贤公子,

赞叹歌诗之语，当得诸章句之外，断不是三家村中老学究，死死板板，取一部《诗经》，每篇粗记几句注脚，向人前卖弄也。细玩赞三《颂》云"五声和，八风平，节有度，守有序"四句，则知他歌中有不和不平无度无序者。以《乐记》所云"宫乱君骄，商乱臣坏，角乱民怨，徵乱事勤，羽乱财匱"等语推之，无不可想象而得矣。若四代之舞，各从其德，即屈伸俯仰，缀兆舒疾，皆如天造地设，不可相假。故夫子在齐，见童子步履，而知《韶》乐将作者此也。札从器数中推出帝王心地，所以归重于《韶》之德。此理未解，切勿浪读是篇奇文。（《古文析义》卷二）

［清］ 吴楚材、吴调侯：季札贤公子，其神智器识乃是春秋第一流人物，故闻歌见舞便能尽察其所以然。读之者细玩其逐层摹写，逐节推敲，必有得于声容之外者。如此奇文，非左氏其孰能传之？（《古文观止》卷二）

［清］ 余诚："德"字是一篇骨子，"请观"是一篇关键，"为之歌"与夫"见舞"是一篇铺排。前后十数"哉"字，是赞美口吻。歌处多用"乎"字，是叹想神情。舞处叠用"也"、"矣"，是论断语气。只起手一段十一字是提挈一篇纲领，以下信手顺叙，无应无结，而起承转合，顿挫抑扬，自各得其妙，是不应之应，不结之结，纯乎文家化境，非复寻常笔墨所可到。逐段赞语，词旨无不精当，句调无一重复，尤为尽态极妍。（《重订古文释义新编》卷二）

［清］ 过珙：季札观乐，不是泛然观乐也。入于耳，会于心，将历代兴亡治乱辨之，不爽毫末，可谓明智之甚。看其通篇，凡十七八变，层峦叠嶂，绝不嫌其重复，是一篇出神入化文字。（《详订古文评注全集》卷二）

子产坏晋馆垣

《左传·襄公三十一年》

解题　《史记·郑世家》:"(简公)十九年,简公如晋请卫君还,而封子产以六邑。子产让,受其三邑。二十二年,吴使延陵季子于郑,见子产如旧交,谓子产曰:'郑之执政者侈,难将至,政将及子。子为政,必以礼;不然,郑将败。'子产厚遇季子。二十三年,诸公子争宠相杀,又欲杀子产。公子或谏曰:'子产仁人,郑所以存者子产也,勿杀!'乃止。"按:鲁襄公三十一年(前542)为郑简公二十四年。鲁襄公卒于是年夏六月,子产相郑伯如晋即在是时。

　　子产相去声。郑伯简公。以如晋,晋侯平公。以我丧故,以鲁襄公丧故。未之见也。见则有宴好,虽以吉凶不并行为辞,实轻郑也。子产使尽坏怪。其馆之垣而纳车马焉。尽毁馆舍之垣墙,而纳己之车马。○骇人,盖见得透,故行得出。

　　士文伯名匄,字伯瑕。让之,责子产。曰:"敝邑以政刑之不修,寇盗充斥,晋国不能修举政刑,致使盗贼之多。无若诸侯之属辱在寡君者何?诸侯卿大夫辱来见晋君者,无如之何。○十二字句。是以令吏人完客所馆,高其闬榦。闳,厚其墙垣,以无忧客使。去声。○闬闳,馆门也。高其门、厚其墙,则馆舍完固,而客使可无寇盗之忧。○已上叙设垣之由,以见晋待客一段盛意。今吾子坏之,虽从去声。者能戒,其若异客何?虽汝从者自能防寇,他国宾客来,将若之何?○一诘,意甚婉。以敝邑之为盟主,缮完葺缉。墙,以待宾客。若皆毁之,其何以共同供。命?晋为诸侯盟主,而缮治完固以覆盖墙垣,所以待诸侯之宾客。若来者皆毁之,将何以供给宾客之命乎?○再诘,词甚严。寡君使匄盖。请命。"请问毁墙之命。○明是问罪声口。

对曰:"以敝邑褊小,介于大国,诛求无时,是以不敢宁居,悉索敝赋,以来会时事。褊,狭也。介,间也。诛,责也。大国责求无常时,我尽求敝邑之财赋,以随时而朝会。○此责晋重币,以叙郑来晋之由。逢执事之不闲,闲。而未得见,现。又不获闻命,未知见时。适遇晋君以鲁丧无暇,遂不得见。又不获闻召见之命,未知得见的在何时。○此责晋慢客。不敢输币,亦不敢暴仆。露。既不敢以币帛输纳于库,又不敢以币帛暴露于外。○此言郑左难右难,下复双承畅言之。其输之,则君之府实也,非荐陈之,不敢输也。输之,则币帛乃晋府库之物,非见君而进陈之则不敢专辄以物输库也。其暴露之,则恐燥湿之不时而朽蠹,以重敝邑之罪。若暴露之,又恐晴雨不常,致使币帛朽蠹,适以增重郑国之罪。○左难右难如此。○"输币""暴露",虽并提,然侧重"暴露"一边,已说尽坏垣之故。侨子产名。闻文公之为盟主也,只因"敝邑为盟主"句,提出晋文公来压倒他。下乃历叙文公之敬客,以反击今日之慢客。妙。宫室卑庳,陛。无观贯。台榭,谢。○庳,小也。阙门曰观。筑土曰台。有屋曰榭。○文公自处俭约如此。以崇大诸侯之馆,待客又极其隆也。○总一句,下乃细列之。馆如公寝;馆如晋君之寝室。○一。库厩缮修,馆中藏币之库、养马之厩,皆缮治修葺。○二。司空以时平易异。道路,司空,掌邦土。易,治也。○三。圬乌。人以时塓觅。馆宫室;圬人,泥匠也。塓,涂也。○四。○诸侯未至之先如此。诸侯宾至,甸设庭燎,甸人设照庭大烛。○五。仆人巡宫,至夜巡警于宫中。○六。车马有所,车马皆有地以安处。○七。宾从去声。有代,宾之仆从,有人代役。○八。巾车脂辖，巾车，主车官。以脂膏涂客之车辖。辖，车轴头铁。○九。**隶人、牧、圉语。各瞻其事**；徒隶之人与夫牛之牧、马之圉，各瞻视其所当供客之事。○十。**百官之属各展其物。**官属各陈其待客之物。○十一。○诸侯既至之后，又如此。**公不留宾，而亦无废事，忧乐同之，事则巡之；教其不知，而恤其不足。**不久留宾，宾得速去，则事不废。国有忧乐，与宾同之；事有废阙，为宾察之；宾有不知，则训教之；宾有不足，则体恤之。○上十一句，是馆中事；此六句，是文公心上事。**宾至如归，无宁菑**同灾。**患；不畏寇盗，而亦不患燥湿。**总承上文。言文公待诸侯如此，以故宾至晋国，不异归家，宁复有菑患乎？纵有寇盗，无所畏惧；虽有燥湿，不至朽蠹。○此文公之为盟主然也。**今铜鞮**低。**之宫数里，**铜鞮，晋离宫名。○与"宫室卑庳"二句相反。**而诸侯舍于隶人，门不容车，而不可逾越**；诸侯馆舍，仅如徒隶之居，门庭狭小，车马难容，又有墙垣之限，不可越而过之。○与"崇大诸侯之馆"五句相反。并破"高其闬闳"二句。**盗贼公行，而夭厉不戒。**夭厉，疾疫也。指挽车之人马言。○与"甸设庭燎"九句相反。并破"无忧客使"一句。**宾见无时，命不可知。**宾之进见，未有时日。召见之命，不得而知。○与"公不留宾"一段相反。又挽"逢执事之不閒"四句。**若又勿坏，是无所藏币以重罪也。**若不毁坏墙垣，是使我暴露其币帛，以致朽蠹，是增重其罪也。○挽"不敢输币"，又"不敢暴露"二句。**敢请执事：将何所命之？**反诘之，妙。正对"寡君使匄请命"句。**虽君之有鲁丧，亦敝邑之忧也。**晋、郑皆与鲁同姓，晋之忧，亦郑之忧也。○使晋无所借口。**若获荐币，修垣而行，君之惠也，敢惮勤劳！"**若得见晋君而进币，郑当修筑墙垣而归，则拜晋君之赐，敢畏修垣之劳乎？○结出修垣细事，明是鄙薄晋人。○已上句句与文公相反，且语语应前，妙。

文伯复命。赵文子曰："信。信如子产所言。○只一字，写心服，妙。**我实不德，而以隶人之垣以赢诸侯，**赢，受也。**是吾罪也。"**注"信"字。**使士文伯谢不敏焉。**极写子产。

晋侯见郑伯，有加礼，厚其宴、好去声。而归之。极写子产。乃筑诸侯之馆。改筑馆舍，所谓"诸侯赖之"也。○收完正文。

叔向曰："辞之不可以已也如是夫！"如是夫"三字，沉吟叹赏，信服之至。子产有辞，诸侯赖之，不止郑是赖。若之何其释辞也？释，废也。《诗》曰：'辞之辑矣，民之协矣；辞之怿矣，民之莫矣'，其知之矣。"《诗·大雅》。言辞辑睦，则民协同；辞悦怿，则民安定，诗人其知辞之有益矣。○以叔向赞不容口作结，妙。

汇评

[明] 张鼐：郑以蕞尔介在强邻，四十余年不被兵，皆子产力也。观此专对不辱，具见事上行己之道，真有合于君子乎！故夫子称之不置。（《评选古文正宗》卷一）

[明] 杨慎：义正而不阿，辞强而不激，自有一段温雅处动人。（引自《古文翼》卷二）

[清] 金圣叹：子产妙辞，更不必说，须细寻其处处细针密线，前后不差一黍。又要看前段文伯之悻悻，后段叔向之津津，俱是为极写子产而设。（《天下才子必读书》卷一）

[清] 林云铭：晋为伯主，非一世。诸侯之馆虽狭，从来藏币，亦不止郑伯一人。何至于毁垣？即毁，亦不须尽毁。子产止为郑侯以鲁丧不见客，若不如此一番作用，无以致其诘责而尽其辞，使得荐币而行耳。文伯之让，全在寇盗上立论，侃侃而谈，似难复对。子产止闲闲叙出朝晋从不敢宁居而来，何等敬慎；晋侯未见，又不知见期，何等傲慢；以其无所藏币，输之既恐失己，暴露又恐招尤，何等进退两难。再将文公待诸侯处细细叙述，而以"铜鞮"、"隶人"等语对看，件件霄壤已，能令继霸者无处生活矣。然后说出鲁丧之

忧，郑以同姓与晋无异，原不必为此留。宾弗见待，既见荐币之后，以所馆之垣自坏自修，不烦晋力。而隶人之馆自若，犹可以赢诸侯。文伯所让之语，不过为此。今已如此，他复何说？其词之委婉处，带有许多冷刺。宜赵文子之谢罪，晋侯之加礼也。至于筑馆一节，实出子产意外。故叔向云"诸侯赖之"，言其驰辞之功，所及者远，非子产以毁垣欲使晋筑馆也。此毫厘千里之辨，细读叔向赞语，当自得之。(《古文析义》卷二)

［清］吴楚材、吴调侯：晋为盟主，而子产以蕞尔郑朝晋，尽坏馆垣，大是奇事。只是胸中早有成算，故说来句句针锋相对，义正而不阿，词强而不激。文伯不措一语，文子输心帖服，叔向叹息不已，子产之有辞，洵非小补也。(《古文观止》卷二)

［清］浦起龙：此受政后聘晋初出手事也。应前国小而逼一案。紧扣未见，详剖坏垣，周顾鲁丧。有次第，无落放，外交作用，已见一斑。(《古文眉诠》卷六)

［清］余诚：极奇怪惊人之事，说来极平易近情，且若万不获已者。然试观其先叙已来朝晋之勤谨已及不获荐币之难处，次乃盛称文公，痛斥今日，以见馆垣之不得不毁，末复推其不见之故，并自任修垣以紧对他问，意意周密，而词婉曲，那得不心焉折服？晋侯之见郑伯有加礼，固其宜也。即筑馆一节，虽非子产意中事，然正赖其辞有以致之。以叔向赞词作结，结得出通体精神。(《重订古文释义新编》卷二)

［清］过珙：尽坏其馆垣，子产胸中便已有成算。看其借题发挥，皆是平日所欲吐而未吐者，索性一一吐之。其词令之妙，可谓适协刚柔之宜。(《详订古文评注全集》卷二)

子产论尹何为邑

《左传·襄公三十一年》

解题 尹何为郑国上卿子皮的家臣,子产以其年轻,不谙政事,不同意子皮让他治理一个采邑的想法,阐述了必须先学习而后再从政的道理。

子皮名罕虎,郑上卿。欲使尹何为邑。子产曰:"少,去声。未知可否。"尹何年少,未知可使治邑否。子皮曰:"愿,吾爱之,不吾叛也。愿,谨厚也。叛,背也。言吾爱其谨厚,必不吾背。○平日可信。使夫扶。往而学焉,夫亦愈知治矣。"两"夫"字指尹何。言谨厚之人,使往治邑而学为政,当愈知治邑之道矣。○后日又可望,故虽年少,亦可使之为邑。子产曰:"不可。总断一句。人之爱人,求利之也。必求有以利益之。今吾子爱人则以政,今汝爱尹何,则使之为政。犹未能操刀而使割也,其伤实多。譬如未能执刀而使之宰割,其自伤必多。子之爱人,伤之而已,其谁敢求爱于子?非以爱之,实以害之,谁敢求汝之见爱?○一喻。破"吾爱之"句。子于郑国,栋也。栋折榱催。崩,侨子产名。将厌压。焉,敢不尽言?郑国有汝,犹屋之有栋。榱,椽也。栋以架榱,设使汝误事而致败,譬如栋折而榱崩,则我亦处屋下,将为其所压,敢不尽情言之?○二喻。言如此用爱,不但伤尹何,侨亦且不免。"敢不尽言"句,锁上起下。子有美锦,不使人学制焉。譬如汝有美锦,必不使不能裁者学裁之,惟恐伤锦。大官、大邑,身之所庇也,而使学者制焉,身之所庇以安者,而使学为政者往裁治焉,不恐伤身?其为美锦不亦多乎?亦思官邑之为美锦,不较多乎?○三喻。破"使夫往而学"句。

117

侨闻学而后入政，未闻以政学者也。二句是立言大旨。若果行此，必有所害。非自害则害于治。譬如田猎，射御贯，惯。则能获禽，若未尝登车射御，则败绩厌压。覆福。是惧，何暇思获？"败绩，坏车也。言求免自害且不能，何暇求其无害于治？○四喻。破"夫亦愈知治"句。○一喻尹何，二喻自己，三喻子皮，四又喻尹何，随手出喻，绝无痕迹。子皮曰："善哉！虎不敏。吾闻君子务知大者、远者，小人务知小者、近者。君子、小人以识言。我，小人也。衣服附在吾身，此其小者、近者。我知而慎之；美锦不使学制。大官、大邑，所以庇身也，此其大者、远者。我远而慢之。官、邑欲使学制。微子之言，吾不知也。无子之言，吾终不自知其失，所以为无识之小人。○仍援前喻，更觉入情。○论尹何至此已毕。他日我曰：'子为郑国，我为吾家，以庇焉，其可也。'他日，前日也。前日我尝有云："子治郑国，我治吾家，以庇身焉，其或可也。"今而后知不足。自今请虽吾家，听子而行。"前日我犹自以为能治家，今而后知谋虑不足，虽吾家亦须听子而行。○此子皮自谓才不及子产，字字缠绵委婉。子产曰："人心之不同如其面焉，人面无同者，其心亦然。吾岂敢谓子面如吾面乎？即面观心，则汝之心，未必尽如吾之心。岂敢使子之家事皆从我之所为乎？○此五喻也。通篇是喻，结处仍用喻，快笔灵思，出人意表。抑心所谓危，亦以告也。"但于我心有所不安，如使尹何为邑者，亦必尽言以告也。○仍缴正意，一笔作收。子皮以为忠，故委政焉，以子产尽心于己，故以国政委之。子产是以能为郑国。结出子产治政之由。

汇评

[明]　张鼐：子产操刀使割，切中古今利弊。子皮闻言而委政，虽休休有容之量，何以如此？通篇借喻论事，文体奇特。操刀使割，喻剖事也；栋折榱崩，喻败事也；美锦学制，喻失治也；射御败绩，喻压覆

也；衣服附身，喻切近也；心喻如面，喻知心之难也。层譬叠喻，珠玑错落。(《评选古文正宗》卷一)

[明] 钟惺：此文全借喻以晓事理，各极俊伟。人知左氏之整齐，而不知其奇宕。(引自《山晓阁左传选》卷六)

[清] 金圣叹：欲作缠绵帖肉之文，须千遍烂读此文。非贵其文辞，责其心地也。此文只是一片心地。(《天下才子必读书》卷一)

[清] 孙琮：不难子产忠告而难子皮之从善，《家语》谓子皮贤于子产，以是哉！(《山晓阁左传选》卷六)

[清] 林云铭：子皮使尹何，犹子路使子羔，欲以民入社稷为学者也。子产谓之"伤"，即夫子谓之"贼"。但以大官大邑关系庇身，使人学治，不但学者受伤，而使之学者自害不小。子产即其所言层层翻驳，妙在四引喻中，炼成一片，绝无痕迹。宜子皮之称善而自咎也。按子皮为郑上卿，当有私邑，尹何疑系家臣子弟向所狎者，喜其易于指使，因欲用以治之。其所谓政与国无预。故子产止言栋折，不言屋坏，止言庇身，不言庇国，而子皮亦以治国兼治家为请者，乃一片说话。恐将来家中复有如尹何之事无人阻止，非因欲错用尹何于国邑，然后推而及于家事也，不可不知。(《古文析义》卷二)

[清] 吴楚材、吴调侯：“学而后入政，未闻以政学”二语，是通体结穴，前后总是发明此意。子产倾心吐露，子皮从善若流，相知之深，无过于此。全篇纯以譬喻作态，故文势宕逸不群。(《古文观止》卷二)

[清] 余诚：“学而后入政”二语是一篇立言张本，妙在恰与子皮“使往而学愈知治”意紧对。然通篇只此二语是正言庄诵，其余一切正意俱借喻意托出。前后共五喻，一喻一样笔法，句调意态毫不犯复，真新异绝伦。(《重订古文释义新编》卷二)

[清] 过珙：文莫难于设喻。此篇叠设六喻：操刀使割，一喻也；栋折榱崩，二喻也；制锦，三喻也；田猎射御，四喻也；子皮悦其言，以衣服附身为喻；子产申其说，又以子面吾面为喻。此种文字，最是难

学。(《详订古文评注全集》卷二)

[清] 毛庆蕃:子产之言信善矣。然子皮之从善如流,岂非古之君子人欤?呜呼!吾不敢言尚友也,直师之矣。(《古文学余》卷六)

[清] 冯李骅、陆浩:此篇只"学而入政"二句为大旨,若就正意发挥,亦自有一首绝大文字。却偏将正话只于中间一见,前后都用譬喻指点。语语入理,又语语入情,不作一味板腐大话头,最是生新出色处,开后人大题小做法门。左氏真无妙不臻、百奇必备者矣。(《春秋左绣》卷一九)

卷二　周文

子产却楚逆女以兵

《左传·昭公元年》

解题　《史记·楚世家》："共王卒,子康王招立。康王立十五年卒,子员立,是为郏敖。康王宠弟公子围、子比、子晳、弃疾。郏敖三年,以其季父康王弟公子围为令尹,主兵事。四年,围使郑,道闻王疾而还。十二月己酉,围入问王疾,绞而弑之,遂杀其子莫及平夏。使使赴于郑。伍举问曰:'谁为后?'对曰:'寡大夫围。'伍举更曰:'共王之子围为长。'子比奔晋,而围立,是为灵王。"按:本篇所记"楚公子围聘于郑"之事,在鲁昭公元年、楚郏敖四年(前541)之春。是年冬,楚令尹围夺王位自立。

　　楚公子围楚令尹。聘于郑,且娶于公孙段氏。段,郑大夫子石也。围娶其女。○围将会诸侯之大夫于虢,以虢系郑地,故行此聘、娶二事。伍举椒举也。为介。副使曰介。○补叙椒举者,伏后垂橐之请也。将入馆,将入郑而馆。郑人恶之,以其徒众之多,恐怀诈以袭己也。使行人子羽与之言,子羽之言不载。乃馆于外。楚乃舍于城外。围不置对者,恃有逆女一著,可以逞也。○以上是聘时事,以下是娶时事,叙二事一略一详。盖以上一段引起下一段也。

　　既聘,将以众逆。去声。○楚欲以兵众入郑逆妇。子产患之,亲迎何待以众?其怀诈可知。使子羽辞,曰:"以敝邑褊小,不足以容从去声。者,请墠然去声。听命。"请于城外除地为墠,以行婚礼。○按婚礼,主人筵几于庙,婿执雁而入。以埵为请,非礼也。令尹使太宰伯州犁对曰:"君辱贶寡大夫围,谓围:'将使丰氏抚有而室。'贶,赐也。丰氏,子石女也。公孙段食邑于丰,故称丰氏。而,汝也。"将使丰氏"八字,是郑君谓围之词。○说郑命围郑重。围布几筵,告于庄、共恭。之庙而来。庄王,围之祖。共王,围之父。○说围受命郑重。若野赐之,若于城外为埵,使我在野以受赐。是委君贶于草莽也,轻郑君之赐,而弃之草莽。○一"是"字。是寡大夫不得列于诸卿也。逆女不得成礼,何颜复置身诸卿之列?○二"是"字。○两句,应首段,唤起下段。不宁唯是,疾撇上二"是"字。又使围蒙其先君,将不得为寡君老,其蔑以复矣。蒙,欺也。大臣曰老。言告先君而来,不得成礼于女氏之庙,是使我欺其先君,而辱寡君之命,不得为楚大臣,其无以归国矣。○三句应二段。唯大夫图之。"子羽曰:"小国无罪,恃实其罪。小国有何罪?恃大国而不设备,实其罪也。○二句是立言主脑。将恃大国之安靖己,而无乃包藏祸心以图之?郑之婚楚,本欲恃楚以安靖其国家,今楚以兵入逆,汝无乃包藏祸心以图袭郑?而,汝也。○一句喝破楚之本谋,妙。小国失恃,而惩诸侯,使莫不憾者,郑为楚图而失所恃,致使诸侯信楚者皆以郑为戒,使无不恨楚之行诈者。○不说郑憾楚,说诸侯莫不憾楚,妙。距违君命,而有所壅塞不行是惧。距,亦违也。自此诸侯举不信楚,而楚君之令有所壅塞而不行,此郑恃楚以取灭亡所致,实郑之罪也。所惧者唯此。不然,敝邑,馆人之属也,其敢爱丰氏之祧?"祧。○若楚国无他意,则郑之在楚,与守舍之人相类,岂敢爱惜丰氏之远祖庙而不以成礼乎?○以上直说出"请埵听命"之故。

伍举知其有备也,请垂櫜高。而入。许之。櫜,弓衣也。垂櫜,示无弓也。

汇评

[清] 林云铭：公子围为楚令尹，既柄楚国，是时方为盟主，将合列国大夫，其宠大矣。目中宁复有蕞尔郑，而拳拳求娶其大夫之女，且必守奠雁常仪耶？盖楚本无信之国也。……此番欲得志于晋，计惟有乘郑许婚之约，借亲迎徒众袭取其国，以通诸侯南向之路耳。篇中"将以众逆"四字，奸谋毕露。若论亲迎旧典，郑似无可措辞，乃子产全不理论是礼非礼，硬使行人以垫为请，俟其说长道短，造出许多体面话头。然后单刀直入，抉破行诈隐衷，且以郑失国、楚失信，俱引作不设备者之罪，令垂涎者无处着手，只得将错就错而行，好不扫兴！左氏辞命每以句句分释见奇，此却以不分释为分释，尤其奇也。（《古文析义》卷二）

[清] 吴楚材、吴调侯：篇首著"恶之"、"患之"四字，已伏后一段议论。州犁之对，词婉而理直，郑似无可措辞。子产索性喝出他本谋，使无从置辨，若稍婉转，则楚必不听。此小国所以待强敌不得不尔。（《古文观止》卷二）

[清] 唐介轩：通篇总不外"包藏祸心"四字，乃前半故作遮掩，后半竟一口喝破；前半曲得妙，后半又直得妙。（《古文翼》卷二）

子革对灵王

《左传·昭公十二年》

解题　《史记·楚世家》："(灵王)十一年,伐徐以恐吴。灵王次于乾溪以待之。王曰:'齐、晋、鲁、卫,其封皆受宝器,我独不。今吾使使周求鼎以为分,其予我乎?'析父对曰:'其予君王哉!昔我先王熊绎辟在荆山,荜露蓝蒌以处草莽,跋涉山林以事天子,唯是桃弧棘矢以共王事。齐,王舅也;晋及鲁、卫,王母弟也:楚是以无分而彼皆有。周今与四国服事君王,将惟命是从,岂敢爱鼎?'灵王曰:'昔我皇祖伯父昆吾旧许是宅,今郑人贪其田,不我予,今我求之,其予我乎?'对曰:'周不爱鼎,郑安敢爱田?'灵王曰:'昔诸侯远我而畏晋,今吾大城陈、蔡、不羹,赋皆千乘,诸侯畏我乎?'对曰:'畏哉!'灵王喜曰:'析父善言古事焉。'"按:析父,楚大夫。此处析父当为子革。司马贞《史记索隐》谓:"据《左氏》,此是右尹子革之词,史盖误也。"

　　楚子灵王。狩于州来,次于颍尾,冬猎曰狩。州来、颍尾,二地皆近吴。使荡侯、潘子、司马督、嚣尹午、陵尹喜五子皆楚大夫。帅师围徐以惧吴。徐,吴与国。楚子次于乾溪,以为之援。乾溪,水名。自颍尾遣五大夫讫,即自次乾溪,以为兵援。雨去声。雪,王皮冠,秦复陶,秦所遗羽衣。翠被,被,帔也。以翠羽饰之。豹舄,以豹皮为屦。执鞭以出。执鞭出以教令。仆析父甫。○楚大夫。从。去声。○此等闲叙,若无紧要,然妆点浓色正在此。

卷二 周文

右尹官名。子革郑丹也。夕，暮见曰夕。王见之，去冠、被，舍捨。鞭，妆点。与之语，曰："昔我先王熊绎楚始封君。与吕伋、齐太公之子丁公。王孙牟、卫康叔子康伯。燮父、晋唐叔之子。禽父周公子伯禽。并事康王，成王子。四国皆有分，问。○齐、卫、晋、鲁，王皆赐之珍宝，以为分器。我独无有。楚独无所赐。今吾使人于周，求鼎以为分，王其与我乎？"禹铸九鼎，三代相传，犹后世传国玺也。灵王欲求周鼎以为分器，意欲何为？对曰："与君王哉！四字冷妙。昔我先王熊绎辟同僻。在荆山，筚路蓝缕筚路，柴车。蓝缕，敝衣。以处草莽，跋涉山林以事天子，唯是桃弧棘矢以共供。御王事。以桃为弓，以棘为矢，为天子共御不祥之事。○写楚与周疏远。齐，王舅也；成王之母姜氏，齐太公之女。晋及鲁、卫，王母弟也。唐叔，成王母弟。周公、康叔，武王母弟。○写四国是周亲贵。楚是以无分，而彼皆有。宝器所以展亲，不得颁及疏远。今周与四国服事君王，将唯命是从，岂其爱鼎？"今周与齐、晋、鲁、卫皆服事楚，将唯楚命是听，岂惜此鼎，而不以与楚？○故为张大，隐见楚子之无君。冷妙。王曰："昔我皇祖伯父昆吾，旧许是宅。陆终氏生六子，长曰昆吾，少曰季连。季连，楚之远祖，故谓昆吾为伯父。昆吾尝居许地，许既南迁，故曰"旧许是宅"。今郑人贪赖其田，而不我与。此时旧许之地属郑。我若求之，其与我乎？"求至远祖之兄所居之地，更属可笑。对曰："与君王哉！冷妙。周不爱鼎，郑敢爱田？"不有天子，何有于郑？妙论解颐。王曰："昔诸侯远去声。我而畏晋，今我大城陈、蔡、不羹，郎。赋皆千乘，去声。○陈、蔡，二国名。不羹，地名，其地有二邑。言我大筑四国之城，其田之赋，皆出兵车千乘。子与预。有劳焉，汝子革亦与有功焉。○带句生姿。诸侯其畏我乎！"又欲使天下诸侯无不畏我，其心益肆矣。对曰："畏君王哉！冷妙。是四国者，专足畏也。又加之以楚，敢不畏君王哉！"复一句，妙。加"敢不"二字，尤妙。○三段写楚子何等矜满，写子革何等滑稽。对矜满人，自不得不用滑稽也。

工尹路工尹，名路。请曰："君王命剥圭以为铖戚。柲，秘。敢请命。"铖，斧也。柲，柄也。言王命破圭玉以饰斧柄，敢请制度之命。王入视之。王入内，视工尹所为。○连处忽一断，妆点前后照耀，妙绝。

析父谓子革："吾子，楚国之望也。今与王言如响，如响应声。国其若之何？"子革曰："摩厉以须，王出，吾刃将斩矣。"子革以锋刃自喻。言我自摩厉以待王出，将此利刃斩王之淫愿。○又生一问答作波，始知前"仆析父从"一句，非浪笔。

王出，复扶又切。语。左史倚相去声。趋过，倚相，楚史名。王曰："是良史也，子善视之。是能读《三坟》、《五典》、《八索》、《九丘》。"《三坟》，三皇之书。《五典》，五帝之典。《八索》，八卦之说。《九丘》，九州之志。倚相能尽读之，所以为良史。○恰凑入摩厉以须吾刃下。对曰："臣尝问焉，昔穆王欲肆其心，周行天下，将皆必有车辙马迹焉。周穆王乘八骏马，造父为御，以遍行天下，欲使车辙马迹无所不到。祭债。公谋父作《祈招》韶。之诗以止王心，谋父，周卿士。祈父，周司马之官。招，其名也。祭公力谏游行，故借司马作诗，以止遏穆王之欲心。此诗逸。王是以获没于祗支。宫。祗宫，离宫名。穆王闻谏而改，故得善终于祗宫，而免篡弑之祸。臣问其诗而不知也。若问远焉，其焉烟。能知之？"《祈招》之诗，是穆王近事。远，谓《坟》、《典》诸书。○俱是引动楚子之问，可谓长于讽谕。王曰："子能乎？"对曰："能。其《诗》曰：'祈招之愔愔，阴。式昭德音。愔愔，安和貌。式，用也。言祈父之性安和，用能自著令闻矣。思我王度，式如玉，式如金。亦当思我王之常度，出入起居，用如玉之坚，用如金之重。形民之力，而无醉饱之心。'"若用民力，当随其所能，如冶金制玉，随器象形，而不可存醉饱过度之心。○着意在此句，利刃已斩。

王揖而入,"执鞭以出"至"王入视之","王出复语"至"王揖而入",两出两入,遥对作章法。馈不食,寝不寐,数日,不能自克,以及于难。去声。○灵王被子革一斩,寝食不安者数日。却未曾斩断,不能迁善改过。明年,为弃疾所逼,缢于乾溪。○又妆点作结,前后照耀。

仲尼曰:"古也有志:古书有云。'克己复礼,仁也。'应不能自克。信善哉!楚灵王若能如是,岂其辱于乾溪?"前叙"次于乾溪",何等意气;此以"辱"字结之,最有味。

汇评

[清]　吴楚材、吴调侯:楚子一番矜张语,子革绝不置辨,一味将顺,固有深意。至后闲闲唤醒,若不相蒙者,既不忤听,又得易入,此其所以为善谏欤?惜哉!灵王能听而不能克,以终及于难也。(《古文观止》卷二)

[清]　浦起龙:自晋之衰,而楚灵汰侈,且极于妄,乾溪之祸,所由召也。子革前三对,以不夺为夺,妙矣。至左史驳换之间,意喻色授,痕迹俱融,非神于技者,必不免拖泥带水。此乃龙门洁字之祖。(《古文眉诠》卷七)

子产论政宽猛

《左传·昭公二十年》

解题　《史记·郑世家》："声公五年，郑相子产卒，郑人皆哭泣，悲之如亡亲戚。子产者，郑成公少子也。为人仁爱人，事君忠厚。孔子尝过郑，与子产如兄弟云。及闻子产死，孔子为泣曰：'古之遗爱也！'"

　　郑子产有疾，谓子大叔游吉也。曰："我死，子必为政。唯有德者能以宽服民，其次莫如猛。两语，是子产治郑心诀。夫火烈，民望而畏之，故鲜上声。死焉；以火喻猛。水懦弱，民狎而玩之，则多死焉，以水喻宽。故宽难。"非有德者不能。○玩其"次"字、"宽难"字，便见宽为上，不得已而用猛。而用猛正是保民之惠处，此自大经济人语。疾数月而卒。

　　大叔为政，不忍猛而宽。著"不忍"二字，便见是妇人之仁，非真能宽也。郑国多盗，取人于萑苻。之泽。取人，劫其财也。萑苻，泽名。大叔悔之，曰："吾早从夫子，不及此。"夫子，谓子产。兴徒兵以攻萑苻之盗，尽杀之，盗少止。著"尽杀"二字，便见是酷吏之虐，非善用猛也。

　　仲尼曰："善哉！叹美子产为政。政宽则民慢，慢则纠之以猛。猛则民残，残则施之以宽。宽、猛各有弊，当有以相济。宽以济猛，猛以济宽，政是以和。"和"字，从"济"字看出。《诗》曰：《大雅·民劳》篇。'民亦劳止，汔肸。可小康；惠此中国，以绥四方。'止，语辞。汔，其也。

康、绥,皆安也。言今民亦劳甚矣,其可以小安之乎?当加惠于京师,以绥安夫诸夏之人。**施之以宽也。**引《诗》释宽。'**毋**从去声。**诡随,以谨无良;式遏寇虐,惨不畏明**',诡随,谓诡诈人随人、心不正者。谨,敕也。式,用也。惨,曾也。言诡随者不可从,以谨敕不善之人,用遏止此寇虐而曾不畏明法者。**纠之以猛也。**引《诗》释猛。'**柔远能迩,以定我王**',柔安远人,使之怀附,而近者各以能进,以安定我王室。**平之以和也。**"平"字,是宽猛相济处。○引《诗》释和。○一诗分引释之,便见政和,是宽猛一时并到,不可偏胜也。**又曰:**《商颂·长发》篇。'**不竞不绿,求。不刚不柔,布政优优,百禄是遒。**'竞,强也。绿,急也。优优,和也。遒,聚也。言汤之为政不太强、不太急、不太刚、不太柔,优优然而甚和,故百种福禄皆遒聚也。**和之至也。**引《诗》叹和之至。见得和到极处,而宽猛之迹俱化。进一层说。**及子产卒,仲尼闻之,出涕曰:"古之遗爱也。"**以子产之猛为遗爱,阐微之论。

汇评

[宋] 黄震:孔子曰:"子为政,焉用杀?"又曰:"居上不宽,吾何以观之哉!"又曰:"君子威而不猛。"今左氏谓太叔尽杀而孔子叹以"善哉",又谓"政宽则民慢,慢则纠之以猛",是宽不可临民,而猛焉是主,而杀之为快也。异乎吾所闻。(《黄氏日钞》卷三一)

[明] 张鼐:宽猛相济,得《弘范》"刚克""柔克"之旨。(《评选古文正宗》卷一)

[明] 钟惺:水弱多死,然则宽者民之死地也。末世乐宽之易,而子产曰"宽难",其旨深矣。宽而使民无死地,惟有德者能之。(引自《山晓阁左传选》卷八)

[清] 谢有煇:政有一定之纲纪,行政则有宽有猛耳。子产意主于猛,犹是任智之一术,未及宽猛相济之妙理也。故《传》引仲尼之论政,见必极于和之至,而后为善耳。然其猛也,正以善用其爱,故复引

仲尼"出涕"之言,深致惋惜之意,见当时之识得此意者,盖亦罕矣。(《古文赏音》卷二)

[清] 林云铭:子产告太叔"宽猛"数语,即其平日为政全副学问。如铸刑书,自谓吾以救世,其出于不得已之意可见,未尝谓宽非善政,必当从猛也。曰"其次",曰"难立言",甚有斟酌,奈太叔不从其言,以致郑国多盗,而兴兵尽杀,不几于始慢而终残乎?左氏引夫子赞子产之词,即所谓"养民惠,使民义"。二语之意,正好与太叔得失相形。及子产卒,复称为"古之遗爱",即答或问以惠人之意,乃推见其苦心在于杀以止杀,刑期无刑,此理尤非太叔所能知也。篇中结构完密,两人轩轾自见,一唱三叹,饶有余味。俗眼多以"善哉"二字误认作赞太叔之词,独不思太叔为政在子产既卒之后,何传末又有"闻子产卒"一语?且既赞太叔矣,乃用"及"字转入子产而称之,词意尤不相贯。此最明白易晓者,亦愦愦焉,余诚不解其何故也。(《古文析义》卷二)

[清] 吴楚材、吴调侯:子产不是一味任猛。盖立法严则民不犯,正所以全其生。此中大有作用。太叔始宽而继猛,殊失子产授政之意。观孔子叹美子产,而以宽猛相济立论,则政和,谅非用猛所能致;末以遗爱结之,便有分晓。(《古文观止》卷二)

[清] 浦起龙:猛之过,流为商鞅,然商鞅不肯道"鲜死"、"多死"二语。其宗主从富强起见,不从爱人起见也。夫子蔽猛以爱,是惠人也。的旨是郑大夫真赞。后世有武健逢时好以干进者,借口子产不得。(《古文眉诠》卷七)

[清] 余诚:谓子太叔语意似主于猛,然相郑国之势,度太叔之德,知政之不容出于宽而后为是言也。观次段"尽杀之,盗少止"六字,"多死"之说骤,"望而畏之"之说亦骤矣。孔子赞之,而引《诗》分证,并推及"和之至",断非有德者不能。赞子产,即以映太叔。末用"古之遗爱"作结,结出论政主猛之意,正所以爱民也。章法谨严,而又绝无照应痕迹,至文至文!(《重订古文释义新编》卷二)

卷二　周文

吴许越成

《左传·哀公元年》

解题　《史记·吴太伯世家》："(吴王夫差)二年，吴王悉精兵以伐越，败之夫椒，报姑苏也。越王勾践乃以甲兵五千人栖于会稽，使大夫种因吴太宰嚭而行成，请委国为臣妾。吴王将许之，伍子胥谏曰：'昔有过氏杀斟灌以伐斟寻，灭夏后帝相。帝相之妃缗方娠，逃于有仍而生少康。少康为有仍牧正。有过又欲杀少康，少康奔有虞。有虞思夏德，于是妻之以二女而邑之于纶，有田一成，有众一旅，后遂收夏众，抚其官职。使人诱之，遂灭有过氏，复禹之绩，祀夏配天，不失旧物。今吴不如有过之强，而勾践大于少康。今不因此而灭之，又将宽之，不亦难乎！且勾践为人能辛苦，今不灭，后必悔之。'吴王不听，听太宰嚭，卒许越平，与盟而罢兵去。"

吴王夫扶。差败越于夫椒，报檇醉。李也。夫椒，吴县西南太湖中椒山。檇李，今嘉兴檇李城。定公十四年，越败吴于檇李，阖庐伤足而死。至是，夫差所谓三年乃报越也。遂入越。越子勾践。以甲楯闰上声。五千保于会脍。稽，会稽，越山名。使大夫种因吴太宰嚭痞。〇种，越大夫名。嚭，故楚臣，奔吴为太宰，宠幸于夫差，故种因之。以行成。求成于吴。吴子将许之。

伍员云。〇子胥也。曰："不可。二字断。臣闻之：'树德莫如滋，去上声。疾莫如尽。'人之植德，如植木焉，欲其滋长。人之去恶，如治病然，欲其净尽。〇先征之格言，重下句。昔有过歌。浇尧去声。杀斟灌以伐斟

131

郭，寻。灭夏后相，去声。○过，国名。浇，寒浞子。二斟，夏同姓诸侯。相，启之孙。羿逐帝相依二斟。寒浞篡羿，因其室，生浇及豷，封浇于过，封豷于戈。浞使浇灭二斟，杀帝相。后缗方娠，震。○后缗，相妻，有仍国之女。娠，怀身也。逃出自窦，归于有仍，自穴逃出，而归于父母家。生少去声康焉。生遗腹子，是为少康。为仍牧正，恶忌浇能戒之。及壮，为有仍牧官之长。恶，毒也。以浇为毒害，能戒备之。浇使椒求之，椒，浇臣。求少康欲杀之。逃奔有虞，舜后封国。为之庖正，以除其害。庖正，掌膳羞之官。除，免也。赖此以得免其害。虞思于是妻去声之以二姚，而邑诸纶，思，虞君名。以二女妻少康。姚，虞姓。纶，虞邑。有田一成，有众一旅。方十里为成。五百人为旅。能布其德，而兆其谋，兆，始也。以收夏众，抚其官职；收拾夏之遗民，抚循夏之官职。使女艾谍谍。浇，使季杼诱豷。戏。○女艾，少康臣。谍，候也。谍候浇之间隙。季杼，少康子。豷，浇弟。以计引诱之。遂灭过、戈，灭浇于过，灭豷于戈。复禹之绩，祀夏配天，不失旧物。恢复禹之功绩，祀夏祖宗，以配上帝，不失禹之天下。○次证之往事，以申明"去疾莫如尽"之故。今吴不如过，而越大于少康，两两相较，警醒剀切。或将丰之，不亦难去声乎！言与越成，是使越丰大，必为吴难。○不可者一。勾践能亲而务施，一层。施不失人，亲不弃劳。二层。与我同壤，三层。而世为仇雠。四层。于是乎克而弗取，将又存之，违天而长寇仇，天与不取，故曰违天。后虽悔之，不可食已。食，犹食言之食。言欲食此悔，亦无及已。○不可者二。姬之衰也，日可俟也。吴与周同姓，而姬姓之衰，可计日而待。○泛一句。介在蛮夷，而长寇仇，以是求伯，霸。必不行矣。"况吴介居蛮夷，而滋长寇仇，自保且不能，安能图霸？以吴子喜远功，又以求伯动之。○不可者三。

弗听。惑于宰嚭，而使越成。退而告人曰："越十年生聚，而十年教训，二十年之外，吴其为沼乎！"生民聚财，富而后教，吴必为越所灭。而宫室废坏，当为污池。○直是目见，非为悬断。

汇评

［明］ 张鼐：为杀其父而报之，既报之而又听嚭以行成，独不思使人宫庭出入之谓乎？真违天而长寇仇，卒为越灭，宜夫，惜夫！此篇长譬广喻，不厌其详。至"吴不如过"一段，利害较然，词意恺切，即金石可贯。而夫差狃于一胜之功，愎而不从，是乃天欲以吴授越也。（《评选古文正宗》卷一）

［清］ 孙琮：吴许越成，自是霸主大度事，伍子切切谏争，非不欲吴为大度也，盖知勾践之不久下人而夫差未必能树德也。看他开口以"树德"、"去疾"两意并提，接下少康便是树德一证，而有过浇则去疾未尽之影子。古人文字不必拘拘比配大意，只要形出"吴不如过，而越大于少康"二句耳。行文高古矜琢，字字紧炼。（《山晓阁左传选》卷一○）

［清］ 吴楚材、吴调侯：写少康详，写勾践略；而写少康，正是写勾践处，此古文以宾作主法也。后分三段，发明"不可"二字之义，最为曲折详尽。曾不觉悟，卒许越成。不得已退而告人，说到"吴其为沼"，真感愤无聊，声断气绝矣。（《古文观止》卷二）

［清］ 浦起龙：携李越败吴而吴以伯，夫椒吴败越而越以兴。二传相乘除，妙在荣卫交灌，为外传发凡。（《古文眉诠》卷八）

［清］ 余诚：开口即以"不可"断定许成之非。以下述格言，引古事，比较一番。复就吴起分论一番。一盛一衰，俱于许成上看出。切定利害上许成之不可，最为反复详尽。无奈夫差惑于宰嚭而不听，迨退，而以二十年之外，吴为越沼告人，其殆犹冀夫差之一悟乎！（《重订古文释义新编》卷二）

［清］ 唐介轩：提掇过渡，照应结束，处处警醒，文尤高古矜琢。（《古文

翼》卷二)

［清］　毛庆蕃：其言深切，其辞醇美。泽国多文，此其始乎！后世所以有《吴越春秋》也。(《古文学余》卷九)

卷三

周 文

祭公谏征犬戎

《国语·周语上》

解题 《史记·周本纪》收入本文,仅变动个别字眼。"祭公谋父谏曰"下,裴骃《史记集解》引韦昭曰:"祭,畿内之国,周公之后,为王卿士。谋父,字也。"犬戎,戎人之一支。《春秋左传集解》第四《闵公》:"二年春,虢公败犬戎于渭汭。"杜预注曰:"犬戎,西戎别在中国者。"

穆王将征犬戎,西戎也。欲征其不享之罪。祭债。公谋父甫。○祭,畿内之国,谋父所封。时为王卿士。谏曰:"不可。先王耀德不观贯兵。耀,明也。观,示也。○一句领起全篇。夫兵戢而时动,动则威,戢,聚也。时动,如三时务农,一时讲武之谓。威,可畏也。观则玩,玩则无震。玩,黩也。震,惧也。○四句,一正一反,以申明不可观兵之意。是故周文公之《颂》曰:文,周公之谥。《颂·时迈》之诗,周公所作。'载戢干戈,载櫜高。弓矢。载,用也。櫜,韬也。言武王既定天下,则收敛其干戈,韬藏其弓矢,示不复用也。○引证"不观兵"。我求懿德,肆于时夏,允王保之。'肆,陈也。时,是也。中国曰夏。允,信也。言武王常求懿美之德,以布陈于中国,信乎王之能保天命也。○引证"耀德"。先王之于民也,茂正其德而厚其性,茂,勉也。

135

正德者,父慈子孝,兄爱弟恭,夫义妇顺,所以正民之德也。如此而民之情性,未有不归于厚者。**阜其财求**阜,大也。大其财求,使之衣帛食肉,不饥不寒,所以厚民之生也。**而利其器用**,如工作什器、商通货财之类,所以利民之用也。○三句,兼教养在内。**明利害之乡**,如字。○得教养为利,失教养为害。乡,犹言所在也。明利害之所在,是耀德之实。**以文修之**,一句包下"修意"五句,是不观兵之实。**使务利而避害,怀德而畏威,故能保世以滋大**。滋,益也。此言"耀德不观兵"之效。作一顿。下乃转入周世。

"**昔我先世后稷**,后稷,舜时农官。父子相继曰世。谓弃与不窋。**以服事虞、夏**。谓弃为舜后稷,不窋继之于夏启也。**及夏之衰也**,谓启子太康。**弃稷弗务**,弃,废也。废稷之官,不复务农。**我先王不窋**质。○弃之子。周禘祫文武,必先不窋,故通谓之王。**用失其官,而自窜于戎、翟之间**,尧封弃于邰,至不窋失官,去夏而迁于邠。邠西接戎,北近翟。**不敢怠业**,业,农业也。**时序其德**,纂同缵。**修其绪,修其训典**,序,布也。纂,继也。绪,事也。训,教也。典,法也。三"其"字,指弃而言。**朝夕恪勤,守以惇笃,奉以忠信**,三句,承上三句,极写其"不敢怠业"。**奕世载德,不忝前人**。奕世,累世也。载,承也。忝,辱也。自不窋以后至文王,皆继其德而弗坠。○已上言周家累世耀德。**至于武王,昭前之光明而加之以慈和,事神保民,莫不欣喜**。武王亦只是耀德。**商王帝辛,大恶**乌故切。**于民**。辛,纣名也。大恶,大为民所恶。**庶民弗忍,欣戴武王,以致戎于商牧**。商牧,商郊牧野。○著"庶民弗忍"四字,便见武王不得已而用兵。**是先王非务武也,勤恤民隐而除其害也**。恤,忧也。隐,痛也。非务武,即不观兵之谓。勤恤民隐,即耀德之谓。○已上言武王并不观兵,下乃述邦制,以转入征犬戎之非。

"**夫先王之制**:一句直贯到底。**邦内甸服**,邦内,天子畿内。甸,田也。服,事也。以皆田赋之事,故谓之甸服。王城之外,四面皆五百里也。**邦外侯**

服，邦外，邦畿之外。侯服者，侯国之服。甸服外，四面又各五百里也。**侯、卫宾服**，侯，侯圻。卫，卫圻。中国之界也。谓之宾者，渐远王畿，而取宾见之义。侯服外，四面又各五百里也。**蛮、夷要**平声。**服**，蛮、夷去王畿已远。谓之要者，取要约之义，特羁縻之而已。宾服外，四面又各五百里也。**戎、翟荒服**。戎、翟去王畿益远。以其荒野，故谓之荒服。要服外，四面又各五百里也。○一层，详五服之地。**甸服者祭**，祭于祖考。**侯服者祀**，祀于高曾。**宾服者享**，享于二祧。**要服者贡**，贡于坛墠。**荒服者王**。王，入朝也。世一见，各以其所贵者为贽。○此言五服佐天子宗庙之供者不同。○二层，详五服之职。**日祭**、祭以日至。**月祀**、祀以月至。**时享**、享以时至。**岁贡**、贡以岁至。**终王**，王以终世至。谓朝嗣王，及即位而来见。○三层，言五服之地有远近，故其供职有疏密。**先王之训也**。锁一句，前后照应，妙。**有不祭则修意**，最近者知王意也。**有不祀则修言**，稍近者听王言也。**有不享则修文**，渐近者申以号令。**有不贡则修名**，已远者播以仁声。**有不王则修德**，极远者诞敷文德。○看五"修"字，便见"耀德"不是一味表暴，有反躬自治意。**序成而有不至则修刑**。序，谓上五者次序。成，既修也。刑，法也，见下文。**于是乎有刑不祭**，士师。**伐不祀**，司马。**征不享**，诸侯承王命往征。**让不贡，告不王**。行使让者责其过，告者谕以理。○此修刑之序。**于是乎有刑罚之辟**，辟，法也。**有攻伐之兵，有征讨之备，有威让之令，有文告之辞**。此修刑之具。○一意写作两层，却不嫌其重复，故妙。**布令陈辞而又不至，则又增修于德，无勤民于远**，单承要、荒二服。言远国非近者可比，唯有益自修德，不可加兵致劳吾民也。**是以近无不听**，甸、侯、宾无不至。**远无不服**。要、荒无不至。○已上结完先王无观兵于远国之事，下方说到穆王身上。

"今自大毕、伯仕之终也，犬戎氏以其职来王，大毕、伯仕，犬戎氏之二君。世终来王，荒服之职也。天子曰：'予必以不享征之，且观之兵。'享,宾服之礼。以责犬戎,且示之以兵威。其无乃废先王之训而王几顿乎!顿,坏也。既废先王待荒服之训,恐终王之礼,亦自此坏矣。吾闻夫犬戎树惇,能帅同率。旧德而守终纯固,其有以御我矣!"树,立也。惇,厚也。帅,循也。纯,专也。固,一也。言犬戎立心惇厚,能率循其先人之德而守国,终于专一,有拒我之备矣。○废先王之训,则不可伐。有以御我,则不能伐。是极谏意。

王不听,遂征之,得四白狼、四白鹿以归。所获止此,果有以御我矣。自是荒服者不至。终王之礼,果自此坏。

汇评

[明] 刘基:善战者省敌,不善战者益敌;省敌者昌,益敌者亡。夫欲取人之国,则彼国之人皆我敌也。故善省敌者,不使人我敌。汤武之所以无敌者,以我之敌敌也。唯天下至仁为能,以我之敌敌敌,是故敌不敌而天下服。穆王之征犬戎,是之谓益敌。(引自《评选古文正宗》卷二)

[明] 张鼐:兵者,凶器也。战者,危事也。圣人不得已而用之。谋父"耀德不观兵"一句,保全了多少生灵。王卒不听,勤民于远,而仅得狼、鹿以归,去先王之训远矣。此周之元气所以殆尽也欤?(《评选古文正宗》卷二)

[明] 钟惺:文极醇正。"耀德不观兵"为主脑,终篇反复不过此意。历叙后稷以及武王,载述邦制以及征伐,末以犬戎之效顺实之,敷陈曲致。(引自《评选古文正宗》卷二)

[清] 孙琮:通篇以"先王耀德不观兵"一语作主,有章法,有句法,有字法,有铺叙,有关锁。自"先王之制"以下,凡写作七层,如叠浪相虀,细纹成縠,文之至者也。(《山晓阁国语选》卷一)

[清] 谢有煇:兵力足以及于犬戎,势可谓盛矣。不知盛而不节,正衰机

之所自伏。"耀德不观兵",上古哲王之明训也;"自是荒服者不至",后世百王之炯戒也。(《古文赏音》卷三)

[清] 林云铭:世儒把此篇谏词草草读过,必以为穆王无故加兵荒服,与秦皇、汉武远事沙漠无异矣。第穆王去文、武、成、康未远,且享国最久,岂不知有先王五服之训,与荒服终王之礼,而责以宾服不享之罪乎?按史,犬戎即昆夷,文王所事,西周都丰、镐,最与密迩,厥后与申侯杀幽王于骊山下乎!王畏其逼而东迁者,即此也。穆王之意,以犬戎既近内地,当与宾服同行享礼,观之兵者无非欲臣服之,使不生心耳。殊不知外当以治内为本,谋父以"耀德不观兵"五字,层层发论,俱在保民恤民上着眼。犬戎虽逼近,以种类言之,止好以荒服看待,得其守终王之训,羁縻勿绝足矣。若苟责之,既不能加害,徒费兵力,势必将此礼俱废,不大伤国体乎?句句根本之论,其行文极有步骤,有体裁,洵典谟训诰之遗也。末所云"荒服者不至",不但犬戎一种为然。如夷王所伐太原之戎,宣王所伐姜氏之戎,尹吉甫所伐猃狁之戎,皆是也。诸戎俱与镐京密迩者,亦非如《禹贡》所谓要荒之外,东西南朔之荒服也。盖四夷之名,西方曰戎,周自不窋失官而自窜于戎、翟之间,历世已久,武王伐商,仍其旧都。虽十润瀍于洛邑,未尝移就而居天下之适中,故与诸戎杂处如此。读古者何可不知!(《古文析义》卷三)

[清] 吴楚材、吴调侯:"耀德不观兵",是一篇主脑,回环往复,不出此意。穆王车辙马迹遍天下,其中侈然有自大之心,不过观兵犬戎以示雄武耳,乃仅得狼鹿以归。不但不能耀德,并不成观兵矣。结出"荒服不至"一语,煞有深意。(《古文观止》卷三)

[清] 浦起龙:外传长于举古,此传竟以"耀德不观兵"为题作论体,由古以及近,先泛而后贴,叙次中有筋节,排比中有机杼。(《古文眉诠》卷一〇)

[清] 余诚:谋父此谏前半在"征"字上起议,后半在"犬戎"上起议。前半在"征"字上起议,故于"征"字对面指出"德"字来,而以"耀德不

观兵"一语作通体立言骨子,历叙周家前王无非自耀其德,即武王之用兵也,亦仍是"耀德"耳,并未尝有意"观兵",语语皆与穆王之"征"相对。后半在"犬戎"上起议,故备详五服之制,见犬戎无可征处,亦终以见先王"耀德不观兵"意。末说到"有以御我",尽情极谏,本欲冀其谏之行而征可罢也,孰意王不听,而卒成无益有损之举耶?屡提"先王"处,典重有礼;其言"耀德"处,归重"勤恤民隐",措语亦有实际。(《重订古文释义新编》卷三)

[清] 唐介轩:挈一句为纲,下逐节申说,关锁甚紧,叙事更复典质。(《古文翼》卷三)

[清] 毛庆蕃:此传语语见先王之典型旨哉!又以见周之衰,不衰于修文,而衰于竞武也。(《古文学余》卷十二)

召公谏厉王止谤

《国语》

解题 《史记·周本纪》:"王行暴虐侈傲,国人谤王。召公谏曰……王不听。于是国莫敢出言,三年,乃相与畔,袭厉王。厉王出奔于彘。厉王太子静匿召公之家,国人闻之,乃围之。召公曰:'昔吾骤谏王,王不从,以及此难也。今杀王太子,王其以我为仇而怼怒乎?夫事君者,险而不仇怼,怨而不怒,况事王乎!'乃以其子代王太子,太子竟得脱。"

厉王虐,国人谤王。谤,诽也。召邵。公召康公之后。穆公虎也,为王卿士。告曰:"民不堪命矣!"命虐,故不堪。○危言悚激。王怒,怒谤者。得卫巫,使监平声。谤者,巫,祝也。卫巫,卫国之巫。监,察也。以巫有神灵,有谤辄知之。以告,则杀之。以谤者告,即杀之。○写虐命尤不堪。国人莫敢言,非但不敢谤也。深一层说。道路以目。以目相眄而已。○四字妙甚,极写莫敢言之状,不堪命之极也。

王喜,"喜"字,与上"怒"字相对。告召公曰:"吾能弭米。谤矣,弭,止也。○监谤、弭谤,写尽昏主作用。乃不敢言!"如此四字,极写能弭谤伎俩,痴人声口如画。

召公曰:"是障之也。障,防也。非民无言,是障之使不得宣也。○断一句,便注定"川"字。防民之口,甚于防川。川不可防,而口尤甚。○以民比

141

川。川壅而溃，会。伤人必多，壅，障也。溃，水势横暴而四出也。○写防川。民亦如之。写防民。是故为川者决之使导，为民者宣之使言。为，治也。导，通也。宣，犹放也。○合写川、民。○"宣之使言"一句，是一篇主意。下俱是"宣之使言"。故天子听政，一句领起。使"使"字直贯到底，根上两"使"字来。公卿至于列士献诗，陈其美刺。瞽献典，瞽，乐师也。典，乐典。陈其邪正。史献书，史，外史。书，三皇五帝之书。有关治体。师箴，针。○师，少师也。箴刺王阙，以正得失。瞍同瞍。赋，无眸子曰瞍。赋所献之诗。矇诵，有眸子而无见曰矇。诵典书箴刺之语。百工谏，工执艺事以谏。庶人传语，庶人卑贱，见政事之得失，不能自达，相传语以闻于王。近臣尽规，左右近臣，各尽规谏。亲戚补察，父兄子弟，补过察政。瞽、史教诲，瞽，太师，掌乐。史，太史，掌礼。相与教诲。耆、艾修之，耆、艾，师傅也。合众职而修治之。而后王斟酌焉，斟，取也。酌，行也。是以事行而不悖。所行之事，皆合于理。○历举古天子听言求治，句句与弭谤使不敢言相反。民之有口也，犹土之有山川也，财用于是乎出；犹其有原隰衍沃也，衣食于是乎生。土，地也。其，指土而言。广平曰原，下湿曰隰，下平曰衍，有溉曰沃。山川原隰衍沃，所以宣地气而出财用、生衣食。○一喻写作两层，妙。上以防川喻止谤，此以山川原隰衍沃喻宣言。口之宣言也，善败于是乎兴。跌出正意。行善而备败，所以阜财用、衣食者也。民所善者行之，其所恶者改之。阜，厚也。厚财用、衣食，与山川原隰衍沃一般。○正意、喻意，又夹写一笔，错落入妙。夫民虑之于心而宣之于口，成而行之，胡可壅也？若壅其口，其与能几何？"民素筹之于心，而后发之于言。当成其美而见之施行，岂可壅塞？若壅塞焉，其与我者能有几何哉？言败亡即至也。○三"壅"字呼应。

王弗听。于是国人莫敢出言，三"莫敢言"作章法。三年，乃流王于彘。流，放也。彘，晋地。

卷三　周文

汇评

［明］　张鼐：闻修德以弭谤，不闻使巫以监谤。至流于彘，适自祸耳。（《评选古文正宗》卷二）

［清］　金圣叹：前说民谤不可防，则比之以川；后说民谤必宜敬听，则比之以山川原隰。凡作两番比喻。后贤务须逐番细读之，真乃精奇无比之文，不得止作老生常诵习而已。（《天下才子必读书》卷二）

［清］　谢有煇：先王立为谏法以贻子孙，而王方以监谤为得计，置召公言于罔闻，是知其失而逞欲者也。卒之流王于彘，又可悔乎哉！（《古文赏音》卷三）

［清］　林云铭：厉王虐政之行，谤者非一人，何可尽诛？卫巫岂真能分别谤不谤者？不过借神道设教各色偶杀一二人以示警耳。"道路以目"，不敢言而敢怒也。厉王之喜，盖以民之愚不能出其彀中，作用如此，可谓痴绝。召公所谏，语语格言，细看当分四段。第一段言止谤有害；第二段言德政全赖民言，斟酌而行；第三段言民之有言，实人君之利；第四段言民之言，非孟浪而出，皆几经裁度，不但不可壅，实不能壅者。回抱防川之意，融成一片，警健绝伦。世人不察立言层节，辄把此等妙文一气读却，良可惜也。（《古文析义》卷三）

［清］　吴楚材、吴调侯：文只是中间一段正讲，前后俱是设喻。前喻防民口有大害，后喻宣民言有大利。妙在将正意、喻意，夹和成文，笔意纵横，不可端倪。（《古文观止》卷三）

［清］　余诚：谏词只"天子听政"一段在道理上讲，其余俱是在利害上讲，而正意又每与喻意夹写，笔法新警异常。至前后叙次处，描写王与国人，以及起伏照应之法，更极精细，最是《国语》中遒炼文字。（《重订古文释义新编》卷三）

［清］　过琪：天下有道，则庶人不议。厉王弭谤，显以无道自居，所谓欲盖而弥彰也。以召公之忠言而不纳，王之流，其川之溃欤！微

143

宣王侧身修行,云汉忧勤,周祚几斩矣。(《详订古文评注全集》卷二)

[清] 唐介轩:中间正说求言,简而该;前后喻言止谤,婉而劲。其章法两两照应,尤有罗浮二山风雨离合之致。(《古文翼》卷三)

卷三　周文

襄王不许请隧

《国语·周语中》

解题　《国语·周语中》："初,惠后欲立王子带,故以其党启狄人,周王乃出居于郑,晋文公纳之。"《史记·周本纪》："初,惠后欲立王子带,故以党开翟人,翟人遂入周。襄王出奔郑,郑居王于汜。子带立为王,取襄王所绌翟后与居温。十七年,襄王告急于晋,晋文公纳王而诛叔带。襄王乃赐晋文公珪鬯弓矢,为伯,以河内地与晋。"按"翟"通"狄","翟人"即"狄人"。

晋文公既定襄王于郑,夹。〇襄王后母惠后生叔带,因翟人立为王,襄王出奔郑。晋文公纳王,诛叔带。郑,洛邑,王城之地。王劳去声。之以地,王赏之以阳樊、温、原、欑茅之田。辞,不受。请隧焉。掘地通路曰隧。天子葬礼。

王弗许,曰:"昔我先王之有天下也,开口便正大。规方千里以为甸服,规,画也。甸服,畿内之地。以皆田赋之事,故谓之甸服。王城之外,四面皆五百里也。以供上帝山川百神之祀,以备百姓兆民之用,以待不庭、不虞之患。百姓,百官有世功者。不庭,不来朝之国也。不虞,意外之变也。〇著"以供"、"以备"、"以待"等字,见先王有此许多费用。其馀甸服之外。以均分公侯伯子男,使各有宁宇,以顺及天地,无逢其灾害,宁,安也。宇,居也。亦使有供祭、备用、待患之资,所以能顺天地,而无灾害也。〇著"均分"二字,见先王之土地亦有限。先王岂有赖焉。赖,利也。〇一句结上起下。

145

内官不过九御，外官不过九品，足以供给神祇而已，岂敢厌纵其耳目心腹以乱百度？九御，即九嫔。九品，即九卿。嫔与卿主祭祀。厌，安也。纵，肆也。度，法也。○著"不过"、"足以"、"而已"、"岂敢"等字，见先王并无一点奢用。亦唯是死生之服物采章，以临长掌。百姓而轻重布之，隧为死之服物，"生"字带说。采章，采色文章也。轻重布，言贵贱有等。○"亦唯是"妙。始入正题也。上文许多说话，只要逼出"亦唯是"三字。王何异之有？葬礼外，王鲜有异。○只数语，说得"隧"字十分郑重。下乃反复写其不许之意。

"今天降祸灾于周室，谓叔带之乱。余一人仅亦守府，仅守故府遗文，不能有为。又不佞以勤叔父，不佞，不才也。勤，劳也。天子称同姓诸侯曰叔父。而班先王之大物以赏私德，班，分也。大物，隧也。私德，指纳王而言。其叔父实应平声。且憎，以非余一人，余一人岂敢有爱也？应，受也。憎，恶也。爱，吝也。言汝虽受私赏，心中未尝不憎恶之，以非余行赏之不当，余岂敢吝而弗与也？○反如此说转来，婉妙。下则纯是刀砍斧截之语。先民有言曰：先民，前人也。'改玉改行。'玉，佩玉。所以饰行步。君臣尊卑，各有其节，故曰改。○直贯至"大物未可改"句。叔父若能光裕大德，更平声。姓改物，以创制天下，自显庸也，而缩取备物以镇抚百姓，余一人其流辟阋。于裔异、土，何辞之有与？更姓，易姓也。改物，改正朔、易服色也。创，造也。庸，用也。谓为天子创造制度，自显用于天下。缩，收也。备物，谓死生之服物采章。流，放也。辟，戮也。裔，远也。○逆振一段，紧峭。若犹是姬姓也，未更姓。尚将列为公侯，以复先王之职，未改物。大物其未可改也。不曰"不可改"，而曰"未可改"，冷隽。○直说出晋文请隧之非。叔父其茂昭明德，物将自至，物，隧也。○又逆振一笔，紧峭。余敢以私劳变前之大章，以忝天下，其若先王与百姓何？何政令之为也？私劳，即私德。在襄王为德，在晋文为劳。大章，即服物采章。忝，辱也。先王唯是服物采章，以临长百姓，而余变易之，其如先王百姓何哉？既无以对先王百姓，何政令之为也?○直说出不许行隧之意。**若不然,叔父有地而隧焉,余安能知之?**"若晋文自制为隧,余安能禁止?不待请也。○仍用逆笔作收,章法愈紧。

文公遂不敢请,受地而还。

汇评

[宋] 真德秀:晋文定襄王,自以为不世之大功,其请隧也,盖寖寖乎窥大物之渐。王目之曰"私德",曰"私劳",所以折其骄矜不逊之意。玩其词气,若优游而实峻烈,真可为告谕诸侯之法。(引自《评选古文正宗》卷二)

[明] 张鼐:议论正大,不阿于亲,不屈于势,衰周一线微阳,却转而春和景明矣。(《评选古文正宗》卷二)

[清] 谢有煇:割王畿之地以益自削弱,亦非王章也。然宁赐以地,不许请隧,即是唯名与器不可以假人之意。观其答文公处,义正而严,辞婉而确,宜文公不敢复请也。(《古文赏音》卷三)

[清] 林云铭:晋文请隧,论者以为寖窥大物之渐,似觉太过。但晋文以纳王一节自以为有殊功,当受异赏,如周公得用天子礼乐之例,时年又逾六十有二,故不请当身之荣,而请死后之宠也。殊不知先王封建,本为屏藩王室,靖王室之祸难。非异人任阳樊、温、原之赐,已出于不已,在晋文不但隧不当请,即地亦不当受也。故襄王缓缓把先王封建说起,意谓诸侯之国无一非天子之分地,若以有功而必割甸服之壤以为赏,势不能给,而况颁死生之服物采章,使天下有二王乎?自是以下,一段紧过一段,总言不为天子,必不可用隧礼意,反复奇肆,当为绝调。(《古文析义》卷三)

[清] 吴楚材、吴调侯:通篇只是不为天子不得用隧意。却妙在俱用逆笔振入,无一笔实写不许。而不许之意,一步紧一步,自使重耳神色俱沮。(《古文观止》卷三)

［清］ 浦起龙：外传多征典故，独此以议论为辞命。清空一气，杀活风生，具夺境夺人手段。(《古文眉诠》卷一〇)

［清］ 余诚：一意相生，词婉义严，反复析辨，情、理俱不能容，晋文复从何处置喙？然亦曲尽衰世君臣意态矣。(《重订古文释义新编》卷三)

［清］ 唐介轩：愈转愈紧，婉折中却复严峻，天王风范，千古不磨。(《古文翼》卷三)

卷三　周文

单子知陈必亡

《国语·周语中》

解题　《春秋左传集解》第十《宣公上》："(九年)陈灵公与孔宁、仪行父通于夏姬,皆衷其衵服以戏于朝。泄冶谏曰：'公卿宣淫,民无效焉,且闻不令,君其纳之。'公曰：'吾能改矣。'公告二子,二子请杀之,公弗禁,遂杀泄冶。……(十年)陈灵公与孔宁、仪行父饮酒于夏氏。公谓行父曰：'徵舒似女。'对曰：'亦似君。'徵舒病之。公出,自其厩射而杀之。二子奔楚。……(十一年)冬,楚子为陈夏氏乱故,伐陈。谓陈人无动,将讨于少西氏。遂入陈,杀夏徵舒,轘诸栗门,因县陈。"

定王使单善。襄公名朝,定王卿士。聘于宋。聘,问也。诸侯之于天子、天子之于诸侯、诸侯之于邻国皆有聘。遂假道于陈,以聘于楚。自宋适楚,道经陈国。是时天子微弱,故以诸侯相聘之礼假道也。火朝觌矣,道茀不可行也,火,心星也。觌,见也。朝觌,谓夏正十月,心星早见于辰。道茀,草秽塞路也。○一。候不在疆,候,候人也,掌迎送宾客者。疆,境也。○二。司空不视涂,司空,掌道路之官。○三。泽不陂,卑。陂,泽障也。古不窦泽,故障之。○四。川不梁,梁,桥梁也。古不防川,故梁之。○五。○伏"辰角见"一段案。野有庾与。积,恣。庾,露。积,聚也。谓以谷米露聚于外也。○六。场功未毕,场,收禾圃也。筑场未完。○七。道无列树,古者列树以表道。○八。垦田若蓺,即。蓺,芽芽也。既垦之田,犹若芽芽,言其稀少也。○九。○伏"周制有之"一段案。膳宰不致饩,戏。○膳宰,膳夫也,掌宾客之牢

149

礼。生者曰饩。○十。**司里不授馆**，司里，里宰也，掌授客馆。○十一。**国无寄寓**，寄寓，旅次也。○十二。**县无旅舍**，去声。○四甸为县。县方六十里。旅舍，休息居止之处，以庇宾客负担之劳。○十三。伏"周之秩官"一段案。**民将筑台于夏氏**。民，陈民。台，观台也。夏氏，陈大夫夏徵舒之家。为淫其母，欲借以为乐。○十四。**及陈**，陈灵公与孔宁、仪行父甫。○孔，仪，皆陈大夫。**南冠以如夏氏，留宾弗见**。南冠，楚冠也。如，往也。宾，谓单襄公。○十五。○伏"先王之令"一段案。○从单子入陈至及陈，所阅历者，错综先叙，后从单子口中分疏作断，章法井然。

单子归，告王曰："陈侯不有大咎，国必亡。"总断二句，直是目见。王曰："何故？"对曰："**夫辰角见现。而雨毕**，辰角，大辰仓龙之角。角，星名。朝见东方，九月初，寒露节也。雨毕者，杀气日盛，雨气日尽也。**天根见而水涸**，天根，亢、氐之间也。涸，竭也。寒露后五日，天根朝见，水潦尽竭也。**本见而草木节解**，本，氐星也。寒露后十日，氐星朝见，草木之枝节，皆脱落也。**驷见而陨霜**，驷，天驷，房星也。九月中，房星朝见，霜始降。**火见而清风戒寒**。火，心星也。霜降后，心星朝见，清风先至，所以戒人为寒备也。○五句以星见定时至，起下文。**故先王之教曰**：引古。'**雨毕而除道，水涸而成梁，草木节解而备藏，陨霜而冬裘具，清风至而修城郭宫室**。'除，修治也。备藏，具备收藏也。**故《夏令》曰**：夏后氏之令。○再引古。'**九月除道，十月成梁**。'水涸系九月，而此言十月成梁者，谓舆梁也。**其时儆曰**：至期儆告其民。'**收而场功，偫雉。而畚**本。**挶**，菊。○季秋农事毕，使人兴筑作也。而，汝也。偫，具也。畚，土笼也。挶，土舆也。**营室之中，土功其始**。营室，定星也。此星昏而正中，夏正十月也。于是时可以营制宫室，故谓之营室。**火之初见，期于司里**。'期，会也。致其筑作之具，会于司里之官。**此先王之所以不用财贿，而广施**去声。**德于天下者也**。惠而不费。○总一句。今陈国，征今。火朝觌矣，而道路若塞，野场若弃，泽不陂障，川无舟梁，以身为梁，即今浮桥也。是废先王之教也。结"火朝觌"六句。

"周制有之曰：引古。'列树以表道，表道，谓识其远近。立鄙食以守路。鄙，四鄙。十里有庐，庐有饮食。国有郊牧，国外曰郊。牧，放牧之地。疆同疆。有寓望，境界之上，有寄寓之舍、候望之人。薮有圃草，泽无水曰薮。圃草，茂草也。囿有林池，囿，苑也。林，积木。池，积水也。所以御灾也。御，备也。灾，兵、饥也。其馀无非谷土，种谷之土。民无悬耜，言常用之，不悬挂也。野无奥草，奥，深也。野皆垦辟，无深草也。不夺农时，不蔑民功。蔑，弃也。有优无匮，优，裕也。匮，乏也。○从"民无悬耜"二句来。有逸无罢，同疲。○逸，安也。罢，劳也。○从"不夺农时"二句来。国有班事，国，城邑也。土功井然有条理。县有序民。'四句为县。力役更番有次第。今陈国征今。道路不可知，指"道无列树"而言。田在草间，未垦者多。功成而不收，即"野场若弃"。民罢于逸乐，疲于为君作逸乐之事。是弃先王之法制也。结"野有庾积"四句。

"周之《秩官》有之曰：《秩官》，周常官，篇名。○引古。'敌国宾至，关尹以告，敌国，相等之国也。关尹，司关者。告，告君也。行理以节逆之，行理，小行人也。逆，迎也。执瑞节为信，而迎之也。候人为导，导宾至于朝也。卿出郊劳，去声。○宾至近郊，君使卿朝服，用束帛劳之。门尹除门，门尹，司门者。扫除门庭。宗祝执祀，宗，宗伯。祝，太祝。宾有事于庙，则宗祝执祭祀之礼。司里授馆，授客馆舍。司徒具徒，具徒役，修道路之委积。司空视涂，视道涂之险易。司寇诘奸，禁诘奸盗，防剽掠也。虞人入材，虞人，掌山泽之官。甸人积薪，甸人，掌薪蒸之官。火师监燎，火师，司火者。燎，照庭大烛。水师监濯，水师，掌水者。监涤濯之事。膳宰致饔，孙。○熟食曰飧。廪人献饩，生曰饩，禾米也。司马陈刍，刍。○司马，掌圉人养马。刍，荛草。工人展车，展省客车，补伤败也。百官各以物至，物，如供应之物。宾入如归。是故小大莫不怀爱。小大，谓宾介也。○非一顿，文势不平。其贵国之宾至，则以班加一等，益虔。贵国，大国也，不比敌国。司事之官，皆用尊一级者，而更加敬。至于王使，去声。则皆官正莅事，官正，官长也。用官长司事，班又加矣。上卿监之。监，察也。察其勤惰，尤致其虔。若王巡守，则君亲监之。'仍用官长司事，但自察之。班无可加，而虔极矣。○王使是主，说得十分郑重。又带"巡守"句，更凛然。今虽朝也不才，征令。有分问。族于周，分族，王之亲族也。承王命以为过宾于陈，过宾，谓假道。而司事莫至，不但失班加益虔之制，且无以下同于敌国之宾矣。是蔑先王之官也。结"膳宰不致饩"四句。

"先王之令有之曰：引古。'天道赏善而罚淫，故凡我造国，无从匪彝，无即慆淫。淫，造，为也。彝，常也。即，就也。慆，慢也。各守尔典，以承天休。'典，常也。休，庆也。今陈侯征令。不念胤绩。续之常，弃其伉俪妃嫔，胤续，继嗣也。伉俪，配偶也。而帅其卿佐以淫于夏氏，不亦渎姓矣乎？卿佐，孔、仪也。夏徵舒之父御叔，即陈公子夏之子、灵公之从祖父，妫姓也，故曰"渎姓"。○"即慆淫"矣。陈，我大姬之后也。大姬，武王之女、虞胡公之妃、陈之祖妣也。弃衮冕而南冠以出，不亦简彝乎？简彝，简略常服也。○"从匪彝"矣。是又犯先王之令也。结"民将筑台"五句。

"昔先王之教，茂帅同率。其德也，犹恐陨越。茂，勉也。率，循也。陨越，坠落也。若废其教而弃其制，蔑其官而犯其令，将何以守国？居大国之间，而无此四者，其能久乎？"大国，谓晋、楚。○总收一段，直结出"不有大咎，国必亡"之故。

六年，单子如楚。八年，陈侯杀于夏氏。灵公与孔宁、仪行父饮酒于夏氏。公谓行父曰："徵舒似汝。"对曰："亦似君。"徵舒病之。公出，自其厩射而杀之。九年，楚子入陈。楚庄王讨夏徵舒，遂县陈。○单子之言俱验。

汇评

[明] 钟惺：此篇叙事起，为下单子议论之纲。下面辩驳，文甚齐整，凡四大段，而至末又总括之，具见章法。（引自《评选古文正宗》卷二）

[清] 孙琮：陈之亡，亡于淫也，故《陈风》录《株林》，《内传》记洩冶。此却从废教、弃制、蔑官说来，以犯令终之，读者于平叙中见其侧重处。文章妙处全在叙事数行，惟叙得曲折详尽，后来逐段分应便自省力；又全在总括数语，若无数语总括，则散漫无节制。汉文每通篇引证，而收处一齐结束，其源乃本于此。（《山晓阁国语选》卷一）

[清] 谢有煇：夫陈侯之凶咎，一一验之于人事，是谓信而有征，可以为觇国之法，可以为警诫之箴。（《古文赏音》卷三）

[清] 林云铭：陈灵公通于夏姬，且偕二臣同往宣淫，役民筑台于其家，此一节丧身亡国有余，不待他罪。然其国中土功俱废，田地荒芜，王臣为过宾而司事无一至者，亦因其耽于淫乐，无暇及于国政也。篇首写出陈国荒凉，王臣冷落景况，便是一幅亡国画图矣。单子告王四段，逐段把先王来分析比断，典确不易。人以为前面叙事错综，与后面四段整雅处不无轩轾，不知篇首从假道入界起，步步而前，以至于造国都，其间有当行，有当食，有当宿，或曰见，或曰耳闻，不得不一一顺写。至引先王之言比断，又不能不分类摘出，是前面之错综，即后面之所以为整雅也。读书不细心参究，如何解会得来？（《古文析义》卷三）

[清] 吴楚材、吴调侯：先叙事起，中分四段辨驳，引古征今，句修字削。而分断中，又复错综变化，读之不觉其排对之迹。自是至文。

(《古文观止》卷三）

[清] 余诚：议论全从叙事生出，犹是文家常法。叙事换次顺写，一片浑成，议论依类推断，条分缕析，已是变化无端，况其叙事议论又皆句调屡换，或对或不对，更觉参差处亦严整，严整处亦参差。至前以叙事为起伏，中以四段为照应，后以总束为收煞，章法复极紧密。锤炼之工，孰能逾此？（《重订古文释义新编》卷三）

[清] 唐介轩：援古证今，以"先王"为纲，以"教"、"制"、"官"、"令"为目，炳炳琅琅，极整齐，极工丽。（《古文翼》卷三）

展禽论祀爰居

《国语·鲁语上》

解题 《春秋左传集解》第八《文公上》："仲尼曰：'臧文仲，其不仁者三，不知者三。下展禽，废六关，妾织蒲，三不仁也。作虚器，纵逆祀，祀爰居，三不知也。'"

海鸟曰"爰居"，_{疏句起法。}止于鲁东门之外二日，臧文仲_{鲁大夫，臧孙氏。}使国人祭之。_{直是居蔡故智。}展禽_{即柳下惠，名获，字禽。}曰："越哉，臧孙之为政也！_{越，谓越于礼。○不责其祀，而直责其政，立论最大。}夫祀，国之大节也；而节，政之所成也。_{节，制也。祀之节制，于国为最大，乃政之所由以成，所关甚重。}故慎制祀以为国典。_{慎者，不轻之谓。制，立也。典，常也。祀有关国政如此，故慎立祭祀之法，以为国之常经，不得有所加也。○此句极重，后俱根此立论。}今无故而加典，非政之宜也。_{两语断毕。}

"夫圣王之制祀也，_{总冒一句。}法施于民则祀之，以死勤事则祀之，以劳定国则祀之，能御大灾则祀之，能捍大患则祀之。非是族也，不在祀典。_{族，类也。○先将制祀之意虚论一番，下乃历引以实之。}昔烈山氏之有天下也，其子曰柱，能植百谷百蔬；夏之兴也，周弃继之，_{烈山氏，神农号。其后世子孙有名柱者，能植谷、蔬，作农官。夏兴，谓禹也。弃能继柱之业。}故祀以为稷。_{稷，谷神也。}共恭。工氏之伯霸。九有也，其子曰后土，能平九土，共工，霸者，在羲、农之间。有，域也。共工之裔子句龙，佐黄帝为土官。九土，九州之土。故祀以为社。社，土神也。○柱、弃、句龙，以劳定国。○以上社稷之祀，以下宗庙之祀。黄帝能成命百物，以明民共同供。财，黄帝，轩辕也。命，名也。成命，定百物之名也。明民，使民不惑也。共财，供给公上之赋敛也。颛顼旭。能修之。颛顼，黄帝之孙、帝高阳也，能修黄帝之功。帝喾哭。能序三辰以固民，帝喾，黄帝之曾孙、帝高辛也。三辰，日月星也。序之使民知休作之候。固，安也。尧能单均刑法以仪民，单，尽也。均，平也。仪，善也。○四句，皆法施于民者。舜勤民事而野死，征有苗，崩于苍梧之野。鲧障洪水而殛死，鲧障防百川，绩用不成，尧殛之于羽山。○舜、鲧，皆以死勤事。禹能以德修鲧之功，修者，继其事而改正之。○能御大灾。契为司徒而民辑，司徒，教官之长。辑，和也。○法施于民。冥勤其官而水死，冥，契六世孙，为夏水官，勤于其职，而死于水。○以死勤事。汤以宽治民而除其邪，除邪，谓放桀。○能捍大患。稷勤百谷而山死，稷，周弃也，死于黑水之山。○以死勤事。文王以文昭，文王演《易》，以文德著。○法施于民。武王去民之秽。去秽，谓伐纣。○能捍大患。故有虞氏禘黄帝而祖颛顼，郊尧而宗舜；有虞氏，舜后。禘，大祭也。郊，祭天以配食也。祖其有功者，宗其有德者，百世不迁之庙也。有虞氏出自黄帝、颛顼，故禘黄帝而祖颛顼。舜受禅于尧，故郊尧。《祭法》作"郊喾而宗尧"。与此异者，舜在时则宗尧，舜崩则子孙宗舜，故郊尧。夏后氏禘黄帝而祖颛顼，郊鲧而宗禹；夏后氏，亦黄帝颛顼之后，故禘祖之礼同。虞以上尚德，夏以下亲亲，故夏郊鲧也。商人禘舜当作喾。而祖契，郊冥而宗汤；喾，契之父。契，商之始祖也。周人禘喾而郊稷，祖文王而宗武王；喾，稷之父。稷，周之始祖也。商人祖契。周人初时亦祖稷而宗文王，顾武王定天下，其庙不可以毁，故更郊稷，祖文王而宗武王。○已上先总叙功德，后总出祀典。幕，能帅同率。颛顼者也，有虞氏报焉；幕，舜之后虞思也，为夏诸侯。帅，循也。报，报德之祭。杼，能帅禹者也，夏后氏报焉；杼，禹七世孙、少康子季杼也，能兴夏道。上甲微，能帅契者也，商人报焉；上甲微，契八世孙，汤之先也。高圉、太王，能帅稷者也，周人报焉。高圉，稷十世孙。太王，高圉之曾孙。○四代子孙，能帅循其祖德，皆为以劳定国。○已上逐句出祀典，法变。凡禘、郊、祖、宗、报，此五者国之典祀也。总锁一句，结住上文。以下又于五祀典外，兼举诸祀。

"加之以社稷、山川之神，皆有功烈于民者也；"社稷"应前。山川，谓五岳四渎。及前哲令德之人，所以为民质也；质，信也。民皆明而信之，故曰民质。及天之三辰，民所以瞻仰也；借其光以见物。及地之五行，所以生殖也；五行，水火木金土，民皆赖之以生活。及九州名山川泽，所以出财用也。财用，如财木、鱼鳖之类。○叠写五句，是带叙法。非是，不在祀典。禘、郊、祖、宗、报之外，必须有功于民者，方祀及之。皆非无故而加也。○收完"制祀以为国典"句。

"今海鸟至，己不知而祀之，以为国典，入题。"己不知"三字，妙。难以为仁且知智。矣。再断。夫仁者讲功，爱人必讲及人之功。而知者处物。格物必审处物之法。○又与仁、知作注释，妙。无功而祀之，非仁也；结上。不知而不问，非知也。起下。今兹海其有灾乎？夫广川之鸟兽，恒知而避其灾也。"广川，犹言大流。言避灾而来，祀之绝不相涉。说出，一笑。

是岁也，海多大风，冬暖。燠。○果有灾。文仲闻柳下季之言，曰："信吾过也，季子之言不可不法也。"使书以为三策。策，简也。三书简者，恐有遗亡故也。

汇评

[明] 王世贞：臧文仲闻展禽之言，知其能而不能用，故孔子讥其窃位。又以"下展禽"为不仁之一者，以此。（引自《评选古文正宗》卷二）

[明] 钟惺：执政者有此举动，岂不乖张可笑？此不博之故也，事君者安可以不学？（引自《山晓阁国语选》卷一）

[清] 林云铭：少所见，多所怪，此古今人通病。臧文仲之祀爰居，疑以为神，即后世鲲父鲍君之惑，不知其所从来故也。展禽把祀典说得关系国政，历引圣王制祀，如社稷宗庙，以及山川百神，凡与于荐馨之数，悉非无功于民。此外，不容无故添设，则海鸟之祭，不但失政，兼以失德，可知矣。末指出到鲁东门来历，令文仲爽然自失。篇中引用多出祭法，或后儒采辑其言以入《礼记》篇内，亦未可知，不得以雷同抄袭为疑也。（《古文析义》卷三）

[清] 吴楚材、吴调侯：一祀爰居耳，发出如许大议论。然亦只是"无故加典"一句断尽。前云"非是族也，不在祀典"，后云"非是不在祀典"，总是不得无故加典也。文仲之失，在不能讲功，而先在不能处物，是不智乃以成其不仁也。结出海鸟之智来，最有味。（《古文观止》卷三）

里革断罟匡君

《国语·鲁语上》

解题 里革,鲁国大夫。君,指鲁宣公,名俀,在位十八年(前608—前591)。《史记·鲁周公世家》:"十八年二月,文公卒。文公有二妃:长妃齐女为哀姜,生子恶及视;次妃敬嬴,嬖爱,生子俀。俀私事襄仲,襄仲欲立之,叔仲曰不可。襄仲请齐惠公,惠公新立,欲亲鲁,许之。冬十月,襄仲杀子恶及视而立俀,是为宣公。……十八年,宣公卒。"

宣公夏滥于泗渊,滥,渍也。渍罟于泗水之渊,以取鱼也。里革鲁大夫。断其罟古。而弃之,罟,网也。陡然惊人。曰:一面断一面说,所以下有"公闻之"字。"古者大寒降,土蛰发,大寒以后,蛰虫始振,孟春也。水虞于是乎讲罛姑。罛,柳。取名鱼,登川禽,而尝之寝庙,行诸国人,助宣气也。水虞,掌川泽之禁令。讲,习也。罛,大网也。罾,筍也。名鱼,大鱼也。川禽,鳖蜃之属。是时阳气起,鱼陟负冰,故既取以祭,复令民各取以荐,所以佐阳气之升也。○第一段,言鱼取之有时。鸟兽孕,印。水虫成,春时。兽虞于是乎禁罝嗟。罗,猎错。鱼鳖以为夏槁,考。助生阜也。兽虞,掌鸟兽之禁令。罝,兔罟。罗,鸟罟。猎,刺取也。鱼干曰槁。阜,长也。禁取鸟兽之具,所以佐其生长也。○第二段,兽虞却猎鱼鳖是宾。鸟兽成,水虫孕,夏时。水虞于是乎禁罝作罣。音主。麗,六。设阱鄂,以实庙庖,畜功用也。罝麗,小网也。鄂,柞格,所以误兽也。庙,享祖宗。庖,燕宾客。畜,储也。

159

鱼鳖为民日用之需，非鸟兽比，故曰"畜功用"，不但"助生阜"已也。○第三段，水虞却设阱鄂是主。且夫山不槎蘖，槎，岸入声。泽不伐夭，鱼禁鲲鲕，而。兽长麂䴠，䴠，迢。鸟翼鷇卵，卵，虫舍蚔蝝，延。蕃庶物也，槎，斫也。蘖，斫过树根傍复生嫩条也。草木未成曰夭。鲲鲕，鱼子也。麂，鹿子。䴠，麋子。翼，成也。生哺曰鷇，未乳曰卵。蚔蝝，蚁子，可为醢。蕃，息也。○第四段，草木鸟兽鱼虫，连类并举，是宾主夹写。古之训也。总一句，与"古者"应。下紧入"今"字。今鱼方别孕，别于雄而怀子。不教鱼长，生者又未大。又行网罟，贪无艺也。"艺，极也。○第五段，入题。见"夏滥"有违于古，不得不"断其罟而弃之"。○每段末，下一断语，最宜玩。

公闻之曰："吾过而里革匡我，不亦善乎！美里革。是良罟也，为去声。我得法。言此断罟最善，乃代我得古人之法。○兼美断罟，惊变为喜，妙。使有司藏之，使吾无忘谂。"审。○谂，告也。言是罟不可弃，使我见罟不忘里革之言。○断罟藏罟，涉想俱佳。师存侍，师，乐师，名存。曰："藏罟，不如置里革于侧之不忘也。"结语深隽有味，使好名之主意消。

汇评

[明] 黄二冯：师存一语，有多少含蓄，且得此而篇中方无漏意。文章若此，才是补天手。（引自《评选古文正宗》卷二）

[清] 谢有煇：汉成帝不修折槛，后世籍为美谈。然恶知不用其言，并其人而去之，曾无丝毫之补乎？有味哉，师存之言！为足动听也。（《古文赏音》卷三）

[清] 林云铭：君有过，则谏正也。宣公夏滥泗渊，虽违于古，未始不可以古训规之。大史克竟断弃其罟，与前此更苜仆之书，一样作用。意虽出于爱君，迹则嫌于犯上。鬻拳兵谏，刖足自刑，先轸唾朝，免胄自讨，亦知不可以训也。幸而宣公欲藏其罟，师存又进其人，

遂为千古直臣佳话矣。所引古训,四时中只举春、夏二时,盖春、夏为生长之候,非他时可比。鱼鳖、鸟兽,虽分别并提,语意却侧重鳖一边。其"助宣气",乃应鱼陟负冰,獭祭物候,取以致祭而已。嗣后方取而食。且储以为槁及罶罾。既禁祭祀宴享,不得不借资飞走之肉。词分三叠,实一气而下,不可错看也。至于鸟兽,谓之"助生阜",主物性言;于鱼鳖谓之"蓄功用",主国储言。或疑其言之不协一,殊不知泽梁洿池,有关王政,为百姓日用之需,而蒐苗狝狩,四时一行,与鸡豚家畜本自不同。一主物性言,一主国储言,确不可易矣。若"蕃庶物"一段,把草木、鸟兽、鱼虫连类并举,以明其说之有征,其实亦重"鱼禁鲲鲕"一句也。上段是不害其生,此段是不害其长,与夏滥不时不度,紧紧对针,则贪无艺之过,宣公岂能辞哉?(《古文析义》卷三)

[清] 吴楚材、吴调侯:述古训处,写得宾主杂然,具有错综变化之妙;入今事,只"贪无艺也"四字是极悚意。宣公闻谏,私心顿释。师存进言,意味深长。正堪并美。(《古文观止》卷三)

敬姜论劳逸

《国语·鲁语下》

解题 《国语》卷五《鲁语》下：季康子问于公父文伯之母（按：指敬姜，季康子之从祖母。）曰："主亦有以语肥也？"对曰："吾能老而已，何以语子？"康子曰："虽然，肥愿有闻于主。"对曰："吾闻之先姑曰：'君子能劳，后世有继。'"子夏闻之，曰："善哉！商闻之曰：'古之嫁者，不及舅、姑，谓之不幸。'夫妇，学于舅、姑者也。"按：此段文字即在本文之前。

公父甫。文伯鲁大夫，季悼子之孙、公父穆伯之子、公父歜也。退朝，朝其母，母，穆伯之妻敬姜也。其母方绩。绩，缉麻也。文伯曰："以歜触之家只四字，便写尽淫心。而主犹绩，惧干季孙之怒也，主，谓主母。干，犯也。季孙，康子也，时为鲁正卿。其以歜为不能事主乎！"注一句。

其母叹曰："鲁其亡乎！使僮子备官而未之闻邪？僮，顽痴也。备官，居官也。闻，谓闻大道。○子言家，母却叹国，所见者大。居，吾语去声。女。汝。昔圣王之处民也，择瘠土而处之，劳其民而用之，故长王去声。天下。瘠，瘦薄也。○"劳"字是一篇之纲。夫民劳则思，思则善心生；逸则淫，淫则忘善，忘善则恶心生。承劳民说，又从"劳"字看出"逸"字，妙。沃土之民不材，淫也；瘠土之民莫不向义，劳也。承瘠土说，却从沃土反证瘠土，妙。○已上泛论道理，下乃实叙。是故天子大采朝潮。

162

日，与三公、九卿祖识地德；大采，五采也。天子春朝朝日，服五采。祖，习也。识，知也。地德广生，修阳政也。日中考政，与百官之政事，师尹惟旅、牧、相去声。宣序民事；"考"字直贯下十七字。师尹，大夫官也。惟旅，众士也。牧，州牧。相，国相也。宣，布。序，次也。少去声。采夕月，与太史、司载纠虔天刑；少采，三采也。秋暮夕月，服三采。司载，谓冯相氏、保章氏，与太史相偶。纠，恭。虔，敬也。刑，法也。天刑肃杀，治阴教也。日入监平声。九御，使洁奉禘、郊之粢盛，成。而后即安。监，视也。九御，九嫔之官，主祭祀者。即，就也。○著"而后"二字，可见劳多安少。以下段段著"而后"字。○此言天子之劳。诸侯朝修天子之业命，昼考其国职，夕省其典刑，夜儆百工，使无慆淫，而后即安。业，事也。命，令也。典刑，常法也。工，官也。慆，慢也。○此言诸侯之劳。卿大夫朝考其职，昼讲其庶政，夕序其业，夜庀披上声。其家事，而后即安。庀，治也。○此言卿大夫之劳。士朝受业，昼而讲贯，夕而习复，夜而计过无憾，而后即安。受业，受事于朝也。贯，事也。复，覆也。憾，恨也。○此言士之劳。自庶人以下，明而动，晦而休，无日以怠。句法变。○此言庶人之劳。○以上叙男事之劳，所以教文伯。以下叙女工之劳，所以自治也。王后亲织玄紞，耽上声。○紞，冠之垂者，用杂采线织之。○王后劳。公侯之夫人加之以纮、宏。綖，延。○纮，缨从下而上者。綖，冠上覆。○公侯夫人劳。卿之内子为大带，卿之嫡妻曰内子。大带，缁带也。○卿内子劳。命妇成祭服，命妇，大夫妻也。○命妇劳。列士之妻加之以朝服，列士，元士也。○士妻劳。自庶士以下，皆衣去声。其夫。庶士，下士也。以下谓庶人。○庶民妻劳。社而赋事，烝而献功，男女效绩，愆则有辟，闢。古之制也。社，春分社日也。赋，布也。事，农桑之业。冬祭曰烝。献功，告事之成也。绩，功也。愆，失也。辟，罪也。○单就庶人男女作束，便括尽上文，妙。君子劳心，小人劳力，先王之训也。自上以下，谁敢淫心舍力？又以"心"、"力"二字总结"劳"字，以起下文。

"今我寡也，尔又在下位，寡，孀妇也。下位，下大夫之位。○两句合来，便见劳当加倍，正破"以歜之家"句。朝夕处事，犹恐忘先人之业。处事，处身于作事也。先人，谓穆伯。○一折。况有怠惰，其何以避辟！应"怨则有辟"句。吾冀而朝夕修我曰：'必无废先人。'冀，望也。而，汝也。修，儆也。○又一折。尔今曰：'胡不自安。'点起。以是承君之官，劝母自安，则己之喜于自安可知。○应"备官"句。余惧穆伯之绝祀也。"起言"鲁其亡乎"，结言"穆伯绝祀"，俱作危言，以儆文伯。妙。

仲尼闻之曰："弟子志之，志，记也。季氏之妇不淫矣。"不淫，是能劳。结赞更奇。

汇评

[明] 张鼐："劳"之一字乃敬姜立论本意，是一篇大纲领。看他许多议论，只一"劳"字括尽。篇中凡曰"日中"，曰"日入"，曰"朝"，曰"昼"，曰"夕"，曰"夜"，形容"劳"字曲尽。（《评选古文正宗》卷二）

[清] 孙琮：以"劳"字为纲，以"劳心"、"劳力"为目，以"逸"字、"安"字、"怠"字为衬贴，以"不淫"反应，"逸则淫"为关纽。……敬姜之论固保家之道，而文伯之言亦事主之义，后人不得因敬姜一叹遂訾文伯为失言也。（《山晓阁国语选》卷一）

[清] 谢有煇：若敬姜之论，有丈夫之所未逮者，岂直妇德之备哉！而夫子亦只以"不淫"二字美之。乃知人生世上，非劳心，即劳力，苟一日之即安，其为失也多矣。（《古文赏音》卷三）

[清] 林云铭：通篇握定一个"劳"字，生出无数议论。其言圣王处民"择瘠土"之说，人疑其与富教正论不合，不知敬姜全为治心起见。所

谓"劳则思"一段，发前人所未发。盖心有所用则不暇于慆淫，夫子所以有无所用心之戒。古人治家，常使妇女畔聚一处，织纴为事，不但课功，兼以杜淫，亦此意也。但以妇人教子之言，岂宜现身说法，故借圣王处民之道，而以"劳则思"、"逸则淫"二句，分出善心恶心，作笼统话。中段把天子以至庶人，王后以至民妇各有当劳处，逐一分别胪列，见得世界中无论为何许人，每日自朝至夜，无一刻可容其"淫心舍力"，亦以见舍力与淫心相因而起也。末段以己之当劳，兼戒其子之承官，全在"我寡"、"何"着眼，而以"尔在下位"加一"又"字，带说其意，可见夫子直赞其"不淫"，明知其以劳治心之法，不在事功上较论矣。此意非章句之士所能解。（《古文析义》卷三）

［清］ 吴楚材、吴调侯：通篇只以"劳"字为主。自天子至诸侯，自卿大夫至士庶人，自王后至夫人，自内子、士妻至庶士以下，无一人之不劳，无一日之不劳，无一时之不劳。读此，如读《豳风·七月》诗。（《古文观止》卷三）

［清］ 余诚：过商侯谓"一篇从'绩'字上生情"，林西仲谓"通篇握定一个'劳'字，生出无数议论"，所见大略相同。盖此文乃小中见大，极宏阔，极精深，最有关于世道人心。其立言之言，原自不难通晓，独波澜之雄壮、议论之名通、引据之精详、局阵之严整变化、针线之工细紧密，殊非浅识人所能领取，甚未可不一一拈出，以为后学读古之助。（《重订古文释义新编》卷三）

［清］ 过珙：一篇俱从"绩"字上生情。妇职之外，推而上之，王侯君公之勤于国，庶人之勤于家，何莫非绩之义也！圣人以"不淫"许之。淫，佚也；妇之不淫，犹勤之谓与？（《详订古文评注全集》卷二）

叔向贺贫

《国语·晋语八》

解题　《春秋左传集解》第二十《昭公一》："叔向曰：'齐其何如？'晏子曰：'此季世也，吾弗知……'叔向曰：'然。虽吾公室，今亦季世也。戎马不驾，卿无军行。公乘无人，卒列无长。庶民罢敝，而宫室滋侈。道殣相望，而女富溢尤。民闻公命，如逃寇雠。栾、郤、胥、原、狐、续、庆、伯，降在皂隶。政在家门，民无所依。君日不悛，以乐慆忧。公室之卑，其何日之有？谗鼎之铭曰，昧旦丕显，后世犹怠。况日不悛，其能久乎？'晏子曰：'子将若何？'叔向曰：'晋之公族尽矣。肸闻之，公室将卑，其宗族枝叶先落，则公从之。肸之宗十一族，唯羊舌氏在而已。肸又无子。公室无度，幸而得死，岂其获祀？'"按：叔向与晏子的对话，道出了晋国贵族衰败，"降在皂隶"，而新贵掌权，"政在家门"的社会背景。叔向为晋大夫羊舌肸的字；韩宣子，名起，晋卿，晋诸多旧贵族遭难，其得以幸免。

叔向羊舌肸。见韩宣子，韩起，晋卿。宣子忧贫，叔向贺之。贺其贫，非贺其忧也。

宣子曰："吾有卿之名，而无其实，实，财也。无以从二三子，不足以供宾客往来之费，难以置身于卿大夫之列。吾是以忧，子贺我何故？"问得好。

对曰:"昔栾武子_{栾书,晋卿。}无一卒之田,_{百人为卒。一卒之田,盖十二井。}其官不备其宗器,_{其掌祭祀之官,犹不能备其祭器。○贫。}宣其德行,_{去声。○宣,布也。○"德"字是一篇之纲。}顺其宪则,使越于诸侯,诸侯亲之,戎、狄怀之,以正晋国,行刑不疚,_{宪、则,皆法也。越,发闻也。刑,即宪则。疚,病也。○此其德之宣于外内者。}以免于难。_{去声。○当身免于祸难。○贫而有德者可贺。}及桓子,_{栾书之子,黡也。}骄泰奢侈,贪欲无艺,_{艺,极也。}略则行志,假贷居贿,_{毁。○忽略宪则,而行贪欲之志,贷货取利,而蓄之于家。○不贫又无德。}宜及于难,_{本属可忧。}而赖武之德,以没其身。_{赖武之贻德以善终。○武子不但能保身,且足以庇后,益见贫而有德者可贺。}及怀子,_{栾黡之子,盈也。}改桓之行,而修武之德,_{改桓是贫,修式是德。}可以免于难,_{本属可贺。}而离同罹。桓之罪,以亡于楚。_{离,遭也。亡,奔也。○桓子虽及身幸免,亦必贻祸于后,可见不贫而无德者可忧。○一举栾氏为证,以见贫之可贺。}

"夫郤昭子,_{郤至,晋卿。}其富半公室,其家半三军,_{三军,与上"一卒"相对。○富。}恃其富宠,以泰于国,_{宠,尊荣也。泰,骄慢也。○无德。}其身尸于朝,其宗灭于绛。_{尸,既刑陈其尸也。绛,晋旧都。陈尸灭族,较之贻祸于后者尤甚。○富而无德者可忧。}不然,夫八郤——五大夫三卿,其宠大矣,_{三卿,郤锜、郤至、郤犨。又有五人为大夫。○忽作顿宕,文势曲折。}一朝而灭,莫之哀也,惟无德也。_{倒找"德"字,陡健。○一举郤氏为证,以见贫之不必忧。}

"今吾子有栾武子之贫,吾以为能其德矣,_{有其贫,必能行其德也。○"吾以为"三字,妙甚。}是以贺。_{正答"何故"二字。}若不忧德之不建,而患货之不足,_{亦栾桓、郤昭之续耳,小则贻祸后嗣,大则殃及同宗。}将吊不暇,何贺之有?"_{贫可贺,忧贫又可吊,妙绝。}

宣子拜稽首焉，曰："起也将亡，赖子存之。以其言可以保身，结栾武子一段。非起也敢专承之，其自桓叔韩氏之祖。以下，嘉吾子之赐。"以其言可以全族，结郤昭子一段。

汇评

[明] 王世贞：武子惨于其君，而谓其以俭免难，可见当大义者少也，虽叔向亦不免也。此《春秋》之所以作也。（引自《评选古文正宗》卷二）

[清] 金圣叹：读柳子厚贺失火，不如先读此。看他写栾家三世，有许多转折。写郤家，却又是一直，极尽人事天道。（《天下才子必读书》卷二）

[清] 林云铭：叔向贺贫之说，旧评以为翻案文字，与柳子厚贺失火一样奇创。不知王参元以富名掩其才名，人不敢荐，一失火，便可贺。此则借一"贺"字，逗出"德"来，以为劝勉。故引栾郤有德无德祸福之应，做个样子。其意以为宣子有栾武之贫，若无其德，亦未必可以免难而庇宗，况又以贫为忧乎！此因事纳忠，词甚峻厉，不是言空空一味贫便当贺，作宽慰奉承语也。是故宣子忧贫，本是计利，而叔向却为之计害，觉卿大夫柄政，无一非祸机所伏。以栾武子之德，宣及中外，止讨得"免难"二字便宜，其余则逃亡、刑戮，或灭全宗。所谓"高明之家，鬼瞰其室"，无害即是利也。不知其所当忧，将改贺为吊矣。宣子闻言，以存亡为谢，且谓全宗受赐，岂溢词哉！是一篇极正当文字，如何认作翻案看？（《古文析义》卷三）

[清] 吴楚材、吴调侯：不先说所以贺之之意，直举栾、郤作一榜样，以见贫之可贺与不贫之可忧。贫之可贺，全在有德，有德自不忧贫；后竟说出忧贫之可吊来，可见徒贫原不足贺也。言下，宣子自应汗流浃背。（《古文观止》卷三）

［清］　余诚：首一段将题目提清，次一段将宣子之问作一波，以下着重在德上，发明贫之所以可贺。却先言贫而有德者，可以免难当身，兼可庇荫后人；无德者即或当身幸免，亦必移祸于后人。复言富侈无德者立即灭亡。总借晋事来说，以见贫而有德之可贺。"今吾子"一段，乃正言其贺之故，而戒其勿以贫为忧。末以宣子拜谢作结。结构精严，议论警切。(《重订古文释义新编》卷三)

［清］　过珙：写栾家三世，得失分明；写郤家一门，暂时热闹。读至"一朝而灭，莫之哀也"二语，辞气最是凄凉。如此看来，忧亦何必？叔向之贺，真是旷古奇识。柳子厚贺王参元失火，从此学来。(《详订古文评注全集》卷二)

王孙圉论楚宝

《国语·楚语下》

解题 王孙圉，楚大夫，奉使晋国，时晋定公在位，晋大夫赵鞅简子持国政。《史记·晋世家》："十四年，顷公卒，子定公午立。……三十年，定公与吴王夫差会黄池，争长，赵鞅时从，卒长吴。……三十七年，定公卒。"按：定公在位三十七年（前511—前475），已是春秋末期。

王孙圉楚大夫。聘于晋，定公飨之，赵简子晋大夫赵鞅。鸣玉以相，去声。〇鸣其佩玉以相礼。问于王孙圉曰："楚之白珩恒。犹在乎？"白珩，楚之美佩玉也。〇开口问白珩，则鸣玉以相，分明有意炫耀。对曰："然。"简子曰："其为宝也，几何矣？"言白珩之为宝，所值几何？

曰："未尝为宝。一句抹倒。楚之所宝者，顿一句，郑重。与下"楚国之宝"句紧照。曰观射亦。父，甫。〇楚大夫。能作训辞，以行事于诸侯，使无以寡君为口实。口实，犹言话柄。善于辞命以交邻，使无以不文为话柄。〇是为可宝。又有左史倚相，左史名倚相。能道训典，以叙百物，以朝夕献善败于寡君，使寡君无忘先王之业；叙，次也。物，事也。〇明则有以正主志。又能上下说悦。乎鬼神，顺道其欲恶，使神无有怨痛于楚国。上天神，下地祇，顺道鬼神之情，所以悦之也。〇幽则有以格神明。〇是为可宝。又有薮曰云连徒洲，薮，泽也。云，即云梦。连，属也。徒，洲名。盖云梦连属徒洲。金、木、竹、箭之所生也，龟、珠、角、齿、皮、革、羽、毛,竹之小者曰箭。○十六字要连看,犹言金木竹箭、龟珠角齿、皮革羽毛之所生也。**所以备赋,以戒不虞者也。**赋,兵赋也。不虞,意外之患。○治本国所资。**所以共**同供**币帛,以宾享于诸侯者也。**享,献也。○交邻国所资。○是为可宝。○观射父、左史倚相,曰"能"、曰"使"。云连徒洲,曰"生"、曰"所以"。字法。**若诸侯之好**去声**、币具,**云连徒洲。**而导之以训辞,**观射父。**有不虞之备,**云连徒洲。**而皇神相之,**皇,大也。○左史倚相。○又将三段,串作一片。**寡君其可以免罪于诸侯,**邻国有益。**而国民保焉。**本国有益。**此楚国之宝也。**正应一句收。**若夫白珩,先王之玩也,**玩则非有用之物。**何宝焉?**应"未尝为宝"句。○以上答白珩已毕,下乃重起奇文,以刺鸣玉与白珩无干。

"圉闻国之宝,六而已:凡为国者所宝唯六。**圣能制议百物,以辅相国家,则宝之;**圣,通明也。**玉足以庇荫嘉谷,使无水旱之灾,则宝之;**玉,祭祀之玉。**龟足以宪臧否,则宝之;**宪,法也。**珠足以御火灾,则宝之;金足以御兵乱,则宝之;山林薮泽足以备财用,则宝之。**圣曰"能",物曰"足以"。字法。○此虽是推开一层说,仍句句与上三段相映照,妙。**若夫哗嚣之美,**鸣玉声也。**楚虽蛮夷,不能宝也。"**问甚矜张,答甚闲淡,机锋射人。

汇评

[明] 张鼐:忠贤才识之士,谓之宝臣。若无宝而不知求,得宝而不知识,有宝而不知重,弃荆玉而喜燕石,贱周璞而藏郑鼠,国之不亡者,幸也。(《评选古文正宗》卷二)

[清] 金圣叹:以二贤人为宝,固是正论,然已被后人盗袭,至成烂腐。其又以"云连徒州"为宝,即后人至今未见临摹也。可见后人只是

口头依样乱说,古人则尽是真实见识,真实本事。看他三样宝串作一片,便可信。(《天下才子必读书》卷二)

[清] 谢有煇:就简子一言之失,畅发其论,以折倒晋庭之士,自是专对之才。然未免锋铓太露,视叔孙穆子之重拜《鹿鸣》,宁武子之不答赋《湛露》、《彤弓》,逊一筹矣。(《古文赏音》卷三)

[清] 林云铭:召公作《旅獒》云:"不贵异物。"又曰:"所宝惟贤。"言必去彼取此也。孟夫子谓:"宝珠玉者,殃必及身。"恐其相妨。齐威王言己有檀子等四臣,愈于梁王炤乘之珠,欲以相胜,皆为正论。乃此篇独把个"宝"字看得十分郑重,语语归本于有益国家之意,故其言人则曰"能",言物则曰"所以",曰"足以",其意以为若有益于国家,不特贤才当宝,即龟珠金玉、山林薮泽,皆可资之以为用。本不相妨,何待相胜,亦不必去彼而取此,但不可以耳目之玩谬称为宝,洵千古创辟之谈,亦千古平情之论也。王孙欲折倒简子,故周匝至此。若单言宝贤不宝玉,便是一碗馊茶饭,如何劝客,反招迂腐之嗤矣。尤妙在逐件数来,有原有委,分而又合,合而又分,既明疏自己,又暗劝他人,所以为至文。(《古文析义》卷三)

[清] 吴楚材、吴调侯:所宝唯贤,自是主论,却著眼在"云连徒洲"一段。盖薮泽钟美,皆堪有用,自当为宝,正与玩好无用之白珩紧照。后一段于"圣能制议"之下,复接龟珠金玉,山林薮泽,皆可资之为用者,跌到不宝"哗嚣之美",处处针锋相对。(《古文观止》卷三)

[清] 余诚:简子意见浅陋。"白珩"之间,原欲自为炫耀。讵知王孙圉奉使邻国,出言谨慎斟酌,故得他"为宝几何"一语,开口便用"未尝为宝"四字抹煞过了。然后借他一"宝"字,历数楚之所有,由人而物,莫不有益家国,为楚所宝,国威之克壮,君命之不辱,胥于是乎得之矣。"若夫"以下,轻视白珩打转。"未尝为宝"束住,关锁紧严。"圄闻"一段,推开泛论,以明所宝在此不在彼之故,末复以此作结。光明正大之中,字字锋锷相迎,足使简子颜赤汗流。(《重订古文释义新编》卷三)

[清] 过珙：前以贤人为宝，后以地利为宝，俱从国家关系处立论，便令简子"哗嚣之美"，哑然失色。真可谓识宝之人。（《详订古文评注全集》卷二）

[清] 唐介轩：以"未尝为宝"句作主，以下偏说许多所宝，词极敏妙。（《古文翼》卷三）

[清] 毛庆蕃：中国、蛮夷，何常之有？宝贤才则蛮夷中国矣，宝货币则中国蛮夷矣。（《古文学余》卷一三）

诸稽郢行成于吴

《国语·吴语》

解题　《史记·越王勾践世家》："吴既赦越,越王勾践反国,……欲使范蠡治国政,蠡对曰:'兵甲之事,种不如蠡;填抚国家,亲附百姓,蠡不如种。'于是举国政属大夫种,而使范蠡与大夫柘稽(按:据司马贞《索隐》,即越大夫诸稽郢。)行成,为质于吴。二岁而吴归蠡。"

吴王夫扶。差起师伐越,鲁定十四年,吴伐越,越败之于檇李,阖庐伤足而死。后三年,夫差败越于夫椒,报檇李也。大夫种求成于吴,吴许越成。至是吴又起师伐越。越王勾践起师逆之江。逆,迎战也。大夫种乃献谋曰:"夫吴之与越,唯天所授,王其无庸战。言唯天所命,不用战也。○先顿一句。夫申胥、伍子胥奔吴,吴子与之申地,故曰申胥。华登宋司马华费遂之子,奔吴为大夫。简服吴国之士于甲兵,而未尝有所挫也。简服,练习也。挫,毁折也。言二子善于用兵。夫一人善射,百夫决拾,决,以象骨为之,著于右手大指,所以钩弦开体。拾,以皮为之,著于左臂以遂弦。言二子善用兵,众心化之,犹一人善射,而百夫竞著决拾以效之也。胜未可成。越之胜吴,殆未可必。夫谋必素见成事焉,而后履之,不可以授命。素,豫也。履,行也。授命,犹言致命。言当谋定后战,不可轻出丧师。王不如设戎,约辞行成,以喜其民,以广侈吴王之心。不如设兵自守,卑约其辞,以求平于吴,吴民必喜,乃所以骄夫差之心也。○"广侈吴王之心",是献谋主意。吾以卜之于天。天若弃吴,必许吾成而不吾足也,不以吾为足虑。将必宽然有伯霸。诸侯之心焉。所谓广侈之也。既罢疲。弊其民,而天夺之食,心既广侈,则民必罢弊,而天禄尽。安受其烬,尽。乃无有命矣。"烬,余也。天之所弃,吾取者乃天之余也。乃无有命,言吴更无天命也。○大夫种布算已定。

越王许诺,乃命诸稽郢越大夫。行成于吴,曰:下皆约辞。"寡君勾践使下臣郢不敢显然布币行礼,敢私告于下执事曰:开口辞便约。'昔者越国见祸,得罪于天王。指槜李伤阖庐事。天王,尊之以名。天王亲趋玉趾,谓败越于夫椒。以心孤勾践,而又宥赦之。孤,弃也。破越不取,是心弃勾践而宥赦之也。君王之于越也,繄起死人而肉白骨也。繄,是也。○感德语,所以侈其心。孤不敢忘天灾,指上"见祸"言。○顿挫。其敢忘君王之大赐乎!加此二句,见诚心感德。○已上述吴昔日之恩。今勾践申祸无良,申祸,重见祸也。无良,言己之不善。○作自责语。草鄙之人,敢忘天王之大德,而思边陲之小怨,以重得罪于下执事?存国为德之大,侵疆为怨之小。重得罪,谓报见侵也。○作一振,逼入起师逆江意。勾践用帅二三之老,亲委重罪,顿颡于边。委,任也。言起师逆之江者,乃帅二三臣,自任大罪,叩头请服于境,非敢得罪于吴也。今君王不察,盛怒属兵,将残伐越国。越国固贡献之邑也,顿挫。君王不以鞭箠使之,而辱军士使寇令焉。若御寇之号令。○越辞愈卑,吴心愈侈。勾践请盟。以吴不察,故请盟。一介嫡女,执箕帚以晐同该。姓于王宫;晐,备也。《曲礼》:"纳女于天子曰备百姓。"一介嫡男,奉槃同盘。匜 移。以随诸御;匜,洗手器。御,近臣宦竖之属。春秋贡献,不解同懈。于王府。应"贡献之邑"句。○此言既盟之后如此。天王岂辱裁之?亦征诸侯之礼也。'天王岂能辱意裁制之,此亦天子征税诸侯之礼也。○已上望吴今日之泽。

"夫谚曰:'狐埋之而狐搰骨。之,是以无成功。'搰,发也。○喻甚奇。今天王既封殖越国,以明闻去声。于天下,而又刈亡之,是天王之无成劳也。封殖、刈亡,以草木自比。言吴今日之刈亡,徒劳昔日之封殖也。○忽作责吴语,妙。**虽四方之诸侯,则何实以事吴?** 实,信也。○牵引诸侯,正以自为,妙。**敢使下臣尽辞,唯天王秉利度义焉!"** 越服吴为利,吴舍越为义。

汇评

[清] 金圣叹:言大甘者,其中必大苦。古之辞命,未有更卑更甘于此者。(《天下才子必读书》卷二)

[清] 孙琮:王圣俞曰:"《左传》天葩独秀之文也,《国语》五音繁会之文也,观此等词命可见。"看大夫种献谋,须看下篇申胥语,铢两配合,始知英雄所见略同。然种献谋于后,何如范蠡谏之于先?即此可定二人优劣,不必论到"鸟尽弓藏"也。(《山晓阁国语选》卷四)

[清] 谢有辉:物必先腐也,而后虫生之。吴王惟有广侈之心,故可以约辞动,迨再许之平,而越乃还玩吴于股掌之上矣。旧注指此为哀元年败越夫椒之事。林西仲谓哀十一年,吴将伐齐,《国语》篇首云,吴王既许越成,则是年吴又伐越,再平无疑,确甚。(《古文赏音》卷三)

[清] 林云铭:"约辞"二字,是通篇作用,所谓言之大甘其中,必苦也。然吴王所以堕其计中者,盖缘其有伯诸侯之心耳。大夫种语语窥见其微,故诸稽郢之辞,先言感恩,次言服罪,极力奉承,复窥以"贡献不解"之利,动以"明闻天下"之名,此时吴王广侈之心莫可御止,虽百子胥亦无如吴王何矣。(《古文析义》卷三)

[清] 吴楚材、吴调侯:诸稽郢行成之词,虽只是广侈吴王之心,其中可罪者不少,如"不敢忘天灾",自强之心露;狐撑无成功,藐吴之意见矣。纵多巧辞,皆玩弄也。使非天欲弃吴,其说能终行乎?

(《古文观止》卷三)

［清］ 余诚："约辞"二字及"广侈吴王之心"一语是此文骨子,大夫种之献谋以是为妙策,诸稽郢之行成以是为深言。(《重订古文释义新编》卷三)

［清］ 过珙：老子云："惟天下之至柔,驰骋天下之至坚。"吾于诸稽郢、大夫种之词有感焉。夫以越之君臣所谋、土地所产、甲兵所聚,岂肯甘心于吴者？甜言鸩毒,何不悟也！(《详订古文评注全集》卷二)

申胥谏许越成

《国语·吴语》

解题 《史记·吴太伯世家》:"(夫差)十一年,复北伐齐。越王勾践率其众以朝吴,厚献遗之,吴王喜。唯子胥惧,曰:'是弃吴也。'谏曰:'越在腹心,今得志于齐,犹石田,无所用。且《盘庚之诰》有颠越勿遗,商之以兴。'吴王不听,使子胥于齐,子胥属其子于齐鲍氏,还报吴王。吴王闻之,大怒,赐子胥属镂之剑以死。将死,曰:'树吾墓上以梓,令可为器。抉吾眼置之吴东门,以观越之灭吴也。'……二十年,越王勾践复伐吴。二十一年,遂围吴。二十三年十一月丁卯,越败吴。越王勾践欲迁吴王夫差于甬东,予百家居之。吴王曰:'孤老矣,不能事君王也。吾悔不用子胥之言,自令陷此。'遂自刭死。越王灭吴,诛太宰嚭,以为不忠,而归。"

吴王夫差乃告诸大夫曰:"孤将有大志于齐,欲伐齐。吾将许越成,而无拂吾虑。已先拒谏。若越既改,吾又何求?若其不改,反行,吾振旅焉。"改,谓诚心改事吴也。反行,伐齐而反也。振旅,加兵也。○全不以越为意。

申胥谏曰:"不可许也。断一句。夫越非实忠心好吴也,既非爱吴。又非慑畏吾甲兵之强也。亦非惧吴。大夫种勇而善谋,将还旋。玩吴国于股掌之上,以得其志。还玩,转弄也。○直破其奸。夫固知君王之盖威以好胜也,盖,犹尚也。病根被人看破。故婉约其辞,以从同纵。逸王志,婉约,卑逊也。纵逸,即上篇广侈之意。使淫乐于诸夏之国,以自伤也。自伤,犹言自害。使吾甲兵钝弊,民人离落,而日以憔悴,此言自伤之实。○两"使"字,是"还玩吴国"作用。然后安受吾烬。烬,余也。安受吴国未灭之余,所谓得其志也。○句句与种言暗合,英雄所见略同。○已上论大夫种。夫越王好信以爱民,不好胜,而好信;不尚威,而爱民。四方归之,得人心。年谷时熟,得天意。日长炎。炎炎。炎炎,进貌。○论越王。及吾犹可以战也,"及"字,承上"日以憔悴"、"日长炎炎"两句来,言过此吴日益衰,越日益盛,吾虽欲战无及已。是危急语。为虺毁。弗摧,为蛇将若何?"虺,小蛇也。摧,灭也。○一喻尤入情。

吴王曰:"大夫奚隆于越,越曾足。足以为大虞乎?隆,尊也。虞,虑也。○侈心顿起。若无越,则吾何以春秋曜吾军士?"存越则时可加兵,以张吾军势。○写盖威好胜如画。乃许之成。

将盟,越王又使诸稽郢辞曰:既使诸稽郢请盟,又使诸稽郢辞盟,真是还玩吴国于股掌之上。"以盟为有益乎?前盟口血未乾,干。足以结信矣。以盟为无益乎?君王舍甲兵之威以临使之,而胡重于鬼神而自轻也。"不复如前之乞哀态矣,还玩吴国已极。吴王乃许之,荒成不盟。荒,空也。总是不以越为意。

汇评

[清] 孙琮:《吴语》以申胥数谏为关键,而申胥数谏又以此篇为关键。看其逆料成败,知彼知己,不特文种行成之谋肺肝如见,即范蠡后日"天应人事姑待"等语,亦着着算到。(《山晓阁国语选》卷四)
[清] 林云铭:此篇紧接在《诸稽郢行成》之后。吴王伐齐之语,骄气可

掬，谏自不入。子胥料大夫种之谋，语语对针，非侦伺而知之，所谓英雄所见大略相同也。明知越王当兴，犹言及吾可战，即范增必杀沛公之意。无奈吴王受越约辞之后，总不以越为虑，至行成，谓盟原出诸稽郢之口。及将盟，又以"有益"、"无益"二语为辞，还玩股掌之上，至此犹不自觉。人言勾践智，吾直以为吴王愚耳。然能使吴王终于愚，此勾践所以智也。（《古文析义》卷三）

［清］ 吴楚材、吴调侯：夫差广侈已极，只"越曾足为大虞"一语，虽有百谏诤，亦莫之入矣。胥、种谋国之智，若出一辙。而吴由以亡，越由以霸，用与不用异耳。（《古文观止》卷三）

［清］ 毛庆蕃：子胥忠悃不二，质有其文，亦诸夏之所罕也。乃楚人驱之以入吴，吴人又杀之以资越，岂非不遇也哉？然子胥自灭越外，不闻他有谏诤，盖自荆吴开国以来，其明于御敌而暗于修德也久矣。（《古文学余》卷一三）

卷三　周文

春王正月

《公羊传·隐公元年》

解题　《春秋穀梁传·隐公元年》之记载可参阅："春,王正月。虽无事,必举正月,谨始也。公何以不言即位?成公志也。焉成之?言君之不取为公也。君之不取为公,何也?将以让桓也。让桓正乎?曰不正。《春秋》成人之美,不成人之恶,隐不正而成之,何也?将以恶桓也。"

元年者何?君之始年也。<small>人君即位之始年。</small>春者何?岁之始也。<small>岁功之始。</small>王者孰谓?谓文王也。<small>文王,周始受命之王。</small>曷为先言"王"而后言"正月"?王正月也。<small>王者受命改正朔。</small>何言乎王正月?大一统也。<small>王者受命改正朔,自甸、侯以至要、荒咸奉之,故曰大一统。○起数语,是一部《春秋》中"元年春王正月"总注。</small>

公何以不言即位?成公意也。<small>从无文字处生文。</small>何成乎公之意?公将平国而反之桓。<small>桓,隐异母弟。平,治也。反,归也。</small>曷为反之桓?桓幼而贵,隐长而卑,其为尊卑也微,国人莫知。<small>微,谓母俱媵也。国人无从分别。○先言可掩之势,以见隐不负心,语绝含蕴。</small>隐长又贤,诸大夫扳隐而立之。<small>扳,引也。</small>隐于是焉而辞立,则未知桓之将必得立也。<small>是时公子非一。○一转。</small>且如桓立,则恐诸大夫之不能相幼君也。<small>既欲立隐,必不能诚心相桓。○二转。○虚作二转,字字写出隐深心微</small>

虑,以申平国意。故凡隐之立,为去声。桓立也。申欲反之桓意。隐长又贤,何以不宜立？立適,嫡。以长不以贤；立子,以贵不以长。適,谓適夫人之子。子,谓左右媵及侄娣之子。○二句表明大义。桓何以贵？母贵也。右媵秩次贵。母贵则子何以贵？子以母贵,母以子贵。子以母秩次得立,母以子立得为夫人。○住语法峻意圆。

汇评

[宋] 黄震：谓春为岁始,是也；谓王为文王,非也。文王未尝称王也,未尝班正朔于天下也。王,时王也。(《黄氏日钞》卷三一)

[明] 钟惺：看其下字运句,又跌宕,又闲静,又直截,又虚活,不独妙在简也。(引自《古文翼》卷二)

[清] 谢有煇：是篇与《穀梁》之见合者,在成公之意；与《穀梁》异者,谓桓以母贵。盖以桓贵当立,则隐公之让为当,隐之贤益见矣。(《古文赏音》卷三)

[清] 林云铭：按仲子归赗考官诸事,但在隐公在位时所行,则桓母之贵可知。且羽父请杀桓公,以求太宰,若桓不当立,隐可公然传子,何待羽父请杀乎？隐不据位,是其贤处,故曰"成公意",此其定论不刊也。其行文许多曲折,却以数语了之,如利刃断物,应手而碎,且成一片,真千秋仅笔。(《古文析义》卷四)

[清] 吴楚材、吴调侯：透发"将平国而反之桓"句,推见至隐。末一段,又因隐、桓而表揭立子之义。其下字运句,又跌宕,又闲静,又直截,又虚活,不但以简劲擅长也。(《古文观止》卷三)

[清] 浦起龙：胜处在中间两折,揣度隐公心事,曲而微。○意主褒隐,遂混尊卑,其论非允,文特隽。(《古文眉诠》卷九)

宋人及楚人平

《公羊传·宣公十五年》

解题 《春秋左传集解》第十一《宣公下》：十五年春，公孙归父会楚子于宋。宋人使乐婴齐告急于晋。晋侯欲救之。伯宗曰："不可。古人有言曰：'虽鞭之长，不及马腹。'天方授楚，未可与争。虽晋之强，能违天乎？谚曰：'高下在心，川泽纳污，山薮藏疾，瑾瑜匿瑕。'国君含垢，天之道也。君其待之。"乃止。使解扬如宋，使无降楚。……夏五月，楚师将去宋。申犀稽首于王之马前，曰："毋畏知死而不敢废王命，王弃言焉。"王不能答。申叔时仆，曰："筑室反耕者，宋必听命。"从之。宋人惧，使华元夜入楚师，登子反之床，起之曰："寡君使元以病告，曰：敝邑易子而食，析骸以爨。虽然，城下之盟，有以国毙，不能从也。去我三十里，唯命是听。"子反惧，与之盟而告。王退三十里。宋及楚平，华元为质。盟曰："我无尔诈，尔无我虞。"

外平不书，_{前楚、郑平不书。}此何以书？大其平乎己也。_{己，指华元、子反，对君而言也。○提出主意。}何大其平乎己？庄王围宋，军有七日之粮尔，尽此不胜，将去而归尔。_{先插子反语作叙事，文情妙绝。}于是使司马子反乘堙_{因。}而窥宋城，宋华元亦乘堙而出见之。_{堙，距堙，上城具。○相见便奇。}司马子反曰："子之国何如？"华元曰："惫矣。_{惫，疲极也。}"曰："何如？"_{问惫状。}曰："易子而食之，析骸而炊之。"_{竟以实告。}司马子反曰："嘻！甚矣惫！_{倒句妙。若言"惫甚矣"，便无味。}虽然，_{虽如子言。}吾闻之也：围者见围者。柑钳。马而秣之，以

183

粟钦马曰秣。柑者，以木衔马口，使不得食，示有蓄积。**使肥者应客。**肥，谓肥马。示饱足也。**是何子之情也？"** 情，实也。○怪其以实告。子反之心已动。**华元曰："吾闻之：君子见人之厄则矜之，小人见人之厄则幸之。吾见子之君子也，是以告情于子也。"** 说出实告之故，尤足动人。**司马子反曰："诺。勉之矣。** 令勉力坚守。○已心许之，而语绝不露，妙。**吾军亦有七日之粮尔，尽此不胜，将去而归尔。"** 亦以实告。揖而去之。

反于庄王。 反报于庄王。**庄王曰："何如？"司马子反曰："惫矣！"曰："何如？"曰："易子而食之，析骸而炊之。"庄王曰："嘻！甚矣惫！** 复前语，不变一字，文法最纡徐有韵。**虽然，** 虽然惫极。**吾今取此，然后而归尔。"** 本将去而归，转欲乘其惫。**司马子反曰："不可。臣已告之矣，军有七日之粮尔。"** 亦以实告。**庄王怒曰："吾使子往视之，子曷为告之？"司马子反曰："以区区之宋，犹有不欺人之臣，可以楚而无乎？是以告之也。"** 华元全以"君子"二字感动子反，子反全以"不欺"二字感动庄王。**庄王曰："诺。舍而止。** 命子反筑舍处此，以示不去。**虽然，** 虽我粮尽。**吾犹取此，然后归尔。"** 庄王被子反感动，欲取不可，欲去不甘，意实无聊，故复作此语。观下"臣请归尔"、"吾亦从子而归尔"便见。**司马子反曰："然则君请处于此，臣请归尔。"** 谐语正极得力。**庄王曰："子去我而归，吾孰与处于此？吾亦从子而归尔。"** 谐语得力如此。引师而去之。**故君子大其平乎己也。** 结出主意。**此皆大夫也，其称"人"何？** 贬。**曷为贬？平者在下也。** 罪其专也。既大之，复贬之，洗发经文无漏义。

汇评

［明］　钟惺：两人不几于输国情乎？然楚君臣实堕华元彀中，盖宋以名

制楚也。子反心动于君子之名,以听华元;庄王又心动于不欺人之名,以听子反。名之于人如此。(引自《山晓阁公羊传选》卷一)

[清] 谢有煇:华元亦是极策。《左氏》云"登子反之床",又云"子反惧",所以不得不输情也。以"不欺人"塞庄王之问而请归,犹有伯臣假仁仗义之意。与齐桓不背柯之盟略同。(《古文赏音》卷三)

[清] 林云铭:按楚庄围宋,在鲁宣公十四年九月,至华元、子反相见之时,计历九阅月矣。一攻一守,全在粮草上定胜负。若以当日大势论之,晋师新败,鲁公荐贿楚,既无他国赴救之虑,倘馈运相继,宋何以支?似不能以七日之粮轻量楚力也。易子析骸之惫,纵不吐实,而钳马应客伎俩,久为楚人窥破,反不如直输其情,犹可以义动。此华元之苦衷也。子反见其告情,亦遂不欺,自然成个君子。"以区区之宋"数语,当诈谖成风之日,谁能道出?即此可以植国本,定霸业矣。观左氏所载盟词云:"我无尔诈,尔无我虞。"是明明欲自此以往其敦今日不欺之诚也,谓非告情一着所感动哉?胡康侯欲为人臣专功之戒,不得不贬其实,不如此传大而后贬为当。(《古文析义》卷四)

[清] 吴楚材、吴调侯:通篇纯用复笔,曰"惫矣"、曰"甚矣惫"、曰"诺"、曰"虽然",愈复愈变,愈复愈韵。末段曰"吾犹取此"而归,曰"臣请归尔"、曰"吾亦从子而归尔",尤妙绝解颐。(《古文观止》卷三)

[清] 余诚:通体都在"平"字上作文字。以"情"字立定一篇之骨,"不欺人"三字即从"情"字生出,章法一线穿成。末从两"情"字上结出贬意。有波澜,有结构。至纯用复取致,尤属《公羊》专门长技也。(《重订古文释义新编》卷三)

[清] 毛庆蕃:"大其平乎己",贬其"平者在下"。君子之立言有则如此。文之典雅生动,开后人无限法门。(《古文学余》卷一〇)

吴子使札来聘

《公羊传·襄公二十九年》

解题　参见本书《季札观周乐》解题。

吴无君、无大夫，据向之会称国。此何以有君、有大夫？吴始君、臣并见。贤季子也。何贤乎季子？让国也。"让国"二字，括尽全篇。其让国奈何？谒也、馀祭债。也、夷昧也，与季子同母者四。与，并也。季子弱而才，兄弟皆爱之，同欲立之以为君。父寿梦欲立之而不受，至是兄弟又同欲立之。○以国让谒。谒曰："今若是迮而与季子国，迮，骤也。季子犹不受也。可见前已不受，从谒口中补出，妙。请无与子而与弟，弟兄迭为君，而致国乎季子。"曲为季子受地。皆曰："诺。"三字，写同欲立之如见，妙。故诸为君者，皆轻死为勇，饮食必祝曰："天苟有吴国，尚速有悔于予身。"悔，咎也。急欲致国于季子意。○自是发于至诚，不愧句吴后裔。故谒也死，馀祭也立；馀祭也死，夷昧也立；夷昧也死，则国宜之季子者也。顿句生姿。

季子使去声。而亡焉。因出使而不归。僚者，夷昧子。长庶也，于三君之子为长。即之。就位也。季子使而反，至而君之尔。闻僚既立乃归。○以国让僚。阖庐谒之子。曰："先君之所以不与子国而与弟者，凡为去声。季子故也。先提一句。将从先君之命与，平声。则国宜之季子者也；如不从先君之命与，则我宜立者也。两意一正一反，阖庐之言亦是。僚恶乌。得为君乎？"后断一句。于是使专诸刺僚，专诸，膳宰。僚嗜炙鱼，因进鱼而刺之。○让变为争，奇。而致国乎季子。争矣复让，更奇。季子不受曰："尔弑吾君，吾受尔国，是吾与尔为篡也。以分言，伏下"义"字。尔杀吾兄，杀兄之子，亦犹杀兄。吾又杀尔，是父子兄弟相杀，终身无已也。"以情言，伏下"仁"字。去之延陵，终身不入吴国。延陵，吴下邑。《礼》："公子无去国之义，故不越境。"国，谓国都。既不忍讨阖庐，义不可留事，故不入。○超然物外。故君子以其不受为义，以其不杀为仁。千古定论。○以国让阖庐。○收完让国事。

贤季子，则吴何以有君、有大夫？以季子为臣，则宜有君者也。以季子贤，许有大夫，则宜使有君。○又缴有君、有大夫，完密；下复洗发称名作结，经义一字不漏。札者何？吴季子之名也。《春秋》贤者不名，或书字，或书子。此何以名？许夷狄者，不壹而足也。不以一事之美而遽足，以待之者严也。季子者，所贤也，曷为不足乎季子？许人臣者必使臣，许人子者必使子也。臣尊荣，莫不欲与君父共之。故许之者，必使其可为臣子。贤季子而称名，所以使其为吴臣子也。○奇思创解。

汇评

[宋]　黄震：愚按《公羊》形容札之让，甚理而文，然而"杀吾兄"之语非也。夷昧者兄，则僚乃札兄之子。光杀僚，非杀札之兄也。光之弑立，札为之使东诸侯。又，后此四十余年，当哀公十一年，札尚能为吴帅师救陈，则札"终身不入吾国"之语亦非也。……《公羊》徒闻季札让国之贤而粉藻之，然言而不实，自有不掩焉者，可戒也。（《黄氏日钞》卷三一）

[清]　孙琮：三《传》皆贤季子而胡氏独贬，以其让致乱也。胡责以义，三

《传》著其心。(《山晓阁公羊传选》卷一)

[清] 谢有煇：季札之才，能使兄皆爱之而轻死，则当夷昧之死，札也正位，可以无阖庐之乱矣。不称公子以贬之，胡氏之说为是。而叙次如画，笔笔写生。(《古文赏音》卷三)

[清] 林云铭：季子让国，论者谓寿梦告终之日，次及未有成命，辞之可也。阖庐推刃之后，篡国不当与闻，辞之亦可也。独夷昧捐馆，虽当奉使，亦宜遄归嗣位，以仰副三君致国之心，乃睊然不顾，以致僚立而光弑，让化为争，胡氏辞国生乱之讥，夫复何辞！愚谓季子奉使而夷昧薨，以南河阳城之避揆之，即不遄归，未可深罪。若当时暂推居摄，俟其至而授以国，岂能再逊？乃僚以本不当立之人，居然践阼，及季子反，并不推让，鱼腹剑行，除却延陵托迹之外，别无他着。是季子之不得立，实为僚据位所致，亦季子所不及料者也。夫子题墓，许之为君子，岂阿其所好哉？此篇叙事最为明晰，论古者自当以此为正。(《古文析义》卷四)

[清] 吴楚材、吴调侯：泰伯让周，此则兄弟让国，可谓无忝厥祖矣。然不可以为训也。迨于僚、光，骨肉相残，非季子贤明，则流祸不止，此《春秋》所以重予之欤？(《古文观止》卷三)

郑伯克段于鄢

《穀梁传·隐公元年》

解题　参见本书首篇《郑伯克段于鄢》解题。

克者何？能也。何能也？能杀也。一字诛心。何以不言杀？见段之有徒众也。段有徒众，不易杀也。不易杀而卒杀之，故曰"能杀"。

段，郑伯弟也。何以知其为弟也？杀世子、母弟目君，母弟，同母弟也。目君，谓称郑伯。以其目君，知其为弟也。段，弟也而弗谓弟，公子也而弗谓公子，贬之也。段失子弟之道矣。所以贬。贱段而甚郑伯也。贱段，谓不称公子及弟。甚郑伯，谓目君也。○一语绾前后，有力。何甚乎郑伯？甚郑伯之处心积虑，成于杀也。段恃宠骄恣，强足当国，郑伯不能防闲以礼，教训以道，纵成其恶，终致大辟。处心积虑，志欲杀弟。○一句断尽。

于鄢，远也，犹曰取之其母之怀中而杀之云尔，甚之也。郑伯之杀段，盖追恨姜氏爱段恶己也。读之使人堕泪。

然则为郑伯者宜奈何？缓追逸贼，亲亲之道也。设处得甚妙。

汇评

[宋] 黄震：《穀梁》谓"克"为"能"，是《春秋》书"郑伯能段于鄢"也，文乎否耶？既又继之曰"能杀也"，是克为歇后，是杀为言外意也，然乎否耶？（《黄氏日钞》卷三一）

[清] 孙琮："能杀也，何以不言杀？"不忍言杀也。"取之怀中而杀之"一语使人堕泪，足以唤郑伯之良心，更为姜氏爱段震一喝矣。"缓追逸贼"即如隧而相见，同一掩耳盗铃之说，然而郑伯犹不肯为，故曰"甚郑伯"。（《山晓阁穀梁选》卷一）

[清] 林云铭：大叔奔共后，糊其口于四方，未见杀也。此按"杀世子母弟目君"之例，似已杀矣。岂传闻有异词乎？层层书法，总用一"甚"字断煞。"贱段而甚郑伯"，就其平日断之；"取之母之怀中"，就其用兵之时断之。把郑庄毒心狠手描写曲尽矣。末以"缓追逸贼"为郑庄处置，谓段失邑之后不过一独夫，即纵他一条生路去，亦不能为害，找足"甚之"之意。（《古文析义》卷四）

[清] 吴楚材、吴调侯：郑伯以恶养天伦，使陷于罪，因以剪之。《春秋》推见至隐，首诛其意，以正人心。《穀梁》只"处心积虑"四字，已发透经义，核于他传。（《古文观止》卷三）

[清] 浦起龙：不恕段，痛斥郑伯，折狱老手。其锋则屈如铁，画如锥，利如刀。（《古文眉诠》卷九）

[清] 毛庆蕃：《公》、《穀》文章，义意皆相近，古者传其同出于子夏之门，然乎哉？此传断制精严，其用笔也，入木三分矣。（《古文学余》卷一一）

虞师晋师灭夏阳

《穀梁传·僖公二年》

解题　《春秋左传集解》第五《僖公上》："（二年）晋荀息请以屈产之乘，与垂棘之璧，假道于虞以伐虢。公曰：'是吾宝也。'对曰：'若得道于虞，犹外府也。'公曰：'宫之奇存焉。'对曰：'宫之奇之为人也，懦而不能强谏；且少长于君，君暱之，虽谏，将不听。'乃使荀息假道于虞，曰：'冀为不道，入自颠軨，伐鄍三门。冀之既病，则亦唯君故。今虢为不道，保于逆旅，以侵敝邑之南鄙。敢请假道以请罪于虢。'虞公许之，且请先伐虢。宫之奇谏，不听，遂起师。夏，晋里克、荀息帅师会虞师伐虢，灭下阳。先书虞，贿故也。"

非国而曰"灭"，重夏阳也。夏阳，虢邑。虞无师，晋灭夏阳，虞何尝有师？其曰"师"，何也？以其先晋，不可以不言师也。人不得居师上，故言师。其先晋何也？据小不先大。为主乎灭夏阳也。即《公羊》"首恶"意。夏阳者，虞、虢之塞赛。邑也，塞，边界。灭夏阳而虞、虢举矣。举，拔也。○此夏阳之所为重也。句极宕逸。

虞之为主乎灭夏阳，何也？晋献公欲伐虢，荀息晋大夫。曰："君何不以屈橘。产之乘、垂棘之璧，而借道乎虞也？"屈地产良马，垂棘出美玉，故以为名。自晋适虢，途出于虞，故借道。公曰："此晋国之宝也。如受吾币，而不借吾道，则如之何？"晋君先爱恋马、璧。荀息曰："此小国之所以事大国也。提清一句。彼不借吾道，必不敢受吾币。如受吾币，而借吾道，斯朝取虢而暮取虞矣。则是我取之中府而藏之外府，取之中厩而置之外厩也。"君何丧焉？○看得明，拿得定，快语斩截，是能成功。公曰："宫之奇虞贤大夫。存焉，必不使受之也。"伏后两谏。荀息曰："宫之奇之为人也，达心而懦，又少去声。长掌。于君。达之心而懦于事，又自少至长与君同处。达心则其言略。明达之人，言则举纲领要。懦则不能强谏，少长于君，则君轻之。先识透宫之奇。且夫进一层说。玩好去声。在耳目之前，指马、璧。而患在一国之后，虢在先。○利近而害远。此中知智。以上乃能虑之。臣料虞君，中知以下也。"又识透虞君，借道之计必行矣。公遂借道而伐虢。

宫之奇谏曰："晋国之使者，其辞卑而币重，必不便于虞。"言果略。虞公弗听。遂受其币而借之道。君果轻之。宫之奇又谏曰："语曰：'唇亡则齿寒。'其斯之谓与？"果不能强谏。挈其妻子以奔曹。

献公亡虢，五年，而后举虞。应"灭夏阳而虞、虢举矣"句。荀息牵马操璧而前曰："璧则犹是也，而马齿加长矣。"以戏作收。韵绝。

汇评

［明］　袁宏道：之奇之忠而苦口，荀息之谲以料事，苍恣古质，郁乎可观。（引自《评选古文正宗》卷二）

［清］　孙琮：使虞公不贪贿，与虢同力御晋，虽有智谋如荀息，其若二国何！虞受贿而残兄弟之国，故《春秋》以为首恶，加于晋一等。彼自亡其社稷，亦不足惜矣。（《山晓阁穀梁选》卷一）

〔清〕 谢有煇：一事耳，《左氏》叙得简洁，《穀梁》叙得详尽。献公之虑事，荀息之料事，委曲传世。(《古文赏音》卷三)

〔清〕 林云铭：此一事，《左氏》、《公》、《穀》各擅其妙。《左》载宫之奇语，详得妙；此篇宫之奇语，略得妙；《公羊》载虞公抱璧牵马，献公戏得妙；此篇荀息牵马操璧，自戏得妙，俱算上乘文字。然至写荀息料事处，独此篇最为曲尽，所云"玩好在耳目"数语，利令智昏，千古龟鉴，较之《左传》、《公羊》，尤见结构精神。(《古文析义》卷四)

〔清〕 吴楚材、吴调侯：全篇总是写虞师主灭夏阳，笔端清婉，迅快无比。中间"玩好在耳目之前"一段，尤异样出色，祸患之成，往往堕此，古今所同慨也。(《古文观止》卷三)

〔清〕 浦起龙：提虞师，束"举虞"，自宜以虞为主。左氏就虞人正写，《穀梁》从晋语对写，另辟灵境，语妙更不待言。(《古文眉诠》卷九)

〔清〕 余诚："灭夏阳"作主。其前半叙荀息献谋及料虞君臣处，早已写透虞公贪利不纳谏；后半叙宫之奇谏不行，挈妻子奔曹及荀息戏谑之词，是写虞公堕其术中不自知。篇中写献公，写荀息，写宫之奇，无非写虞公也。知此，然后许读此文。(《重订古文释义新编》卷三)

〔清〕 过珙：晋之贪不劣于虞，息之知非优于奇，然异事同情，究之，一因以兴，一因以亡，无他，听与不听之间耳。卫灵公无道，康子曰："夫如是，奚而不丧？"而夫子历举用人各当其才曰："夫如是，奚而丧？"然则贤臣亦何负于国哉？。(《详订古文评注全集》卷二)

〔清〕 唐介轩：叙事处与左氏详略不同，正于不同处擅胜，一结尤趣。(《古文翼》卷二)

〔清〕 毛庆蕃：解经简而当，叙事辩而精。柳子厚云："参之太史以致其洁。"此则所谓洁矣。(《古文学余》卷一一)

晋献公杀世子申生

《礼记·檀弓上》

解题 《春秋左传集解》第五《僖公上》:"初,晋献公欲以骊姬为夫人,卜之不吉,筮之吉。……立之,生奚齐。其娣生卓子。及将立奚齐,既与中大夫成谋,姬谓大子曰:'君梦齐姜,必速祭之。'大子祭于曲沃,归胙于公。公田,姬置诸宫六日。公至,毒而献之。公祭之地,地坟;与犬,犬毙;与小臣,小臣亦毙。姬泣曰:'贼由大子。'大子奔新城。公杀其傅杜原款。或谓大子:'子辞,君必辩焉。'大子曰:'君非姬氏,居不安,食不饱。我辞,姬必有罪。君老矣,吾又不乐。'曰:'子其行乎!'大子曰:'君实不察其罪,被此名也以出,人谁纳我?'(四年)十二月戊申,缢于新城。"

晋献公将杀其世子申生。因骊姬毒胙之谗也。公子重耳申生异母弟。谓之曰:"子盍同盍。言子之志于公乎?"劝其明谗。世子曰:"不可。君安骊姬,是我伤公之心也。"明其谗,则姬必诛,是使君失所安,而伤其心也。○省句,与《左》、《国》不同。曰:"然则盍行乎?"劝其出奔他国。世子曰:"不可。君谓我欲弑君也,天下岂有无父之国哉?吾何行如之?"言行将何往也。○两答,想见孝子深心。

使人辞于狐突申生之傅。曰:与之永诀。"申生有罪,不念伯氏之言也,以至于死。伯,狐突字。初申生伐东山时,狐突劝其出奔。申生不敢爱其死。提过自己一边,虽然,转入正意。吾君老矣,一转。子少,指骊姬子奚齐。○二转。国家多难。将来必至有争。○三转。○十字三转,一转一泪。伯氏不出而图吾君,不出而为君图安国之计则已。伯氏苟出而图吾君,申生受赐而死。"国安,则我虽死,亦受惠矣。○属望深切,愈见惨恻。再拜稽首乃卒。无君命而自缢。是以为恭世子也。陷亲不义,不得为纯孝,但得谥恭而已。○结寓责备申生意,文情宕逸。

汇评

[宋] 黄震:申生于亲可言而不言,惧伤公之心;于义可逃而不逃,谓天下岂有无父之国。以至忘其躬之不阅,而且恤其国之多难,可谓恭矣。然不免陷父于不义,故未得为孝。(《黄氏日钞》卷一五)

[宋] 谢枋得:仅百五十字,而包括曲折,有他人千言不尽者。《左传》、《国语》、《穀梁》皆载此事,并观之,优劣自见。(引自《古文赏音》卷四)

[清] 林云铭:申生归胙六日而后置毒,此事甚易辨。然骊姬敢冒然行之者,盖知献公欲杀申生已久,申生不敢诉,即诉,公亦不肯察也。迨既负弑逆之名,无所逃于天地之间,不得不追念狐突前此劝其出奔为见几之语,所以濒死而使人辞诀耳。然语语不忘君国,直觉一字一泪,《左》、《国》、《公》、《穀》皆逊其妙。(《古文析义》卷四)

[清] 吴楚材、吴调侯:短篇中写得如许婉折,语语不忘君国,真觉一字一泪。合《左》、《国》、《公》、《穀》观之,方见是文之神。(《古文观止》卷三)

[清] 余诚:谗言深惑君心,固不可谏,恶名误传邻国,又不可亡,事已无可奈何,百计莫如一死。独其惓惓身后,不忘君国,丁宁嘱托,然后捐生,是诚忠孝纯全,从容就义者矣。然非得此妙笔,断不能传写得出。(《重订古文释义新编》卷三)

曾子易箦

《礼记·檀弓上》

解题 孙希旦《礼记集解·檀弓上》第三之一:"'大夫之箦',言此箦华美,乃大夫之所用,曾子未尝为大夫,则不当寝之,言此以讽之也。子春止之,而童子又言者,以其言未达於曾子也。'以德'谓成己之德,'姑息'言苟且以取安也。程子曰:'曾子易箦,要须如此乃安。人不能如此者,只为不见实理。实见得是,实见得非,必不肯安于此。'"

曾子寝疾,病。病者,疾之甚也。乐正子春曾子弟子。坐于床下,曾元、曾申俱曾子子。坐于足,童子隅坐而执烛。点次错落有致。

童子曰:"华而睆,缓。大夫之箦责。与?"华者,画饰之美好。睆者,节目之平莹。箦,簟也。子春曰:"止!"使童子勿言也。曾子闻之,瞿据。然曰:"呼!"呵去声。○瞿然,惊貌。呼,发声欲问也。○"止"字、"呼"字,相应甚警。曰:童子又言。"华而睆,大夫之箦与?"若为不解,语足会心。曾子曰:"然。曾子识童子之意,故然之。斯季孙之赐也,我未之能易也。元,起易箦。"以病不能自起而易,命元扶易。曾元曰:"夫子之病革载。矣,不可以变。革,亟也。变,动也。幸而至于旦,请敬易之。"玩"幸而至于旦"句,始知前"执烛"二字,非浪笔。曾子曰:"尔之爱我也不如彼。彼,谓童子。君子之爱人也以德,所见者大。细人之爱人也以姑息。姑息,苟安也。○所见者小。吾何求哉?吾得正而毙焉,斯已矣。"

垂没而精神不乱,足征守身之学。**举扶而易之,反席未安而没。**可谓毙于正矣。

汇评

[宋] 黄震:童子以其非礼而发问,事师以义也;曾元其疾革而不忍,事父以恩也;曾子必易箦而即没,虽死犹勤于礼也。(《黄氏日钞》卷一五)

[明] 杨慎:"华而睆"至"元,起易箦"一节,童子惊讶之状,与曾元、曾申掩护之情,并曾子虚惫而不失其正之事,千载如在目前。(《檀弓丛训》卷上)

[清] 林云铭:曾元之言,惟幸其亲之生,何尝非爱?但既知箦之当易,苟安待旦,则自夜至旦之生,皆不得正,不如得正而当下速死之为愈。此是平日仁以为己任,死而后已本领,非临时可办也。篇中摹写处,无不曲肖神情,自是千古奇笔。(《古文析义》卷四)

[清] 吴楚材、吴调侯:宋朱子云:"季孙之赐,曾子之受,皆为非礼。或者因仍习俗,尝有是事,而未能正耳。但及其疾病不可以变之时,一闻人言,而必举扶以易之,则非大贤不能矣。"此事切要处,正在此毫厘顷刻之间。(《古文观止》卷三)

[清] 余诚:易箦即以得正,小中见大,一生德行,于此完全无憾。而行文之妙,则针线细密,神情宛肖,简老之中,恣态横生。(《重订古文释义新编》卷三)

[清] 过珙:易箦而毙,毙而正矣。童子之言,岂浅鲜哉!(《详订古文评注全集》卷三)

有子之言似夫子

《礼记·檀弓上》

解题　《礼记正义》卷八孔颖达疏云："此一节论丧不欲速贫、死不欲速朽之事。"

有子问于曾子曰："问作闻。丧去声。于夫子乎？"仕而失位曰丧。曰："闻之矣。'丧欲速贫，死欲速朽'"。上只问丧，此又带出"死"字来，遂成一篇对待文字。有子曰："是非君子之言也。"一辨。曾子曰："参也闻诸夫子也。"一证。有子又曰："是非君子之言也。"又一辨。曾子曰："参也与子游闻之。"又一证。有子曰："然。信有是言。然则夫子有为去声。言之也。"开一解，伏末二段。

曾子以斯言告于子游。子游曰："甚哉，有子之言似夫子也！平日门人皆以有子之言为似夫子，故子游叹其甚。昔者夫子居于宋，见桓司马即桓魋。自为石椁，三年而不成。夫子曰：'若是其靡也，死不如速朽之愈也。'靡，侈也。死之欲速朽，为桓司马言之也。速朽之言有为。南宫敬叔鲁大夫，孟僖子之子仲孙阅。反，失位去鲁而反国。必载宝而朝。欲行赂以求复位。夫子曰：'若是其货也，丧不如速贫之愈也。'丧之欲速贫，为敬叔言之也。"速贫之言有为。

曾子以子游之言告于有子。有子曰："然。言果有为。吾固曰非夫子之言也。"复一句，结上生下。曾子曰："子何以知之？"有子曰：

"夫子制于中都,四寸之棺,五寸之椁。定公九年,孔子为中都宰,制棺椁之法制。以斯知不欲速朽也。以有棺椁之制,知速朽非夫子之言。昔者夫子失鲁司寇,将之荆,盖先之以子夏,又申之以冉有。荆,楚本号。将适楚,而先使二子继往者,盖欲观楚之可仕与否,而谋其可处之位。以斯知不欲速贫也。"以有行使之资,知速贫非夫子之言。

汇评

[宋] 黄震：贫、朽,非人情所欲。孔子之言特为二子而发尔。有子乃能以中都与荆之事验之,可谓知音矣。(《黄氏日钞》卷一五)

[清] 谢有煇：有子因所见而疑所闻,正是智足知圣处。曾子获闻一贯之旨,顾于斯言不知其有为耶？疑汉儒有所傅会于其间矣。(《古文赏音》卷四)

[清] 林云铭：速贫犹愈于货,速朽犹愈于靡,乃因病发药,故为此矫枉过正之论。惟是曾子既云与子游闻之,何夫子有为而言,子游知之,而曾子不知？疑曾子平日传闻于子游耳。有子智足以知圣人,故见得最确,曾子止是一味笃信,笃信便不可及。……文之层折相生,澹宕旖旎,如秋水春山,移人性情。(《古文析义》卷四)

[清] 吴楚材、吴调侯：前二段,子游解欲速朽、速贫之故。后二段,有子自言所以知其不欲速朽、速贫之故。章法极整练,又极玲珑。(《古文观止》卷三)

[清] 余诚："丧欲速贫"二语是一篇之纲,以下层层发明,有波澜,有节奏,文情跌宕,笔致松灵,往复流连,机神一片。通篇以"言"字作线。前二段以"闻"字作波,次段拖出"有为"二字生第三段,第三段紧应"为"字,末一段又以"知"字作波。层层呼,层层应,而通篇又一气呼应。昔人谓其有武夷九曲之胜,良然！(《重订古文释义新编》卷三)

公子重耳对秦客

《礼记·檀弓下》

解题　《礼记正义》卷九孔颖达疏云:"此一节论公子重耳不因父丧以取国之事。"

晋献公之丧,秦穆公使人吊公子重耳,时重耳避难在狄,穆公使公子絷往吊之。且曰:吊为正礼,故以"且曰"起下辞。"寡人闻之:'亡国恒于斯,得国恒于斯。'斯,指此时而言。虽吾子俨然在忧服之中,丧去声。亦不可久也,时亦不可失也,孺子其图之。"俨然,端静持守之貌。丧,失位也。时,谓死生交代之际。勉其奔丧反国,以谋袭位。○是吊,是慰,亦是劝,情文婉切。以告舅犯。入而告舅子犯。舅犯曰:"孺子其辞焉。辞其相勉反国谋袭之命。丧人无宝,仁亲以为宝。失位去国之人,无以为宝,惟仁爱思亲,乃其宝也。父死之谓何?又因以为利,而天下其孰能说如字。之?父死谓是何事?若乘此而谋得国,是以父死为利,天下之人,孰能解说我为无罪乎?○一片假仁假义,妆饰得好。孺子其辞焉。"复一句,丁宁无限。

公子重耳对客曰:出而答秦使者。"君惠吊亡臣重耳,身丧父死,不得与预。于哭泣之哀,以为君忧。谢其来吊。父死之谓何?或敢有他志,以辱君义!"他志,谓求位之志。辱君义者,辱君惠吊之意也。○意与上同,而文法更变。稽颡而不拜,哭而起,起而不私。不私,不再与使者私言也。○举动饶有经济。

子显作䫻。○公子繁字。以致命于穆公。穆公曰:"仁夫,公子重耳!"仁夫"二字,沉吟叹赏,心服之至。夫稽颡而不拜,则未为后也,故不成拜。哭而起,则爱父也。起而不私,则远去声。利也。"丧礼:先稽颡后拜,谓之成拜。乃为后者所以谢吊礼之重。爱父,哀痛其父也。远利,不以得国为利,而远之也。○从穆公口中解上三句,笔甚奇幻。

汇评

[宋] 黄震:晋献公杀世子申生,重耳避难在翟。献公死,秦穆公使人就吊之,欲纳之。重耳问于舅犯而辞焉。不因父丧而利其国,故终能复国而霸。(《黄氏日钞》卷一五)

[清] 林云铭:仁爱之言,悚然动听,是时穆公欲纳重耳矣,卒听子显之言而纳夷吾,利其不仁也。以不仁之人为利,是诚何心?然文公卒得国而定霸,实基于此。不可以一时得丧论矣。(《古文析义》卷四)

[清] 吴楚材、吴调侯:秦穆之言,虽若有纳重耳之意,然亦安知不以此言试之?晋君臣险阻备历,智深勇沉,故所对纯是一团大道理,使秦伯不觉心折。英雄欺人,大率如此。(《古文观止》卷三)

[清] 余诚:重耳岂真能仁亲者?舅犯岂真能以仁亲勖重耳者?即秦穆亦岂真能以仁亲为重,而以仁赞之者?一时情事,大都是五伯之假耳。然秦穆词旨太显浅,不如舅犯语意深挚,说来外面好听。重耳得其指授,以对秦使,而又举止皆有深意,秦穆自不容已于赞矣。结构精严,神气疏荡,兼而有之。(《重订古文释义新编》卷三)

杜蒉扬觯

《礼记·檀弓下》

解题 《春秋左传集解》第二十二《昭公三》："(九年)晋荀盈如齐逆女,还,六月,卒于戏阳。殡于绛,未葬。晋侯饮酒,乐。膳宰屠蒯趋入,请佐公使尊。许之,而遂酌以饮工,曰:'女为君耳,将司聪也。辰在子卯,谓之疾日。君彻宴乐,学人舍业,为疾故也。君之卿佐,是谓股肱。股肱或亏,何痛如之?女弗闻而乐,是不聪也。'又饮外嬖嬖叔曰:'女为君目,将司明也。服以旌礼,礼以行事,事有其物,物有其容。今君之容,非其物也,而女不见,是不明也。'亦自饮也,曰:'味以行气,气以实志,志以定言,言以出令。臣实司味,二御失官,而君弗命,臣之罪也。'公悦,彻酒。"按:屠蒯,即《礼记》之杜蒉。《礼记正义》卷九孔颖达疏云:"此一节论君有大臣之丧,不得有作乐饮酒之事。"

知_智。悼子_{晋大夫知䓨}。卒,未葬。平公饮酒,师旷、李调侍,与君同饮。鼓钟。杜蒉_快。自外来,闻钟声,曰:"安在?"_{惊怪之辞}。曰:"在寝。"杜蒉入寝,历阶而升。_{"入"字,对下"出"字。"升"字,对下"降"字}。酌曰:"旷饮斯。"又酌曰:"调饮斯。"又酌,堂上北面坐饮之。_{坐,跪也。○凡三酌者,既罚二子,又自罚也}。降,趋而出。_{布成疑阵,妙人妙用}。

平公呼而进之,曰:"蒉,曩者尔心或开予,是以不与尔言。尔之初入，我意尔必有所开发于我，是以不先与尔言。尔饮去声。旷，何也？"曰："子卯不乐。桀以乙卯日死，纣以甲子日死，谓之疾日。故君不举乐。知悼子在堂，在殡也。斯其为子卯也大矣。君于卿大夫，比葬不食肉，比卒哭不举乐。悼子在殡，而可作乐燕饮乎？桀、纣异代之君，悼子同体之臣，故以为大于子卯也。○句法婉而多风。旷也，太师也。不以诏，是以饮之也。"诏，告也。○责其旷职。"尔饮调，何也？"曰："调也，君之亵臣也。为一饮一食忘君之疾，是以饮之也。"调为近习之臣，贪于饮食，而忘君之疾日。○责其徇君。"尔饮，何也？"曰："蒉也，宰夫也，非刀匕比。是共，供。又敢与预。知防，是以饮之也。"匕，匙也。宰夫不专供刀匕之职，而敢与知谏争防闲之事，是侵官矣。○自责其越分。○三对，已注意晋君，特口未道破耳。平公曰："寡人亦有过焉，酌而饮寡人。"顿地开悟。杜蒉洗而扬觯。志。○扬，举也。觯，罚爵。盥洗而后举，致其洁敬也。○杜蒉至此，快心极矣。公谓侍者曰："如我死，则必毋废斯爵也。"欲以此爵，为后世戒。

至于今，既毕献，斯扬觯，谓之"杜举。"至今晋国行燕礼之终，必举此觯。谓之杜举者，言此觯乃昔日杜蒉所举也。○住句闲情点缀，妙。

汇评

[宋]　陈骙：观《檀弓》之载事，言简而不疏，旨深而不晦。虽《左氏》之富艳，敢奋飞于前乎？……智悼子未葬，晋平公饮以乐，杜蒉谓大臣之丧，重于疾日不乐。《左氏》言其事则曰："辰在子卯，谓之疾日。君彻宴乐，学人舍业，为疾故也。君之卿佐，是谓股肱。股肱或亏，何痛如之？"《檀弓》则曰："子卯不乐。知悼子在堂，斯其为子卯也大矣。"考此，则《檀弓》为优。(《文则》)

[宋]　黄震：知悼子在殡而晋平公作乐，故杜蒉罚饮其侍者，且以越职自

罚。平公服善，亦自罚，且名其罚爵以诏后世也。(《黄氏日钞》卷一五)

[清] 林云铭：平公失礼宴饮，杜蒉此番入寝，实为其君而来，却撇开平公，但行罚二侍臣，并自受罚，毕即不阶径去，绝不措置一言，而公与二臣亦不问其何故。此时似戏场上锣鼓俱停，演出一出哑口关目，只见其东望西走，义手曲腰，半晌不知何事。及平公唤回杜蒉，听其说出行罚受罚之故，亦自认罚，且嘱永著为戒，又似戏场上一时锣鼓大作，生旦相向，从头数一数二解说将来，始知前此东望西走，义手曲腰，皆成妙着，令人半晌积闷，当下叫绝，至散场后尚有余音未歇也。此天壤间不可无一不可有二之文，《左传》视此走且僵矣。(《古文析义》卷四)

[清] 吴楚材、吴调侯：平公失礼燕饮，使杜蒉入寝而直斥其非，未必即能任过。乃三酌之后，竟不言而出，先令猜疑不知为何故。及一一说出，乃不觉爽然自失矣。此《易》所谓"纳约自牖，终无咎"者也。文甚奇幻。(《古文观止》卷三)

[清] 余诚：通篇是写杜蒉之能谏平公，却不遽及平公。先只罚两侍宴者并自己，又不言所以罚之故，径自趋出。迨平公唤回，随问随答，而平公之过不言自现，安得不自愿受罚永著为戒？此杜蒉作用之妙，亦见《檀弓》结构之妙也。(《重订古文释义新编》卷三)

晋献文子成室

《礼记·檀弓下》

解题　《礼记正义》卷一〇孔颖达疏云："此一节论文子成室相祷颂之事。"

晋献文子成室，"献文"二字，皆赵武谥，如"贞惠文子"之类。晋大夫发焉。发礼往贺。张老曰："美哉轮焉，美哉奂焉。轮，轮囷高大也。奂，奂烂众多也。○二句，美其今。歌于斯，哭于斯，聚国族于斯。"歌，祭祀作乐也。哭，死丧哭泣也。聚国族，燕集国宾，聚会宗族也。○三句，祝其后。文子曰："武也，得歌于斯、哭于斯、聚国族于斯，是全要腰。领以从先大夫于九京同原。也。"古者，罪重腰斩，罪轻颈刑。先大夫，文子父祖也。九原，晋卿大夫之墓地。○就其赞词，添接一解，有无穷之味。北面再拜稽首。谢其祝。君子谓之善颂、善祷。颂者，美其事而祝其福。祷者，祈以免祸也。张老之言善于颂，文子所答善于祷。

汇评

[宋]　黄震：张老见文子宫室饰丽，故佯美之，使终始求足如此，勿复更造；文子亦觉而顺述其言，若得保此善终，得从先大夫于地下，幸矣，乃拜以谢。（《黄氏日钞》卷一五）

[清]　谢有煇：死丧哭泣，世人以为忌讳久矣，焉有成室之始而以此为颂者乎？然苟计久长，则知此为祷祀之所不能得，故人亦视其明

理否耳。非张老不知颂此,非文子亦莫能受其福。(《古文赏音》卷四)

[清] 林云铭:新室落成,颂之以词,乃敢告及哭,岂不令人骇杀?文子却甚善其言之佳,北面拜受,盖得全要领原非易事,故考终命为五福之一,免刑戮为贤者之行。世人止为一味求福痴想抹煞耳。若毕述"哭于斯"一句,又觉有迹,只平平将前词重述一番,而接以"全要领"句,自有无穷之味。末一结尤为高绝。旧解颂祷谬甚,可笑!(《古文析义》卷四)

[清] 吴楚材、吴调侯:张老颂祝之辞,固迥然超于俗见。文子又添"全要领"句,见免刑戮,乃为无穷之福,尤加于人一等。"善颂善祷"四字,为两人标名不朽。(《古文观止》卷三)

[清] 余诚:由生而死,而世世相传,居室如斯,何其全美,此颂之所以善也。歌聚事极寻常,乃筑室初成而言及于哭,俗情宁不厌听?文子于此着眼,而以"全要领"句发明得"哭于斯"之妙,此祷之所以善也。分叙两人语毕,即用四字双收,简老无敌。○文止八十余字,却自有起有结,有案有断,波澜意趣,无不天成,较之左盲,殊更简峭。(《重订古文释义新编》卷三)

卷四

秦 文

苏秦以连横说秦

《国策》

解题 《史记·苏秦列传》:"(苏秦)乃西至秦。秦孝公卒。说惠王曰:'秦四塞之国,被山带渭,东有关河,西有汉中,南有巴蜀,北有代马,此天府也。以秦士民之众,兵法之教,可以吞天下,称帝而治。'秦王曰:'毛羽未成,不可以高蜚;文理未明,不可以并兼。'方诛商鞅,疾辩士,弗用。乃东之赵。……赵王曰:'寡人年少,立国日浅,未尝得闻社稷之长计也。今上客有意存天下,安诸侯,寡人敬以国从。'乃饰车百乘,黄金千溢,白璧百双,锦绣千纯,以约诸侯。……于是六国从合而并力焉。苏秦为从约长,并相六国。"

苏秦洛阳人。始将连横宏。说税。秦惠王关东地长为从,楚、燕、赵、魏、韩、齐六国居之。关西地广为横,秦独居之。以六攻一为从,以一离六为横。故从曰合,横曰连。○开头著"始将连横"四字,便见合从非秦本心。曰:"大王之国,西有巴、蜀、汉中之利,巴、蜀、汉中三郡,并属益州。北有胡貉、涸。代马之用,胡,楼烦、林胡之类,出貉,可为裘。代,幽州郡,出马。南有巫山、黔中之限,巫山,属夔州。黔,故楚地。秦地距此二郡,故曰限。东有殽、函

207

之固。殽,山名。函,函谷,关名,在渑池县。田肥美,民殷富,殷,盛也。战车万乘,奋击百万,士之能奋起以击者。沃野千里,沃,肥润也。蓄积饶多,地势形便,地势与形,便于攻守。此所谓天府,天下之雄国也。以上言其势。以大王之贤,士民之众,车骑之用,兵法之教,教,习也。可以并诸侯,吞天下,称帝而治。以上言其威。愿大王少留意,臣请奏其效。"大概说以用战。

秦王曰:"寡人闻之,毛羽不丰满者不可以高飞,此句是喻,起下三句。文章不成者不可以诛罚,道德不厚者不可以使民,政教不顺者不可以烦大臣。文章,法令也。使民,驱之出战也。烦大臣,劳大将于外也。○秦王数语,大有智略。今先生俨然不远千里而庭教之,愿以异日。"是时秦方诛商鞅,疾辨士,故弗用。

苏秦曰:"臣固疑大王之不能用也。虚喝一句。昔者神农伐补遂,国名。黄帝伐涿鹿而禽蚩鸱。尤,蚩尤诛杀无道,黄帝与大战于涿鹿,杀之。尧伐驩兜,舜伐三苗,禹伐共恭。工,汤伐有夏,文王伐崇,崇侯虎,纣卿士,道之为恶。武王伐纣,齐桓任战而霸天下。任,用也。○历引证佐。由此观之,恶乌。有不战者乎? 作一小束,点出主意。古者使车毂击驰,相击而驰,行使之多。言语相结,结亲也。天下为一;约从宗。连横,兵革不藏,从、横,皆需兵革。不藏,犹言不蓄。○八字句。文士并饬,所用者尽文学之士。诸侯乱惑,万端俱起,不可胜升。理;尚文则事烦。科条既备,民多伪态;书策稠浊,稠,多也。书策多,则阅者昏乱。百姓不足;上下相愁,民无所聊;聊,赖也。○尚文则弊起。明言章理,明,著之言。章,显之理。兵甲愈起;辩言伟服,伟服,儒者盛服。战攻不息;尚文徒足以致乱。繁称文辞,天下不治;舌敝耳聋,不见成功;

卷四　秦文

行义约信，天下不亲。尚文必不能见功。○已上排列二十五句，分四段看，极诋用文士之失。于是，乃废文任武，厚养死士，缀抽。甲厉兵，缀，缝缀也。效胜于战场。再结"战"字。陡健。夫徒处而致利，安坐而广地，徒，空也，言无所为。虽古五帝、三王、五霸，明主贤君，常欲坐而致之，其势不能。反掉"神农伐补遂"一段。故以战续之。宽则两军相攻，迫则杖戟相撞，然后可建大功。是故兵胜于外，义强于内；威立于上，民服于下。战之有利于国如此。今欲并天下，凌万乘，凌，侵也。诎敌国，诎，服也。制海内，子元元，元，善也。民类皆善，故称元元。臣诸侯，非兵不可！此句是连横本领。今之嗣主，忽于至道，至道，暗指用兵。皆惛于教，乱于治，迷于言，惑于语，沉于辩，溺于辞。直口相诮，气凌万乘。以此论之，王固不能行也。"复一句，欲以激动秦王。○全段总是要秦王用战意，只因平日不曾揣摩，绝不知其辞之烦而意之复，宜其终不见听于秦王也。

说秦王书十上而说不行。著此一句，以明在秦之久，为下裘敝金尽之由。黑貂之裘敝，黄金百斤尽，苏秦初见李兑，赠以黑貂之裘，黄金百镒，因得入秦。资用乏绝，去秦而归。羸縢履跻，脚，○羸，缠也。縢，束胫邪幅，自足至膝，便于行也。跻，草履。负书担囊，形容枯槁，面目黧离。黑，状有愧色。将至家，著"状有愧色"四字，极力摹写。归至家，妻不下紝，不下机缕，而织自若。嫂不为去声。炊，父母不与言。极写其困悫失意，情人冷落，正为下受印拜相，除道郊迎等字映衬。苏秦喟魁去声。然叹曰："妻不以我为夫，嫂不以我为叔，父母不以我为子，是皆秦之罪也。"作自责语。愤甚。乃夜发书，陈箧怯。数十，箧，械藏也。得太公《阴符》之谋，《阴符》，太公兵法。伏而诵之，简练以为揣摩。简，择。练，熟。揣，量。摩，研也。言以我之简练者，揣摩时势而用之。○六字是苏秦苦功

209

得力处。读书欲睡，引锥自刺其股，血流至足。曰："安有说人主不能出其金玉锦绣，取卿相之尊者乎？"倦而自励，感愤痛切。期年，揣摩成，曰："此真可以说当世之君矣！"可见前番尚难自信，妙。

于是乃摩燕乌集阙，摩，切近过之也。燕乌集阙，地名。见说赵王肃侯。于华屋之下，见说，见而说也。华，高丽也。○与前上书而说先不同。抵掌而谈。抵掌，侧击手掌也。○说赵王语，只四字括尽，其为简练可知。赵王大说。悦。○一见说而便大说，则揣摩有以中之矣。封为武安君，受相印。取卿相之尊矣。革车百乘，革车，兵车。锦绣千纯，豚。○纯，束也。白璧百双，黄金万镒，白璧，玉环也。二十四两曰镒。以随其后，出其金、玉、锦绣矣。约从散横，以抑强秦。约六国之从，以离散秦之横。○战国时横易而从难，苏秦能于其所难者，激之使然也。故苏秦相于赵而关不通。六国之关，不通秦也。○作一顿，下纯以议论代叙事，奇妙。

当此之时，天下之大，万民之众，王侯之威，谋臣之权，皆欲决于苏秦之策。写得有声势。不费斗粮，未烦一兵，未战一士，未绝一弦，未折一矢，诸侯相亲，贤于兄弟。贤，胜也。○连横用战，合从则不用战，从揣摩中得来。夫贤人任而天下服，一人用而天下从。故曰：式于政，不式于勇；式于廊庙之内，不式于四境之外。式，用也。○承上"不费斗粮"五句，而极写之。当秦之隆，秦国强甚之时。○顿宕。黄金万镒为用，转毂连骑，炫熿同煌。于道，炫熿，光辉也。山东之国，从风而服，使赵大重。赵为从主，诸侯尊之。○此言其变弱为强之难。且夫苏秦特穷巷掘同窟。门、桑户棬圈。枢之士耳，掘门，凿垣为门也。桑户，以桑木为户。枢，门枢也，揉木为之如棬。○顿宕。伏轼撙衔，撙，犹顿也。衔，勒也。停辔之意。横历天下，庭说诸侯之主，杜左右之口，天下莫之伉。同抗。○伉，当也。○此言其化贱为贵之难。

将说楚王，威王。○忽入叙事作收煞。路过洛阳，尚未至家。父母闻之，清宫除道，清，洒扫也。张乐设饮，郊迎三十里。妻侧目而视，侧耳而听；不敢正视听也。嫂蛇行匍伏，同匍。○蛇不直行。匍伏，伏地也。四拜自跪而谢。摹写势利恶态，而嫂尤不堪。苏秦曰："嫂，叫一声，冷妙。何前倨而后卑也？"嫂曰："以季子苏秦字。位尊而多金。"位尊，应前卿相。多金，应前金玉锦绣。○苏秦问意，重在前倨，嫂只答以后卑，妙绝。苏秦曰："嗟乎！贫穷则父母不子，富贵则亲戚畏惧。人生世上，势位富厚，盖可以忽乎哉！"就苏秦自鸣得意语，收结全篇。异样出色。

汇评

［明］ 孙鑛：合纵之说，欲合六国以抗秦；连衡之说，则离六国之交以事秦。问：纵横之说孰是？曰：纵愈于横，然必求其是，当连诸侯以尊周，斯为王佐才矣。（引自《评选古文正宗》卷三）

［明］ 袁宏道：史载此文，或为趋炎附势者与有志竟成者下针砭耶！（引自《评选古文正宗》卷三）

［清］ 谢有煇：后半说苏秦得意处，本可一两言而尽，此则反复咏叹，极其淋漓尽致，可悟文机。（《古文赏音》卷四）

［清］ 林云铭：作者欲为写照，少不得要把合从功劳，十分装点，说过一番，又赞过一番，将一个暴得富贵的穷汉子，做个天上有地下无的人物，方可艳羡。读者但作一种传奇看，却越不认真，越有意思。（《古文析义》卷五）

［清］ 吴楚材、吴调侯：前幅写苏秦之困顿，后幅写苏秦之通显。正为后幅欲写其通显，故前幅先写其困顿。天道之倚伏如此，文章之抑扬亦如此。至其习俗人品，则世所共知，自不必多为之说。（《古

文观止》卷四）

［清］ 浦起龙：战国，势利场也；季子，势利头也。借其先后游遇，描绘俗肠，中学者隐微深痼之病。语云："嘻笑甚于怒骂。"如此文，则又赞羡甚于嬉笑也。（《古文眉诠》卷一二）

［清］ 余诚：约纵连横，以抑强秦，苏秦之简练揣摩者在此。盖简练揣摩，是苏秦贫穷富贵转关处。其未简练揣摩之先，则书虽十上，说终不行，而贫穷之不堪如彼；其既简练揣摩之后，则抵掌一谈，立取卿相，而富贵之莫比。若此简练揣摩之所乐，岂浅鲜哉！至其通体反复相形，起结相应，议论叙事相间，参差错落，慷慨激昂，无不各极其妙。（《重订古文释义新编》卷四）

［清］ 过珙：写失意处，何等凄凉；写得意处，何等热闹：分明是一幅势利图。然史载此文，仅可为有志竟成者痛下针砭，此外绝无佳处。（《详订古文评注全集》卷三）

［清］ 唐介轩：取金玉卿相，尚须发愤读书，引锥刺股，殆为学者痛下针砭。至摹写入妙处，尤得画家绘水绘月之法。（《古文翼》卷三）

［清］ 唐文治：摹绘炎凉有要法，凉处写得足，则炎处写得更足，所谓一抑一扬，一顿挫一轩昂是也。（《国文经纬贯通大义》卷五）

卷四　秦文

司马错论伐蜀

《国策》

解题　《史记·张仪列传》:"苴、蜀相攻击,各来告急于秦。秦惠王欲发兵以伐蜀,以为道险狭难至,而韩又来侵秦,秦惠王欲先伐韩,后伐蜀,恐不利,欲先伐蜀,恐韩袭秦之敝,犹豫未能决。司马错与张仪争论于惠王之前,司马错欲伐蜀……惠王曰:'善,寡人请听子。'卒起兵伐蜀,十月,取之,遂定蜀,贬蜀王更号为侯,而使陈庄相蜀。蜀既属秦,秦以益强,富厚,轻诸侯。"

司马错措。○秦人。与张仪魏人。争论于秦惠王前。此句是一篇总纲。下乃更叙起也。司马错欲伐蜀,张仪曰:"不如伐韩。"王曰:"请闻其说。"

对曰:"亲魏善楚,结好魏、楚,谋共伐韩。下兵三川,三川,河、洛、伊,韩地也。塞镮辕。辕、缑钩。氏之口,镮辕、缑氏,险道,属河南。当屯留之道,屯留,潞州县道,即太行羊肠坂。魏绝南阳,韩地。楚临南郑,河南郑地。秦攻新城、宜阳,新城,属河南。宜阳,韩邑。以临二周之郊,西、东二周。诛周主之罪,周无韩为蔽,可以兵劫之。侵楚、魏之地。楚、魏无韩,益近秦,可以兵剪之。周自知不救,九鼎宝器必出。据九鼎,按图籍,土地之图,人民金谷之籍。挟天子以令天下,既得周鼎,乃借辅周为名,号召天下。天下莫敢不听,此王业也。取三川得利,挟天子得名,所以

213

为王业。○一段伐韩之利。今夫蜀，西僻之国，而戎狄之长也，敝名作兵。劳众不足以成名，得其地不足以为利。一段伐蜀之不利。臣闻："争名者于朝，争利者于市。"今三川、周室，天下之市朝也，而王不争焉，顾争于戎狄，去王业远矣。"总言伐韩、伐蜀相去之远。双结。

司马错曰："不然。只二字，推倒张仪。臣闻之，欲富国者，务广其地；欲强兵者，务富其民；欲王者，务博其德。三资者备，而王随之矣。先发正大之论。下乃入今事。○三资止重"富""强"，"王"字陪说，故后竟不提起。今王之地小民贫，故臣愿从事于易。提清伐蜀主脑。夫蜀，西僻之国也，而戎狄之长也，句有抑扬。而有桀、纣之乱。以秦攻之，譬如使豺狼逐群羊也。忽设一喻，为下"未必利"作反照。取其地，足以广国也；顶"强"。得其财，足以富民；顶"富"。○此二句说实。缮兵不伤众，而彼已服矣。缮，治也。故拔一国，而天下不以为暴；利尽西海，诸侯不以为贪。此二句说名。是我一举而名实两附，其利如此。而又有禁暴止乱之名。加一句，应上桀、纣句也。○一段伐蜀之利。今攻韩劫天子，名虽攻韩，实劫天子。劫天子，恶名也，擒定大题目立论。而未必利也，又有不义之名，既未必利，徒有不义之名。而攻天下之所不欲，句。危！天下皆欲尊周，而我攻之，亦危甚矣，不但名利两失已也。臣请谒其故：谒，白也。周，天下之宗室也；周室为天下之所宗。韩，周之与国也。二句是"攻韩劫天子"注脚。周自知失九鼎，韩自知亡三川，两"自知"应上一"自知"。则必将二国并力合谋，以因乎齐、赵，而求解乎楚、魏。秦既亲魏善楚，难以离间，故必因乎齐、赵而求解之。以鼎与楚，以地与魏，王不能禁。将魏、楚与国势必转而为秦敌矣。此臣所谓'危'，一段伐韩之不利。不如伐蜀之完也。"完，犹言万全。○缴一句，意足。

惠王曰:"善！寡人听子。"卒起兵伐蜀。十月取之,遂定蜀。蜀主更号为侯,而使陈庄相蜀。蜀既属,秦益强富厚,轻诸侯。_{结完富强本旨。}

汇评

〔清〕 林云铭:"伐韩"、"伐蜀"二说,俱以"名利"二字作骨。张仪为王业起见,语虽大而实疏。司马错只挈定"富强"二字做去,而王业不争自成,何等万全切实,优劣判如指掌矣。即以二人之说较之,仪既云"亲魏善楚",同力伐韩,又欲讨周之后,"侵楚、魏之地",使楚、魏兴师助秦,反以自侵楚、魏,必不为也。二周微弱已甚,何罪可诛？况受诛而失九鼎,已不成其为天子,安能挟之以令天下已？既诛之,又欲使人听之,有是理乎？此皆不待攻而自破者也。蜀僻处山丛,与秦接壤,实秦之利,列国所不能争,自当取之以资富强。司马错谓一举而名利两收,洵非虚语。至其论伐韩之失,不言周不失鼎,韩不失地,但言周鼎韩地虽失,未必为秦所有。针锋相对处,仪更无可置喙矣。战国中求实落经济,无出司马错之右者。(《古文析义》卷五)

〔清〕 吴楚材、吴调侯:周虽衰弱,名器犹存,张仪首倡破周之说,实是丧心。司马错建议伐蜀,句句驳倒张仪。生当战国,而能顾惜大义,诚超于人一等。秦王平日信任张仪,而此策独从错,可谓识时务之要。(《古文观止》卷四)

〔清〕 浦起龙:仪、错异议,要归于觊觎神器,一也。但速劫不如宽算,错岂畏名义哉？错实操完策耳。故篇议主错。(《古文眉诠》卷一三)

〔清〕 唐介轩:两说俱以名利为言,而错之计有富强之利,无劫天子之名,更出万全也。论事之文,指陈明快,听者安得不从？料事明决,持论正大,不独压倒张仪,恐一时无出其右。(《古文翼》卷三)

[清]　毛庆蕃：策士计利而已，安问仁义？不知天地剖判以来，万国九州，岂有不仁不义之利哉！张仪之言，所谓丧心失志者也。观司马错之言，则知吊民伐罪之义，不以七国之乱而废也。师直为壮，曲为老，是故司马氏堂堂正正，战胜于秦廷。（《古文学余》卷一四）

范雎说秦王

《国策》

解题 范雎,《战国策》、《史记》均作"范雎"。《战国策·秦策三》载:闻范雎之说,"秦王惧,于是乃废太后,逐穰侯,出高陵,走泾阳于关外。昭王谓范雎曰:'昔者,齐公得管仲,时以为仲父;今吾得子,亦以为父。'"《史记·范雎蔡泽列传》:"昭王闻之大惧,曰:'善。'于是废太后,逐穰侯、高陵、华阳、泾阳君于关外。秦王乃拜范雎为相。收穰侯之印,使归陶,因使县官给车牛以徙,千乘有余。到关,关阅其宝器,宝器珍怪多于王室。"

　　范雎 魏人。至,秦王 昭王。庭迎范雎,敬执宾主之礼。范雎辞让。是日见范雎,见者无不变色易容者。就旁人形容一笔。秦王屏 丙。左右,屏,除也。宫中虚无人,秦王跪而进曰:"先生何以幸教寡人?"范雎曰:"唯唯。"委。○唯唯,连诺也。有间,谏。○间,犹顷也。秦王复请,范雎曰:"唯唯。"若是者三。省笔。○三唯而终不言,故缓之,以固其心也。秦王跽其上声。曰:跽,长跪地。"先生不幸教寡人乎?"

　　范雎谢曰:"非敢然也。臣闻始时吕尚 太公望。之遇文王也,身为渔父而钓于渭阳之滨耳。若是者,交疏也。已一说 税。而立为太师,载与俱归者,其言深也。交疏、言深,作反正两对。故文王果收功于吕尚,卒擅天下而身立为帝王。一转。即使文王疏吕望而弗与深言,是周无天子之德,而文、武无与成其王也。二转。今臣,羁旅之臣也,交疏于王,而所愿陈者,皆匡君臣之事、处人骨肉之间,处,犹在也。谓欲言太后及穰侯等。愿以陈臣之陋忠,而未知王心也,所以王三问而不对者是也。三转方说明。

"臣非有所畏而不敢言也,又撇然一转,为下"患"、"忧"、"耻"之纲。知今日言之于前,而明日伏诛于后,然臣弗敢畏也。加三句。大王信行臣之言,死不足以为臣患,亡不足以为臣忧,漆身而为厉,同癞。被披。发而为狂,不足以为臣耻。三句又为下三段之纲。五帝之圣而死,三王之仁而死,五霸之贤而死,乌获武王力士。之力而死,奔、育之勇而死。孟奔、夏育,皆卫人。死者,人之所必不免。处必然之势,必然,必至于死也。可以少有补于秦,此臣之所大愿也,臣何患乎?一段应"死不足以为臣患"。

"伍子胥橐载而出昭关,伍子胥自楚奔吴,藏身于橐,载而出楚关。夜行而昼伏,至于蓤水,即溧水。无以糊其口,膝行蒲伏,同匍匐。乞食于吴市,卒兴吴国,阖闾为霸。使臣得进谋如伍子胥,加之以幽囚不复见,是臣说之行也,臣何忧乎?一段应"亡不足以为臣忧"。箕子、接舆,楚人陆通,字接舆。漆身而为厉,被发而为狂,无益于殷、楚。使臣得同行于箕子、接舆,可以补所贤之主,是臣之大荣也,二子无补于时,犹为之,今为而有补,故特以为荣。臣又何耻乎?一段应"不足以为臣耻"。

"臣之所恐者,独恐臣死之后,天下见臣尽忠而身蹶也,蹶,僵也。是以杜口裹足,莫肯即秦耳。忽掉转作危语,最足耸听。足下上畏太后之严，下惑奸臣之态；忽点出太后、奸臣二句，骎骎逼人。居深宫之中，不离保傅之手；女保、女傅。终身闇惑，无与照奸；大者宗庙灭覆，小者身以孤危。此臣之所恐耳！所云危如累卵，得臣则安也。若夫穷辱之事，死亡之患，臣弗敢畏也。臣死而秦治，贤于生也。"又掉转一笔，全篇俱动。

秦王跪曰："先生是何言也！夫秦国僻远，寡人愚不肖，先生乃幸至此，此天以寡人恩魂去声。先生，恩，污辱也。而存先王之庙也。应"宗庙灭覆"句。寡人得受命于先生，此天所以幸先王而不弃其孤也。应"身以孤危"句。先生奈何而言若此！呼应紧甚。事无大小，上及太后，下至大臣，交疏之臣，言人骨肉之间，本难启齿，故一路耸动，一路要挟，直逼出此二句，秦王已受我羁靮，便可深言矣。愿先生悉以教寡人，无疑寡人也。"范雎再拜，秦王亦再拜。又闲写一笔，见秦王已被范雎笼定。

汇评

［明］ 张鼐：始言"交疏""言深"以启王听，再言尽忠不避死亡以动王欲，终言"宗庙灭覆"以竦王衷，自是其说得行而相秦。此先秦一篇极善结构文字。（《评选古文正宗》卷三）

［清］ 谢有煇：穰侯擅秦权，又有功，范雎以逋亡之夫，欲起而夺其位。不去穰侯，身不可容；不倾太后，穰侯亦不可逐。故未见之前，先为危言以感动；承问之后，故为欲言不言以起王疑。篇中言死亡，言臣死而秦治，死贤于生，非其尽忠极言也，总以机变之巧，探王之意耳。（《古文赏音》卷四）

［清］ 林云铭：雎先作欲言不言之态，继以死亡僇辱，旁引曲喻几数百言。或以为欲排击其骨肉，不便开口，故意刁难耸听，余谓不得范

睢之心也。按昭王是时,厌天下辩士,而穰侯内专秦权,外恶诸侯客子,与华阳、泾阳、高陵,皆以太后故,富于公室。睢计不排击太后、穰侯,必不能容于秦国。若言不见信,或致漏泄,必有甘心于睢者,祸不旋踵矣。此番咬定太后、穰侯,欲从万死中求一生之计。自顾交疏言深,摸捉不定,故不禁痛切淋漓至此,非装假文饰以为感动也。然何以恰得秦王之殷殷跽请?盖王稽报使,已闻有秦危累卵之言,则不能无惧;待命陈书,复闻有语不敢载之说,则不能无疑;及召见离宫,又闻有秦安得王之词,则不能无怒。此时秦王胸中如悬旌不定,必得其一言而后快,所以勤请再三,不能自已。细玩本传,方见其妙。(《古文析义》卷五)

[清] 吴楚材、吴调侯:范睢自魏至秦,欲去穰侯而夺之位。穰侯以太后弟,又有大功于秦,去之岂是容易?始言交疏言深,再言尽忠不避死亡,翻来覆去,只是不敢言;必欲吾之说,千稳万稳,秦王之心,千肯万肯,而后一说便入。吾畏其人。(《古文观止》卷四)

[清] 浦起龙:为欲进深言之言,特先演无说之说。此时描情绘态难,而踌躇缓颊,又要扩拓长谈更难。是一个棘手空寂题。看他投机开摆,都在援古为况处。(《古文眉诠》卷一五)

[清] 余诚:此文用笔如生龙活虎,夭矫跳脱,不可端倪。顿挫跌落结构处,都是一片奇气往来。后生家笔下滞弱平庸者,正当药以此种。至其切中时事以立言,则是游说家一定要术,苏季子所谓揣摩者也,似可置之勿论。(《重订古文释义新编》卷四)

[清] 过珙:当时太后用事,穰侯弄权,睢意非排击其骨肉,必不能相容于秦。然又恐交疏言深,一时拏捉不住,倘不见信,祸不旋踵,故先作欲言不言之态以恬昭王之情。不知不觉,王已为睢所卖。可谓破天关手,摹写闻至,直令奸雄心事,千载如见。(《详订古文评注全集》卷三)

卷四　秦文

邹忌讽齐王纳谏

《国策》

解题　邹忌,齐人,以善鼓琴为齐王所知,见王三月而受相印,后封下邳,号成侯。齐王,即齐威王,田氏,名因齐,在位三十六年(前356—前320),见《史记·田敬仲完世家》。

邹忌齐人。修八尺有馀,而形貌同貌。昳迭。丽。修,长也。昳,日侧也。言有光艳。朝服衣冠,朝,晨也。服,著也。窥镜,谓其妻曰:"我孰与城北徐公美?"问法一。其妻曰:"君美甚,徐公何能及君也!"答法一。城北徐公,齐国之美丽者也。插注一笔。妙。忌不自信,而复问其妾曰:"吾孰与徐公美?"问法二。妾曰:"徐公何能及君也!"答法二。旦日,客从外来,与坐谈,问之:"吾与徐公孰美?"问法三。客曰:"徐公不若君之美也!"答法三。

明日,徐公来。熟视之,自以为不如;窥镜而自视,又弗如远甚。作两番写。妙。暮,寝而思之,思妻、妾、客所以美我之故。○曰"朝"、曰"旦日"、曰"明日"、曰"暮",叙次井然。曰:"吾妻之美我者,私我也;妾之美我者,畏我也;客之美我者,欲有求于我也。"看破人情,便可因小悟大。

于是入朝见威王曰:"臣诚知不如徐公美,臣之妻私臣,臣之妾畏臣，臣之客欲有求于臣，皆以美于徐公。现身说法，下即说到齐王身上，入情入理。今齐地方千里，百二十城，宫妇左右，莫不私王；朝廷之臣，莫不畏王；四境之内，莫不有求于王。由此观之，王之蔽甚矣！"情理固然，耐人深省。王曰："善。"

乃下令："群臣吏民，能面刺寡人之过者，受上赏；上书谏寡人者，受中赏；能谤议于市朝，闻寡人之耳者，受下赏。"下令之辞三叠应上。令初下，群臣进谏，门庭若市；数月之后，时时而间谏。进；进谏者有暇隙。期年之后，虽欲言，无可进者。文亦三变。○齐王固自虚心，叙处似形容太过。燕、赵、韩、魏闻之，皆朝于齐。此所谓战胜于朝廷。不待兵也。○结断斩截。

汇评

[清] 金圣叹：一段问答孰美，一段暮寝自思，一段入朝自述，一段讽王蔽甚，一段下令受谏，一段进谏渐稀，段段简峭之甚。（《天下才子必读书》卷三）

[清] 谢有煇：忌善悟，王亦善用。（《古文赏音》卷四）

[清] 林云铭：此篇专为好奉承者说法。人苦不自知，自知则人莫能蔽。篇中所云"臣诚知不如徐公美"一句，便是去蔽主脑。威王下令，亦止是欲闻过耳。结言"战胜"，即自克之意。其行文自首至尾，俱用三叠法。《国策》中最昌明正大者。（《古文析义》卷五）

[清] 吴楚材、吴调侯：邹忌将己之美、徐公之美，细细详勘，正欲于此参出微理。千古臣谄、君蔽，兴亡关头，从闺房小语破之，快哉！（《古文观止》卷四）

[清] 余诚：此文大有惜墨如金之意。前五段不过是引入讽齐王伏笔。"王曰善"已下，又皆写齐王之能受善。其讽王处，惟在"臣诚知不

如徐公美"数语。即此数语中,亦并无讽王纳谏字句,只轻轻说个"王之蔽甚矣"便住,何等蕴藉,何等简峭!至其通体文法,每一层俱用三叠。变而不变,不变而变,更如武夷九曲,步步引人入胜。(《重订古文释义新编》卷四)

颜斶说齐王

《国策》

解题 颜斶，齐国隐士；齐王，即齐宣王，威王之子，名辟疆，在位十九年（前319—前301），见《史记·田敬仲完世家》。

齐宣王见颜斶，触。○齐人。曰："斶前！"前者，使之就己也。○写骄倨，妙。斶亦曰："王前！"写高贵，妙。宣王不说。左右曰："王，人君也；斶，人臣也。王曰'斶前'，斶亦曰'王前'，可乎？"斶对曰："夫斶前为慕势，王前为趋士。与使斶为慕势，不如使王为趋士。"分解出来，持论正大。○"斶前"、"王前"，连写三番，错映成趣。王忿然作色不悦之甚。曰："王者贵乎，士贵乎？"对曰："士贵耳，奇快。王者不贵。"添写一句，更妙。王曰："有说乎？"斶曰："有。昔者秦攻齐，令曰：'有敢去柳下季垄五十步而樵采者，鲁展禽，字季，食采柳下。垄，其冢也。秦伐齐，先经鲁，故云。死不赦。'令曰：'有能得齐王头者，封万户侯，赐金千镒。'由是观之，生王之头，曾不若死士之垄也。"快语。读之失惊。○"生王"字奇，"之头"字更奇。○此下尚有一大段文字删去。

宣王曰："嗟乎！叹服。君子焉可侮哉，寡人自取病耳！此下删去二句。愿请受为弟子。结前半篇。且颜先生与寡人游，食必太牢，牛、羊、豕，具为太牢。出必乘车，妻子衣服丽都。"丽、都，皆美称。○仍是富贵骄人习态。○起后半篇。颜斶辞去曰："夫玉生于山，制则破焉，制,截断也。谓琢其璞而取之。非弗宝贵矣,然太璞不完。失玉之本真。士生乎鄙野,推选则禄焉,非不尊遂也,遂,犹达也。然而形神不全。失士之本真。斶愿得归,晚食以当肉,晚食,饥而后食。○不羡食太牢。安步以当车,安步,缓行也。○不羡出乘车。无罪以当贵,尊遂极矣。清净贞正以自虞。"虞,娱也。○形神全矣。○仍是贫贱骄人气度。○此下删去五句。则再拜而辞去。

君子曰:"斶知足矣,归真反璞,则终身不辱。"结赞是苏、张一流反照。

汇评

[明]　张鼐:春秋士果贵,战国士贱。今观斶辞宣王之词,反璞归真,士何尝贱哉?虽然,如斶者,未见有几多人。(《评选古文正宗》卷三)

[清]　王符曾:精思绮论,妙绝古今。当时田子方、段干木辈不肯为此言,亦不能为此言。(《古文小品咀华》卷一)

[清]　谢有煇:谓斶去为"知足",信矣。要之,斶此时有不得不去之势。试玩"颜先生与寡人游"数语,宣王纯以势利笼络之,非有折节请教之意也。篇中"士贵"、"王不贵",其言过傲。"生王之头,死士之垄",其言近谑。有道德积于中者,当不为是语矣。然比之策士中,固已若鸡群之鹤。(《古文赏音》卷四)

[清]　林云铭:颜斶,齐人。见其君不屈如斯,纯是战国习气。盖战国之君,得士者昌,失士者亡,故士贵至此。然要己有一副大本领,如孟夫子之藐大人方可。余尝言孟之藐大人,即孔之畏大人,易地则皆然也。斶犹幸有再拜辞去一着,若借此以邀齐王之禄,则半文不值矣。《国策》原本"死士之垄"句下,尚反复数百言,皆斶之言,坊本俱删去。但警策奇崛,亦止有此数语,读之见其势险,其

节短。洵不可多得之文。(《古文析义》卷五)

[清] 吴楚材、吴调侯：起得唐突，收得超忽。后段"形神不全"四字，说尽富贵利达人，良可悲也。战国士气，卑污极矣，得此可以一回狂澜。(《古文观止》卷四)

[清] 余诚：昔人云，文章最妙是逆折。战国之士，往往持此法说诸侯，虽强词夺理，适足以成其妙也。王欲斶前，斶偏欲王前；王自贵，不贵士，斶偏贵士，不贵王；王欲荣以太牢、乘车，斶偏不喜太牢、乘车，真是逆折得妙。(《重订古文释义新编》卷四)

[清] 唐介轩：通篇以"士贵耳"、"王者不贵"二语作骨。"柳下季垄"一段，是"贵"、"不贵"确据，后一段正写出士之可贵实际来。一结尤淡而有味，愈觉清贵无伦。(《古文翼》卷三)

[清] 毛庆蕃：遒厚古宕，开《客难》、《解嘲》之先。(《古文学余》卷一四)

冯煖客孟尝君(《史记》作冯驩)

《国策》

解题 《史记·孟尝君列传》:"孟尝君在薛,招致诸侯宾客及亡人有罪者,皆归孟尝君。孟尝君舍业厚遇之,以故倾天下之士。……初,冯驩闻孟尝君好客,蹑蹻而见之。孟尝君曰:'先生远辱,何以教文也?'冯驩曰:'闻君好士,以贫身归于君。'……自齐王毁废孟尝君,诸客皆去。后召而复之,冯驩迎之。未到,孟尝君太息叹曰:'文常好客,愚未尝无所敢失,食客三千有余人,先生所知也。客见文一日废,皆背文而去,莫顾文者。今赖先生得复其位,客亦有何面目复见文乎?如复见文者,必唾其面而大辱之。'"按:司马迁作《孟尝君列传》,取材于本文,冯煖三歌弹铗、焚券市义、复凿二窟等,在传中都有详尽的描述,可参阅。

　　齐人有冯煖諼。者,贫乏不能自存,使人属祝。孟尝君,田婴子田文,齐相,封于薛。愿寄食门下。孟尝君曰:"客何好?"曰:"客无好也。"曰:"客何能?"曰:"客无能也。"三千人中,如此者却少。○"好"与"能"虽并点,重"能"字一边。孟尝君笑而受之曰:"诺。"以为真无能人。

　　左右以君贱之也,食寺。以草具。草,菜也。不以客待之。居有顷,倚柱弹其剑,歌曰:"长铗劫。归来叶厘。乎!铗,剑把。欲与俱去。食无鱼。"左右以告。孟尝君曰:"食之,比门下之客。"待以客礼。居有顷,复弹其铗,歌曰:"长铗归来乎!出无车。"左右皆笑之,以告。孟尝君曰："为之驾，比门下之车客。"待以上客之礼。于是乘其车，揭其剑，过其友曰："孟尝君客我。"至此一断，点缀生趣。后有顷，复弹其剑铗，弹剑、弹铗、弹剑铗，三样写法。歌曰："长铗归来乎！无以为家。"叶孤。○三歌，亦寒酸，亦豪迈，便知不是无能人。左右皆恶之，以为贪而不知足。处处夹写左右，正为冯煖反衬。孟尝君问："冯公有亲乎？"闻其歌，而问左右。对曰："有老母。"孟尝君使人给其食用，无使乏。比上客反加厚。于是冯煖不复歌。歌又妙，不复歌又妙。○冯煖既曰无好、无能，所责望于人者，较有好、有能者更倍之，大是奇事，孟尝亦以为奇，即姑应之，实非有意加厚冯煖也。

　　后孟尝君出记，记，疏也。问门下诸客："谁习计会，脍。○月计曰要，岁计曰会。能为去声。文收责同债。于薛者乎？"冯煖署曰："能。"署，书姓名于疏也。○突地出头。孟尝君怪之，曰："此谁也？"记不起冯煖姓名。左右曰："乃歌夫'长铗归来'者也。"笑谈轻薄，尽含句中。孟尝君笑曰："客果有能也，有能、无能，照耀前后。吾负之，未尝见也。"冯煖在门下已久，孟尝未熟其名，未识其面，可见前番待冯煖，并非有意加厚也。请而见之，谢曰："文倦于是，是，指相齐。愦脍。于忧，愦，心乱也。而性忄雝作懦。愚，沉于国家之事，沉，没溺也。开罪于先生。先生不羞，乃有意欲为收责于薛乎？"冯煖曰："愿之。"临时犹不露圭角，胜毛遂自荐一倍。于是约车治装，载券契而行，辞曰："责毕收，以何市而反？"孟尝君曰："视吾家所寡有者。"问则有意，答则无心，幻出绝妙文字。

　　驱而之薛，使吏召诸民当偿者，悉来合券。券遍合赴，凡券，取者、与者各收一，责则合验之，遍合矣，乃来听令。○亦粗完收债事，下乃出奇。矫命矫，托也。托言孟尝之命。以责赐诸民，因烧其券，民称万岁。冯煖大有作用，盖已料有后日事也。

　　长驱到齐，晨而求见。写其迅速。孟尝君怪其疾也，衣冠而见之，曰："责毕收乎？来何疾也！"曰："收毕矣。"奇。"以何市而反？"冯煖曰："君云'视吾家所寡有者'。拿定此言。臣窃计，君宫中积珍宝，狗马实外厩，美人充下陈。陈，犹列也。〇三句，言无所不有。君家所寡有者以义耳！此物人家最少。窃以为君市义。"更奇。孟尝君曰："市义奈何？"曰："今君有区区之薛，不拊爱子其民，因而贾古。利之。贾利，与"市义"对。臣窃矫君命，以责赐诸民，因烧其券，民称万岁。乃臣所以为君市义也。"说出市义，一笑。孟尝君不说，曰："诺，先生休矣！"休，犹言歇息，无可如何之辞也。〇叙冯煖收责于薛毕。

　　后期年，齐王谓孟尝君曰："寡人不敢以先王之臣为臣。"遣其就国，而为之辞。孟尝君就国于薛，未至百里，民扶老携幼，迎君道中，终日。孟尝君顾谓冯煖："先生所为文市义者，乃今日见之。"市义之为利如此，若取必目前，便失此利也。〇了"市义"一案。

　　冯煖曰："狡兔有三窟，坤入声。〇窟，穴也。仅得免其死耳。忽设一喻，更进一筹。今有一窟，市义。〇结上。未得高枕而卧也。请为君复凿二窟。"起下。孟尝君予车五十乘，金五百斤，西游于梁，谓梁王曰："齐放其大臣孟尝君于诸侯，先迎之者，富而兵强。"于是，梁王虚上位，以故相为上将军，徙故相为上将军，虚相位以待孟尝也。遣使者，黄金千斤，车百乘，往聘孟尝君。冯煖先驱先驰归薛。〇作用更妙。诫孟尝君曰："千金，重币也；百乘，显使也。齐其闻之矣。"意盖为此，而语却不尽，妙。梁使三反，孟尝君固辞不往也。只是要使齐闻之，妙。

229

齐王闻之,君臣恐惧,遣太傅大臣。赍黄金千斤,文车二驷,文车,彩绘之车。服剑一,王自佩之剑。封书谢孟尝君曰:"寡人不祥,被于宗庙之祟,岁。○祟,神祸也。沉于谄谀之臣,开罪于君,寡人不足为也。愿君顾先王之宗庙,姑反国统万人乎!"复留相齐。○是第二窟。冯煖诫孟尝君曰:"愿请先王之祭器,立宗庙于薛。"请祭器,立宗庙,则薛为重地,难以动摇也。○绝大见识。庙成,是第三窟。还报孟尝君曰:"三窟已就,君姑高枕为乐矣。"总结上文。

孟尝君为相数十年,无纤介之祸者,冯煖之计也。纤介,细微也。○结出孟尝一生得力全在冯煖,直与篇首"无好""无能"相映照。

汇评

[清] 林云铭:此与《史记》所载不同。若论收债于薛一事,《史记》颇为近情,但此篇首尾叙事笔力,实一部《史记》蓝本,不必较论其事之有无也。初把冯煖身分伎俩,说得一文不值。既得寄食他人门下,又歌"长铗"数番,必欲尽人之欢,竭人之忠,使人不可忍耐而后已。是岂人情也哉!然孟尝君无不曲从者,所以收天下士心,于煖本无所觊也。收债自署,已怪其出人意外,即市义而归,亦不解其用心深远,所以不说。及罢相归薛,亲见老幼,方服其能。而狡兔一窟先成,二窟再凿,愈出愈奇,一以见孟尝君之好士,施之于不报,一以见冯煖之负才,为之于不测也。与平原君之毛遂,恍惚相当。虽彼为存国,此为固宠,公私之间,不无轩轾,若较之鸡鸣狗盗行径,不犹愈乎?朱晦庵云:"《战国策》为乱世之文。"既曰"乱世之文",则有济于利害者,虽节取焉可矣。(《古文析义》卷五)

[清] 吴楚材、吴调侯:三番弹铗,想见豪士一时沦落,胸中块垒勃不自

禁。通篇写来，波澜层出，姿态横生，能使冯公须眉浮动纸上。沦落之士，遂尔顿增气色。(《古文观止》卷四)

[清] 浦起龙：此冯煖传也。屈伸具态，其计谋不出为巨室老，无绝殊者。喜其叙置不平铺，且为史传开体，存之。(《古文眉诠》卷一三)

[清] 余诚：此文之妙，全在立意之奇。令人读一段想一段，真有武夷九曲步步引人入胜之致。前路写煖以不能自存之人寄食孟尝，三歌长铗必欲厚其身，以及其亲而后已，此时微特左右轻贱，即孟尝君亦何曾知其有能。至以收责慨任，已自微露其能，使孟尝改容而礼。然烧券市义，虽极力发明其所以然，而孟尝君终不说，其不以为能可知。迨就国而迎者终日，孟尝始服其市义为能，而孰知其能正不止此耶？且能为之谋复相位，且能为之请立宗庙，以保其终身无纤介之祸，此岂仅习会计者所能？而从前轻贱之者，度皆无或敢望其肩背矣。反复相生，谋篇之妙，殊属奇绝。若其句调之变幻，摹写之精工，顿挫跌宕，关锁照应，亦无不色色入神。变体快笔，皆以为较《史记》更胜。学者取而参观，当信其非诬也。(《重订古文释义新编》卷四)

[清] 过珙：三千客不知果属何能，煖曰无能，则皆无能之矣。始犹告，中则笑，何至遂以终恶之也。孟尝君即百请百顺，终皮相耳。市义而返，不但有识，兼服其有胆。三窟成，得高枕而卧，而不闻三千中有佩服之者。若辈何能，想亦毛遂所谓"公等碌碌者也"。可发一笑。(《详订古文评注全集》卷三)

赵威后问齐使

《国策》

解题　《史记·赵世家》："三十三年,惠文王卒,太子丹立,是为孝成王。孝成王元年,秦伐我,拔三城。赵王新立,太后用事。"按:赵威后为赵惠文王妻、孝成王之母。

齐王齐王建。时君王后在。使使者问赵威后。惠文后,孝成太后。书未发,未开封。○三字便作势。威后问使者曰:"岁亦无恙耶？民亦无恙耶？王亦无恙耶？"恙,忧也。○陡问三语,大奇。使者不说,曰:"臣奉使使威后,言奉王命来问太后,则太后亦当先问王。今不问王,而先问岁与民,岂先贱而后尊贵者乎？"以贵贱之说,辨其失问。威后曰:"不然。苟无岁,何有民？苟无民,何有君？连互说,乃见发问妙旨。故有问故,旧例也。舍本而问末者耶？"探出本末,绝去贵贱之见。○答语仍作问语声口,有致。

乃进而问之曰:"齐有处士曰钟离子,钟离,复姓。无恙耶？是其为人也,有粮者亦食,寺。无粮者亦食;有衣者亦衣,去声。无衣者亦衣。是助王养其民者也,何以至今不业也？人情大率食有粮、衣有衣者多,乃无粮、无衣者亦食之、衣之,所以谓之养民。业,谓使之在位,成其职业也。叶摄。阳子亦齐处士。叶阳,县名。无恙乎？是其为人,哀鳏寡,恤孤独,振困穷,补不足。是助王息其民者也,何以至今不业也？

息，生全也。○养民，就民之处常者言。息民，就民之处变者言。**北宫之女婴儿子**齐孝女。北宫，复姓。婴儿子，女名也。**无恙耶？撤其环瑱**，天去声。**至老不嫁，以养**去声。**父母。是皆率民而出于孝情者也，胡为至今不朝**潮。**也？**环，耳环。瑱，以玉系于统而充耳。撤，去之不以为饰。朝，谓使之为命妇而入朝。**此二士弗业，一女不朝，何以王齐国，子万民乎？**总三问作一顿。**于陵子仲**非陈仲子也。若孟子所称，已是七、八十年矣。**尚存乎？**六"无恙"后，变出一"尚存"，奇绝。**是其为人也，上不臣于王，下不治其家，中不索交诸侯。此率民而出于无用者，何为至今不杀乎？"**竟住，奇绝，妙绝。

汇评

[清] 金圣叹：前一气连出三"无恙耶"，中又三次散出三"无恙耶"，后又特变作一"尚存乎"，又两结"何以至今不"，两结"何为至今不"。又逐段各结"是养其民者也"，"是息其民者也"，"是率其民出于孝情者也"，"是率其民出于无用者也"。章法越整齐，越参差；越参差，越整齐。真为奇绝之文。（《天下才子必读书》卷三）

[清] 王符曾：妙在处处是问体，尤妙在齐使默无一语。威后说得尽高兴，齐使听得极败兴。无一疲软语。如画猛虎者，四旁林木都作劲势。此媪胸中，全合圣贤作用。篇首先问岁、民，便知民为国本，食为民天。至末欲杀于陵子仲，竟是夫子诛少正卯手段。（《古文小品咀华》卷一）

[清] 谢有煇：小小机变，直可折冲千里。此作者极言威后之多智，故足支持于强邻环伺之日。然不忍长安君之出质，则所谓溺爱者不明，非耶？（《古文赏音》卷四）

[清] 林云铭：齐王使使问威后，不过寒暄故套，邻国往来之常耳。威后却把书不即发，闲闲发问，觑定民身上作个把柄。民赖岁以生，其

问岁亦所以问民,见得王之无恙,全在民之无恙。不先问王者,欲得王之所以为王,正深于问王者也。又趁"无恙"二字声口把齐国养民之人、息民之人、率民行孝之人,下至率民无用之人,逐一问过,隐隐谓民之教养不容缓,王之赏罚不可忽。如是,王始得实有其民,而成其为王矣。此乃问一遍大寒温也。篇中直问到底,意庄而词甚婉。读之,惟见威后灵心慧舌,满纸飞动而已。(《古文析义》卷五)

[清] 吴楚材、吴调侯:通篇以民为主,直问到底,而文法各变,全于用虚字处著神。问固奇,而心亦热。末一问,胆识尤自过人。(《古文观止》卷四)

[清] 浦起龙:但述未发书时语,书不足述矣。战国时人君嗜杀,策士构兵,知保民者谁欤?而威后识得民为治本,关民事者为治人,通幅噙定"民"字。齐使者闻所未闻,自当口噤。(《古文眉诠》卷一五)

[清] 余诚:注定民上作主,先故意颠倒以启使者之问,入后步步归重在民。其问二士一女以及于陵子仲,无一非为民起见,盖民为邦本,民必得休养生息趋于善而勿流为无用,王方可以无恙。然则威后之重民非正以重王耶!至行文之妙,纯是一片灵机,缭绕飞舞,团结而成,故笔调之参差,局阵之严整,气韵之萧疏,丰神之超逸,迥异寻常,其殆入化境矣。(《重订古文释义新编》卷四)

[清] 过珙:国以民为本。其问王,先问民者,重民也。民以食为天,其问民,先问岁者,亦重民也。正见得王之无恙全在民之无恙。中后把齐国养民之人、息民之人、率民行孝之人,下至率民无用之人,逐一问过。每问不脱"民"字。真是知本之论。堪叹陈仲子遁迹于陵,矫廉半世,却难免老妇上刑之服。读至终,不禁为之绝倒。(《详订古文评注全集》卷三)

[清] 唐介轩:前一问深得"民惟邦本"意,后一问深得"为政在人"意,不料战国时母后有如许大学问。(《古文翼》卷三)

卷四　秦文

庄辛论幸臣

《国策》

解题　《战国策·楚策》："庄辛谓楚襄王曰：'君王佐州侯，右夏侯，辇从鄢陵君与寿陵君，专淫逸侈靡，不顾国政，郢都必危矣。'襄王曰：'先生老悖乎？将以为楚国袄祥乎？'庄辛曰：'臣诚见其必然者也，非敢以为国袄祥也。君王卒幸四子者不衰，楚国必亡矣。臣请辟于赵，淹留以观之。'庄辛去之赵，留五月，秦果举鄢、郢、巫、上蔡、陈之地。襄王流掩于城阳，于是使人发驺征庄辛于赵。庄辛曰：'诺。'庄辛至，襄王曰：'寡人不能用先生之言，今事至于此，为之奈何？'庄辛对曰：'臣闻鄙语曰：……不知夫穰侯方受命乎秦王，填黾塞之内，而投己乎黾塞之外。'襄王闻之，颜色变作，身体战栗。于是乃以执珪而授之为阳陵君，与淮北之地也。"按：省略号处略去本文。

　　臣闻鄙语曰："见兔而顾犬，未为晚也；亡羊而补牢，未为迟也。"便引喻起。臣闻昔汤、武以百里昌，桀、纣以天下亡。今楚国虽小，绝长续短，犹以数千里，岂特百里哉？楚襄王宠信幸臣，而不受庄辛之言，及为秦所破，乃征庄辛与计事。庄辛起手极言未迟未晚是正文，以下一路层层递接而去，俱写迟晚也。

　　"王独不见夫蜻蜓。蛉陵。乎？虫名，一名桑根。六足四翼，飞翔乎天地之间，俛同俯。啄蚊虻萌。而食之，仰承甘露而饮之，自以为无患，与人无争也；不知夫五尺童子，方将调饴胶丝，饴，米蘖所

235

煎，调之使胶于丝。加己乎四仞之上，八尺曰仞。而下为蝼蚁食也。迟矣，晚矣。

"夫蜻蛉其小者也，黄雀小鸟。因是以。俯啄同啄。白粒，仰栖茂树，鼓翅奋翼，自以为无患，与人无争也；不知夫公子王孙，左挟弹，右摄丸，将加己乎十仞之上，以其类为招。以其类而招诱之。昼游乎茂树，夕调乎酸醎，倏忽之间，坠于公子之手。迟矣，晚矣。

"夫雀其小者也，黄鹄鸿也，水鸟。因是以。游乎江海，淹乎大沼，俯啄鳝鲤，仰啮䓖。䓖同菱。蘅，作薪。○蘅，香草。奋其六翮，翮，劲羽。而凌清风，飘摇乎高翔，自以为无患，与人无争也；不知夫射者，方将修其砮卢。卢，砮，石为弋镞。卢，黑弓。治其矰缴，酌。○矰，弋射矢。缴，生丝缕。将加己乎百仞之上，四仞、十仞、百仞，逐渐增加，逼起后段。亦见处地愈高，其势愈危之意。被䥥磻。磻，同砮。○被，著也。䥥，利也。引微缴，折清风而抎同陨。矣。故昼游乎江湖，夕调乎鼎鼐。奈。○迟矣，晚矣。

"夫黄鹄其小者也，蔡灵侯之事因是以。南游乎高陂，拔。○陂，阪也。北陵乎巫山，陵，登也。饮茹溪流，茹，饮马也。食湘波之鱼，湘水，出零陵，属长沙。左抱幼妾，右拥嬖女，与之驰骋乎高蔡之中，即上蔡。而不以国家为事；不知夫子发方受命乎灵王，系己以朱丝而见之也。鲁昭十一年，楚子诱蔡侯般杀之于申，盖使子发召之。○迟矣，晚矣。

"蔡灵侯之事其小者也，层注而下，至此已到。君王之事因是以。左州侯，右夏侯，辇连上声。从鄢陵君与寿陵君，四人皆楚幸臣。州侯、夏侯,常在左右;鄢陵、寿陵,辇出则从。饭反。封禄之粟,封禄,所封之禄。而载方府之金,方,四方。金,其所贡也。与之驰骋乎云梦之中,云梦,泽名。而不以天下国家为事,而不知夫穰侯穰侯秦相魏冉。方受命乎秦王,昭王。填黾萌。塞之内,填者,取其地而塞之。黾塞,江夏鄳县。而投己乎黾塞之外。"至此则迟矣、晚矣,今则未为迟也,未为晚也。妙在说到此竟住,若加一语,便无余味。

汇评

[清] 张鼐:论中从小而至大,从物而至人,从外而及内,缓而不骤,婉而不触,故能耸听,乃游说之法也。(《评选古文正宗》卷三)

[清] 金圣叹:只起手一二行,极言"未迟"、"未晚",是正文。已下一路层层递接而去,俱写迟者晚者,事有如此。妙在闲说蜻蛉起,后来却劈面直取君王,使人读之骇然。(《天下才子必读书》卷三)

[清] 谢有煇:通篇只起数语,是慰勉之辞。以下则总言危机,即小以见大,即往事以征来,使襄王闻之,有顷刻纵逸而不敢者。此进言之最善者。(《古文赏音》卷四)

[清] 林云铭:楚襄以不用庄辛之谏,致失郢都,悔而征辛至楚。细思此时,除劝慰数语外,无可措词。若为谋善后之策,尚无着手处。是篇只追论楚襄既往之失在"不以天下国家为事"一句,又嫌其涉于突,故缓缓从他物他人引起,见得世界中不论是物是人,无小无大,俱在危机中过日,好不惊悚!绎四个"因是",及五个"不知"字面,分明是"生于忧患,死于安乐"注脚,其意直欲楚襄自怨自艾,从今日始,以前车为鉴,庶几失之东隅,收之桑榆,所谓"知有病,即为药"也。善后之策,莫过于此。旧评谓得游说之法,尚隔一层。(《古文析义》卷五)

[清] 吴楚材、吴调侯:只起结点缀正意,中间纯用引喻,自小至大,从

物及人，宽宽说来，渐渐逼入，及一点破题面，令人毛骨俱悚。《国策》多以比喻动君，而此篇辞旨更危，格韵尤隽。(《古文观止》卷四)

[清] 过珙：此论从小而大，从物而至人，从外而及内，总见位愈高者身愈危。祸几所伏，岂必在远？而古今人往往不免者，受病只在无患无争耳。然无患无争亦不可料，受病只在自以为如此耳。几个"不知夫"下得冷；一句点破，便令人爽然若失。宜襄王闻之，身体战慄，而幸免为蔡灵侯之续也。(《详订古文评注全集》卷三)

[清] 唐文治：此文因家弦户诵，读者疑为程度较低，不甚措意，不知此文每段均有线索呼应，且段末句法无不变化，是分段中之最应学步者。末两段结语，笔锋尤生辣可畏。起处"见兔顾犬"、"亡羊补牢"，点缀最有趣味。若将此段删去，即从蜻蛉说起，便索然无味。(《国文经纬贯通大义》卷一)

卷四　秦文

触詟说赵太后

《国策》

解题　赵太后即赵威后，见本书《赵威后问齐使》解题。据二十世纪七十年代马王堆汉墓出土帛书《战国纵横家书》，"触詟"当从《史记》作"触龙"，则篇名应以《触龙言说赵太后》为是。可参阅《史记·赵世家》。

赵太后惠文后，即威后。新用事，秦急攻之。赵氏求救于齐。齐曰："必以长安君太后少子、孝成王弟，封之长安。为质，至。兵乃出。"许多事情，三四语叙完，此妙于用简。以下只一事，连篇说不尽，又妙于用繁。太后不肯，大臣强谏。太后明谓左右："有复言令长安君为质者，老妇必唾其面。""明谓"字妙。

左师官名。触詟詟入声。○詟，《史记》作"龙"。愿见。太后盛气而揖之。恐其言及长安君，作色以拒之。入而徐趋，蹒跚之状，已自动人。至而自谢，曰："老臣病足，曾不能疾走，先谢足病。不得见久矣。次谢久不来见太后。窃自恕，虽久不得见，窃以病足，故自恕其罪。恐太后玉体之有所郄隙。也，故愿望见。"郄，病苦也。○闲闲将老态说起。太后曰："老妇恃辇连上声。而行。"言亦病足。曰："日食饮得无衰乎？"只说老态。曰："恃鬻同粥。耳。"曰："老臣今者殊不欲食，先说不欲食。乃自强步，日三四里，绕室中行，可三四里也。○次说调身。少益耆食，和于身。"次说能食。○自入见至此，叙了许多寒温，绝不提起长安君，妙。曰：

"老妇不能。"不能强步。太后之色少解。老妇已入老臣彀中。

左师公曰："老臣贱息舒祺，息，其子。舒祺，名也。最少，不肖。而臣衰，窃爱怜之。又少，又不肖，又自衰，不得不爱而怜之。○先写出一长安君影子。愿令补黑衣之数，以卫王宫，没死以闻。"黑衣，戎服。没，犹昧也。太后曰："敬诺。年几何矣？"对曰："十五岁矣。虽少，愿及未填沟壑而托之。"谦言死曰填沟壑。托，谓托太后也。○再嘱一语，引出太后心事。太后曰："丈夫亦爱怜其少子乎？"无数纡折，只要话得此一句。对曰："甚于妇人。"又逼一句。太后曰："妇人异甚。"心事毕露。对曰："老臣窃以为媪媪，之爱燕后贤于长安君。"媪，女老称。燕后，太后女，嫁于燕。贤，胜也。○直说出长安君矣。却又说太后爱之不如燕后，若不为长安君者，妙想。曰："君过矣，不若长安君之甚。"至此便可畅言。左师公曰："父母之爱子，则为之计深远。此句是进说主意。媪之送燕后也，持其踵为之泣，念悲其远也，亦哀之矣。顿挫。已行，非弗思也，顿挫。祭祀必祝之，祝曰：'必勿使反。'或被废，或国灭，方反本国。岂非计久长，有子孙相继为王也哉？"舍却长安君，单就燕后提醒太后。太后曰："然。"

左师公曰："今三世以前，至于赵之为赵，只就赵论。赵王之子孙侯者，其继有在者乎？"继，相继为侯也。曰："无有。"曰："微独赵，诸侯有在者乎？"他国子孙三世相继为侯。○两问，仍用傍击法。曰："老妇不闻也。"亦无有。○此下左师对。"此其近者祸及身，远者及其子孙。岂人主之子孙则必不善哉？位尊而无功，奉体。厚而无劳，而挟重器多也。重器，金玉重宝。○所以无有相继为侯者。○前俱用缓，此则用急，一步紧一步。今媪尊长安之位，而封以膏腴之地，多予之重器，而

240

不及今令有功于国。一旦山陵崩，太后没。长安君何以自托于赵？苦口之言，直捷痛快。老臣以媪为长安君计短也，"短"字与"深远"、"久长"对。故以为其爱不若燕后。"仍找到爱长安君不如燕后，终若不为长安君者，妙想。太后曰："诺。只一"诺"字，见左师之言未毕，而太后早已心许之。恣君之所使之。"亦不说出长安君为质，妙。于是为长安君约车百乘质于齐，齐兵乃出。

子义赵贤士。闻之，曰："人主之子也，骨肉之亲也，犹不能恃无功之尊，无劳之奉，以守金玉之重也，而况人臣乎！"通篇琐碎之笔，临了忽作曼声，读之无限感慨。

汇评

[清]　金圣叹：此篇琐笔碎墨，于文中最为小样；然某特神会其自首至尾，寸寸节节，俱是妙避"长安君"三字。如"太后盛气而揖之"，"太后之色稍解"，"太后曰：'诺。恣君之所使之。'"其间苦甘浅深，一一俱有至理，其文乃都在笔墨之外，政未易于琐碎处尽之也。（《天下才子必读书》卷三）

[清]　谢有煇：大臣之强谏，大意皆为社稷起见，未免有忽视长安君之意。左师则似专为长安君计者，故其言易入。至其乘机感动，委婉措辞，亦大费苦心矣。（《古文赏音》卷四）

[清]　林云铭：余细绎前后问答，譬善奕者，初观其闲闲置子，似觉无用，待成局之后较之，方知自首至尾，悉无虚着。其曰"老臣病足，不能疾走"，又曰"老臣今者殊不欲食"，皆述己之老态，以起下文"填满沟壑"之语；其曰"太后玉体有郄"，又曰"日食饮得无衰"，皆指太后之老态，以起下文"山陵崩"之语，本未暇一言叙及寒暄也。其称舒祺之不肖也，见其纨绔娇痴，少不更事也，故下文有"位尊

无功"、"奉厚无劳"之说焉;其请补黑衣以卫王宫也,见其目前割爱,使离左右,欲令其有以自托,为之计长久也,故下文方有"长安君自托于赵"之说焉;其曰"愿及未填沟壑"也,见己之既衰,不能别有所待,今日黑衣之请,实千载一时至计也,故下文方有"及今令有功"之说焉。此时左师公口角,如布八面埋伏兵机,面面皆可应敌。因太后有"爱怜少子"一问,遂从此斩关而入,别有所问,自当别有所答,岂专靠此搬弄机锋耶?至"燕后"一段,不过借客形主,将计长计短互较,使知不以目前之离为忧,以坚其出质之念,其实未尝说燕后也。(《古文析义》卷五)

[清] 吴楚材、吴调侯:左师悟太后,句句闲语,步步闲情,又妙在从妇人情性体贴出来。便借燕后反衬长安君,危词警动,便尔易入。老臣一片苦心,诚则生巧,至今读之犹觉天花满目,又何怪当日太后之欣然听受也。(《古文观止》卷四)

[清] 浦起龙:摹神微密之文,必细分节次,愈见关目步骤之工。意越冷,越投机;语越宽,越醒听。由其冷意无非苦心,宽语悉是苦口也。(《古文眉诠》卷一五)

[清] 余诚:字字机警,笔笔针锋,目送手挥,旁敲远击,绝不使直笔,绝不犯正面,而未言之隐自然令人首肯,真是异样出色。○左师公意中是欲使长安君质齐,口中未尝道及只字,而太后欣然许之者,由其作用之妙,而不恃强谏也。须知前路宽宽引入,纯是左师有意,太后无心,故闲散之笔皆关紧要。读此文者,一句一字尤当细心领取,不可忽略过也。(《重订古文释义新编》卷四)

[清] 过珙:左师之谏,得力在先叙两人老景,所谓同病相怜。太后不和之色,安得不解?其初来时,若不为长安君而来,及言长安君,又若止为长安君计深远,闲闲说入,令威后自然感悟。(《详订古文评注全集》卷三)

[清] 唐介轩:从一"爱"字迎机而入,语语说向太后心坎里来,故并不露出必要长安君出质,而太后早已死心塌地。进言之妙,无过于此。

(《古文翼》卷三)

[清] 毛庆蕃：此忠臣纳谏之方也。直也而以曲行之，疾也而以徐出之，理也而以情动之。谏后之与告君，其有同而不同者乎！篇末唱叹入神，后人变为论赞，然不能如此义法天成矣。(《古文学余》卷一五)

鲁仲连义不帝秦

《国策》

解题　鲁仲连义不帝秦事在赵孝成王八年（前258）。《史记·鲁仲连邹阳列传》有关此事的记载，取自本文，仅变动若干字眼。在袭用本文之前，该传篇首云："鲁仲连者，齐人也。好奇伟俶傥之画策，而不肯仕宦任职，好持高节。游于赵。赵孝成王时，而秦王使白起破赵长平之军前后四十余万，秦兵遂东围邯郸。赵王恐，诸侯之救兵莫敢击秦军。"叙过鲁仲连义不帝秦事后，《史记》云："其后二十余年，燕将攻下聊城，聊城人或谗之燕，燕将惧诛，因保守聊城，不敢归。齐田单攻聊城岁余，士卒多死而聊城不下。鲁连乃为书，约之矢以射城中，遗燕将。……聊城乱，田单遂屠聊城。归而言鲁连，欲爵之。鲁连逃隐于海上，曰：'吾与富贵而诎于人，宁贫贱而轻世肆志焉。'"

秦围赵之邯_寒。郸。_{邯郸，赵都}。魏安釐_禧。王使将军晋鄙救赵。畏秦，止于荡阴，_{河内地}。不进。

魏王使客将军辛垣衍_{称客，则衍他国人仕魏也}。间入邯郸，_{间，谓微行}。因平原君_{公子赵胜}。谓赵王曰："秦所以急围赵者，前与齐闵王争强为帝，已而复归帝，以齐故。_{齐不称帝，故秦亦止}。今齐闵王益弱。_{今之齐比闵王时益弱}。方今唯秦雄天下，此非必贪邯郸，其意欲求为帝。赵诚发使尊秦昭王为帝，秦必喜，罢兵去。"一段叙赵事。平原君犹豫未有所决。_{犹豫，兽名，性多疑，故人不决曰犹豫}。○叙赵事，为仲连也。然难于插入，故借平原君作一顿，便可插入仲连矣。

此时，鲁仲连适游赵。出仲连。郑重。会秦围赵，闻魏将欲令赵尊秦为帝，前一段文归至此处入。乃见平原君曰："事将奈何矣？"平原君曰："胜也何敢言事？百万之众折于外，长平之败。今又内围邯郸而不去。魏王使客将军辛垣衍令赵帝秦，今其人在是。胜也何敢言事？"两"何敢言事"，非谦词也，正写犹豫未决，莫可如何，以为仲连之地耳。鲁连曰："始吾以君为天下之贤公子也，吾乃今然后知君非天下之贤公子也。一跌就转，一转就住，文法佳甚。梁客辛垣衍安在？应"其人在是"。吾请为君责而归之。"绝有胆识。平原君曰："胜请为召而见之于先生。"

平原君遂见辛垣衍曰："东国有鲁连先生，其人在此，胜请为绍介《礼》：宾至，必因介以传辞。绍，继也，谓上介、次介、末介，其位相承继也。而见之于将军。"辛垣衍曰："吾闻鲁连先生，齐国之高士也。衍，人臣也，使事有职。吾不愿见鲁连先生也。"衍不愿见鲁连，亦知帝秦之说不足入高士之耳。平原君曰："胜已泄同洩。之矣。"辛垣衍许诺。

鲁连见辛垣衍而无言。先无言，反待辛垣衍开口，妙。辛垣衍曰："吾视居此围城之中者，皆有求于平原君者也。今吾视先生之玉貌，非有求于平原君者，亦自识人。曷为久居此围城之中而不去也？"鲁连曰："世以鲍焦无从容而死者，皆非也。今众人不知，则为一身。鲍焦，周时隐者，抱木而死，以У当世。今世以鲍焦不能从容自爱而死者，固非，即以为其自为一身者，亦非。正对其在围城之中，不为身谋也。彼秦，弃礼义、上首功之国也。战获首级者，计功受爵。权使其士，虏鲁。使其民。房，掠也。彼则肆然而为帝，过而遂正于天下，过，犹甚也。正天下，即易大臣、夺憎予爱诸事。则连有赴东海而死耳，吾不忍为之民也！欲同鲍焦之死。所为见将军者，欲以助赵也。"直破其谋。辛垣衍曰："先生助之奈何？"鲁连曰："吾将使梁及燕助之。齐、楚固助之矣。"故为硬语，以生下论。辛垣衍曰："燕则吾请以从矣。若乃梁，则吾乃梁人也，先生恶能使梁助之耶？"鲁连曰："梁未睹秦称帝之害故也，使梁睹秦称帝之害，则必助赵矣。"一反一复，语最激昂。辛垣衍曰："秦称帝之害将奈何？"鲁仲连曰："昔齐威王尝为仁义矣，率天下诸侯而朝周。周贫且微，诸侯莫朝，而齐独朝之。居岁余，周烈王崩，诸侯皆吊，齐后往。周怒，赴于齐曰：'天崩地坼，策。天子下席。赴，告也。天子，谓烈王子、安王骄也。下席，言其寝苫居庐。东藩之臣田婴齐斥其姓名。后至，则斮斩。之。'斮，斩也。威王勃然怒曰：'叱嗟！怒斥声。而母，婢也！'而，汝也。骂其母为婢，贱之之词。卒为天下笑。故生则朝周，死则叱之，诚不忍其求也。彼天子固然，其无足怪。""不忍其求"直贯下变易大臣、夺憎与爱诸事。且曰其为天子理应如此，以见权之不可假人也。然不说出、不说尽。

辛垣衍曰："先生独未见夫仆乎？十人而从一人者，宁力不胜，智不若邪？畏之也。"衍口中脱出一"畏"字，本怀已露，故使仲连得入。鲁仲连曰："然梁之比于秦若仆邪？"诘问得妙。辛垣衍曰："然。"鲁仲连曰："然则吾将使秦王烹醢海。梁王。"醢，肉酱。○既为仆，则不难烹醢，突然指出，可惊可诧。辛垣衍怏然不说，曰："嘻！亦太甚矣，先生之言也！倒句。先生又恶能使秦王烹醢梁王？"鲁仲连曰："固也，待吾言之：昔者，鬼侯、鬼，《史记》作"九"。邺县有九侯城。鄂侯、鄂，属江夏。文王，纣之三公也。鬼侯有子而好，故入之于纣，纣以为

卷四　秦文

恶，醢鬼侯。鄂侯争之急，辨之疾，故脯鄂侯。文王闻之。喟魁去声。然而叹，故拘之于牖《史记》作"羑"。里之库百日，而欲令之死。曷为与人俱称帝王，卒就脯醢之地也？言与人俱称帝王，曷为卒就脯醢之地？若专尊秦为帝，则足以脯醢之矣。○引纣事一证，词意含吐，可耐寻味。

"齐闵王将之鲁，夷维子夷维，地名。执策而从，策，马篓也。谓鲁人曰：'子将何以待吾君？'鲁人曰：'吾将以十太牢待子之君。'夷维子曰：'子安取礼而来待吾君？彼吾君者，天子也。天子巡狩，诸侯避舍，纳筦同管。键，件。○筦，钥也。键，其牡。避、纳者，示不敢有其国。摄衽抱几，几，所据也。视膳于堂下，天子已食，而听退朝也。'退而听朝。鲁人投其籥，同钥。○闭关也。不果纳，不得入于鲁。此言鲁不肯帝齐。将之薛，假涂同途。于邹。当是时，邹君死，闵王欲入吊。夷维子谓邹之孤曰：'天子吊，主人必将倍殡柩，倍，背也。主人背其殡棺北面哭也。设北面于南方，然后天子南面吊也。'邹之群臣曰：'必若此，吾将伏剑而死。'故不敢入于邹。此言邹不肯帝齐。邹、鲁之臣，生则不得事养，死则不得饭返。含。去声。○齐强而二国拒之，必见伐，则生死皆不能尽其礼也。以米及贝实尸之口中曰饭，以珠玉实尸之口中曰含。然且欲行天子之礼于邹、鲁之臣，不果纳。承上起下。今秦万乘之国，梁亦万乘之国，交有称王之名。应俱称帝王。睹其一战而胜，欲从而帝之，是使三晋魏、赵、韩为三晋。之大臣不如邹、鲁之仆妾也。辛垣衍自认梁比秦如仆，此特言仆妾之不如，痛骂尽情。

"且秦无已而帝，无已，必欲为也。则且变易诸侯之大臣，彼将夺其所谓不肖，而予其所谓贤，夺其所憎，而予其所爱；彼又将使其子女谗妾为诸侯妃姬，处梁之宫，梁王安得晏然而已乎？而将

247

军又何以得故宠乎？"帝秦之害如此。切肤之灾，可惧可骇。

于是，辛垣衍起，再拜谢曰：责以大义则不动，言及利害切身则遽起拜谢。策士每为身谋，而不顾大义如此。"始以先生为庸人，吾乃今日而知先生为天下之士也。与前鲁连对平原君语同调。吾请去，不敢复言帝秦。"

秦将闻之，为却军五十里。适会公子无忌信陵君。夺晋鄙军以救赵击秦，秦军引而去。秦军闻之而却五十里，不必然也，无忌击之而去，此其实也。故并序之，初为仲连后有故实也。

于是平原君欲封鲁仲连。鲁仲连辞让者三，终不肯受。高人。平原君乃置酒，酒酣，起，前，以千金为鲁连寿。鲁连笑曰："所贵于天下之士者，为人排患、释难、解纷乱而无所取也。即有所取者，是商贾之人也，仲连不忍为也。"数语卓荦自命，描尽心事。遂辞平原君而去，终身不复见。更高。

汇评

[清] 林云铭：帝秦不过虚名，秦既归帝之后，纵有此举，亦未必有当于秦意。乃当日三晋畏秦如虎，计画无复之，冀借此以为侥幸解围之万一耳。然仲连必毅然力争者，以其弃礼义上首功之国，不可以号令天下，使列国之君臣士民受荼毒。虽属虚名，断难以相假也。奈常日平原既束手无策，而辛垣衍胸执成见，说之不纳，激之不动，止得把秦帝之害，说过又说，广为引喻，直攻到他身上方肯辞去，亦足以见战国人品污下，于齐国之士，必以仲连为巨擘也。篇中一人热，一人冷；一人扬眉张目，一人垂头丧气。机锋相对，

曲曲尽致。(《古文析义》卷五)

[清] 吴楚材、吴调侯：帝秦之说，不过欲纾目前之急。不知秦称帝之害，其势不如鲁连所言不止，特人未之见耳。人知连之高义，不知连之远识也。至于辞封爵，挥千金，超然远引，终身不见，正如祥麟威凤，可以偶觌，而不可常亲也。自是战国第一人。(《古文观止》卷四)

[清] 浦起龙：语皆切对"帝"字，写出不甘之意。鲁连心肠热，气岸高，固非游谈希宠一流，并不似颜斶王斗，一味傲僻。(《古文眉诠》卷一五)

[清] 毛庆蕃：鲁仲连之责辛垣衍，盖以义愤者也。吐气如虹，须发俱动，荆、聂不足与言勇矣。至今读之，犹觉怒气勃勃，触纸有声。其先信陵而却秦军，岂不信哉！篇末余势犹劲，所谓神龙见其首不见其尾也。(《古文学余》卷一五)

鲁共公择言

《国策》

解题　《史记·鲁周公世家》："穆公三十三年卒，子奋立，是为共公。共公二十二年卒。"《史记·魏世家》："（惠王）十四年，与赵会鄗。十五年，鲁、卫、宋、郑君来朝。"按：魏惠王十五年（前355）为鲁共公二十二年，"共公择言"事即在该年。

梁王魏婴《史》作"罃"。觞诸侯于范台，是时魏惠王方强，鲁、卫、宋、郑君来朝。酒酣，请鲁君举觞。鲁君兴，避席择言择善而言。曰："昔者，领下四事。帝女令仪狄作酒而美，进之禹，禹饮而甘之，遂疏仪狄，绝旨酒，曰：'后世必有以酒亡其国者。'当戒者一。○是正文。下连类及之。齐桓公夜半不嗛，歉。○不喜食也。易牙乃煎、熬、燔、炙，有汁而干曰煎，干煎曰熬，肉藏之曰燔，近火曰炙。和调五味而进之，桓公食之而饱，至旦不觉，曰：'后世必有以味亡其国者。'当戒者二。晋文公得南之威，美人。三日不听朝，遂推南之威而远之，曰：'后世必有以色亡其国者。'当戒者三。楚王庄王。登强台即章华台。而望崩山，左江而右湖，以临彷徨，临，从上视下。彷徨，徘徊也。其乐忘死，遂盟强台而弗登，盟，誓也。曰：'后世必有以高台、陂卑。池泽障曰陂，停水曰池。亡其国者。'当戒者四。今领下四句。主君之尊，尊，酒器。仪狄之酒也；主君之味，易牙之调也；左白台而右闾须，白台、闾须，皆美人。南威之美也；前夹林而后兰台，强台之乐也。上随举四事，不意历历皆应,章法奇妙。有一于此,足以亡其国。今主君兼此四者,可无戒与?"危语动人。梁王称善相属。祝。○谓称善不置也。

汇评

[明] 茅坤:骤读之,如一泻千里;细玩之,又句琢字雕,一毫增减不得。真不求奇而自奇,绝倒一世。(引自《评选古文正宗》卷三)

[清] 林云铭:四桩事凡有同者必不能废,但酒病在"甘",味病在"至旦不觉",色病在"三日不朝",台病在"其乐忘死"。溺于此,必荒于政,所以能亡国,惟戒其太甚而已。此鲁君因酣后再请举觞,故连类及之,但不可把与老学究读坏却也。(《古文析义》卷六)

[清] 吴楚材、吴调侯:整练而有扶疏之致,严重而饶点染之姿。古人作文,不嫌排偶者,正在此也。不善学者,即失之板实矣。(《古文观止》卷四)

[清] 余诚:因酒酣举觞而连类告戒。先立四柱,后作总应,直起直收,笔力异样简练高老。(《重订古文释义新编》卷四)

[清] 唐介轩:直举四事,峰峦特起。入后层层环抱,神致天然,可称隽品。(《古文翼》卷三)

[清] 毛庆蕃:如述大禹之戒,如吟祈招之诗,可与子舆氏"贤者而后乐此"之说相发明也。呜呼,周礼其犹在鲁乎!(《古文学余》卷一六)

唐雎说信陵君

《国策》

解题 事在魏安釐王二十年(前257)。唐雎,魏人。信陵君,魏公子无忌,安釐王异母弟。《史记·魏公子列传》:"魏安釐王二十年,秦昭王已破赵长平军,又进兵围邯郸。公子(按:指信陵君)姊为赵惠文王弟平原君夫人,数遗魏王及公子书,请救于魏。……(公子)得选兵八万人,进兵击秦军。秦军解去,遂救邯郸,存赵。……赵孝成王德公子之矫夺晋鄙兵而存赵,乃与平原君计,以五城封公子。公子闻之,意骄矜而有自功之色。客有说公子曰:'物有不可忘,或有不可不忘。夫人有德于公子,公子不可忘也;公子有德于人,愿公子忘之也。且矫魏王令,夺晋鄙兵以救赵,于赵则有功矣,于魏则未为忠臣也。公子乃自骄而功之,窃为公子不取也。'于是公子立自责,似若无所容者。"《史记·魏世家》:"(魏安釐王)二十年,秦围邯郸,信陵君无忌矫夺将军晋鄙兵以救赵,赵得全。无忌因留赵。"

信陵君杀晋鄙,救邯寒。郸,破秦人,存赵国,秦围赵之邯郸,魏使晋鄙将兵救赵,畏秦,止于荡阴。公子无忌椎杀晋鄙,将其军进击秦,秦军遂引去。〇我有德。赵王自郊迎。人德我。唐雎魏人。谓信陵君曰:"臣闻之曰,事有不可知者,有不可不知者;有不可忘者,有不可不忘者。"陡下四语,无头无尾,奇绝。信陵君曰:"何谓也?"对曰:"人之憎我也,不可不知也;我憎人也,不可得而知也。人不能知。人之有德于我也,不可忘也;吾有德于人也,不可不忘也。二段,上一段是宾,下一段是主。下段,上一句是宾,下一句是主。今君杀晋鄙,救邯郸,破秦人,存赵国,此大德也。今赵王自郊迎,卒同骅。然见赵王,愿君之忘之也。"上二段是虚,此一段是实。信陵君曰:"无忌谨受教。"

汇评

[清] 吴楚材、吴调侯:谓信陵君,只须说"不可不忘",却先说"不可忘"。亦只须说"不可忘"、"不可不忘",却又先说"不可不知"、"不可得而知"。文有宽而不懈者,其势急也;词有复而不板者,其气逸也。(《古文观止》卷四)

唐雎不辱使命

《国策》

解题 余诚《重订古文释义新编》卷四云："按《通鉴》：始皇十七年灭韩，二十二年灭魏。篇中有'灭韩亡魏'等语，唐雎之使自应在二十二年之后，其事之有无，殊不可靠。或曰：此辩士之寓言。"按：《史记·刺客列传》谓"秦法，群臣侍殿上者，不得持尺寸之兵"，本文叙唐雎"挺剑而起"，有悖秦法，疑为虚构之笔。

秦王_{始皇。}使人谓安陵君_{安陵，小国，属魏。}曰："寡人欲以五百里之地易安陵，安陵君其许寡人！"_{设言易之，实则夺之，秦人常套。}安陵君曰："大王加惠，以大易小，甚善。_{一折。}虽然，受地于先王，愿终守之，弗敢易。"_{一正。}秦王不说。安陵君因使唐雎使于秦。_{修好也。}

秦王谓唐雎曰："寡人以五百里之地易安陵，安陵君不听寡人，何也？且秦灭韩亡魏，_{灭韩，十八年。亡魏，二十一年。}而君以五十里之地存者，以君为长者，故不错措。意也。_{错，置也。言非不能取安陵。}今吾以十倍之地，请广于君，_{广其地。}而君逆寡人者，轻寡人与？"_{言以秦为不能取安陵而轻之。}唐雎对曰："否，_{秦王之言不然。}非若是也。_{安陵君之意不如是也。}安陵君受地于先王而守之，虽千里不敢易也，岂直五百里哉？"_{较安陵君答秦语，尤直捷。}

卷四　秦文

秦王怫然怒,谓唐雎曰:"公亦尝闻天子之怒乎?"陡来。唐雎对曰:"臣未尝闻也。"缓接。秦王曰:"天子之怒,伏尸百万,流血千里。"写天子之怒,雄甚。唐雎曰:"大王尝闻布衣之怒乎?"撇过天子之怒,以布衣之怒反诘之,突兀。秦王曰:"布衣之怒,亦免冠徒跣,先上声。以头抢枪上声。地耳。"抢,突也。○写布衣之怒,丑甚。唐雎曰:"此庸夫之怒也,非士之怒也。驳去"免冠……"八字。夫专诸之刺王僚也,彗星袭月;聂政之刺韩傀规。也,白虹贯日;要离之刺庆忌也,苍鹰击于殿上。专诸为公子光刺吴王僚。聂政为严仲子劫韩相侠累。要离吴人,吴王阖闾欲杀王子庆忌,庆忌吴王僚子,要离诈以罪亡,令吴王焚其妻子,走见庆忌,以剑刺之。此三子皆布衣之士也,怀怒未发,休祲侵。降于天,休,吉征。祲,戾气。重"祲"字,"休"字带说。○总承上三句作一顿。与臣而将四矣。现前一怀怒之士。若士必怒,必怒,怒已发也。对怀怒说。伏尸二人,流血五步,伏尸、流血,秦王说得极大,唐雎说得极小,妙绝。天下缟素,二人胜于百万,五步甚于千里。今日是也。"今日即行怒之期。挺剑而起。手中即行怒之具。○此段一步紧一步,句句骇杀人。

秦王色挠,挠,屈也。长跪而谢之曰:"先生坐,何至于此!寡人谕矣。谕,晓也。夫韩、魏灭亡,而安陵以五十里之地存者,徒以有先生也。"秦王亦善出场,真英雄也。

汇评

[清]　金圣叹:俊绝、宕绝、峭绝、快绝之文。(《天下才子必读书》卷四)

[清]　王符曾:须知此文有数样声口,数样气色。秦王使人谓安陵,第一样;安陵对秦使,第二样;秦王谓唐雎,第三样;唐雎对秦王,第四样;秦王怫然怒,第五样;唐雎挺剑起,第六样;秦王长跪谢,第七

样。要写秦王装模作样,便活画出一恣睢暴戾之秦王;要写秦王心惊胆战,便活画出一低声下气之秦王;要写安陵受制于人,便活画出笑啼不敢之安陵;要写唐雎声势狰恶,便活画出一怒容可掬之唐雎。种种奇妙,何处得来？专诸之刺王僚一段,并不如荆卿所云左手把袖,右手揕胸也,只从四面八方盘旋烘染,而纸上已岌岌摇动。令人一读一击节,真奇笔也。(《古文小品咀华》卷一)

[清] 储欣：可与曹沫并传,文亦大有生气,不减荆、聂二事手笔。(《古文菁华录》)

[清] 吴楚材、吴调侯：博浪之椎,唐雎、荆卿之剑,虽未亡秦,皆不可少。(《古文观止》卷四)

[清] 浦起龙：逶迤引局,斗然换境,如行坦途者,怪峰忽起于前也。六国破灭,得此差强人意。(《古文眉诠》卷一五)

[清] 余诚：以吕政之暴横而雎仗剑数语,至使悚惧谢罪。妙人妙事妙文！(《重订古文释义新编》卷四)

[清] 唐介轩：气撼五岳,妙于有体。称先王不涉迂阔,言士怒非徒刚狠。慷慨而谈,令人心开目爽。(《古文翼》卷三)

卷四　秦文

乐毅报燕王书

《国策》

解题　《史记·乐毅列传》:"燕昭王问伐齐之事。乐毅对曰:'齐,霸国之余业也,地大人众,未易独攻也。王必欲伐之,莫如与赵及楚、魏。'于是使乐毅约赵惠文王,别使连楚、魏,令赵嗾说秦以伐齐之利。诸侯害齐湣王之骄暴,皆争合从与燕伐齐。乐毅还报,燕昭王悉起兵,使乐毅为上将军,赵惠文王以相国印授乐毅。乐毅于是并护赵、楚、韩、魏、燕之兵以伐齐,破之济西。……乐毅攻入临菑,尽取齐宝物祭器输之燕。燕昭王大悦,亲至济上劳军,行赏飨士,封乐毅于昌国,号为昌国君。……会燕昭王死,子立为燕惠王。惠王自为太子时尝不快于乐毅,及即位,齐之田单闻之,乃纵反间于燕,曰:'齐城不下者两城耳。然所以不早拔者,闻乐毅与燕新王有隙,欲连兵且留齐,南面而王齐。齐之所患,唯恐他将之来。'于是燕惠王固已疑乐毅,得齐反间,乃使骑劫代将,而召乐毅。乐毅知燕惠王之不善代之,畏诛,遂西降赵。赵封乐毅于观津,号曰望诸君。"

　　昌国君乐毅为燕昭王合五国之兵赵、楚、韩、魏、燕。而攻齐,下七十余城,尽郡县之以属燕。三城未下,三城,聊、莒、即墨。唯莒、即墨未下。云三城者,盖因燕将守聊城不下之事而误。而燕昭王死。惠王即位,用齐人反间,疑乐毅,而使骑劫代之将。乐毅奔赵,赵封以为望诸君。赵封毅以观津,号望诸君。齐田单诈骑劫,卒败燕军,复收七十余城以复齐。一段叙事简括。

燕王悔，惧赵用乐毅乘燕之敝以伐燕。补写燕王心事一笔。燕王乃使人让乐毅，让，责也。且谢之曰："先王举国而委将军，将军为燕破齐，报先王之仇，天下莫不振动，寡人岂敢一日而忘将军之功哉！会先王弃群臣，寡人新即位，左右误寡人。寡人之使骑劫代将军，为将军久暴仆。露于外，故召将军且休计事。善语周旋，巧于文饰。○以上是"谢之"之词。将军过听，以与寡人有隙，遂捐燕而归赵。将军自为计则可矣，而亦何以报先王之所以遇将军之意乎？"以上是"让之"之词。○先谢后让，重称先王，欲以感动乐毅。词令委折有致。

望诸君乃使人献书报燕王曰："臣不佞，不能奉承先王之教，以顺左右之心，恐抵斧质之罪，质，斩人椹也。以伤先王之明，而又害于足下之义，无罪而杀毅，非义也。故遁逃奔赵。先叙不归燕而降赵之故。○前书有"先王"、"左右"、"寡人"，故应还"先王"、"左右"、"足下"。自负以不肖之罪，故不敢为辞说。今王使使者数上声。之罪，臣恐侍御者之不察先王之所以畜幸臣之理，不敢斥言惠王，故称侍御。畜，养也。幸，亲爱之。○应"遇将军之意"。而又不白于臣之所以事先王之心，应"自为计"。故敢以书对。一起已括尽一篇大旨。

"臣闻贤圣之君，不以禄私其亲，功多者授之；不以官随其爱，能当者处之。故察能而授官者，成功之君也；论行而结交者，立名之士也。"功"、"名"二字，一篇柱。臣以所学者观之，自见本领。先王之举错，有高世之心，故假节于魏王，而以身得察于燕。时诸侯不通，出关则以节传之。毅为魏昭王使燕，遂为臣。察，至也。○事先王之心。先王过举，擢之乎宾客之中，而立之乎群臣之上，不谋于父兄，正对"左右"句。而使臣为亚卿。"畜幸臣之理"。臣自以为奉令承教，可以幸无罪矣,故受命而不辞。"事先王之心"。

"先王命之曰:'我有积怨深怒于齐,不量轻弱,而欲以齐为事。'"畜幸臣之理"。臣对曰:'夫齐,霸国之余教而骤胜之遗事也,骤,数也。齐尝霸天下,而数胜于他国,其余教遗事犹存。闲于甲兵,习于战攻。王若欲伐之,则必举天下而图之。举天下而图之,莫径于结赵矣。且又淮北、宋地,楚、魏之所同愿也。楚欲得淮北,魏欲得宋,时皆属齐。赵若许约,楚、赵、宋尽力,魏欲得宋而尽力。四国攻之,并燕为四国。齐可大破也。'"事先王之心"。先王曰:'善。'臣乃口受令,具符节,南使臣于赵。顾反命,回顾而反,言其速也。起兵随而攻齐。毅令赵、楚、韩、魏、燕之兵伐齐。○"畜幸臣之理"。以天之道,先王之灵,河北之地,随先王举而有之于济上。济上,济水之西,齐界也。济上之军,奉令击齐,大胜之。轻卒锐兵,长驱至国。攻入临淄。齐王闵王。逃遁走莒,仅以身免。珠玉财宝,车甲珍器,尽收入燕。"事先王之心"。大吕陈于元英,故鼎反乎历室,齐器设于宁台。大吕,齐钟名。故鼎,齐所得燕鼎,元英、历室,燕二宫名。宁台,燕台也。蓟丘之植,植于汶篁。蓟丘,燕都。植,旗帜之属。汶,水名。竹田曰篁。言蓟丘之所植,植于齐汶上之竹田。○上三句,自齐入燕。"蓟丘"句,自燕及齐。自五伯以来,功未有及先王者也。一顿,赞先王,正自赞也。先王以为顺于其志,惬于心。以臣为不顿命,顿,犹坠也。故裂地而封之,使之得比乎小国诸侯。封毅为昌国君。○"畜幸臣之理"。臣不佞,自以为奉令承教,可以幸无罪矣,故受命而弗辞。"事先王之心"。○遥应前文,笔情婉宕。

"臣闻贤明之君,功立而不废,故著于春秋;蚤知之士,蚤知,先见也。名成而不毁,故称于后世。应前"功"、"名"二字。文从"不废""不

卷四　秦文

259

毁"四字生出后半篇。若先王之报怨雪耻，夷万乘之强国，收八百岁之蓄积，通太公数之。及至弃群臣之日，遗令诏后嗣之余义，执政任事之臣，所以能循法令、顺庶孽者，新立之君，皆患庶孽之乱，昭王能预顺之。施及萌同氓。隶，皆可以教于后世。叙完先王事，下始入议论。

"臣闻善作者，不必善成；善始者，不必善终。虚冒二句。昔者伍子胥说听乎阖闾，吴王，名阖闾。故吴王远迹至于郢。郢，楚都。吴破楚，长驱至郢。○善作善始。夫差阖闾子。弗是也，不然子胥之说。赐之鸱夷而浮之江。鸱夷，革囊也。夫差杀子胥，盛以鸱夷革，投之江。○不必善成善终。故吴王夫差不悟先论之可以立功，故沉子胥而弗悔；燕王有之也。子胥不蚤见主之不同量，故入江而不改。蚤见，应上"蚤知"。不改，言子胥投江而神不化，犹为波涛之神。○自言几不免也。夫免身全功，以明先王之迹者，臣之上计也；免身于罪，而全取齐之功，以明昭王之旧烈，是臣之本意。离同罹。毁辱之非，堕先王之名者，臣之所大恐也。离，遭也。遭诽谤而被诛，则坏先王知人之名，故恐惧而奔赵。临不测之罪，以幸为利者，义之所不敢出也。被不可测之重罪以去燕，又幸赵伐燕以为利，揆之于义，宁敢出此？○剖明心事，激扬磊落，长歌可以当泣。

"臣闻古之君子，交绝不出恶声；忠臣之去也，不洁其名。毁其君而自洁。○复转二语，结出通书之意，以应起。臣虽不佞，数朔。奉教于君子矣。应"以臣所学"句。恐侍御者之亲左右之说，而不察疏远之行也。应前"侍御不察"二句。故敢以书报，唯君之留意焉。"

汇评

[宋] 楼昉：可以见燕昭王、乐毅君臣相与之际，略似蜀昭烈、诸葛武侯，

书词明白,洞见肺腑。(《崇古文诀》卷一)

[清] 林云铭:燕惠疑乐毅用赵伐燕,此以小人之腹,度君子之心者也。若出他手裁答,不失之激昂,必失之悱恻。兹篇委婉缠绵,用意忠厚。叙前此伐齐之功,语语归之先王,毫不矜伐。及叙骑劫代将惧诛奔赵,只闲闲将吴王、子胥成败往事作吊古感慨之词,随即披沥自己衷曲,明其无他,绝不侵犯燕惠一语。而去燕入赵之故,其出于势迫,无可如何,此意可矢之天日矣。尤妙在说自己处,不但不肯居功,亦不敢辞罪,故篇首云数以罪,篇中云可幸无罪,篇末云临不测之罪。其不敢侵犯燕惠也,正是"交绝不出恶声"处;其不敢辞己罪也,正是去国"不洁其名"处。此等文字,总是一腔心血挥洒而成,真有德者之言也。李陵《答苏武书》既饰己罪,复责汉薄,视此何啻天壤!诸葛武侯《出师》二表屡提出先帝,似以此为蓝本。武侯向以管、乐自况,想平日必烂熟是篇胸中耳。(《古文析义》卷六)

[清] 吴楚材、吴调侯:察能论行,则始进必严。善成善终,则末路必审。乐毅可谓明哲之士矣。至其书辞,情致委曲,犹存忠厚之遗。其品望固在战国以上。(《古文观止》卷四)

[清] 浦起龙:来书谓捐燕而去,何以报先王之知。答书则云归赵身存,正以全先王之义。无一语遮盖,一字粉饰,浑厚平直,昌明磊落,战国第一流人,第一等文。(《古文眉诠》卷一四)

[清] 余诚:刘辰翁曰:"痛切中却作丽语点缀,此战国、西京所以奇伟,若后人为之,不直迫则淡弱,其情亦遂索然无味矣。"金圣叹曰:"善读此文者,必能知其为诸葛《出师》之蓝本也,其起首结尾比《出师》更自胜过数倍。"穆文熙曰:"乐毅始以昭王之贤而事之,复以惠王之疑而去之,择主而事,全身远害,殆非战国之士,范蠡之流亚也。"合观三评,望诸君属文之妙,保身之哲,胥可见矣。(《重订古文释义新编》卷四)

[清] 过珙:此一篇叙功文也。句句推美先王,即句句归功于己。处处

自明所以去燕之由,即处处自明不敢背燕之意,何等委曲,何等婉切!功大罪小,诚有如所云云者。后毅不闻辅赵以图燕,亦可谓善全君臣之谊矣。(《详订古文评注全集》卷三)

[清] 毛庆蕃:其于敌也,审知彼己,是以所向有功也。其于国也,审知彼己,是以克全终始也。邦有道不废,邦无道免于刑戮,其一时明哲之士欤!其文笃雅可风,骎骎乎与平仲、子产为徒矣。(《古文学余》卷一六)

卷四　秦文

李斯谏逐客书

《史记》

解题　《史记·李斯列传》:"至秦,会庄襄王卒,李斯乃求为秦相文信侯吕不韦舍人;不韦贤之,任以为郎。李斯因以得说,说秦王……秦王乃拜斯为长史,听其计,阴遣谋士赍持金玉以游说诸侯。诸侯名士可下以财者,厚遗结之;不肯者,利剑刺之。离其君臣之计,秦王乃使其良将随其后。秦王拜斯为客卿。会韩人郑国来间秦,以作注溉渠,已而觉。秦宗室大臣皆言秦王曰:'诸侯人来事秦者,大抵为其主游间于秦耳,请一切逐客。'李斯议亦在逐中。斯乃上书曰:'臣闻吏议逐客……求国无危,不可得也。'秦王乃除逐客之令,复李斯官,卒用其计谋。官至廷尉。二十余年,竟并天下,尊主为皇帝,以斯为丞相。"按:后一个省略号处略去本文。据《秦始皇本纪》,逐客事在始皇十年(前237),本文即作于是年。

秦宗室大臣皆言秦王曰:"诸侯人来事秦者,大抵为其主游间于秦耳,请一切逐客。"一切者,无所不逐也。李斯议亦在逐中。李斯,秦客卿,楚上蔡人。〇所谓一切也。

斯乃上书曰:"臣闻吏议逐客,窃以为过矣。一句揭开题面,通篇纯用反法。

"昔穆公求士,西取由余于戎,由余,西戎人。东得百里奚于宛,百里奚，楚宛人。迎蹇叔于宋，蹇叔，岐州人，时游宋，故迎之。求丕豹、公孙支于晋。丕豹，自晋奔秦。公孙支，游晋归秦。此五子者，不产于秦，而穆公用之，并国二十，遂霸西戎。一段穆公用客。孝公用商鞅之法，商鞅，卫人，姓公孙氏。移风易俗，民以殷盛，国以富强，百姓乐用，诸侯亲服，获楚、魏之师，举地千里，至今治强。二段孝公用客。惠王用张仪之计，张仪，魏人。拔三川之地，西并巴、蜀，惠王时，司马错请伐蜀，灭之。后武王欲通车三川，令甘茂拔宜阳。今并云仪者，以仪为秦相，虽错灭蜀、甘茂通三川，皆归功于相欤。北收上郡，魏纳上郡十五县。南取汉中，攻楚汉中，取地六百里。包九夷，制鄢、郢，属楚之夷有九种。鄢、郢，楚二邑。东据成皋之险，割膏腴之壤，成皋，属河南，周之东境。遂散六国之从，宗。使之西面事秦，功施到今。三段惠王用客。昭王得范雎，范雎，魏人。废穰侯，逐华阳，穰侯、华阳，俱太后弟。强公室，杜私门，蚕食诸侯，使秦成帝业。四段昭王用客。○四段不引前代他国事，只以秦之先为言，妙。此四君者，皆以客之功。一句总收，下即转入。由此观之，客何负于秦哉！又一转，下反振，语气乃足。向使四君却客而不内，同纳。疏士而不用，是使国无富利之实，而秦无强大之名也。结完上文，乃入时事，必以为说正意矣，偏又发许多譬喻，滚滚不穷，奇绝！妙绝！

"今陛下致昆山之玉，昆山，在阗国，其冈出玉。有随、和之宝，随侯珠，卞和璧。垂明月之珠，珠光如明月。服太阿之剑，干将、欧冶二人作剑，一曰龙渊，一曰太阿。乘纤离之马，纤离，骏马名。建翠凤之旗，以翠羽为凤形而饰旗。树灵鼍之鼓。鼍，皮可以冒鼓。此数宝者，秦不生一焉，而陛下说之，何也？一顿。○秦王性好侈大，故历以纷华声色之美动其心。此善说之术也。必秦国之所生然后可，一折。上是顺说，下是倒说。则是夜光之璧不饰朝廷，犀象之器不为玩好，郑、魏之女不充后宫，而骏马駃_决。騠_提。不实外厩,駃騠,良马名。江南金锡不为用,西蜀丹青不为采。句法不排偶,气势已极宕折,可以止矣。偏作两节写,但见其妙,不见其烦。所以饰后宫、充下陈、下陈,犹后列也。娱心意、说耳目者,必出于秦然后可,则是宛珠之簪、宛地之珠饰簪。傅附。玑之珥、二。〇玑,珠之不圆者。珥,填也。谓以玑傅著于珥。阿缟之衣、齐东阿县所出缯帛为衣。锦绣之饰,饰,领缘也。不进于前,而随俗雅化、谓闲雅变化而能随俗也。佳冶窈窕赵女不立于侧也。语气肆宕,采色烂然,可以止矣,又偏再衍出下节。强弩穿甲,劲势未已。夫击瓮叩缶,弹筝搏髀_彼。〇瓮,汲瓶也。缶,瓦器。筝,以竹为之。髀,股骨。击、叩、弹、搏,皆所以节歌。而歌呼呜呜、快耳目者,真秦之声也;郑、卫、桑间、《乐记》:"桑间濮上之音"。谓濮水之上,桑林之间,卫地也。韶虞、武象者,韶虞,舜乐。武象,周乐。异国之乐也。以韶虞与郑卫并说,此战国之习。今弃击瓮而就郑卫,退弹筝而取韶虞,若是者何也?快意当前,适观而已矣。与前"何也"遥应。今取人则不然。上边事已多,文已长,不知如何收拾。他只用一句折转,尽数包罗,妙甚。不问可否,不论曲直,非秦者去,为客者逐。取人正意只四句。然则是所重者在乎色乐珠玉,而所轻者在乎人民也。此非所以跨_{去声}海内、制诸侯之术也。收拾前文,又一句拓开,不粘逐客上,妙。

"臣闻地广者粟多,国大者人众,兵强则士勇。此下即完上意,而更起一峰。是以泰山不让土壤,故能成其大;河海不择细流,故能就其深;王者不却众庶,故能明其德。让,辞也。就,成也。〇又下二喻。是以地无四方,民无异国,四时充美,鬼神降福,此五帝、三王之所以无敌也。才是跨海内、制诸侯之术。今乃弃黔首以资敌国,黔,黑也。秦谓民为黔首,以其头黑也。却宾客以业诸侯,谓与诸侯立功业。使天下之士退而不敢西向，裹足不入秦，此所谓'藉寇兵而赍盗粮'者也。一段始正言逐客事。

"夫物不产于秦，可宝者多；收完"昆山之玉"二段。士不产于秦，而愿忠者众。收完"昔穆公"四段。○一篇大文字，只此二语收尽，更无余蕴。今逐客以资敌国，损民以益仇，无补于民，而增许多仇我之人。内自虚而外树怨于诸侯，内既无贤，皆往事他国，而树怨于外也。求国之无危，不可得也。"又收"地广者"一段，完"弃黔首"、"资敌国"等语，而正意俱足。

秦王乃除逐客之令，复李斯官。

汇评

[宋] 李塗：李斯上秦始皇书论逐客，起句即见事实，最妙；中间论不出于秦而秦用之，独人才不出于秦而秦不用，反复议论，痛快，深得作文之法，未易以人废言也。（《文章精义》七）

[明] 归有光：文章用意庸，易起人厌；须出人意表，方为高手。如李斯《谏逐客书》，借人扬己，以小喻大，另是一种巧思。能打破此等关窍，下笔自惊世骇俗矣。（《文章指南》仁集）

[清] 金圣叹：自首至尾，落落只写大意。初并无意为文，看他起便一直径起，住便一直径住，转便径转，接便径接。后来文人无数笔法，对此一毫俱用不着，然正是后来无数笔法之祖也。（《天下才子必读书》卷四）

[清] 林云铭：秦之逐客，以宗室大臣谓诸侯人来事秦者皆为其主游间耳。李斯既在逐中，其上书似不便作谏止语。故第一段以秦往事借客成功之，第二段以秦所宝诸物皆出异国而用人独后驳之，第三段以古帝王能广收众益而秦不然形之，第四段以客为诸侯

用,能害秦国恐之。利害凿凿可睹,不必请除其令而令自除,乃不谏止之谏止也。细玩行文落笔时,胸中必有一段无因见逐不能自平之气,故不禁其拉杂错综,忽而正说,忽而倒说,忽而复说,莫可端倪如此,所以为佳。李斯人品本不足道,然是篇犹可节取者,以持论近正,所谓不以人废言也。(《古文析义》卷六)

[清] 吴楚材、吴调侯:此先秦古书也。中间两三节,一反一复,一起一伏,略加转换数个字,而精神愈出,意思愈明,无限曲折变态,谁谓文章之妙不在虚字助辞乎!(《古文观止》卷四) 按:此评纯用宋楼昉语,见《崇古文诀》卷一。

[清] 浦起龙:旁罗处,层叠敲击。到正写,又妙在不粘。风雨发作,光怪变现,笔势如生蛇不受捕捉。(《古文眉诠》卷四〇)

[清] 余诚:李斯既亦在逐中,若开口便直斥逐客之非,宁不适以触人主之怒而滋之令转甚耶!妙在绝不为客谋,而通体专为秦谋,语意由浅入深,一步紧一步,此便是游说秘诀。看他起首只用一笔揭开题面,随即就秦言秦,艳称秦之历代,极力歆动一番。其曰"求"、曰"取"、曰"得"、曰"迎"、曰"来",皆与"逐"字相对针。至于商鞅、张仪皆曰"用",于范雎独曰"得",或变或不变,用意亦在即离间。此四段平铺顺衍,惟至"此四君"段方略作一反,次以秦宝异国诸物,而独不用异国一人,极力辨驳一番,则忽正忽反,笔最曲折,语最委婉,而段落承接、词调字句,更无不各具其妙。昔人谓不以人废言,洵哉!千古有数之文,不可以人而废之也。(《重订古文释义新编》卷五)

[清] 过琪:斯论逐客,起句便见实事,最妙在中间论物不出于秦而秦用之,独人才不出于秦而秦不用。一反一复,略加转换,而意思愈明。其通篇为顺为逆,为连为断,为正为喻,为整为散,无法不备。(《详订古文评注全集》卷三)

[清] 林纾:何氏义门谓:"此文只'昔'字'今'字对照两大段。前举先世之典,以事证;后就秦王一身,以物喻。即小见大,于人情尤易通

晓。"可谓道着。……何义门又谓："汉以后文字不能如此驰骋。"实则文章逐时代而迁移。李斯富于才,此篇为切己之事,故言之精切。实则仍是策士之词锋,不能不如此炫其神通以骇人也。(《古文辞类纂选本》卷三)

卜　居

《楚辞》

解题　王逸《楚辞章句》谓《卜居》为"屈原之所作也"。洪兴祖《楚辞补注·渔父序注》云:"《卜居》、《渔父》,皆假设问答以寄意耳。而太史公《屈原传》、刘向《新序》、嵇康《高士传》或采《楚词》、《庄子》渔父之言以为实录,非也。"鲁迅《汉文学史纲要》云:"《卜居》、《渔父》,述屈原既放,与卜者及渔人问答之辞,亦云自制,然或后人取故事仿作之。"

屈原既放,屈原,名平,为楚怀王左徒,王甚任之。上官大夫心害其能,因谗之,遂被放。三年不得复见。竭智尽忠,而蔽障于谗;心烦虑乱,不知所从。先叙卜居之由。乃往见太卜郑詹尹曰:"余有所疑,愿因先生决之。"詹尹乃端策拂龟端,正也。策,蓍茎。端策,将以筮也。拂龟,将以卜也。曰:"君将何以教之?"写肯卜妙。

屈原曰:"吾宁悃悃款款,朴以忠乎?将送往劳去声。来,斯无穷乎?悃款,诚实倾尽貌。送往劳来,谓随俗高下。无穷,不困穷也。○"不知所从"一。宁诛锄草茆卯。以力耕乎?将游大人以成名乎?游,遍谒也。大人,谓嬖幸者。○"不知所从"二。宁正言不讳以危身乎?将从俗富贵以媮同偷。生乎?媮,乐也。○"不知所从"三。宁超然高举以保真乎?将哫足。訾资。慄斯,喔握。咿伊。嚅如。呢而。以事妇人乎?保真,谓保守其天真。哫訾,以言求媚也。慄,诡随也。斯,语辞。喔咿嚅呢,

269

强言笑貌。妇人,暗指怀王宠姬郑袖。○"不知所从"四。宁廉洁正直以自清乎？将突梯滑骨。稽,如脂如韦,以絜楹乎？突梯,滑汰貌。滑稽,圆转貌。脂,肥泽。韦,柔软。楹,屋柱圆物。絜,比絜。本方而求圆也。○"不知所从"五。宁昂昂若千里之驹乎？将氾氾若水中之凫乎？驹,马之小者。凫,野鸭。与波上下,偷以全吾躯乎？拖一句,参差入,妙。○"不知所从"六。宁与骐骥亢轭乎？将随驽马之迹乎？骐骥,千里马。亢,当也。轭,辕端横木,驾马领者。驽,下乘也。○"不知所从"七。宁与黄鹄比翼乎？将与鸡鹜。争食乎？黄鹄,大鸟,一举千里。鹜,鸭也。○"不知所从"八。○以上八条,只一意,而无一句重沓,所以为妙。此孰吉孰凶？何去何从？祝辞毕。下是诉詹尹,乃心烦虑乱之由也。世溷魂去声。浊而不清：无限感慨。蝉翼为重,千钧为轻；黄钟毁弃,瓦釜雷鸣；二句起下一句。谗人高张,贤士无名。溷浊不清如此。吁嗟默默兮,谁知吾之廉贞？"无限感慨。○写得又似要卜,又似不要卜,心烦虑乱,不知所从。

　　詹尹乃释策而谢曰：写不肯卜,又妙。"夫尺有所短,寸有所长；为尺而不足,则有所短。为寸而有余,则有所长。○引鄙语起下文。物有所不足,智有所不明；物,指龟而言。数有所不逮,神有所不通。数,指策而言。用君之心,行君之意。六"有所"字,本接末句,横插此八字,奇陗。龟策诚不能知此事！"

汇评

[宋]　朱熹：《卜居》者,屈原之所作也。屈原哀悯当世之人,习安邪佞,违背正直,故阳为不知二者之是非可否,而将假蓍龟以决之,遂为此词,发其取舍之端,以警世俗。说者乃谓原实未能无疑于此,而始将问诸卜人,则亦误矣。(《楚辞集注》卷五)

[宋] 楼昉：此屈原阳为不知善恶之所在，假托蓍龟以决之，非果未能审于所向而求之神也。"居"谓立身所安之地，非宫室之居也。（《崇古文诀》卷一）

[明] 王世贞：每段上问所从，下问所去，各八句，而心曲九回，伤时极矣。末谓物之不齐，长短大小多少，不能相通，虽神智有所不能知，行己之志而已。首尾回环，情事曲肖如化工。此为赤壁诸公作俑也。（引自《评选古文正宗》卷三）

[清] 金圣叹：忽然端策而清，忽然释策而谢，正如空中云舒云卷。文人从无生有，自来如此矣，痴人便谓屈平真正曾往问卜。（《天下才子必读书》卷四）

[清] 林云铭："蔽障于谗"四字，是一篇之纲。盖惟蔽障，所以三年不得复见也。灵均为国之忠，立身之洁，滨九死而不悔，岂有此凶吉去从之问？但以竭智尽忠，上不见察于君，下不见谅于俗，无处告语，故劈空撰出问卜公案，以为借龟策之陈词，庶几可质诸鬼神，以自白其廉贞，此无聊之极思也。中段八个"宁"字，八个"将"字，语意低昂，隐隐可见，然世亦无许人悖道求合之鬼神。詹尹释策，所谓卜以决疑，不疑，何卜者也？篇中计六易韵，亦骚之遗音，其"呢訾慄斯"、"喔咿嚅唲"、"突梯"、"絜楹"等语，问不知其所出，先辈谓当以意会之，斯得之矣！（《古文析义》卷六）

[清] 吴楚材、吴调侯：屈原疾邪曲之害公，方正之不容，故设为不知所从而假龟策以决之，非实有所疑而求之于卜也。中间请卜之词，以一"宁"字、"将"字到底，语意低昂，隐隐自见。（《古文观止》卷四）

[清] 浦起龙：别用"乎"字，与二《招》之用"些"用"只"，皆骚之变调，亦骚体也。而是篇又为《客难》、《答宾》、《解嘲》诸文开派，其篇法，排比中具条理。（《古文眉诠》卷一七）

[清] 过珙：满纸不恭之语，总是一肚皮不合时宜，故劈空撰出问卜公案来。此无聊之极思也，痴人便谓屈平真正曾往问卜。（《详订古文

评注全集》卷三)

[清] 唐介轩：凡六转，意致幽沉，《离骚》风味，具见于此。(《古文翼》卷八)

[清] 李刚己：此虽设为质疑之辞，然坚确不移之志自见言外。篇中层层设问，与《离骚》陈辞巫咸、命占灵氛之类相同，不过藉以推广文字之波澜，抒发心中之悲愤，非真有疑而问也。(《古文辞约编》)

卷四　秦文

宋玉对楚王问

《楚辞》

解题　《史记·屈原贾生列传》:"屈原既死之后,楚有宋玉、唐勒、景差之徒者,皆好辞而以赋见称。然皆祖屈原之从容辞令,终莫敢直谏。"《韩诗外传》卷七:"宋玉因其友见楚襄王,襄王待之无以异,乃让其友。其友曰:'夫姜桂因地而生,不因地而辛;女因媒而嫁,不因媒而亲。子之事王未耳,何怨于我?'"按本文见于《昭明文选》。刘向《新序·杂事一》所载,与本文大致相同,而"楚襄王"误作"楚威王",其他文字略有出入。

楚襄王问于宋玉屈原弟子,为楚大夫。曰:"先生其有遗行与?何士民众庶不誉之甚也?"遗,缺失也。○问得有风致。

宋玉对曰:"唯,一应。然。再应。有之。三应。○连下三应,极力摹神。愿大王宽其罪,使得毕其辞。入三语,委婉。

"客有歌于郢颍。中者,郢,楚都。其始曰《下里》、《巴人》,最下曲名。国中属祝。而和者数千人;属,聚也。○和者甚众。其为《阳阿》、《薤械。露》,次下曲名。国中属而和者数百人;和者亦众。其为《阳春》、《白雪》,高曲之名。国中属而和者不过数十人;和者已寡。○"数十人",加"不过"字,妙。引商刻羽,杂以流徵,纸。○五音协律,最高

273

之曲。国中属而和者不过数人而已。和者甚寡。○"数人",又加"而已"字,妙。是其曲弥高,其和弥寡。总上四段。

"故鸟有凤而鱼有鲲。总下二段。○已上先开后总,此先总后开,法变。凤凰上击九千里,绝云霓,负苍天,足乱浮云,翱翔乎杳冥之上;杳冥,绝远也。○写凤凰下如许语。夫藩篱之鷃,晏。岂能与之料天地之高哉!鷃,鹌鹑也。○写鷃只下"藩篱"二字。鲲鱼朝发昆仑之墟,暴仆。鬐奇。于碣杰。石,暮宿于孟诸;昆仑山,在西北,去嵩山五万里。暴,露也。鱼之须鬣曰鬐。碣石,近海山名,在冀北。孟诸,薮泽名,在梁国睢阳县东北。○写鲲鱼下如许语。夫尺泽之鲵,倪。岂能与之量江海之大哉!写鲵只下"尺泽"二字。○先喻之以歌,言行高不合于俗。又喻之以物,言品高俗不能知。唯俗不能知,所以不合于俗也。下撇然转入正意作结,紧俏。

"故非独鸟有凤而鱼有鲲也,上用一"故"字转,此又用一"故"字转,章法奇妙。士亦有之。夫圣人瑰规。意琦行,超然独处;世俗之民,又安知臣之所为哉!"瑰,伟也。琦,美也。○与上一样写法,佳妙。

汇评

[明] 张鼐:善作文者,属辞比事,贯串联络,曲尽其妙。如此篇大意,不过谓曲高和寡,我贵知希,两言足矣。使俗子为之,有何意味?却由浅入深,由蓄而露,实景处,只四句括尽,词约韵长。(《评选古文正宗》卷三)

[明] 唐顺之:古人观理,每于活处看,故《诗》云"鸢飞鱼跃",孔子云"逝者如斯"。及明道不除窗前草,欲观其意思,与自家一般,皆是于活处看。如"凤凰上击九千里"一段,都是把景物做自家生意,甚是活动。(引自《评选古文正宗》卷三)

卷四　秦文

[清]　金圣叹：此文腴之甚,人亦知；炼之甚,人亦知；却是不知其意思之傲睨,神态之闲畅。凡古人文字,最重随事变笔。如此文,固必当以傲睨闲畅出之也。(《天下才子必读书》卷四)

[清]　王符曾：水无波澜曲折者,非大观也；山无层峦叠嶂者,非名胜也；文章无步骤层次者,非至文也。故文章之妙,在步骤,而步骤之妙,在陪衬。如此文宋玉对楚王问,若出俗笔,只末"世俗之民安知臣之所为"一笔可了,此偏将客歌郢中陪起。客歌郢中,若出俗笔,只曲高和寡一笔可了,此偏将数千人、数百人、数十人陪出数人,便实说出天壤间德修谤兴、道高毁来一种道理来。却不肯竟说正意,更将凤凰、鲲鱼陪起。凤凰、鲲鱼亦一笔可了,此偏将凤凰、鲲鱼细细洗发一番,便实说出天壤间鸿翔寥廓、人视薮泽一种道理来。然后接入正意,不费辞说,自有水到渠成之妙矣。(《古文小品咀华》卷一)

[清]　林云铭：惟贤知贤,士民口中如何定得人品？楚王之问,自然失当。宋玉所对,意以为不见誉之故,由于不合于俗；而所以不合之故,又由于俗不能知。三喻中不但高自位置,且把一班俗人伎俩见识尽情骂杀,岂不快心！(《古文析义》卷六)

[清]　吴楚材、吴调侯：意想平空而来,绝不下一实笔,而骚情雅思,络绎奔赴,固轶群之才也。"夫圣人"一段,单笔短掉,不说尽,不说明,尤妙。(《古文观止》卷四)

[清]　过琪：谗人高张,贤士无名,其师屈原之言也。然屈原之言近怨,而宋玉之言近傲。及读其《高唐》之赋,托喻甚微,好色不淫,怨悱不乱。若两人者,可谓兼之矣。(《详订古文评注全集》卷三)

[清]　李刚己：此文盖即《客难》、《宾戏》、《解嘲》、《进学解》诸文之祖,然其步伐森严,畦径明晰,在诸篇中最为便于初学。(《古文辞约编》)

卷五

汉　文

五帝本纪赞

《史记》

解题　《史记·太史公自序》："维昔黄帝，法天则地，四圣遵序，各成法度；唐尧逊位，虞舜不台；厥美帝功，万事载之。作《五帝本纪》。"

太史公司马迁自谓也。迁为太史公官。曰：学者多称五帝，尚矣。五帝，黄帝、颛顼、帝喾、尧、舜。尚，久远也。学者多称五帝，已久远矣。○锁一句，下即捷转。然《尚书》独载尧以来，其可征而信者，莫如《尚书》。然其所载，独有尧以来，而不载黄帝、颛顼、帝喾。则所征者，犹有藉于他书也。○二转。而百家言黄帝，其文不雅驯，荐同搢。绅先生难言之。驯，训也。百家虽言黄帝，又涉于神怪，皆非典雅之训。故当世士大夫皆不敢道，则不可取以为征也。○三转。孔子所传《宰予问五帝德》及《帝系姓》，儒者或不传。《五帝德》、《帝系姓》二篇，见《大戴礼》及《家语》。虽称孔子传于宰我，而儒者疑非圣人之言，故不传以为实，则似未可全征而信也。○四转。余尝西至空峒，空峒，山名。黄帝问道广成子处。北过涿鹿，涿鹿，亦山名，在妫州。山侧有涿鹿城，即黄帝、尧、舜之都。东渐尖。于海，南浮江淮矣。点东南西北，与篇中作映带。至长老皆各往往称黄帝、尧、舜之处，风教固殊焉。余身所涉历，见所在长老，往往称黄帝、尧、舜旧迹，与其风俗教化固有不同。则他书之言黄帝者，亦或可征也。○五转。**总之，不离古文者近是**。古文，《尚书》也。大要以不背《尚书》所载者为近于是。然太拘泥，则不载者岂无可征者乎？故曰"近是"也。○六转。**予观《春秋》、《国语》，其发明《五帝德》、《帝系姓》章矣**，顾弟同第。**弗深考，其所表见皆不虚**。备载则有《五帝德》等篇。我观《国语》，其间发明二篇之说为甚章著，顾儒者但不深考，而或不传耳。其二篇所发明，章著而表见，验之风教固殊者，皆实而不虚，则亦或可征矣。○七转。**《书》缺有间矣，其轶乃时时见于他说**。况《尚书》缺亡，其间多矣，岂可以其缺亡而遂已乎？其尚遗佚，若黄帝以下之事，乃时时见于他说。如百家、《五帝德》之类，皆他说也。又岂可以搢绅难言，儒者不传，而不择取乎？○八转。将《尚书》、《国语》等一总。**非好学深思，心知其意，固难为浅见寡闻道也**。事在疑信间，则当会其意。非好学深思，心知其意，不能择取。而浅见寡闻者，固难为之言也。○九转。**余并论次，择其言尤雅者**，应"文不雅驯"。**故著为本纪书首**。余非止据《尚书》论次尧以下，且并黄帝、颛顼、帝喾而论次之。于《五帝德》等书，择其言之尤雅者取之。则其不雅者，在所不取也。○结出一生作史之意。

汇评

[宋] 黄震：迁之纪五帝，自谓择言之尤雅者著于篇，其存古之意厚矣。然黄帝杀蚩尤与以云纪官，才一二事。若封禅事，已不经。至颛顼、帝喾，纪皆称颂语，非有行事可考。唐、虞事虽颇详，皆不过二典所已载。然则孔子定《书》，断自唐、虞，至矣，何求加为？（《黄氏日钞》卷四六）

[明] 钟惺：此赞不作一了语，其一段传疑不敢自信之意，往往于运笔虚活灵转处见之，以款曲传深谨，洵符良史之目。（引自《古文集宜》卷一）

[清] 林云铭：此是《史记》开卷第一篇文字。龙门欲以五帝为本纪之冠，以夫子删《书》断自唐、虞，则尧、舜以前不可考，少不得参择百家之言。奈百家之言，多涉神怪，即有载孔子"五德"、"系姓"之语者，世儒又疑其非真，似乎难以考信矣。然以平日涉历所至，其见闻不但与《尚书》相合，亦与百家言不甚相悖，又不得执《尚书》之所有，而概疑其所无也。今试就百家之言论之，如"五德"、"系姓"之说，《春秋》、《国语》发明甚详，且不必深究其旨，但其事迹风教，表见于长老之口者，既凿凿可据，在《尚书》、尧、舜以前虽有缺略不全，而散见于百家者甚多。大约非神明其意者，不能辨其醇疵而采择。若浅见寡闻者流，非事事轻信，则置不复道耳，此作者之大旨也。文之古奥曲折，时解多不能通其脉络，殊为恨恨。（《古文析义》卷八）

[清] 吴见思：转折层曲，往复回环，文笔文心，两俱妙绝。（引自《古文集宜》卷一）

[清] 魏起泰：通篇用大开合，上下又各具小开合，作法作意了然。（《古文集宜》卷一）

[清] 吴楚材、吴调侯：此为赞语之首，古质奥雅，文简意多。转折层曲，往复回环。其传疑不敢自信之意，绝不作一了结语。乃赞语中之尤超绝者。（《古文观止》卷五）

[清] 浦起龙：《尚书》断自唐、虞，二典具在也。其前三帝，散见群书，文多不经矣。于首简之端，采杂家之说，择之不可不审，舍孔子其奚从焉？若《春秋》、《国语》所述，虽非手定，犹自其门弟子传之。好学深思之士，所亟取也。尊一孔子，为择言之折衷。文虽简，实全史持论之本。（《古文眉诠》卷一八）

[清] 余诚：通体俱是发明所以作《五帝本纪》之意。首段以《书》之有详有略、人之有言有不言反复顿挫，次以游历得诸长老者为证，再次以考之《春秋》、《国语》及他说者为据，而总归之于"好学深思，心知其意"作收束，见非此则疑者终不能信，惟此乃能信而择之也。

故末段点明"择其言尤雅"作结。文仅二百余字而转折之多,承接之妙,音节之古,结构之精,有难以悉举者,要在善读之士一一静会之。(《重订古文释义新编》卷六)

[清] 唐介轩:传信传疑,忽开忽合,末结作史要领,笔意不可方物。(《古文翼》卷四)

卷五　汉文

项羽本纪赞

《史记》

解题　《史记·太史公自序》："秦失其道，豪桀并扰；项梁业之，子羽接之；杀庆救赵，诸侯立之；诛婴背怀，天下非之。作《项羽本纪》。"

太史公曰：吾闻之周生汉时儒者。曰舜目盖重瞳子，又闻项羽亦重瞳子。羽岂其苗裔异。邪？何兴之暴也！重瞳，两眸子。苗裔，后嗣也。暴，骤也。○从兴之暴，想到舜。然舜、羽非伦，故又想到重瞳子。史公论赞，往往从闲处写，极有丰神。夫秦失其政，陈涉首难，去声。豪杰蜂起，相与并争，不可胜升。数。上声。○秦二世元年七月，陈涉等起大泽中。蜂起，言多也。斯时相与争天下者，不可胜数，而欲崛起定霸，盖亦甚难。○振数语，逼入项羽，有势。然羽非有尺寸，乘势起陇亩之中，三年，遂将五诸侯灭秦，分裂天下而封王侯，政由羽出，号为"霸王"。位虽不终，近古以来未尝有也。乘势，乘豪杰之势也。五诸侯，齐、赵、韩、魏、燕。○一段正写其兴之暴，极赞项羽。及羽背关怀楚，放逐义帝而自立，怨王侯叛己，难矣。背关，背约，不王高祖于关中。怀楚，谓思东归而都彭城。义帝，楚怀王孙心，项梁立以为楚怀王，项羽尊之为义帝，后徙之长沙，阴令人击杀之江中。○一贬驳。自矜功伐，奋其私智而不师古，谓霸王之业欲以力征经营天下，五年卒亡其国，身死东城，尚不觉寤而不自责，过矣。二贬驳。乃引"天亡我，非用兵之罪也"，岂不谬哉！三贬驳。○前后"兴"、"亡"二字相照；"三年"、"五年"，并见兴亡之速，俱关键。"过矣"、"谬哉",唤应绝韵。

汇评

[明] 唐顺之：此赞起自"吾闻周生"至"近古未尝有"，俱扬词；及"羽背关怀楚"至"岂不谬哉"，俱抑词。后"难矣"、"过矣"、"谬哉"俱是相叫应语，极其宕跌。（引自《评选古文正宗》卷五）

[清] 金圣叹：此断项羽全不师古，其亡固宜。只是起手暴兴，却是何故？凡作一扬三抑，注意正在豪杰"不可胜数"句，言除却重瞳，更不可解。（《天下才子必读书》卷五）

[清] 王符曾：抑扬尽致，一种惋惜之意，呼之欲出。（《古文小品咀华》卷二）

[清] 林云铭：开手喝出"暴"字，是项羽一生定评，通篇以此字作骨，其引舜目重瞳，亦非闲话，乃借一至仁之至与至暴者相形耳。《秦楚月表》亦云"虐戾灭秦，自项氏"，即"暴"字之注脚。言羽若是舜裔，其当兴时则不应暴戾乃尔耳。坊本以下文有"起陇"等语，遂解作"暴骤"之"暴"，若然，则上文"苗裔"句下应加"不然"二字转入，否则语意不相贯矣。况《黥布传赞》亦有"皋陶之后何拔兴之暴"等语，且言项氏坑杀而布尝为首虐，亦以布若系皋陶之裔，即不当暴虐如此。与此赞意相同，无庸疑也。然羽之暴处，尤在"背关怀楚，放逐义帝而自立"二句，故特地提出，为项氏灭亡关头，既以暴兴，旋以暴亡，逆取顺守之间，大为失策。龙门以一字为断，千古铁笔，但列入本纪，比之帝王，终不如《汉书》与陈涉同作列传为当。（《古文析义》卷八）

[清] 魏起泰：此纪前是天亡秦，后是天亡楚，"天亡"二字通篇眼目，上半凡二见，下半凡四见。此长篇线索处，赞语亦特结出。但纪言天命，赞则断归人事，此作史特识处。（《古文集宜》卷二）

[清] 吴楚材、吴调侯：一赞中，五层转折，唱叹不穷，而一纪之神情已

尽。(《古文观止》卷五)

[清] 李景星：实事实力,纪中已具,故赞语只从闲处着笔,又如风雨骤过,几点余霞遥横天际也。(《史记评议》)

秦楚之际月表

《史记》

解题　《史记·太史公自序》："秦既暴虐，楚人发难，项氏遂乱，汉乃扶义征伐；八年之间，天下三嬗，事繁变众，故详著《秦楚之际月表》。"

　　太史公读秦二世。楚项氏。之际，时天下未定，参错变化，不可以年纪，故列其月。曰：初作难，发于陈涉；一段。虐戾灭秦，自项氏；二段。拨乱诛暴，平定海内，卒践帝祚，同作。成于汉家。祚，位也。○三段。三样写法。五年之间，号令三嬗，同禅。自生民以来，未始有受命若斯之亟也。三嬗，谓陈涉、项氏、汉高祖。○总承上三段作结。

　　昔虞、夏之兴，积善累功数十年，德洽百姓，摄行政事，考之于天，然后在位。考之于天，即《孟子》所谓人归天与也。○一段。汤、武之王，乃由契、后稷，修仁行义十余世，不期而会孟津八百诸侯，犹以为未可；其后乃放弑。"会孟津"二句，单言武王，举武以见汤耳。○二段。秦起襄公，章于文、缪、献、孝之后，稍以蚕食六国；百有余载，至始皇乃能并冠带之伦。章，显大也。○三段。○俱反上三段。"数十年"、"十余世"、"百有余载"，句中有眼。以德若彼，指四代。用力如此，指秦。盖一统若斯之难也。总承上三段作结。

　　秦既称帝，患兵革不休，以有诸侯也，倒句。于是无尺土之封,堕坏怪。名城,销锋镝,的。钼钽。豪杰,维万世之安。钼,诛也。维,计度也。○另起一峰,下即捷转。单写高祖,慨叹作致。**然王迹之兴,起于间巷**,高祖起于亭长。**合从**宗。**讨伐,轶于三代**,与豪杰并力攻秦,过于汤、武之放弑。乡同向。**秦之禁,适足以资贤者为**去声。**驱除难**如字。**耳**。前言一统之难,高祖独五年而成帝业,盖由秦无尺土之封,败坏既极,适足以资助贤者,而为之驱除其所难耳。○一层。**故愤发其所为天下雄,安在无土不王?** 无土不王,盖古语也。高祖愤发间巷而成帝业,安在其为无土不王也?○二层。**此乃传之所谓大圣乎!岂非天哉?岂非天哉?** 高祖或乃传之所谓大圣,故不可以常理拘,盖有天意存乎其间矣。○三层。**非大圣孰能当此受命而帝者乎!** 若非大圣,孰能当此豪杰并争之日,独受天命而帝者乎?○四层。应"受命"二字作结。

汇评

[明] 董浔阳:前言商、周以德,秦以力,皆甚难;汉独五年而成帝业,甚易。盖由秦无尺土之封,败坏既极,而汉为大圣受天命而兴,故易难顿挫耳。(引自《评选古文正宗》卷五)

[明] 张萧:言汉兴之易者,由秦为之先驱,除其所难耳。"受命若斯之亟",对"一统若斯之难"。"号令三嬗",缴陈涉、项氏、汉家,而归之于"受命之亟"。"以德若彼",缴虞、夏、汤、武。"用力若此",缴秦襄、始皇,而总之以一统之难。而今亟者,以有秦为先驱,以除去其所难耳。(《评选古文正宗》卷五)

[明] 茅坤:读《秦楚月表》,而海内土崩鼎沸之始末甚矣,其可累欷而太息也!而彼真人者翱翔其间,一切拨乱反之正,若转环然,岂非神武而圣者乎!(引自《史记评林》)

[明] 钟惺:虽是作本朝文字,不无推尊,然有体有法,不似后人一味曲笔。(引自《史记评林》)

[清]　林云铭：秦楚之际，乃秦既失政，汉未嗣统，群雄逐鹿之时，然汉业实由此而兴，自当以汉受命立说。开首把陈涉、项氏提过，倒入汉践帝祚，便已得体。随将历代受命之难较论一番，则汉兴之易果为生民以来未有矣。揆其故，盖由于秦废分封，自除藩卫，使奋起闾巷者可以不阶尺土而兴王业。故无土不王之说，可以论其常，不可拘大圣人之作用也。岂非天有意于其间哉？然天虽有意于亡秦，若非大圣如高帝者出，亦不过如初发难之陈涉而已，如虐戾灭秦之项氏而已，安能当此群雄角逐之时，独受命而为帝者乎？前段云受命之亟，明陈涉、项氏之兴，亦由天命，但以非大圣不得为帝耳。文之妙，在颂扬得体，其曲折澹宕，前人已有评之者矣。（《古文析义》卷八）

[清]　李晚芳：文特隽发，跌宕可喜。开首以陈、项夹出汉家，曰"卒践"，是撇去陈、项，而独重汉家矣。又引出虞、夏、商、周、秦得天下之难，夹出汉家得天下之易，归功于秦法驱除，虽曰人事，岂非天命哉！此篇章法颇易晓，太史公最郑重谨慎之文。（《读史管见》卷一）

[清]　吴楚材、吴调侯：前三段一正，后三段一反，而归功于汉。以四层咏叹，无限委蛇，如黄河之水，百折百回，究未尝著一实笔，使读者自得之，最为深妙。（《古文观止》卷五）

[清]　浦起龙：汉成帝业，乃《月表》后事，文顾略题事而颂本朝，何也？暴乱相仍，昭代起而治象开，正须以扬休史笔，廓清杀运。此制作之祖法也。宕往神行，千古逸调。（《古文眉诠》卷一九）

[清]　唐文治：吴辟疆云："愤激卓诡，跌宕恣肆，滂沛喷薄，雄奇万变，史公得意文字"。余按：此文极言三代与秦得天下之难，汉得天下之易，结处则语语菲薄汉家，不可为训。惟炼气之神妙，实为千古作者所不能及。（《国文经纬贯通大义》卷八）

[清]　李景星：月表立法最精妙，乃史家别体，亦是创体，前后都无有也。盖楚、汉等八国，嗣又分为二十国，事务极杂，时间复短，既不能以

事计，亦不能以年数，此处参差错综，安置最难。自太史公创为此表，按月排列，逐事附入，遂使当时形状一一分明。因其眼光过人，故胸中笔下，具有经纬。表序感慨世变，推尊本朝，纯以唱叹传神，而归原天命，尤为得体。(《史记评议》)

高祖功臣侯年表

《史记》

解题 《史记·太史公自序》："维高祖元功,辅臣股肱,剖符而爵,泽流苗裔,忘其昭穆,或杀身陨国。作《高祖功臣侯者年表》。"

太史公曰：古者人臣功有五品，以德立宗庙、定社稷曰勋，以言曰劳，用力曰功，明其等曰伐，同阀。积日曰阅。明其等，谓明其功之差等。伐，积功也。积日，计其任事之久。阅，经历也。○先立一案。封爵之誓曰："使河如带，泰山若厉，同砺。国以永宁，爰及苗裔。"异。○带，衣带也。厉，砥石也。苗裔，远嗣也。言使河山至若带、厉，国犹未绝，盖欲使功臣传祚无穷也。始未尝不欲固其根本，而枝叶稍陵夷衰微也。所谓"靡不有初、鲜克有终"也，自古已然。先为一叹。○"始未尝不欲固其根本"，承上封爵之誓意；"枝叶稍陵夷衰微"，起下子孙骄溢亡国意。

余读高祖侯功臣，察其首封，所以失之者，察其始封与所以失侯者。○申"固其根本"、"枝叶陵夷"二句。曰：异哉所闻！异哉所闻，正反上一段。言根本不固，不待枝叶已陵夷衰微也。又为一叹。《书》曰"协和万国"，迁于夏、商，或数千岁。万国，乃尧以前所封者。盖周封八百，幽、厉之后，见于《春秋》。《尚书》有唐、虞之侯伯，历三代千有余载，自全以蕃同藩。卫天子，岂非笃于仁义、奉上法哉？笃仁义、奉上法，是自全要著。○又引一案。自古皆然，而汉独不然，顶"异哉所闻"也。三叹。汉兴，功

卷五　汉文

臣受封者百有余人。天下初定,故大城名都散亡,户口可得而数者十二、三,才有十分之二、三。是以大侯不过万家,小者五六百户。昔日之衰。后数世,民咸归乡里,户益息,息,蕃庶也。萧、何、曹、参、绛、勃、灌婴。之属或至四万,小侯自倍,富厚如之。今日之盛。子孙骄溢,忘其先,淫嬖。作僻。至太初,太初,武帝年号。百年之间,见现。侯五,见在为侯者,仅五人。余皆坐法陨命亡国,耗毛。矣。耗,尽也。○因盛而衰。罔同网。亦少密焉,罔,禁网也。○冷句带讽。然皆身无兢兢于当世之禁云。仍归到不能自全上。○两句,与上"笃于仁义奉上法"句相对。上笃仁义则无罔少密之苛,下笃仁义而奉上法,则能兢兢当世之禁,而不坐法亡国。两句两转,作两层叠。四叹。

居今之世,汉。志古之道,夏、商、周。所以自镜也,未必尽同。镜,鉴也。居今志古,所以自鉴得失,而时势变迁,亦不必今人尽同乎古。○一总,便推开,为本朝诛灭功臣回护一番。帝王者各殊礼而异务,要以成功为统纪,岂可绲魂。乎?绲,缝而合之也。言从来帝王原各不同,要以成一代之功为纲纪,岂可合而强同之乎?○此正是居今志古,以汉与前代相提而论也。观所以得尊宠及所以废辱,应"察其首封,所以失之"二句。亦当世得失之林也,何必旧闻?应"异哉所闻"句。○此则单指汉诸侯也。五叹。于是谨其终始,表见其文,颇有所不尽本末,著其明,疑者阙之。后有君子,欲推而列之,得以览焉。结出所以作表之意。表者,表明其事也。

汇评

[明]　杨慎:"始未尝不欲固其根本",承上文封爵誓之意。"而枝叶稍陵夷衰微也",起下文子孙骄溢亡国之意。曰"察其首封",曰"所以失之",申固本及枝叶陵夷之语。异哉所异,举古概今,以贯一篇

之语脉。"岂非笃于仁义、奉上法"句,与下文"身无兢兢于当世之禁"句相对。上笃仁义,则无罔少密之苛;下笃仁义而奉上法,则能兢兢当世之禁,而不坐法亡国矣。故曰居今志古,"所以自镜也"。"今"、"古"二字,统贯全篇语脉。末云"得尊宠",及"废辱",及"得失之林",俱终上二意,关键开合极密。(引自《评选古文正宗》卷五)

[清] 储欣:低回曲折,其褒贬处于言外得之。(引自《古文集宜》卷二)

[清] 谢有煇:封国过大,必致相疑。不独贾生言之也,史公亦见及之矣。然不言叛逆而言淫嬖,叛逆犹是仅有之事,而淫嬖则中人之失,正见其必不能保全也。此序首言"察其首封,所以失之者",是论事扼要处。末归之"要以成功为统纪",是回护法。(《古文赏音》卷五)

[清] 林云铭:列爵分土,所以报功,而受封之臣,亦世世为国家藩屏,此古先王开国不易之典也。汉以威力取天下,猜忌横生,待功臣最薄,时诸侯王亦多不明大义,百年之间,坐法失国,皆必至之势。龙门引古相形,轩轾殊绝,无限感慨,奈本朝报功薄处,不便明言,末段只得将古今不必相同意回护一番,便导人功臣尊宠废辱之得失,以为劝戒,备极斡旋苦心。(《古文析义》卷八)

[清] 吴楚材、吴调侯:通篇全以慨叹作致,而层层因互,步步照顾,节节顿挫。如龙之一体,鳞鬣爪甲而已,而其中多少屈伸变化,即龙亦有不能自知者。此所以为神物也。(《古文观止》卷五)

[清] 浦起龙:古今参会,笔有遥情,字含深慨。年未久而封益涸,所由叹且诫也。(《古文眉诠》卷一九)

[清] 蔡世远:阅历世变,垂鉴将来,感怆咏叹,气缩神逸,孟坚所不能也。(《古文雅正》卷一)

[清] 唐文治:抑扬顿挫,语皆有神,兼一唱三叹法。前以"异哉所闻"一提,后以"未必尽同","何必旧闻"作结,遥相呼应,则慨叹汉高诛戮功臣之惨,尽归尺幅之中矣。此为炼气静字诀,兼净字诀,静之至而神自出,净之至而神愈有味也。(《国文经纬贯通大义》卷八)

卷五　汉文

孔子世家赞

《史记》

解题　《史记·太史公自序》:"周室既衰,诸侯恣行。仲尼悼礼废乐崩,追修经术,以达王道,匡乱世反之于正,见其文辞,为天下制仪法,垂六艺之统纪于后世。作《孔子世家》。"《论语·子罕》:"颜渊喟然叹曰:'仰之弥高,钻之弥坚。瞻之在前,忽焉在后。夫子循循然善诱人,博我以文,约我以礼。欲罢不能。既竭吾才,如有所立卓尔。虽欲从之,末由也已。'"

太史公曰:《诗》有之:"高山仰止,景行行止。"虽不能至,然心乡向。往之。景行,大道也。○借《诗》虚虚笼起。余读孔氏书,遗书一。想见其为人。心乡往之。适鲁,观仲尼庙堂、车服、礼器,遗器二。诸生以时习礼其家,遗教三。余低回留之,不能去云。心乡往之。○圣无能名,又何容论赞?史公只就其遗书、遗器、遗教,以自言其乡往之诚,虚神宕漾,最为得体。天下君王至于贤人众矣,当时则荣,没则已焉。又借他人反形一笔。更透。孔子布衣,传十余世,学者宗之。自天子王侯,中国言六艺者折中于夫子,折,断也。中,当也。谓断其至当之理。可谓至圣矣! 定赞。

汇评

［宋］　黄震:孔子布衣,史迁以附诸侯王之后,且赞之曰:"天下君王至于贤人众矣,当时则荣,殁则已焉。孔子布衣,至今学者宗之。"其意

尤抑彼而扬此。呜呼！吾夫子天而人者也！能模写其盛者，惟子思《中庸》数语及。（《黄氏日钞》卷四六）

[明] 张溥：史迁尊孔子于世家，置老子于列传，其见卓矣。先黄老，后六经，班固之论，特以时好观迁史耳。（《评选古文正宗》卷五）

[清] 金圣叹：赞孔子，一若想之不尽、说之不尽也者，所谓观海难言也。（《天下才子必读书》卷五）

[清] 王符曾：荆公议史迁列孔子于世家为进退失据，今观其赞语，则固以仲尼之道为可以世天下矣。（《古文小品咀华》卷二）

[清] 林云铭：为夫子作赞，若提起道德来，请问从何处说起？此惟缓缓引诗自述，莫测高深，仅有向往之诚。故读其书也，以想见其人为向往；观其庙堂也，以低回不去为向往，总未道着夫子一字也。然后以天下有位而贵，有德而贤者互较一番，见他人不过一时之荣，而夫子乃万世之宗。末言"六艺折中"，亦就人之向往上说，忽以"至圣"二字作结，而道德之尊已在其内，何等省力！此极轻极松之笔。（《古文析义》卷八）

[清] 吴楚材、吴调侯：起手忽凭空极赞，而后入孔氏。既入事，而又极赞以终之。一若想之不尽，说之不尽也者，所谓观海难言也。（《古文观止》卷五）

[清] 浦起龙：至圣如何下赞？只写向慕之神。一百五字中，备虚实、纵握、案断诸能事。（《古文眉诠》卷二十二）

[清] 唐介轩：引诗词以明向往，下分两层申说，又推开一纵，形容出"至圣"来。咏叹摇曳，文情深至。（《古文翼》卷四）

[清] 李扶九：赞孔子，不实道一句。前半以己工写，后半以人工写，乃避实击虚，全用托法也。盖夫子之道德难名，挂一或至遗万，故惟虚写一法，乃无诸弊。（《古文笔法百篇》卷一二）

外戚世家序

司马迁

解题 司马贞《史记索隐》："外戚,纪后妃也,后族亦代有封爵故也。"

自古受命帝王及继体守文之君,继体,谓继先帝之正体。守文,谓守先帝之法度。非独内德茂也,盖亦有外戚之助焉。外戚,纪后妃也。后族亦代有封爵,故曰外戚。○总提一句。夏之兴也以涂山,涂山,国名。禹娶涂山氏之女。○受命。而桀之放也以妹喜;桀伐有施,有施氏以妹喜女焉。○继体。殷之兴也以有娀,嵩。○有娀,国名。帝喾娶其女简狄为次妃,生契,为殷始祖。○受命。纣之杀也嬖妲己;纣伐有苏,有苏氏以妲己女焉。○继体。周之兴也以姜原及大任,壬。○帝喾元妃,有邰氏之女,曰姜原,生后稷,为周始祖。大任,文王之母。○受命。而幽王之禽同擒。也淫于褒姒。褒姒,褒国之女。姒,姓也。○继体。○序三段。顶受命继体之君。而一正一反,句法变化。故《易》基《乾》、《坤》,《诗》始《关雎》,《书》美厘离。降,《虞书》:"厘降二女于妫汭。"厘,理也。降,下嫁也。妫汭,妫水之北,舜所居也。言先料理下嫁二女于妫水之汭也。《春秋》讥不亲迎。去声。○《春秋》隐二年,"纪履繻来逆女。"《公羊》曰:"外逆女不书。此何以书?讥也。何讥尔?讥始不亲迎也。"夫妇之际,人道之大伦也。礼之用,唯婚姻为兢兢。即五经。点五段。夫乐调而四时和。阴阳之变,万物之统也,可不慎与?又补出乐。以完六经。人能弘道,根上六经。无如命何。起下妃匹。甚哉,妃同配。匹之爱,君不能得之于臣,父不能得之于子,况卑下乎！因"命"字，起下两段。既驩同欢。合矣，或不能成子姓；子姓，子孙也。○指惠帝后、薄皇后、陈皇后、慎夫人、尹姬。能成子姓矣，或不能要平声。其终，指戚夫人、王皇后、栗姬、王夫人、李夫人。岂非命也哉？结住"命"字。下即转。孔子罕称命，盖难言之也。非通幽明之变，恶能识乎性命哉？又以性命并言，即孟子"命也有性焉"之意。

汇评

[清] 吴楚材、吴调侯：齐家治国，王道大端，故陈三代之得失，归本于六经，而反复感叹，以天命终焉。全篇大旨，已尽于此。"孔子罕称命"一转，恐人尽委之于命，而不知所劝戒，故特结出性命之难知，盖欲人弘道以立命也。此史公言外深意，不可不晓。(《古文观止》卷五)

伯夷列传

《史记》

解题　《史记·太史公自序》："末世争利,维彼奔义;让国饿死,天下称之。作《伯夷列传》。"

夫学者载籍极博,犹考信于六艺。六艺不载,则不可信以为实。《诗》、《书》虽缺,然虞、夏之文可知也。孔子删《诗》三百五篇,今亡五篇,删《书》一百篇,今亡四十二篇。《诗》、《书》虽有缺亡,然《尚书》有《尧典》、《舜典》、《大禹谟》,则虞、夏之文,可考而知也。○伯夷有传,有诗,所志在神农、虞、夏,故先闲闲引起。尧将逊位,让于虞舜。伯夷所重在让国一节,故先以尧让天下引起。拟人于其伦,是极重伯夷处。舜、禹之间,岳牧咸荐,岳,四岳,官名。一人而总四岳诸侯之事。牧,九州之牧。又十二牧。乃试之于位,典职数十年,舜、禹皆典职事数十年。功用既兴,然后授政,授以摄政。示天下重器。王者大统,传天下若斯之难也。即虞、夏之文知尧、舜禅让之难,以见尧让许由、汤让随光之妄。而说者曰,说者,谓诸子杂记也。尧让天下于许由,许由不受,耻之逃隐。许由,字武仲,尧欲致天下而让焉,乃逃隐于颍水之阳,箕山之上。及夏之时,有卞随、务光者。卞随、务光,殷汤让之天下,并不受而逃。此何以称焉?尧、舜让位,若斯之难,则许由、随、光之让,或说者之妄称,未必实有其人。太史公曰:凡篇中忽插"太史公曰"四字,皆迁述其父谈之言。余登箕山,其上盖有许由冢云。又似实有其人。○又引一许由、随、光,先为伯夷衬贴,几令人不辨宾主,神妙无比。孔子序列古之仁圣贤人，孔子是一篇之主。如吴太伯、伯夷之伦详矣。又请一吴太伯带出伯夷，若不专为伯夷者。是另一法。余以所闻由、光义至高，其文辞不少概见，何哉？以由、光义至高，而《诗》《书》之文辞不少略见，则其人终属有无之间，未可据以为实。○又回映由、光一笔，缭绕衬贴，文辞正照下伯夷有传、有诗。

孔子曰："伯夷、叔齐，不念旧恶，怨是用希。""求仁得仁，又何怨乎？"即以孔子接下。叔齐附传。余悲伯夷之意，悲其兄弟相让、义不食周粟而饿死。睹轶诗可异焉。轶诗，即下《采薇》之诗也。不入三百篇，故云轶。其诗有涉于怨，与孔子之言不合，故可异。○倒提一笔，妙。其传曰：始正序伯夷事，盖伯夷先已有传也。伯夷、叔齐，孤竹君之二子也。孤竹，国名，姓墨胎氏。父欲立叔齐，及父卒，叔齐让伯夷。伯夷曰："父命也。"遂逃去。叔齐亦不肯立而逃之。国人立其中子。于是伯夷、叔齐闻西伯昌善养老，"盍往归焉！"及至，西伯卒，武王载木主，号为文王，东伐纣。伯夷、叔齐叩马而谏曰："父死不葬，爰及干戈，可谓孝乎？以臣弑君，可谓仁乎？"左右欲兵之，太公曰："此义人也。"扶而去之。武王已平殷乱，天下宗周，而伯夷、叔齐耻之，义不食周粟，隐于首阳山，采薇而食之。序伯夷实事平实简净，盖前后多跌荡，此不得不平实章法也。及饿且死，作歌。其辞曰：应前轶诗。"登彼西山兮，采其薇矣。以暴易暴兮，不知其非矣。神农、虞、夏忽焉没兮，我安适归矣？于同吁。嗟徂同殂。兮，命之衰矣！"悲愤历落，流利抑扬，此歌骚之祖也。遂饿死于首阳山。诗与传毕。由此观之，怨邪非邪？应前"睹轶诗可异"句。以下上上千古，无限感慨。

或曰："天道无亲，常与善人。"若伯夷、叔齐，可谓善人者非邪？积仁絜同洁。行如此而饿死！就夷、齐饿死上，翻出议论。且七十子之徒,仲尼独荐颜渊为好学。然回也屡空,糟糠不厌,而卒蚤夭。天之报施善人,其何如哉?盗跖日杀不辜,肝人之肉,脍人肝而铺之。暴戾恣睢,诲。○恣睢,谓恣行为睢怒之貌。聚党数千人,横行天下,竟以寿终,是遵何德哉?此其尤大彰明较著者也。反借夷、齐一宕,引出颜渊、盗跖,一反一正,以极咏叹。○有尧、舜、由、光诸人,故又引颜渊、盗跖二人照应作章法。若至近世,操行不轨,专犯忌讳,而终身逸乐,富厚累世不绝;或择地而蹈之,时然后出言,行不由径,非公正不发愤,而遇祸灾者,不可胜升。数上声。也。又即近世人,一反一正,以足上意,作两层写。妙。余甚惑焉,傥所谓天道,是邪非邪?又双结一句,以极咏叹。三"非邪",呼应。

子曰:"道不同,不相为谋。"上设两端开说,此又引孔子言合说。亦各从其志也。装一句,作"道不同"注脚。故曰:"富贵如可求,虽执鞭之士,吾亦为之。如不可求,从吾所好。""岁寒,然后知松柏之后凋。"两节正应"各从其志"。举世混浊,清士乃见。又装一句,作"松柏后凋"注脚,挽上伯夷。岂以其重若彼,其轻若此哉?彼,指"操行不轨"以下;此,指"择地而蹈"以下。○又以咏叹作一结。

"君子疾没世而名不称焉。"又引孔子之言。以"名"字反覆到底。贾子贾谊。曰:"贪夫徇财,烈士徇名,以身从物曰徇。夸者死权,贪权势以矜夸者,至死不休,故云死权也。众庶冯平。生。"冯恃其生。○引贾子四句。"烈士"一句是主,指伯夷。同明相照,同类相求。"云从龙,风从虎,龙兴致云,虎啸风烈。圣人作而万物睹。"圣人,人类之首也,故兴起于时,而人民皆争先快睹。○引《易经》五句,"圣人"一句是主,指孔子。○此两节将伯夷、孔子合说,直贯至篇末。伯夷、叔齐虽贤,得夫子而名益彰;颜渊虽笃学,附骥尾而行益显。《索隐》曰:"苍蝇附骥尾而致千里,以喻颜回因孔子而

297

名彰。"○即所谓"同类相求"、圣作而物睹也。又点颜回以陪伯夷,正在有意无意之间,妙。岩穴之士,趋舍有时,若此类名堙因。灭而不称,悲夫！一反。就"没世而名不称"。结篇首悲吊由、光案。闾巷之人,欲砥行立名者,非附青云之士,恶能施于后世哉！青云士,圣贤立言传世者。○承上二段推开一层说,言夷、齐得孔子之言,而名显于后世;由、光未经孔子序列,故后世无闻,所以砥行立名者,必附青云之士也。寓慨无穷。

汇评

[宋] 黄震：太史公疑许由非夫子所称,不述,而首述伯夷,且悲其饿死,为举颜子、盗跖,反复嗟叹,卒归之各从其志。幸伯夷得夫子而名益彰。其趣远,其文逸,意在言外,咏味无穷。然岂知其心之无怨耶？(《黄氏日钞》卷四六)

[明] 李九我：余读杨升菴评云"《春秋》首隐公,《史记》世家首吴太伯,列传首伯夷,贵让也",未尝不叹其研精史学。又读朱子曰"孔子称伯夷求仁而得仁,又何怨,此传浑身是怨矣"。余按此传,始虽不免于怨,至得孔子而名益彰,不如由、光不少概见,则向之西山饿殍,轶诗写怨者,皆付之水清风释矣,又何怨？此太史公纵横妙处。罗大经谓东坡《赤壁赋》步骤此传,信然。(引自《评选古文正宗》卷五)

[清] 谢有煇：世家以吴泰伯为首,列传以伯夷为首。二人皆护国者,史公之寓意甚深。(《古文赏音》卷五)

[清] 何焯：此七十列传之凡例也。本纪、世家,事迹显著。若列传,则无所不录。然大旨有二：一曰征信,不经圣人表章,虽遗冢可疑,而无征不信,如由、光是已;一曰阐幽,积仁洁行,虽穷饿岩穴,困顿生前,而名施后世者,如伯夷、颜渊是已。(《义门读书记》卷一四)

[清] 林云铭：此篇人无不读,读者无不赞其妙,至问其立言之意,则茫

然也。盖此篇为列传之首,作者以为上下千古岂无逊让高义如夷、齐其人者?即虞、夏间所称许由、随光辈在六艺既无所放信,又未经圣人论定,虽有所传之言,所见之家,总属疑似,欲为之立传,不可得也。惟吴太伯、夷、齐轶事,得夫子序列之言,纵不见于六艺,其人品确有可据者,故列传中以伯夷为首,即世家中以吴太伯为首之意耳。但夫子言伯夷无怨,而世俗所传《采薇》轶诗有"命衰"之词,又稍涉于怨,与夫子所言不合,似世俗所传之诗亦未必真也。若就常理而论,以伯夷善行如彼,自不应饿死首阳,宜其有怨。不知天道与善之说,本不可恃,如颜之夭,跖之寿,古今往往如此。揆伯夷之志,惟有行法俟命,不以命衰改节,饿死亦所其心。自当以夫子"无怨"之言为正也。然伯夷得夫子之言,名垂后世,气类相感,似非偶然。不然,亦等于由、光辈,湮没于岩穴间,吾亦不能为之立传矣。今圣人往矣,闾巷砥行者必不能自传,虽欲立名,非藉有闻达者相推引,何以见于后世,盖立名如是之难也。伯夷首阳之名,岂非幸哉?篇末不用赞语,盖合传赞为一篇,纯用虚笔,故反复援引,错综变化,致读者目迷五色,当于承接转换处细绎之。(《古文析义》卷八)

[清] 吴楚材、吴调侯:传体先叙后赞,此以议论代叙事,篇末不用赞语,此变体也。通篇以孔子作主,由、光、颜渊作陪客,杂引经传,层间叠发,纵横变化,不可端倪,真文章绝唱。(《古文观止》卷五)

[清] 余诚:以夫子之言为断,是其立传本意。通篇合传赞为一篇,结构最精。前幅先引孔子之言,虚论一段;次引旧传之词,备详其实。篇中止此是伯夷正传,却又兼叔齐在内。其屡用活笔处,不肯说煞。人多赏其文情缥缈,不知即其含愤处也。后幅引回、跖证天道及末段推说,固是发明传意,回抱前文,究无非自慨也。(《重订古文释义新编》卷六)

[清] 浦起龙:此传首也,当作列传总序观。有本旨,有波澜。本旨者何?直著其作传之旨也。文不概见,岩穴名堙,附骥益彰,功由论

定,是七十篇之发凡也。波澜者何？寄发其被刑之愤也。彼也饿死,此也祸灾,《游侠》、《货殖》,又曷可少？是又诸杂篇之弁语也。题主伯夷,文主孔子,窃比之志也。(《古文眉诠》卷二三)

[清] 李景星：世家首太伯,列传首伯夷,美让国高节以风世也。而此篇格局、笔意尤为奇创,后人不能读,故妄生议论,任意批评,以为文义错乱,不可为法。其实篇中脉络分明,节节可寻。前路从舜、禹引出许由、随光,借许由、随光陪出太伯、伯夷,然后单落到伯夷。纡徐委蛇,闪侧脱卸,中间有许多曲折层次。自"其传曰"至"怨邪非邪",凡二百二十七字,是本传正文。简古质直,异常洁净。证之堪舆家言,此为明堂正位。"或曰"以下,另起议论,波澜无际,随时起伏,总是为伯夷反正作衬,无有一语泛设。"子曰道不同"以下,言天道虽曰无凭,而人事必须自尽,教人以伯夷为法,而又深叹能识伯夷者之少也。合前后观之,杂引经传,往复咏叹,似断似续,如赞如论,而总以表彰伯夷为主,以孔子之论伯夷为定评。虽用笔千变万化,适成其为一篇《伯夷列传》而已。似此奇文,那能不推为千古绝调！(《史记评议》)

管晏列传

《史记》

解题 《史记·太史公自序》:"晏子俭矣,夷吾则奢;齐桓以霸,景公以治。作《管晏列传》。"《国语》卷六《齐语》:"桓公自莒反于齐,使鲍叔为宰,辞曰:'臣,君之庸臣也。君加惠于臣,使不冻馁,则是君之赐也。若必治国家者,则非臣之所能也。若必治国家者,则其管夷吾乎!臣之所不若夷吾者五:宽惠柔民,弗若也;治国家不失其柄,弗若也;忠信可结于百姓,弗若也;制礼义可法于四方,弗若也;执枹鼓立于军门,使百姓皆加勇焉,弗若也。"刘向《晏子春秋序》:"晏子名婴,谥平仲,莱人。莱者,今东莱地也。晏子博闻强记,通于古今,事齐灵公、庄公、景公,以节俭节行,尽忠极谏道齐,国君得以正行,百姓得以附亲。不用则退耕于野,用则必不诎义,不可胁以邪,白刃虽交胸,终不受崔杼之劫,谏齐君悬而至,顺而刻。及使诸侯,莫能诎其辞,其博通如此。盖次管仲。内能亲亲,外能厚贤,居相国之位,受万钟之禄,故亲戚待其禄而衣食五百余家,处士待而举火者亦甚众。晏子衣苴布之衣、麋鹿之裘,驾敝车疲马,尽以禄给亲戚朋友,齐人以此重之。"

管仲夷吾者,颍上人也。_{颍水,出阳城。今有颍上县。}少时常与鲍叔牙_{齐大夫。}游,鲍叔知其贤。_{一篇以鲍叔事作主,故先点鲍叔。}管仲贫困,常欺鲍叔,_{即下分财多自与之类也。}鲍叔终善遇之,不以为言。_{千古良友。}已而鲍叔事齐公子小白,管仲事公子纠。及小白立为桓公,公子纠死,管仲囚焉。鲍叔遂进管仲。齐襄公无道,鲍叔牙奉公子小白奔莒。及无知弑襄公,管夷吾、召忽奉公子纠奔鲁,鲁人纳之。未克而小白入,是为桓公。使鲁杀子纠而请管、召。召忽死之,管仲请囚,鲍叔牙言于桓公,以为相。管仲既用,任政于齐,齐桓公以霸,九合诸侯,一匡天下,管仲之谋也。管仲一生事业,只数语略写。

管仲曰:即述仲语作叙事。"吾始困时,尝与鲍叔贾,分财利多自与,鲍叔不以我为贪,知我贫也。此一事最易知,然知者绝少。吾尝为鲍叔谋事而更穷困,鲍叔不以我为愚,知时有利不利也。吾尝三仕三见逐于君,鲍叔不以我为不肖,知我不遭时也。即时之不利。吾尝三战三走,鲍叔不以我为怯,知我有老母也。公子纠败,召忽死之,吾幽囚受辱,鲍叔不以我为无耻,知我不羞小节而耻功名不显于天下也。此四事最难知,唯良友深知之。○忽排五段,前实事既略,此虚事独详,前以紧节胜,此以排语佳,相间成文。生我者父母,知我者鲍子也。"总收"知我"字。句中有泪。

鲍叔既进管仲,间接。以身下之,子孙世禄于齐,有封邑者十余世,十余世是言鲍叔,《索隐》指管仲。常为名大夫。天下不多管仲之贤而多鲍叔能知人也。以赞语作结,了鲍叔案。

管仲既任政相齐,间接。一匡、九合,前已总序,此又另出一头,重提再序,局法纵横,无所不可。以区区之齐在海滨,通货积财,富国强兵,与俗同好恶。此句是管仲治齐之纲。一"同"字,生下六个"因"字。故其称曰:是夷吾著书,所称《管子》者,今举其大略也。"仓廪实而知礼节,衣食足而知荣辱,上服度则六亲固。"上服度,上之服御物有制度。六亲,父、母、兄、弟、妻、子也。固,安也。"四维不张,国乃灭亡。"四维,礼、义、廉、耻也。

"下令如流水之源，令顺民心。"故论卑而易行。俗之所欲，因而予之；俗之所否，因而去之。其为政也，善因祸而为福，转败而为功。二句，得管仲之骨髓。贵轻重，慎权衡。轻重，谓钱也。《管子》有《轻重》篇。○一部《管子》，收尽数行。"因祸为福"二句，又生下三段。桓公实怒少姬，南袭蔡，桓公与蔡姬戏船中，蔡姬习水荡公，公怒，归蔡姬而弗绝，蔡人嫁之，因伐蔡。管仲因而伐楚，责包茅不入贡于周室。桓公实北征山戎，山戎伐燕，桓公救燕，遂伐山戎。而管仲因而令燕修召公之政。于柯之会，桓公欲背曹沫妹。之约，管仲因而信之，桓公与鲁会柯而盟，曹沫以匕首劫桓公于坛上，曰："反鲁之侵地。"桓公许之。已而欲无与鲁地而杀曹沫，管仲以为倍信，遂与曹沫三败所亡地于鲁。诸侯由是归齐。此皆一匡、九合中事，又提三段另序，俱不实写。故曰："知与之为取，政之宝也。"又即以《管子》语结之，缴完上节。

管仲富拟于公室，有三归、反坫，齐人不以为侈。管仲卒，齐国遵其政，常强于诸侯。收完"任政相齐"一段，即带下作晏子过文。

后百馀年而有晏子焉。由上接下，蝉联蛇蚹。

晏平仲婴者，莱之夷维人也。莱，今东莱地。事齐灵公、庄公、景公，以节俭力行重于齐。"节俭力行"四字，括尽晏子。既相齐，食不重肉，妾不衣帛。与管仲三归、反坫对。其在朝，君语及之，即危言；语不及之，即危行。国有道，即顺命；谓直道行也。无道，即衡命。谓权衡量度而行也。○二十五字，作八句、四节、两对，隽永包括。以此三世灵、庄、景，显名于诸侯。晏子一生事业，亦只数语，约略虚写，与管仲一样。

越石父贤，在缧绁中。晏子出，遭之途，解左骖赎之，载归。

303

弗谢，入闺，久之。越石父请绝。贤者固不可测。晏子戄然。然，摄衣冠谢曰："婴虽不仁，免子于厄，何子求绝之速也？"石父曰："不然。吾闻君子诎于不知己而信同伸。于知己者。一句案。方吾在缧绁中，彼不知我也。夫子既已感寤而赎我，是知己；知己而无礼，固不如在缧绁之中。"前以知己论管仲，此以知己论晏子，是史公著意点缀联合处。晏子于是延入为上客。

晏子为齐相，出，其御之妻从门间而窥其夫。其夫为相御，拥大盖，策驷马，意气扬扬，甚自得也。描尽情状，呼之欲出。既而归，其妻请去。奇妇人。○亦先作一纵，石父请绝，御妻请去，作一样写。夫问其故，妻曰："晏子长不满六尺，身相齐国，名显诸侯。今者妾观其出，志念深矣，常有以自下者。看人入细。今子长八尺，乃为人仆御，然子之意自以为足，妾是以求去也。"其后夫自抑损。亦奇。晏子怪而问之，写出有心人。御以实对。晏子荐以为大夫。

太史公曰：吾读管氏《牧民》、《山高》、《乘马》、《轻重》、《九府》，皆管仲著书篇名。及《晏子春秋》，《晏子春秋》七篇。详哉其言之也。因二子书已详言，故史公传以略胜。既见其著书，欲观其行事，故次其传。至其书，世多有之，是以不论，论其轶事。表明作两传之旨。先总说，下乃分。管仲世所谓贤臣，然孔子小之。岂以为周道衰微，桓公既贤，而不勉之至王，乃称霸哉？贬驳处，意浑融。语曰"将顺其美，匡救其恶，故上下能相亲也。"三句出《孝经·事君》章。言君有美恶，臣将顺而匡救之，故君臣能相亲协，即传中所谓"因而伐楚"、"因而令燕修召公之政"、"因而信之"之类是也。岂管仲之谓乎？极抑扬之致。方晏子伏庄公尸哭之，成礼然后去，崔杼弑庄公，晏婴入，枕庄公尸股而哭之，成礼而出。

304

○补传所未及。岂所谓"见义不为,无勇"者邪?晏子之不讨崔氏,权不足也,然亦非克乱之才,故史公以无勇责之。至其谏说,犯君之颜,即传中所谓"危言""危行""顺命""衡命"是也。此所谓"进思尽忠,退思补过"者哉!"进思尽忠"八字,亦出《孝经·事君》章。○极赞晏子。假令晏子而在,余虽为之执鞭,所忻慕焉。执鞭暗用御者事。史公以李陵故被刑,汉法腐刑许赎,而生平交游故旧无能如晏子解左骖赎石父者,自伤不遇斯人,故作此愤激之词耳。

汇评

[春秋] 孔子:管仲相桓公,霸诸侯,一匡天下,民到于今受其赐,微管仲,吾其披发左衽矣。(《论语·宪问》)

[宋] 黄震:其令"论卑而易行",其政"善因祸而为福",太史公此论固切中其相齐之要领,实则苟于济事,不暇顾在我之正守,已占于贫贱之时矣。晏平仲功业不及管氏,而相三君,妾不衣帛,则廉节过之。越石父称"诎于不知己,而信于知己",盖名言也,宜晏子之敬待。(《黄氏日钞》卷四六)

[清] 谢有煇:管仲以其君霸,晏子以其君显。若就实事叙去,将连篇累幅不能尽。史公只以数语括其大要,而就两人轶事生波澜,不但见剪裁体要,亦是文章避就之法。(《古文赏音》卷五)

[清] 林云铭:管、晏世所并称,自当合传。管仲与俗同好恶,论卑而易行,止是将就做去,成霸在此,其不能移风易俗,致主王道亦在此。晏子所事三君,皆不如桓公之贤,拏定近里,著己工夫,止显得个虚名。若陈氏之移齐祚,明知之而不能制,时不同也。传中不语,俱有斟酌。将鲍叔之知,石父、御妻之言,皆其轶事,叙得异样生动,赞语亦确切不易。(《古文析义》卷八)

[清] 吴楚材、吴调侯:《伯夷传》,忠孝兄弟之伦备矣。《管晏传》,于朋友三致意焉。管仲用齐,由叔牙以进,所重在叔牙,故传中深美叔

牙。越石与其御，皆非晏子之友，而延为上客，荐为大夫，所难在晏子，故赞中忻慕晏子。通篇无一实笔，纯以清空一气运旋。觉《伯夷传》犹有意为文，不若此篇天然成妙。(《古文观止》卷五)

[清] 浦起龙：《报任少卿》云："家贫，货财不足以自赎；交游莫救，左右亲近不为一言。"此管、晏二传所为感发也。于管得"生我"、"知我"二语，于晏得"诎信"、"知己"二语，自我作古，触类而书，所谓论其轶事如此。(《古文眉诠》卷二三)

[清] 牛运震：管、晏齐名臣，事迹繁众，铺叙则伤于冗，约举则病其漏。此传善用隐括法，而脉理浅深特历历，是太史公别一格文字。(《史记评注》)

[清] 过珙：两人霸显之迹，传在人口，略不写及，只将轶事铺写一番。冷处著笔，此文章人弃我取之法也。管仲传首叙其之出处，次言受鲍叔之知，次言任政相齐事：凡三段，纵横自得，真神化之笔。晏子传独取解左骖、荐御者之事，盖太史公为李陵故，幽于缧绁，家贫不能赎罪，而生平交游故旧，无能如晏子解骖赎石父者，自伤不遇其人，故寄慨于晏子耳。就解骖、荐御二事看，是一轻一重、一宾一主。至于赞中执鞭事，乃是借他人题目，发自己感慨。不然，仆御之妇且羞其夫为晏子御，岂堂堂一太史，反忻慕执鞭耶？正妙在借御妇作一反形，以发其激切仰望之词耳。读者不察，便谓太史传晏子，特特表作二事，是岂作者本意哉？(《详订古文评注全集》卷五)

[清] 吴见思：管仲、晏子是春秋时第一流人物，功业炟赫，一时操觚之家，不知当如何铺序。史公偏只用轻清淡宕之笔，而以秀折出之。管子一传，中嵌鲍叔一段闲文；晏子一传，后带越石、御妻两段闲文，各出一奇妙。(《史记论文》)

[清] 曾国藩：子长伤世无知己，故感慕于鲍叔、晏子之事特深。(《曾文正公全集·求阙斋读书录》卷三)

[清] 郭嵩焘：史公十六国世家，多袭《左传》、《国语》、《国策》之文，《管

晏列传》竟无一字蹈袭,惟举其轶事一二端,而稍叙其大概,一以议论经纬之。(《史记札记》卷五上)

[清] 李景星:《伯夷列传》以诞胜,《管晏列传》以逸胜。惊天事业,只以轻描淡写之笔出之,如神龙然,露一鳞一爪,而全神皆见。岂非绝大本领!传赞"是以不论,论其轶事"二句,是全篇用意。传中"后百余年而有晏子焉"一句,是合传章法。此外,叙管仲,则曰"富拟于公室";叙晏子,则曰"以节俭力行重于齐",乃反正相形法。叙管仲,于"任政相齐"后,连写数行;叙晏子,于"既相齐"后,只用数语,乃详略互见法。管仲传内,附传鲍叔;晏子传内,附传越石父,乃奇正相生法。(《史记评议》)

屈原列传

《史记》

解题　《史记·太史公自序》："作辞以讽谏，连类以争义，《离骚》有之。作《屈原贾生列传》。"《史记评林》引凌稚隆语曰："汉武帝爱《离骚》，命淮南王安作《离骚传》。太史公作原传，本淮南词也。"

屈原者，名平，楚之同姓也。为楚怀王左徒。左徒，即今左、右拾遗之徒。博闻强志，明于治乱，娴于辞令。娴，习也。入则与王图议国事，以出号令；出则接遇宾客，应对诸侯。王甚任之。起叙任用之专，后段节节叙其疏而见放，妙得原委。

上官大夫靳尚。与之同列，争宠而心害其能。此句怕人。怀王使屈原造为宪令，屈平属烛。草稿未定。上官大夫见而欲夺之，屈平不与，因谗之谗屈原作两节写，害其能一节虚，夺草稿一节实。曰："王使屈平为令，众莫不知，每一令出，平伐其功曰：以为'非我莫能为'也。"语中庸主之忌。王怒而疏屈平。以下并史公变调，序《离骚》，即用骚体。

屈平疾王听之不聪也，谗谄之蔽明也，邪曲之害公也，方正之不容也，故忧愁幽思而作《离骚》。先写作《离骚》之由。离骚者，犹离忧也。离，遭也。〇注一句。下忽入议论，奇妙。夫天者，人之始也；父母者，人之本也。人穷则反本，提"穷"字。故劳苦倦极，未尝不呼天也；疾痛惨怛，未尝不呼父母也。道出人情，真而切。屈平正道直行，竭忠尽智以事其君，谗人间之，可谓穷矣。应"穷"字。信而见疑，忠而被谤，能无怨乎？提"怨"字。屈平之作《离骚》，盖自怨生也。应"怨"字。〇回环曲折，多永言之致。《国风》好色而不淫，《小雅》怨诽而不乱。若《离骚》者，可谓兼之矣。谓好色云者，以《离骚》有宓妃等事，然原特假借以思君耳，非如《国风》之思也，而史公亦假借用之。〇比《骚》于《诗》，深得旨趣。上称帝喾，下道齐桓，中述汤、武，以刺世事。明道德之广崇，治乱之条贯，靡不毕见。其文约，其辞微，其志洁，其行廉，其称文小而其指极大，举类迩而见义远。其志洁，故其称物芳。其行廉，故死而不容。自疏濯淖闹。污泥之中，淖，溺也。蝉蜕退。于浊秽，蝉蜕，如蝉之去皮也。以浮游尘埃之外，不获世之滋垢，皭嚼。然泥而不滓子。者也。皭，疏静之貌。滓，浊也。推此志也，虽与日月争光可也。极赞屈原。〇以上《离骚》只虚写。

屈原既绌，间接。又入叙事。其后秦欲伐齐，齐与楚从亲，惠王患之，乃令张仪详同佯。去秦，厚币委质事楚，曰："秦甚憎齐，齐与楚从亲，楚诚能绝齐，秦愿献商、於之地六百里。"楚怀王贪而信张仪，遂绝齐，使使如秦受地。张仪诈之曰："仪与王约六里，不闻六百里。"详张仪始终事，为屈原谏楚王张本。楚使怒去，归告怀王。怀王怒，大兴师伐秦。秦发兵击之，大破楚师于丹、淅，丹、淅，皆县名，在弘农。斩首八万，虏楚将屈匄，盖。遂取楚之汉中地。怀王乃悉发国中兵，以深入击秦，战于蓝田。魏闻之，袭楚至邓。楚兵惧，自秦归。而齐竟怒不救楚，楚大困。一段。

明年，秦割汉中地与楚以和。即割楚地，以与楚和。楚王曰："不愿得地,愿得张仪而甘心焉。"张仪闻,乃曰:"以一仪而当汉中地,臣请往如楚。"又算定怀王。如楚,又因厚币用事者臣靳仪。尚,而设诡辩于怀王之宠姬郑袖。长句正是省句。怀王竟听郑袖,复释去张仪。二段。○两段词简而情备。是时屈原既疏,忽接入本传。不复在位,使于齐,顾反,谏怀王曰:"何不杀张仪?"怀王悔,追张仪不及。只"为何不杀张仪"一句,乃倒装楚愿得张仪一段,又倒装张仪诈楚一段,意思在此,而序事在彼。

其后,诸侯共击楚,大破之,杀其将唐眛。张仪诈楚,客也,于此一结。

时秦昭王与楚婚,欲与怀王会。又起一难。怀王欲行,屈平曰:"秦,虎狼之国,不可信,不如无行。"怀王稚子子兰劝王行:"奈何绝秦欢!"伏再用之根。怀王卒行。入武关,秦伏兵绝其后,因留怀王,以求割地。怀王怒,不听。亡走赵,赵不内。纳。复之秦,竟死于秦而归葬。怀王一欺于秦而国削,再欺于秦而身死。为屈原作证,亦为楚辞作序也。

长子顷襄王立,以其弟子兰为令尹。再用子兰,深著楚王之不明也。楚人既咎子兰以劝怀王入秦而不反也。

屈平既嫉之,嫉子兰。先从楚人说起,见非屈原之私怨。虽放流,眷顾楚国,系心怀王,不忘欲反,冀幸君之一悟,俗之一改也。推屈平本意作议论。其存君兴国,而欲反覆之,一篇之中三致意焉。忽又转到《离骚》上。然终无可奈何,故不可以反,应"不忘欲反"。卒以此见怀王之终不悟也。应"冀君之一悟"。人君无愚智、贤不肖,又宽一步。

莫不欲求忠以自为,举贤以自佐,然亡国破家相随属,而圣君治国累世而不见者,其所谓忠者不忠,而所谓贤者不贤也。泛泛感论。包罗古今无穷事。怀王以不知忠臣之分,故内惑于郑袖,外欺于张仪,疏屈平而信上官大夫、令尹子兰。兵挫地削,亡其六郡,身客死于秦,为天下笑。将前事总作一收。此不知人之祸也。缴断一句。《易》曰:"井渫不食。为我心恻,可以汲。王明,并受其福。"渫,不停污也。井渫而不食,使我心恻然,以其可用汲而不汲也。如有王之明者,汲而用之,则上下并受其福矣。王之不明,岂足福哉!愤切语。

令尹子兰闻之接上屈平既嫉之,妙。大怒,卒使上官大夫短屈原于顷襄王。回应上官大夫。顷襄王怒而迁之。

屈原至于江滨,被披。发行吟泽畔,颜色憔悴,形容枯槁。极写落魄悲愤之状。○以下《渔父》辞。渔父见而问之曰:"子非三闾大夫欤?三闾,掌王族昭、屈、景三姓之官。何故而至此?"屈原曰:"举世混浊而我独清,众人皆醉而我独醒,是以见放。"渔父曰:"夫圣人者,不凝滞于物而能与世推移。似老氏之言。举世混浊,何不随其流而扬其波?众人皆醉,何不铺其糟而啜其醨?醨,薄酒。何故怀瑾握瑜瑾、瑜,皆美玉。而自令见放为?"只就渔父口中,翻出一段至理可参。有情有态,可咏可歌,词家风度。屈原曰:"吾闻之,新沐者必弹冠,新浴者必振衣,弹而振之,去其尘也。人又谁能以身之察察,受物之汶汶问。者乎!察察,净洁也。汶汶,垢蔽也。宁赴常流而葬乎江鱼腹中耳,常流,犹长流也。○汨罗之志已决。又安能以皓皓之白而蒙世之温蠖枉入声。乎!"温蠖,犹惛愦,《楚词》作"尘埃"。○一气流转,机神跌宕。乃作《怀沙》之赋。《怀沙》赋删去。

于是怀石遂自投汨_觅。罗以死。汨水在罗，故曰汨罗，今长沙屈潭是也。

屈原既死之后，楚有宋玉、唐勒、景差_磋。之徒者，皆好辞而以赋见称。然皆祖屈原之从容辞令，终莫敢直谏。借宋玉等，前衬屈原，后引贾谊。其后，楚日以削，数十年竟为秦所灭。人之云亡，邦国殄瘁。

自屈原沉汨罗后百有馀年，汉有贾生，为长沙王太傅，过湘水，投书以吊屈原。借投书事，接下《贾谊传》。

太史公曰：余读《离骚》、《天问》、《招魂》、《哀郢》，皆《离骚》篇名。悲其志。读其文而悲其志。适长沙，观屈原所自沉渊，未尝不垂涕，想见其为人。游其地而想其人。及见贾生吊之，又怪屈原以彼其材游诸侯，何国不容，而自令若是！即用他吊屈原之意，以叹贾生。读《服鸟赋》，楚人命鸮曰服。贾生作《服赋》。同生死，轻去就，又爽然自失矣。自悲自吊。〇此屈、贾合赞，凡四折，缭绕无际。

汇评

[明] 张鼐：谓原可游仕诸侯，固未是；谓原当死谏怀王入秦，不则宁葬虎关，亦似未得。原盖欲留其身以图后人，庶几箕奴之意，不虞父子俱不悟也。若其自沉，则过矣。太史公爽然于《贾传》之赋，亦伤原不能善自宽者乎！（《评选古文正宗》卷五）

[明] 杨慎：太史公作《屈原传》，其文便似《离骚》。其论作《骚》一节，婉雅凄怆，真得《骚》之旨趣也。（引自《史记评林》）

[明] 王慎中：太史公先叙屈原以谗见疏于怀王，作《离骚》，而发明其所

以作之之意；复取其劝怀王杀张仪不从，谏怀王毋入秦不从，而又发明其惓惓宗国以及人君知人之难；然后叙其见放作《渔父》、《天问》与《怀沙赋》；而终之以自投汨罗，此必有得于屈原行事次第之实，而文亦宛转有余味矣。（引自《史记评林》）

[明] 李贽：张仪侮弄楚怀，直似儿戏，屈原乃欲托之为元首，望之如尧、舜、三王，虽忠亦痴。观者但取其心可矣。（《焚书》卷五）

[清] 金圣叹：先是倾倒其文章，次是痛悼其遭遇，次是叹诧其执拗，末是拜服其逸旷。凡作四折文字，折折都是幽窅、萧瑟、挺动、扶疏。所谓化他二人生平，作我一片眼泪。更不可分何句是赞屈，何句是赞贾。（《天下才子必读书》卷五）

[清] 林云铭：三闾一生热血俱托之《离骚》，龙门逐段分写，把一篇变风变雅文字，看出无数好处，而归本于志之洁，直抉神髓。中叙怀王层层取祸，而三闾惓惓孤忠，愈不能已。但无如其至死不悟，何耳？说得可怜可恼。末用贾谊语，抑扬作赞，以谊不容于朝、哭坠马而夭绝事颇相类，则当死不当死之案，俱可置之勿论。笔致轻松无匹矣。（《古文析义》卷八）

[清] 吴楚材、吴调侯：史公作《屈原传》，其文便似《离骚》，婉雅悽怆，使人读之不禁歔欷欲绝。要之穷愁著书，史公与屈子实有同心，宜其忧思唱叹，低回不置云。（《古文观止》卷五）

[清] 浦起龙：竟作一篇《离骚》序文读。乃得解。屈子无多事实，其忠君爱国心事，具在《离骚》。从此拈出，正是传屈子现成公案，非变调也。（《古文眉诠》卷二五）

[清] 过珙：屈平之作《离骚》，盖自怨生也。"怨"字道得著。舜于田而号泣，孝非怨不成；原泽畔而行吟，忠非怨不挚。文亦惓惓婉转，得"怨"字之意。（《详订古文评注全集》卷五）

[清] 李晚芳：篇首叙受谗之故，作《骚》之由，文情斐亹，音节激越。中叙外欺内惑，以致丧师失地，活画出一怀王，言少事该，比《国策》更为简练。篇末慨君终不悟，己不必生，悲愤淋漓，如怨如慕，鹃

啼猿啸,听之泪下。忠臣至死,犹系心君国,所谓身死而心不死也,真善状屈子苦衷。通体以叙述夹议论,一唱三叹出之,声调超迈,亦是《国风》、《小雅》之遗。(《读史管见》卷二)

[清] 曾国藩:余尝谓子长引屈原为同调,故叙屈原事散见于各篇中。怀王入秦不返,战国天下之公愤,而子长若引为一人之私愤,既数数著之矣。此篇尤大声疾呼,低徊欲绝。(《曾文正公全集·求阙斋读书录》卷三)

卷五　汉文

酷吏列传序

《史记》

解题　《史记·太史公自序》："民倍本多巧，奸轨弄法，善人不能化，唯一切严削为能齐之。作《酷吏列传》。"

孔子曰："道之以政，齐之以刑，民免而无耻。道之以德，齐之以礼，有耻且格。"引孔子之言。老氏称："上德不德，是以有德；下德不失德，是以无德。法令滋章，盗贼多有。"不德，不有其德也。不失德，其德可见也。滋，益。章，明也。○引老子之言。太史公曰：信哉是言也！总断一句。引孔子、老子，是立言主意，以见酷吏之不可崇尚也。法令者治之具，而非制治清浊之源也。立论醒彻。昔天下之网尝密矣，谓秦法。然奸伪萌起，其极也，上下相遁，至于不振。相遁，谓借法为奸，而无情实，故至于不振。当是之时，吏治若救火扬沸，费。○言本弊不除，则其末难止。非武健严酷，恶能胜升。其任而愉同偷。快乎？此时非酷吏救止，安能偷少顷之快？言势不得不然，非与酷吏也。言道德者，溺其职矣。溺，谓沉溺不举也。○此言酷吏所由始。故曰"听讼，吾犹人也，必也使无讼乎"。无借于严酷。○又引孔子之言。"下士闻道大笑之"，何知有道德。○又引老子之言。非虚言也。又总断一句，应前。汉兴，汉之初。破觚而为圜，觚，八棱有隅者。破觚为圜，谓除去严法。斫雕而为朴，斫，削也。雕，刻镂。斫雕为朴，谓使反质素。网漏于吞舟之鱼，网极其疏，应上网密。

而吏治烝烝，不至于奸，黎民艾同乂。安。烝烝，盛也。艾，治也。○一段慨想高、文之治。由是观之，在彼不在此。彼，指道德。此，指严酷。○一束用全力。

汇评

[宋] 黄震：太史公于武帝征伐事，先之以文景和亲、匈奴信汉，然后论两将军连年出塞，又必随之以匈奴入塞，杀略若干。于今《酷吏传》先之以吏治烝烝，民朴畏罪，然后论十酷吏更迭用事，又必随之以民益犯法，盗贼滋起。然则匈奴、盗贼之变，皆帝穷兵酷罚致之。……迁之微文见意，往往如此，而武帝之无道昭昭矣。（《黄氏日钞》卷四六）

[明] 张萧：夫名法，不祥之器也。商鞅、吴起用之以强秦、楚，秦、楚强而鞅、起死。李斯、晁错用于秦皇、汉景，而赤族东市。以至郅都、宁戚鹰鸷酷烈，比于苍鹰乳虎，卒身辱夷灭。何以故？生者天地之心也。拂人之性，灾且及之，况拂天地心乎？故曰不祥之器也。（《评选古文正宗》卷五）

[清] 林云铭：道德不足以化民，然后不得已用酷吏。但传内郅都等十人皆汉臣也，岂可直言汉德之衰，故序中只两引孔、老，而以秦法繁苛，汉初宽简，其治效相形一番，轻重自见。玩"法令者治之具"二句，可谓要言不烦。（《古文析义》卷八）

[清] 吴楚材、吴调侯：意只是当任德而不当任刑，两引孔、老之言便见。又以秦法苛刻，汉治宽仁，两两相较，明示去取。叹昔日汉德之盛，则今日汉德之衰隐然自见于言外。语不多而意深厚也。（《古文观止》卷五）

[清] 余诚：通体以"法令"二句作骨子，而先引孔、老之言立案，继言秦法烦苛，继言汉初宽简，末以示人去取作结。就文解之，不过如此。其实传中所列十人俱属汉臣，如何反咎秦而颂汉？缘于用意

甚厚,而立言得体,故其有字句处旨尚浅,而其无字句处旨弥深也。若仅于字句间尽其旨,则失之远矣。(《重订古文释义新编》卷六)

[清] 曾国藩:通首以"法令滋章,盗贼多有"二语为主。序中"天下之网尝密"数行指秦言之,即以讽武帝时也。(《曾文正公全集·求阙斋读书录》卷三)

古文观止(解题汇评本)

游侠列传序

《史记》

解题　《史记·太史公自序》:"救人于厄,振人不赡,仁者有乎;不既信,不倍言,义者有取焉。作《游侠列传》。"

韩子_{韩非}。曰:"儒以文乱法,而侠以武犯禁。"_{二句以儒、侠相提而论,借客形主。}二者皆讥,而学士多称于世云。_{侧重儒一句,起下文。}至如以术取宰相、卿大夫,辅翼其世主,功名俱著于春秋,_{术,巧诈也。春秋,国史。}固无可言者。_{儒之伪者,诚不足言,起下次、宪。}及若季次、原宪,_{公晳哀,字季次,亦孔子弟子。}闾巷人也,_{闾巷之儒,照闾巷之侠。}读书怀独行君子之德,义不苟合当世,当世亦笑之。故季次、原宪终身空室蓬户,褐衣疏食不厌。死而已四百余年,而弟子志之不倦。_{次、宪功名未著,而后世学者称之。儒固自有真也,侠亦从可知矣。}今游侠,_{立气势作威福、结私交以立强于世者,谓之游侠。}其行虽不轨于正义,然其言必信,其行必果,已诺必诚,不爱其躯,赴士之厄困,既已存亡死生矣,_{亡者存之,死者生之。○句法。}而不矜其能,羞伐其德,_{二句,侠士本领。}盖亦有足多者焉。_{称游侠一。}

且缓急,人之所时有也。_{见游侠不可无,接上生下,无限波澜。}太史公曰:昔者虞舜窘于井廪,伊尹负于鼎俎,傅说匿于傅险,_{同岩。}吕尚困于棘津,_{太公望,行年七十卖食棘津。}夷吾桎梏,百里饭牛,仲尼畏匡，菜色陈、蔡。饥而食菜，则色病，故云菜色。此皆学士所谓有道仁人也，犹然遭此菑，同灾。况以中材而涉乱世之末流乎？其遇害何可胜升。道哉！正见游侠之不可无也。感叹处，史公自道，故曲折悲愤。

鄙人有言曰："何知仁义，已同以。飨同享。其利者为有德。"享，受也。以受其利者为有德，何知有仁义也。○正应遭灾涉乱，接下。故伯夷丑周，饿死首阳山，而文、武不以其故贬王；伯夷未尝许周以仁义，然享文、武之利者，不以伯夷丑周之故，而贬损其王号。跖蹻强入声。暴戾，其徒诵义无穷。柳跖、庄蹻，皆大盗。其徒享其利，而诵义无穷。由此观之，"窃钩者诛，窃国者侯；侯之门，仁义存"，三句出《庄子·胠箧》篇。窃钩之小，则为盗而受诛；窃国之大，则为侯而人享其利，故仁义存。非虚言也。正对"何知仁义"二句。○此段言世俗止知有利，而不知侠士之义，极其感叹。

今拘学或抱咫尺之义，久孤于世，暗指季次辈。岂若卑论侪柴俗，与世浮沉而取荣名哉！忽又叹儒，皆有激之言也。而布衣之徒，指游侠。设取予、然诺，千里诵义，为死不顾世，此亦有所长，非苟而已也。称游侠二。故士穷窘而得委命，此岂非人之所谓贤豪间者邪？士之穷窘，无所解免，皆得托命而望侠士之存亡死生，此诚人之所谓贤豪间者，而未可谓不得与儒齿也。○称游侠三。是史公为游侠立传本意。诚使乡曲之侠，予同与。季次、原宪比权量力，效功于当世，不同日而论矣。侠以权力，儒以道德，不可同日而论。○绾合次、宪，略抑游侠一笔，下即转。要以功见言信，侠客之义又曷可少哉！称游侠四。○以上儒、侠夹写，至此方归本题。

古布衣之侠，靡得而闻已。布衣闾巷是主意，一有凭借，便不足重。故下详言之。近世延陵、吴季札也。季札岂游侠耶？然史公作传，既重游侠矣，必援名人以尊之,若《货殖传》之授子贡也。孟尝、齐田文。春申、楚黄歇。平原、赵胜。信陵魏无忌。之徒,又借五人引起。皆因王者亲属,借于有土卿相之富厚,招天下贤者,显名诸侯,不可谓不贤者矣。比如顺风而呼,声非加疾,其势激也。前有多少层折,方入本题。以为止矣,偏又翻出一层,落下"匹夫之侠"。至如闾巷之侠,修行砥名,声施于天下,莫不称贤,是为难耳。其义诚高,其事诚难。○称游侠五。然儒、墨皆排摈不载。儒与墨皆轻侠士,故不载。○又挽定"儒"字。自秦以前,匹夫之侠,湮灭不见,余甚恨之。遥接"布衣之侠,靡得而闻"。○闾巷、布衣、匹夫之侠,是著意处。以余所闻,汉兴有朱家、田仲、王公、剧孟、郭解之徒,紧照延陵、孟尝、春申、平原、信陵之徒,五宾五主。虽时扞翰。当世之文罔,同网。○谓犯当世之法禁。○应"以武犯禁"。然其私义,廉洁退让,有足称者。名不虚立,士不虚附。名实相副,而不虚立。士厄必济,而不虚附。○称游侠六。至如朋党宗强,比周设财役贫,豪暴侵凌孤弱,恣欲自快,游侠亦丑之。至若引朋为党,以强为宗,互相比周,施财以役乎贫民,恃其豪暴侵凌孤弱,恣欲以自快者,不特不可语游侠,而游侠亦丑之。○此言游侠自有真伪,不可不辨。余悲世俗不察其意,而猥委。以朱家、郭解等令与豪暴之徒同类而共笑之也。一往情深。

汇评

[明] 董份：史迁遭李陵之难,交游莫救,身受法困。故感游侠之义。其辞多激,故班固讥其"进奸雄",此太史之过也。然咨嗟慷慨,感叹惋转,其文曲至,百代之绝矣。(引自《史记钞》)

[清] 林云铭：文有嘻笑怒骂之意,松快极矣。(《古文析义》卷八)

[清] 吴楚材、吴调侯：世俗止知重儒而轻侠,以致侠士之义湮没无闻。不知侠之真者,儒亦赖之,故史公特为作传。此一传之冒也。凡

六赞游侠，多少抑扬，多少往复。胸中荦落，笔底摅写，极文心之妙。（《古文观止》卷五）

[清] 浦起龙：愤激之极，倾倒其人。兰台谓"退处士而进奸雄"，持论甚正，审文则非也。溢于志，不过其分；以予为夺，以低为昂，进退周环之间，费尽经营惨淡。（《古文眉诠》卷三○）

[清] 吴见思：吾读班氏《汉书》，有曰史公"进奸雄"，而不觉为之三叹也。夫太史公传游侠，虽借儒形侠，而首即特书曰"学士多称于世"云，则其立言之旨为何如哉！即有抑扬激昂之论，亦自舒吾感愤不平之气而已。奈何操戈论出，遂令后世不善读书者，守之而不化乎？○篇中先以儒侠相提而论，层层回环，步步转折，曲尽其妙。后乃出二传，反若借以为印证，为注脚。（《史记论文》）

[清] 唐介轩：史公自伤莫救，借题发愤，抑扬顿挫，寓意良深。（《古文翼》卷四）

[清] 曾国藩：序分三等人：术取卿相，功名俱著，一也；季次、原宪，独行君子，二也；游侠，三也。于游侠中又分三等人：布衣闾巷之侠，一也；有士卿相之富，二也；暴豪恣欲之徒，三也。反侧错综，语南意北，骤难觅其针线之迹。（《曾文正公全集·求阙斋读书录》卷三）

[清] 李景星：游侠一道，可以济王法之穷，可以去人心之憾。天地间既有此一种奇人，而太史公即不能不创此一种奇传。故传游侠者，是史公之特识，非奖乱也。通篇以"缓急人所时有"句为关键，以"儒侠"二字为眼目，开首即曰"儒以文乱法，而侠以武犯禁"，以侠之犯禁与儒之乱法者比，便非一味推许。以下随以儒侠对发，见儒固有以文乱法，而季次、原宪等非其伦也；侠固有以武犯禁，而朱家、郭解等非其伦也。后又以卿相之侠形出布衣之侠，而更言游侠之士与豪暴之士不同，以终一篇之旨，意思最为深厚，评量极为公允。（《史记评议》）

[清] 唐文治：司马子长作一传，皆有传外之意，故能牢笼万有，傲睨古

今。此文因自悲身世,不遇游侠,故其推崇如此,至以为在季次、原宪之上。其义虽不可训,而其文之丰神,古来得未曾有。永叔诸序皆出于此,不可不熟读也。(《国文经纬贯通大义》卷二)

卷五　汉文

滑稽列传

《史记》

解题　《史记·太史公自序》："不流世俗，不争势利，上下无所凝滞，人莫之害，以道之用。作《滑稽列传》。"司马贞《史记索隐》："滑，乱也；稽，同也。言辨捷之人言非若是，说是若非，言能乱异同也。"

孔子曰："六艺于治一也。《礼》以节人，《乐》以发和，《书》以导事，《诗》以达意，《易》以神化，《春秋》以道义。"滑稽传，乃从六艺庄语说来，此即史公之滑稽也。太史公曰：天道恢恢，岂不大哉！天道恢弘，不必尽出于六艺。谈言微中，亦可以解纷。二句为滑稽之要领。

淳于髡者，齐之赘婿也。长不满七尺，滑骨。稽多辩，滑稽，诙谐也。数朔。使诸侯，未尝屈辱。一总虚序。齐威王之时，喜隐，好隐语。好为淫乐长夜之饮，沉湎勉。不治，沉湎，溺于酒也。委政卿大夫。百官荒乱，诸侯并侵，国且危亡，在于旦暮，左右莫敢谏。淳于髡说之以隐曰："国中有大鸟，止王之庭，三年不蜚同飞。又不鸣，王知此鸟何也？"话头奇绝。王曰："此鸟不蜚则已，一蜚冲天；不鸣则已，一鸣惊人。"亦以隐语应，尤奇。于是乃朝诸县令长七十二人，赏一人，诛一人，封即墨大夫，烹阿大夫。奋兵而出。诸侯振惊，皆还齐侵地。威行三十六年。语在《田完田敬仲。世家》中。一段以大鸟喻，以"朝诸县令"数句结之。

323

威王八年，楚大发兵加齐。齐王使淳于髡之赵请救兵，赍金百斤，车马十驷。淳于髡仰天大笑，冠缨索绝。索，尽也。○加四字，无关于大笑，而大笑之神情具现。王曰："先生少之乎？"髡曰："何敢！"王曰："笑岂有说乎？"髡曰："今者臣从东方来，见道旁有禳田者，禳田，为田求丰穰也。○又作隐语。操一豚蹄，酒一盂，而祝曰：'瓯窭满篝，瓯窭，高地狭小之区。篝，笼也。污邪爷。满车，昌遮切。○污邪，下地田也。五谷蕃熟，穰穰满家。'穰穰，多也。臣见其所持者狭而所欲者奢，故笑之。"一语两关，滑稽之极。于是齐威王乃益赍黄金千镒，白璧十双，车马百驷。髡辞而行，至赵。赵王与之精兵十万，革车千乘。楚闻之，夜引兵而去。二段以禳田喻，以益黄金数句结之。

威王大说，置酒后宫，召髡赐之酒。问曰："先生能饮几何而醉？"对曰："臣饮一斗亦醉，一石亦醉。"一路皆以劈空奇论成文。威王曰："先生饮一斗而醉，恶能饮一石哉！其说可得闻乎？"髡曰："赐酒大王之前，执法在傍，御史在后，髡恐惧俯伏而饮，不过一斗径醉矣。若亲有严客，髡帣绀。韝沟。鞠䠆，同跽。○帣，收也。韝，臂捍也。鞠，曲也。䠆，小跪也。谓收袖而曲跪也。侍酒于前，时赐馀沥，奉觞上寿，数起，饮不过二斗径醉矣。若朋友交游，久不相见，卒䘚然相睹，欢然道故，私情相语，饮可五六斗径醉矣。三"径"字，对下"二参"字。若乃州闾之会，男女杂坐，行酒稽留，六博投壶，相引为曹，曹，辈也。握手无罚，目眙炽。不禁，眙，视不移也。前有堕珥，二。后有遗簪，极意摹写。髡窃乐此，饮可八斗而醉二参。同三。○句法变而趣。○上云"一斗"、"一石"，此又添出"二斗"、"五、六斗"、"八斗"，参差错落。日暮酒阑，饮酒半罢半在曰阑。合尊促坐，男女同席，履舄交错，杯盘

卷五　汉文

狼藉，籍。堂上烛灭，主人留髡而送客，罗襦如。襟解，襦，汗衣也。微闻芗同香。泽，当此之时，髡心最欢，能饮一石。句法又变。○逐节递入，如落花流水，溶溶漾漾，而中间有用韵者，有不用韵者，字句之妙，情事之妙，清新俊逸，赋手赋心。故曰酒极则乱，乐极则悲。万事尽然，言不可极，极之而衰。"又忽作庄语。以讽谏焉。齐王曰："善！"乃罢长夜之饮，以髡为诸侯主客。宗室置酒，髡尝在侧。三段以饮酒喻，以"罢长夜之饮"一句结之。总是谈言微中可以解纷之意。○下有优孟、优旃二传并合赞。

汇评

[宋]　黄震："三年不蜚不鸣"之语，《楚世家》以为伍举说庄王，今《滑稽传》又以为淳于髡说齐威，果孰是孰非也？……自古可怪可笑、人情乐闻之说，往往转相附会，未必有其实。(《黄氏日钞》卷四六)

[明]　凌稚隆："谈言微中"二句，总为滑稽要领，岂太史公思游侠而不得见，故第及于次耶？不然，何于便给者而有取也。(《史记评林》)

[清]　吴楚材、吴调侯：史公一书，上下千古，无所不有。乃忽而撰出一调笑嬉戏之文，但见其齿牙伶俐，口角香艳，另用一种笔意。(《古文观止》卷五)

[清]　浦起龙：《史记》止《滑稽》一传为游戏之笔，如造物赋形，无所不有，不尔不尽其奇。(《古文眉诠》卷三〇)

[清]　曾国藩："天道恢恢，岂不大哉！谈言微中，亦可以解纷。"言不特六艺有益于治世，即滑稽之"谈言微中"，亦有裨于治道也。(《曾文正公全集·求阙斋读书录》卷三)

[清]　李景星：《滑稽传》是太史公游戏文字，唐人小说之祖也。写极鄙极亵之事，而开头却从六艺说入。在史公之意，以为常经常法之外，乃有此一种诙谐人物，于世无害，而于事有益。可见天地之大，无奇不有也。"谈言微中，亦可以解纷。"即此二语，已得滑稽

要领。一篇主意,正在于此。(《史记评议》)

[清] 唐文治:余谓此传不过寓言耳,即有实事,亦系子长点缀成之,盖兼洋洋恣肆之法,若刻舟求剑,则陋矣。○总冒极奇,见滑稽者流,未尝不有益于世道,而讽谏之旨未尝非文艺之支流,惟其为极谐之文,故以极庄者冠之。(《国文经纬贯通大义》卷三)

卷五　汉文

货殖列传序

《史记》

解题　《史记·太史公自序》："布衣匹夫之人，不害于政，不妨百姓，取与以时而息财富，智者有采焉。作《货殖列传》。"

《老子》曰："至治之极，邻国相望，鸡狗之声相闻，民各甘其食，美其服，安其俗，乐其业，至老死不相往来。"至治之世，不知有货殖。必用此为务，挽同晚。近世涂民耳目，则几无行矣。言必用《老子》所说以为务，而挽近之世，止知涂饰民之耳目，必不可行矣。○史公将伸己说，而先引《老子》之言破之。

太史公曰：夫神农以前，吾不知已。顶"至治之极"。至若《诗》、《书》所述虞、夏以来，耳目欲极声色之好，口欲穷刍豢宜。之味，身安逸乐，而心夸矜势能之荣，谓势所能至之荣也。○此欲富之根。使俗之渐㸒。民久矣，虽户说以眇论，微妙之论。终不能化。民多嗜欲，则不能至治矣。故善者因之，其次利道之，其次教诲之，其次整齐之，最下者与之争。善者因之，是神农以前人。利道，是太公一流。教诲、整齐，是管仲一流。最下与争，则武帝之盐铁平准矣。史公其多感慨乎！

夫山西饶材、竹、榖、纑、旄、玉石，榖，楮也，皮可为纸。纑，纻属，可以为布。旄，牛尾也。山东多鱼、盐、漆、丝、声色，江南出楠、柟。

327

梓、薑、桂、金、锡、连、丹沙、犀、瑇代。瑁、妹。珠玑、齿、革，连，铅之未炼者。玑，珠之不圆者。龙门、碣杰。石北多马、牛、羊、旃、裘、筋、角，龙门，山名，在冯翊夏阳县。碣石，近海山名，在冀北。铜、铁则千里往往山出棋置。棋置，如围棋之置，言处处皆有也。○忽变一倒句，妙。此其大较也。方论货殖之理，忽杂叙四方土产，笔势奇矫。皆中国人民所喜好，谣俗被服饮食、奉生送死之具也。长句。故待农而食之，虞而出之，工而成之，商而通之。农、虞、工、商，是货殖之人，前后脉络。此宁有政教发征期会哉？宕句有致。人各任其能，竭其力，以得所欲。故物贱之征贵，贵之征贱，物贱极必贵，而贵极必贱，故贱者贵之征，贵者贱之征。○货殖尽此二语，是一篇主意。各劝其业，乐其事，若水之趋下，日夜无休时，不召而自来，不求而民出之。岂非道之所符而自然之验邪？正见俗之渐民，而货殖之不可已也。

《周书》曰："农不出则乏其食，工不出则乏其事，商不出则三宝绝，三宝，谓珠、玉、金。虞不出则财匮少。"财匮少而山泽不辟同闢。矣。农、工、虞、商，复点。此四者，民所衣食之原也。原大则饶，原小则鲜。上则富国，下则富家。富国、富家，是通篇眼目。贫富之道，莫之夺予，而巧者有余，拙者不足。此段就上文一反，言货殖亦非易事，存乎其人，以引起太公、管仲等。故太公望封于营丘，齐地。地潟昔。卤，鲁。○潟卤，咸地也。人民寡，于是太公劝其女功，极技巧，通鱼盐，则人物归之，繈同緥。至而辐凑。故齐冠带衣履天下，海岱之间敛袂而往朝焉。其后齐中衰，管子修之，引太公、管仲，以为货殖之祖。设轻重九府，九府，盖钱之府藏。论铸钱之轻重，故云轻重九府。则桓公以霸，九合诸侯，一匡天下；而管氏亦有三归，位在陪臣，富于列国之君。是以齐富强至于威、宣也。太公、管仲是富国。

故曰:"仓廪实而知礼节,衣食足而知荣辱。"礼生于有而废于无。故君子富,好行其德;小人富,以适其力。渊深而鱼生之,山深而兽往之,人富而仁义附焉。富者得势益彰,失势则客无所之,以同已。而不乐。言失其富厚之势,则客无所附而不乐。谚曰:"千金之子,不死于市。"此非空言也。艳富羞贫,虽有激之语,然亦确论。故曰:"天下熙熙,皆为利来;叶鳌。天下壤壤,皆为利往。"四句用韵,盖古歌谣也。熙熙,和乐也。壤壤,和缓貌。夫千乘之主、万家之侯、百室之君尚犹患贫,而况匹夫编户之民乎!暗刺时事,语多感慨。

汇评

[汉] 班固:司马迁是非颇谬于圣人,论大道则先黄老而后六经,序游侠则退处士而进奸雄,述货殖则崇势利而羞贱贫,此其所蔽也。(《汉书·司马迁传》)

[明] 袁炜:按班固讥史迁传《货殖》,崇势利而羞贫贱,不知此子长有激之言。此彼不羁之才,岂沾沾势利者流也?且是传叙事详明,议论错综,文法变换,但首叙作传之意,即于富国富家、得势失势之言,似不能无艳慕者。而学术之富、笔力之高,堪与《游侠传序》并称千古绝笔。(引自《评选古文正宗》卷五)

[明] 董份:迁《答任少卿书》自伤家贫不足自赎,故感而作《货殖传》,专慕富利,班固讥之是也。然其纵横自肆,莫知其端,与《游侠传》并称千古之绝矣。(引自《史记评林》)

[明] 陈仁锡:《平准》、《货殖》相表里之文也。当时武帝好兴利,故子长作《平准》、《货殖》,皆多微辞。班氏讥其"崇势利而羞贱贫",信乎?(引自《史记评林》)

[清] 朱鹤龄:太史公《货殖传》将天时、地理、人事、物情历历如指诸掌,其文章瑰伟奇变不必言,以之殿全书之末,必有深指。或谓子长

身陷极刑，家贫不能自赎，故感愤而作此，何其浅视子长也！赵汸云，《货殖传》当与《平准书》参观，《平准》讥横敛之臣，《货殖》讥牟利之主。此论得之而有未尽。愚以为此篇大指，尽于"善者因之，其次利道之，其次教诲之，其次整齐之，最下者与之争"。（《愚庵小集》卷一三）

[清] 吴楚材、吴调侯：天地之利，本是有余，何至于贫？贫始于患之一念，而弊极于争之一途，故起处全寄想夫至治之风也。史公岂真艳货殖者哉？"千乘"数句，盖见天子之榷货、列侯之酬金而为之一叹乎！《古文观止》卷五）

[清] 浦起龙：身经忧患艰难，勘破物情时命，太息深痛而出之。可以破涕，可以断瞋。千古绝调。（《古文眉诠》卷三〇）

钱钟书：斯《传》文笔腾骧，固勿待言，而卓识巨胆，洞达世情，敢质言而不为高论，尤非常殊众也。……马迁传货殖，论人事似格物理然，著其固然、必然而已。……迁据事而不越世，切近而不骛远，既斥老子之"涂民耳目"，难"行于""近世"，复言"天下熙熙，皆为利来，天下攘攘，皆为利往"。是则"崇势利者"，"天下人"也，迁奋其直笔，著"自然之验"，载"事势之流"，初非以"崇势利"为"天下人"倡。（《管锥编》第一册）

卷五　汉文

太史公自序

《史记》

解题　本文节选自《史记·太史公自序》。在《自序》之末，司马迁有一段话，可视作《自序》的小序："维我汉继五帝末流，接三代绝业。周道废，秦拨去古文，焚灭《诗》、《书》，故明堂石室金匮玉版图籍散乱。于是汉兴，萧何次律令，韩信申军法，张苍为章程，叔孙通定礼仪，则文学彬彬稍进，《诗》、《书》往往间出矣。自曹参荐盖公言黄老，而贾生、晁错明申、商，公孙弘以儒显，百年之间，天下遗文古事靡不毕集太史公。太史公仍父子相续纂其职。曰：'于戏！余维先人尝掌斯事，显于唐虞，至于周，复典之，故司马氏世主天官。至于余乎，钦念哉！钦念哉！'罔罗天下放失旧闻，王迹所兴，原始察终，见盛观衰，论考之行事，略推三代，录秦汉，上记轩辕，下至于兹，著十二本纪，既科条之矣。并时异世，年差不明，作十表。礼乐损益，律历改易，兵权山川鬼神，天人之际，承敝通变，作八书。二十八宿环北辰，三十幅共一毂，运行无穷，辅拂股肱之臣配焉，忠信行道，以奉主上，作三十世家。扶义俶傥，不令己失时，立功名于天下，作七十列传。凡百三十篇，五十二万六千五百字，为《太史公书》。序略，以拾遗补艺，成一家之言，厥协六经异传，整齐百家杂语，藏之名山，副在京师，俟后世圣人君子。"

太史公曰："先人有言：'自周公卒五百岁而生孔子。先人，谓先代贤人。孔子卒后至于今五百岁，适当五百岁之期。有能绍明世，正《易传》，继《春秋》，本《诗》、《书》、《礼》、《乐》之际。'点出六经。意在斯乎！意在斯乎！小子何敢让焉。"何敢自嫌值五百岁而让之也。明明欲以《史记》继《春秋》意。

上大夫壶遂。遂曰："昔孔子何为而作《春秋》哉？"设为问答，单提《春秋》，见《史记》源流。太史公曰："余闻董生仲舒。曰：'周道衰废，孔子为鲁司寇，诸侯害之，大夫壅之。孔子知言之不用、道之不行也，是非二百四十二年之中，以为天下仪表，贬天子，退诸侯，讨大夫，以达王事而已矣。'王事，即王道。〇一句断尽《春秋》。已下乃极叹《春秋》一书之大。子曰：'我欲载之空言，不如见之于行事之深切著明也。'《春秋》原实著当时行事，非空言垂训。夫《春秋》，上明三王之道，下辨人事之纪，别嫌疑，明是非，定犹豫，人不决曰犹豫。善善恶恶，贤贤贱不肖，存亡国，继绝世，补敝起废，王道之大者也。此段专赞《春秋》，下复以诸经陪说。《易》著天地、阴阳、四时、五行，故长于变。《礼》经纪人伦，故长于行；《书》记先王之事，故长于政；《诗》记山川、溪谷、禽兽、草木、牝牡、雌雄，故长于风；《乐》乐所以立，故长于和；《春秋》辨是非，故长于治人。又从《易》、《礼》、《书》、《诗》、《乐》说到《春秋》，以应起。是故《礼》以节人，《乐》以发和，《书》以道事，《诗》以达意，《易》以道化，《春秋》以道义。再将诸经与《春秋》结束一通。拨乱世反之正，莫近于《春秋》。莫切近于《春秋》，应上"深切著明"。〇以下独详论《春秋》。《春秋》文成数万，《春秋》万八千字。其指数千，万物之散聚皆在《春秋》。覼栝《春秋》全部文字。《春秋》之中，弑君三十六，亡国五十二，诸侯奔走不得保其社稷者不可胜数。察其所以，皆失其本已。所以弑君、亡国及奔走，皆是失仁义之本。故《易》曰'失之毫厘，差以千里。'今《易》无此语，《易纬》有之。故曰

'臣弑君,子弑父,非一旦一夕之故也,其渐久矣。'此《易·坤卦》之词,文亦稍异。○两引《易》词,以明本之不可失也。○骤括《春秋》全部事迹。故有国者不可以不知《春秋》,前有谗而弗见,后有贼而不知。为人臣者不可以不知《春秋》,守经事而不知其宜,遭变事而不知其权。为人君父而不通于《春秋》之义者,必蒙首恶之名。为人臣子而不通于《春秋》之义者,必陷篡弑之诛,死罪之名。《春秋》所该甚广,而君臣父子之分,尤有独严,故提出言之。其实皆以为善,为之不知其义,被之空言而不敢辞。总上文而言,其实心本欲为善,但为之而不知其义理,凭空加以罪名,而不敢辞。○《春秋》实有此等事,特为揭出,甚言《春秋》之义,不可不知也。夫不通礼义之旨,礼缘义起,故并言之。○又即《春秋》生出"礼义"二字。至于君不君,臣不臣,父不父,子不子。君不君则犯,为臣下所干犯。臣不臣则诛,父不父则无道,子不子则不孝。此四行者,天下之大过也。以天下之大过予之,则受而弗敢辞。应"被之空言而不敢辞"句。故《春秋》者,礼义之大宗也。一句极赞《春秋》,收括前意。夫礼禁未然之前,法施已然之后;法之所为用者易见,而礼之所为禁者难知。"四句引《治安策》语,见《春秋》所以作,并《史记》所以作之意。

壶遂曰:"孔子之时,上无明君,下不得任用,故作《春秋》,垂空文以断礼义,当一王之法。今夫子上遇明天子,武帝。下得守职,万事既具,咸各序其宜,夫子所论,欲以何明?"再借壶遂语辨难,一番回护自家,妙。太史公曰:"唯唯,委。否否,不然。叠用"唯唯"、"否否"、"不然",妙。唯唯,姑应之也。否否,略折之也。不然,特申明之也。余闻之先人曰:又是先人。'伏羲至纯厚,作《易》八卦;尧、舜之盛,《尚书》载之,礼乐作焉;汤、武之隆,诗人歌之。《春秋》采善贬恶,推三代之德,褒周室,非独刺讥而已也。'又言《春秋》与诸经同义,皆纯厚隆盛之书,非刺讥之文。极得宣尼作《春秋》微意。汉兴以来,至明天子,应上"遇明天子"。获符瑞,指获麟。建封禅,封,泰山上筑土为坛,以祭天。禅,泰山下小山上除地为墠,以祭山川。改正朔,易服色,受命于穆清,受天命清和之气。泽流罔极,海外殊俗,重平声。译亦。款塞,传夷夏之言者曰译,俗谓之通士。款塞,叩塞门也。请来献见者,不可胜道。臣下百官力诵圣德,犹不能宣尽其意。言口不能悉诵,故不可不载之书。且士贤能而不用,有国者之耻;此句宾。主上明圣而德不布闻,有司之过也。此句主。且余尝掌其官,应下得守职。废明圣盛德不载,一。灭功臣、世家、贤大夫之业不述,二。堕先人所言,三。罪莫大焉。余所谓述故事,整齐其世传,非所谓作也,"作"字呼应。而君比之于《春秋》,谬矣。"正对"欲以何明"句。○壶遂问答一篇完。

于是论次其文。七年太初元年至天汉三年。而太史公遭李陵之祸,幽于缧绁。详后《报任安书》中。○可见史公未遭祸前已作《史记》,特未卒业耳。乃喟然而叹曰:"是余之罪也夫!是余之罪也夫!身毁不用矣。"受腐刑。退而深惟曰:"夫《诗》、《书》隐约者,隐,忧也。约,犹屈也。欲遂其志之思也。史公欲卒成《史记》,故以此句唤起。昔西伯拘羑有。里,演《周易》;孔子厄陈、蔡,作《春秋》;屈原放逐,著《离骚》;左丘失明,厥有《国语》;孙子膑频上声。脚,○膑,刖刑,去膝盖骨。而论兵法;不韦迁蜀,世传《吕览》。即《吕氏春秋》。韩非囚秦,《说税。难》、《孤愤》;非作《孤愤》、《说难》等篇,十余万言。○又组织六经作余波,而添出《离骚》、《国语》等作陪,更妙。《诗》三百篇,大抵贤圣发愤之所为作也。此人皆意有所郁结,不得通其道也,又借《诗》作结,文法更变化。故述往事,思来者。"于是卒述陶唐以来,至于麟止,自黄帝始。武帝至雍,获白麟,迁以为述事之端,上纪黄帝,下至麟止,犹孔子绝笔于获麟也。史公虽欲不比《春秋》之作,又可得矣。

汇评

[清] 林云铭:此龙门自叙其作《史记》之意也。……不即不离间曲折吞吐,脉络甚明。(《古文析义》卷八)

[清] 吴楚材、吴调侯:史公生平学力,在《史记》一书,上接周、孔,何等担荷!原本六经,何等识力!表章先人,何等渊源!然非发愤郁结,则虽有文章,可以无作。哀公获麟而《春秋》作,武帝获麟而《史记》作。《史记》岂真能继《春秋》者哉!(《古文观止》卷五)

[清] 牛运震:《太史公自序》者,盖太史公自序所以作《史记》之本旨也。凡后人作序,皆撰而冠诸书之简端,《太史公自序》则附于一部《史记》之后。盖此篇所载,太史公世谱家学之本末具在焉,如自作列传者,故不得不列于六十九传之后。而又概括作书之本旨,分标诸篇小序,凡一切纲领体制,莫不于是灿然明白,此太史公教人读《史记》之法也。……《自序》高古庄重,其中精理微旨,更奥衍宏深,一部《史记》精神命脉,俱见于此,太史公出格大文字。(《史记评注》)

[清] 浦起龙:承父命,纂世职,孝也;尊朝廷,崇论著,忠也;宗孔子,依《春秋》,学识也。命意放眼,皆踞顶峰。集首之《五帝赞》、传首之《伯夷》、卷终之《自序》,皆诵法孔子著于篇。一部纲宗,可以概见。班生讥其"是非颇谬圣人",盖据发愤诸作言之耳,岂通论哉!(《古文眉诠》卷三〇)

[清] 过琪:作史有家法,开口便提先人;作史有宗派,开口便提孔子;作史有折衷,开口便提董生。只此三数行,便有原有委,可法可传。后又提笔削《春秋》,反复详明,隐然自负于尼山之后。然哀公获麟而《春秋》作,武帝获麟而《史记》述,事岂偶然者哉!(《详订古

文评注全集》卷五)

[清] 唐介轩：提出王事王道，推尊孔子，隐然以作史上附《春秋》，而立言有体，深得窃比老彭之意。至其笔力之雄骏，应推独步。(《古文翼》卷四)

[清] 唐文治：与《庄子·天下篇》意义同，而机局各异。《天下篇》以学派作层叠法，此篇以答述作层叠法。中间以六艺作陪，以礼义作主，以《春秋》作线，如波浪起伏，曲折萦回。此为太阴识度之文，《史记》中所仅见者。(《国文经纬贯通大义》卷七)

报任安书

解题 《史记·田叔列传》:"褚先生曰:任安,荥阳人也。……为益州刺史。……其后逢太子有兵事。……是时任安为北军使者护军,太子立车北军南门外,召任安,与节令发兵。安拜受节,入,闭门不出。武帝闻之,以为任安详邪,不傅事,何也?任安笞辱北军钱官小吏,小吏上书言之,以为受太子节,言'幸与我其鲜好者。'书上闻,武帝曰:'是老吏也,见兵事起,欲坐观成败,见胜者欲合从之,有两心。安有当死之罪甚众,吾常活之,今怀诈,有不忠之心。'下安吏,诛死。"

太史公牛马走司马迁_{太史公,迁父谈也。走,犹仆也。言已为太史公掌牛马之仆,自谦之辞也。}再拜言,少卿_{任安字。}足下:曩者辱赐书,教以慎于接物,推贤进士为务。_{迁既被刑之后,为中书令,尊宠任职,故任安责以推贤进士。○二句任安来书。}意气勤勤恳恳,若望仆不相师,而用流俗人之言。_{望,怨也。○二句任安书中意。}仆非敢如此也。_{一句辩过,下更详辩。}仆虽罢疲。驽,亦尝侧闻长者之遗风矣。顾自以为身残处秽,_{残,被刑。秽,恶名。}动而见尤,欲益反损,是以独抑郁而谁与语。_{言无知心之人,谁可告语?起下文。}谚曰:"谁为_{去声。}为之?孰令_{平声。}听之?"_{言无知己者,设欲为善,当为谁为之?复欲谁听之?}盖钟子期死,伯牙终身不复鼓琴。_{《吕氏春秋》曰:"伯牙鼓琴,意在泰山,锺子期曰:'善哉,巍巍若泰山。'俄而志在流水,子期曰:'善哉,汤汤乎若流水。'子期死,伯牙破琴绝弦,终身不复鼓琴,以为世无赏音者。}何则?士为知己者用,女为说己者容。若仆大质已亏缺矣，大质，身也。虽才怀随、和，随侯珠，和氏璧。行若由、夷，许由、伯夷。终不可以为荣，适足以见笑而自点耳。点，辱也。○一段先作如许曲折，渐引入情。书辞宜答，会东从上来，从武帝还。又迫贱事，卑贱之事。若烦务也。相见日浅，少卿相见时近。卒卒猝。无须臾之间得竭志意。卒卒，促遽貌。间，隙也。○说前所以不答之故。今少卿抱不测之罪，涉旬月，迫季冬，安为戾太子事囚狱，更旬月后，便当就刑。季冬，刑日也。仆又薄从上雍。薄，迫也。又迫从天子将祭祀于雍。恐卒然不可为讳。难言其死，故云不可讳。是仆终已不得舒愤懑满。以晓左右，懑，闷也。则长逝者魂魄私恨无穷。谓任安恨不见报。○说今所以答之故。请略陈固陋。今乃答。阙然久不报，前不即答。幸勿为过。一段又作如许曲折，看他一片心事，更无处明，而欲明向将死之友，可以想见故人交情。

仆闻之：修身者，智之符也；爱施者，仁之端也；取予者，义之表也；耻辱者，勇之决也；立名者，行之极也。士有此五者，然后可以托于世，而列于君子之林矣。特标五者，言有此始得列于士林，见已之无复有此，以起下意。故祸莫憯同惨。于欲利，须利赎罪，而家贫，最憯也。悲莫痛于伤心，尽心事君，而见诬，最痛也。行莫丑于辱先，辱先人之职业，行莫丑焉。诟构。莫大于宫刑。陷割势之极刑，耻莫大焉。诟，耻也。宫，腐刑也。男子割势，女子幽闭，次死之刑。○紧承四句，正与上五者相反。刑余之人，无所比数，非一世也，所从来远矣。接上起下。昔卫灵公与雍渠同载，孔子适陈；孔子居卫，灵公与夫人同车，令宦者雍渠参乘，孔子去卫适陈。商鞅因景监见，赵良寒心；赵良说商君曰："今君之见秦王也，因嬖人景监以为主，非所以为名也。"寒心，惧其祸必至。同子参乘，袁丝变色：同子，武帝朝宦官赵谈也，与迁父同名，故讳曰同子。袁盎字丝。赵谈参乘，袁盎伏车前曰："陛下奈何与刀锯余同载！"自古而耻之。应"所从来远"。夫中材之人，事有关于宦竖，莫不伤气，而况于慷慨之士乎！言士羞与宦竖为伍。如今朝廷虽乏人，奈何令刀锯之余荐天下之豪俊哉！以上叙己亏体辱亲不足荐士。答任安书中推贤进士语。仆赖先人绪业，绪，余也。得待罪辇毂下，二十余年矣。所以自惟：上之，不能纳忠效信，有奇策材力之誉，自结明主；不能一。次之，又不能拾遗补阙，招贤进能，显岩穴之士；不能二。外之，不能备行伍，攻城野战，有斩将搴牵。旗之功；搴，拔取也。○不能三。下之，不能积日累劳，取尊官厚禄，以为宗族交游光宠。不能四。四者无一遂，苟合取容，无所短长之效，可见于此矣。以上叙己平日不能致功名。引答自责，文势雄拔。向者，仆亦尝厕下大夫之列，厕，间也。太史令千石，故比下大夫。陪奉外廷末议，外廷，朝堂也。不以此时引纲维，尽思虑，如恨如悔，胸中郁勃不堪之况，尽情倾露。今已亏形为扫除之隶，在闒塔。茸戎上声。之中，闒茸，猥贱也。乃欲仰首伸眉，论列是非，不亦轻朝廷、羞当世之士邪！此段申言不足荐士。再答安意。嗟乎！嗟乎！如仆尚何言哉！尚何言哉！加一笔，更悲惋。

　　且事本末未易明也。以下叙己所以被祸之由。此一句管到受辱著书，且与下文"未易一二为俗人言"、"难为俗人言"相呼应。仆少负不羁之才，负，犹无也。不羁，言才质高远，不可羁系也。长无乡曲之誉，主上幸以先人之故，使得奏薄伎，出入周卫之中。言袭先人太史旧职。周卫，宿卫周密也。仆以为戴盆何以望天，头戴盆则不得望天，望天则不得戴盆，事不可兼施，言己方一心于史职，不暇修人事也。故绝宾客之知，亡室家之业，日夜思竭其不肖之才力，务一心营职，以求亲媚于主上。初意本如此。而事乃有大谬不然者。捷转。

夫仆与李陵俱居门下，同为侍中。素非能相善也，趋舍异路，未尝衔杯酒、接殷勤之余欢。先明与陵无旧好。然仆观其为人自守奇士，自守奇节之士。事亲孝，与士信，临财廉，取与义，分别有让，恭俭下人，常思奋不顾身以殉国家之急。以身从事曰殉。其素所蓄积也，仆以为有国士之风。次明于陵有独赏。夫人臣出万死不顾一生之计，赴公家之难，斯已奇矣。一振。今举事一不当，而全躯保妻子之臣随而媒同酶。蘖尊。其短，媒，酒酵也。蘖，曲也。谓酿成其祸也。仆诚私心痛之。一落。且李陵此下言李陵之胜败，曲折周悉。提步卒不满五千，深践戎马之地，足历王庭，匈奴庭。垂饵虎口，横挑强胡，仰亿万之师，与单蝉。于匈奴号。连战十有馀日，所杀过当，陵军士少，杀匈奴倍多，故曰过当。虏救死扶伤不给。旃同毡。袭之君长咸震怖，旃裘，匈奴所服。乃悉征其左右贤王，左贤王、右贤王，并匈奴侯王之号。举引弓之人，一国共攻而围之。转斗千里，矢尽道穷，救兵不至，士卒死伤如积。恣。○积，露积也。然陵一呼劳去声。军，士无不起，躬自流涕，沬诲。血饮泣，血沾面曰沬。泪入口曰饮。更张空弮，宜。○弮，弩弓也。陵时矢尽，故张空弓。冒白刃，北向争死敌者。一段极力描写。陵未没时，使有来报，陵麾下骑陈步乐，报陵战克捷。汉公卿王侯皆奉觞上寿。故意写出公卿王侯丑状。后数日，陵败书闻，主上为之食不甘味，听朝不怡。大臣忧惧，不知所出。故意写出。○已上详叙李陵。仆窃不自料其卑贱，见主上惨怆怛悼，诚欲效其款款之愚。款款，忠实貌。以为李陵素与士大夫绝甘分少，味之甘者自绝，食之少者分之。○上"素所蓄积"句，与此"素与士大夫绝甘分少"句，两"素"字遥关。能得人之死力，虽古之名将，不能过也。身虽陷败，败降匈奴。彼观其意，彼观，犹观彼也。且欲得其当而报于汉。欲立功于匈奴以当罪，乃所以报汉也。事已无可奈何，事既无可如何，计不得不出此。○此句正推原陵意，妙。其所摧败，功亦足以暴仆。于天下矣。况其摧破匈奴之兵，已足以表白于天下矣。○此段以"以为"二字贯，是迁意中语。仆怀欲陈之，而未有路，未得其便。适会召问，即以此指推言陵之功，上段意中之旨。欲以广主上之意，对上"惨怆怛悼"。塞睚眦。眦恣。之辞。睚眦，忤目相视貌。○对上"媒糵其短"。未能尽明，明主不晓，以为仆沮贰师，而为李陵游说，税。遂下于理。初，上遣贰师将军李广利征匈奴，令陵为助。及陵与单于相值，而贰师无功。闻迁言，谓迁欲沮止贰师，以成李陵，而为其游说，遂下狱。理，治狱官。拳拳之忠，终不能自列，拳拳，忠谨貌。列，陈也。因为诬上，卒从吏议。吏议以为诬上，天子终从其议，定为宫刑。家贫，货赂不足以自赎，法可以金赎罪，而迁无金可以自赎。交游莫救视，左右亲近不为一言。观"家贫货赂"三句，则知史迁作《货殖》、《游侠》二传，非无为也。身非木石，独与法吏为伍，伍，对也。深幽囹陵。圄语。之中，囹圄，狱也。谁可告诉者！此真少卿所亲见，仆行事岂不然乎？已上详叙自己。李陵既生降，颓其家声，而仆又佴是。之蚕室，佴，次也。养蚕之室温而密，腐刑惠风，须入密室乃得全，因呼为蚕室。重为天下观笑。悲夫！悲夫！事未易一二为俗人言也。一二，谓委曲也。言陵与己事，俱不能委曲向俗人说。谓俗人不知也。○此段总结上两段，下乃专叙己所以不自引决之意。

仆之先非有剖符、丹书之功，汉初功臣剖符世爵，又论功定封，申以丹书之信。文、史、星、历近乎卜、祝之间，迁父为太史，掌知天文、律历、卜筮、祠祝之事。固主上所戏弄，倡优所畜，流俗之所轻也。不为天子所重，故为流俗所轻。假令仆伏法受诛，自引决。若九牛亡一毛，与蝼蚁何以异？而世俗又不能与死节者次比，特以为智穷罪极，不能自免，卒就死耳。何也？素所自树立使然也。挽一句，指"仆之先"以下言。人固有一死，死或重于泰山，或轻于鸿毛，用之所趣同趋。异也。彼此忖量，轻重较然。结上生下。**太上不辱先，其次不辱身，其次不辱理色，**义理、颜色。**其次不辱辞令，**言辞、教令。**其次诎体受辱，**诎体，长跪也。**其次易服受辱，**易服，著赭衣。**其次关木索、被箠楚受辱，**关木，枊械也。索，绳也。箠，杖也。楚，荆也。**其次剔毛发、婴金铁受辱，**剔毛发，髡也。婴，绕也。婴金铁，钳也。**其次毁肌肤、断**短。**肢体受辱，**黥、刖、劓、刵。**最下腐刑极矣！**宫刑腐臭，故曰腐刑。○历借不辱、受辱者，以形己之极辱。文字奇丽而瑰玮。**传曰："刑不上大夫。"此言士节不可不勉励也。**上大夫有罪，则赐自杀，不致加刑以辱之，所以励士节。○曲一笔，言此是太始之言，非今日之谓。**猛虎在深山，百兽震恐，及在槛穽之中，**槛，圈也。穿地为坑曰穽。**摇尾而求食，积威约之渐也。**其威为人所制约，故渐积至此。○引起。**故士有画地为牢，势不可入，削木为吏，议不可对，定计于鲜也。**鲜，明也。未遇刑自杀为鲜明。士之励节如此。**今交手足，受木索，暴肌肤，受榜**邦。**箠，**榜，击也。**幽于圜**还。**墙之中，**圜墙，狱也。**当此之时，见狱吏则头抢地，**抢，突也。**视徒隶则心惕息。**惊惕而喘息。**何者？积威约之势也。及以至是，言不辱者，所谓强颜耳，**勉强厚颜。**曷足贵乎！**以上叙已受辱。**且西伯，**文王。**伯也，拘于羑**有。**里；**羑里，殷狱名。**李斯，相也，**秦始皇相。**具于五刑；**先行墨、劓、刖、宫，而后大辟，故曰具五刑。**淮阴，王也，受械于陈；**韩信为楚王，人有告信欲反，高祖用陈平谋，伪游云梦，信谒上于陈，高祖令武士缚信，载后车，至洛阳，赦为淮阴侯。**彭越、张敖，南面称孤，系狱抵罪；**彭越，梁王。高祖诛陈豨，征兵于梁，越称病，上捕之，囚于洛阳。张敖嗣父耳为王，人告其反，捕系之。**绛侯诛诸吕，权倾五伯，囚于请室；**绛侯周勃，诛诸吕，立孝文，权盛于五伯。后有告勃谋反者，遂囚于请罪之室。**魏其，大将也，衣**去声。**赭者，衣关三木；**魏其侯窦婴，坐灌夫骂丞相田蚡不敬，论弃市。赭，赤色，罪人之服。关，穿也。三木，在颈及手足枊枷械也。**季布为朱家钳奴；**布为楚将，数窘汉王，楚灭,高祖购求布千金,敢舍匿者,罪三族,布乃髡钳之鲁朱家,卖之。**灌夫受辱于居室。**丞相田蚡娶燕王女为夫人,太后诏列侯宗室皆往贺,颍阴侯灌夫怒骂之,坐不敬,乃系于田蚡所居之室。**此人皆身至王侯将相,声闻邻国,及罪至罔**同网。加,罔,犹法也。**不能引决自裁,在尘埃之中。古今一体,安在其不辱也?**历引被辱古人自证。**由此言之,勇怯,势也;强弱,形也。审矣,何足怪乎?**言勇、怯、强、弱,皆缘形势顿殊,原无定体,自古以然,何足怪乎?**夫人不能早自裁绳墨之外,以稍陵迟,至于鞭箠之间,乃欲引节,斯不亦远乎!**言人不能早自裁决,以出狱吏绳墨之外,而稍迟疑,则至鞭箠,欲引节自决,不亦远乎知几乎!**古人所以重施刑于大夫者,殆为此也。**找转"刑不上大夫"句。○以上言不必引决,以下言己之不引决乃更有所欲为。**夫人情莫不贪生恶死,念父母,顾妻子,至激于义理者不然,乃有所不得已也。**言激于义理者,则不贪生念顾,义不得已也。**今仆不幸早失父母,无兄弟之亲,独身孤立,少卿视仆于妻子何如哉?**言父母兄弟已丧,无可念矣。视我于妻子何如哉?言何足顾也。**且勇者不必死节,怯夫慕义,何处不勉焉!**死节要归于义,何尝论勇怯。**仆虽怯懦欲苟活,亦颇识去就之分矣,何至自沉溺缧绁之辱哉!**跌宕。**且夫臧获婢妾**荆、扬、淮、海之间呼奴为臧,呼婢为获。**犹能引决,况仆之不得已乎!**应上"不得已"。○再跌宕。**所以隐忍苟活,幽于粪土之中而不辞者,恨私心有所不尽,鄙陋没世而文采不表于后世也。**凡作无数跌宕,方说出作《史记》本意。笔势何等纡回,何等郁勃。

古者富贵而名磨灭,不可胜升。**记,唯倜傥**。**傥非常之人称焉。**倜傥,卓异也。○先虚提一笔。**盖文王拘而演《周易》;**崇侯谮西伯于纣,纣乃囚之于羑里,西伯演《易》之八卦为六十四。**仲尼厄而作《春秋》;**孔子厄于陈、蔡,还作《春秋》。**屈原放逐,乃赋《离骚》;**屈原为楚怀王左徒,上官大夫谮之,被放逐,乃作《离骚》经。左丘失明,厥有《国语》;失明,谓无目也。孙子膑频上声。脚,兵法修列;孙膑与庞涓俱学兵法,涓自以为能不及膑,乃阴使人召膑,至则刑断其两足而黥之。膑,刖刑,去膝盖骨。人因呼为孙膑。不韦迁蜀,世传《吕览》;秦始皇迁吕不韦于蜀,于是著书以为八览、六论、十二纪,名《吕氏春秋》。韩非囚秦,《说难》、《孤愤》;韩非,韩之公子也,入秦为李斯所毁,下狱。非先曾著《孤愤》、《说难》十余万言。《诗》三百篇,大底贤圣发愤之所为作也。倒句。此人皆意有所郁结,不得通其道,故述往事,思来者。述往古兴亡、贤愚之事,思来者以作戒也。〇三句总承上八句说,此广引被辱著书之人,以发作史之意。乃如左丘无目,孙子断足,终不可用,退而论书策以舒其愤,思垂空文以自见。独复引左氏、孙子者,以其废疾与己同,因遂言著书,宜与之一例也。仆窃不逊,近自托于无能之辞,网罗天下放失旧闻,略考其事,综其终始,稽其成败兴坏之纪,上计轩辕,黄帝。下至于兹,汉武。为十表、本纪十二、书八章、世家三十、列传七十,凡百三十篇。亦欲以究天地之际,通古今之变,成一家之言。草创未就,会遭此祸,惜其不成,是以就极刑而无愠色。忍一时之辱,而垂万世之名。立志诚卓。仆诚已著此书,藏之名山,藏于山者,备亡失也。传之其人通邑大都,传之同志,广之邑都。则仆偿前辱之责,虽万被戮,岂有悔哉!史迁深以刑余为辱,故通篇不脱一"辱"字。此结言著书偿前辱,聊以自解。然此可为智者道,难为俗人言也。回应前文,关锁紧密。

且负下未易居,负累之下,未易可居。下流多谤议。下流,至贱也。仆以口语遇遭此祸,重为乡党所戮笑,以污辱先人,亦何面目复上父母之丘墓乎?虽累百世,垢弥甚耳!是以肠一日而九回,居则忽忽若有所亡,出则不知其所往。每念斯耻,汗未尝不发背沾衣也！言如此便应逃遁远去。身直为闺阁蛤。之臣，宁得自引深藏岩穴邪？故且从俗浮沉，与时俯仰，以通其狂惑。闺阁臣，阉官。引，出也。狂惑，谓小人。言所以不得逃遁远去，只因久系闺阁之臣，故不得自主耳，岂真得位行道哉。今少卿乃教以推贤进士，无乃与仆私心剌辣。谬乎？剌，戾也。○此书大旨，总是却少卿推贤进士之教。故四字为一篇纲领，始终亦自相应。今虽欲自彫琢，曼万。辞以自饰，曼，美也。无益，于俗不信，恐益为俗人所不信。适足取辱耳。要之，死日然后是非乃定。言死后名誉流于千载也。○直应上"本末未易明"句。书不能悉意，略陈固陋。谨再拜。

汇评

［宋］ 楼昉：反复曲折，首尾相续，叙事明白，读之令人感激悲痛，然看得豪气犹未尽除。（《崇古文诀》卷四）

［宋］ 真德秀：迁所论无可取者，然其文跌荡奇伟。以如此之材，而因言事置之腐刑，可为痛惜也。（引自《古文赏音》卷六）

［明］ 孙鑛：粗粗卤卤，任意写去，而矫健磊落，笔力真走蛟龙挟风雨，且峭句险字，往往不乏。读之，但见其奇肆，而不得其构造锻炼处。古圣贤规矩准绳文字至此大变，卓为百代伟作。（引自《古文集宜》卷一）

［清］ 金圣叹：学其疏畅，再学其郁勃；学其纡回，再学其直注；学其阔略，再学其细琐；学其径遂，再学其重复。一篇文字，凡作十来番学之，恐未能尽也。（《天下才子必读书》卷五）

［清］ 储欣：激昂悲愤，自有文字以来第一书。刑余之人，不可以推贤荐士，此正答少卿意也，况当日原因荐士受刑。中间序受刑之由，明所以受刑而忍耻苟活之故，数千言一气条贯，变化万端。大约以"辱"字为骨，以著书立言为归宿。此岂《小雅·巷伯》所能仿佛

345

耶？班史文人相轻之言，而后人奉为定论，则过矣。（引自《古文集宜》卷一）

[清] 林云铭：通篇淋漓悲壮，如泣如诉，自始至终，似一气呵成，盖缘胸中积愤不能自遏，故借少卿推贤进士之语做个题目耳。读者逐段细绎，如见其慷慨激烈，须眉欲动。班掾讥其不能以智自全，犹是流俗之见也夫。（《古文析义》卷八）

[清] 吴楚材、吴调侯：此书反复曲折，首尾相续，叙事明白，豪气逼人。其感慨啸歌，大有燕、赵烈士之风；忧愁幽思，则又直与《离骚》对垒。文情至此极矣。（《古文观止》卷五）

[清] 浦起龙：答书大致在自白罪由，自伤惨辱，自明著史，而以谢解来书位置两头，总纳在"舒愤懑"三字内。盖缘百三十篇中，不便放言以渎史体，特借报书一披豁其郁勃之气耳，岂独为任少卿道哉！沉雄激壮，如江海之气，横空上出，摩荡六虚。（《古文眉诠》卷三四）

[清] 过琪：曲护李陵，亦有强为分疏处。如得当报汉，岂可轻许？然言"无可奈何，其所摧败，功亦足以暴于天下"，自是千古平心之论。其自述处，感慨悲壮，并无全非君上之心，可谓怨悱不乱者矣。（《详订古文评注全集》卷五）

[清] 唐介轩：写得罪之由，作史之故，情辞悲伤，往复淋漓，分明又是一篇自序。（《古文翼》卷八）

[清] 黄仁黼：此篇主意，细玩在受辱不死著书自见上，故余后所书，即从死生著笔。而其自悲自责，并无一毫非上之心，可谓能得《小雅》"怨悱不乱"之旨。通体文势豪放，一气呵成，其如天马行空，不可羁勒。（《古文笔法百篇》卷一五）

卷六

汉　文

高帝求贤诏

《汉书》

解题　此诏颁布于汉高祖十一年(前196)二月,见《汉书·高帝纪》。

盖闻王者莫高于周文,伯霸。者莫高于齐桓,皆待贤人而成名。今天下贤者智能岂特古之人乎？以王伯自期,以古人期士。患在人主不交故也,士奚由进！归咎人主,顿挫极醒。今吾以天之灵、贤士大夫定有天下,以为一家,归功贤士,得体。欲其长久,世世奉宗庙亡无。绝也。是求贤正旨。贤人已与我共平之矣,而不与吾共安利之,可乎？二句,见帝制作雄略。贤士大夫有肯从我游者,吾能尊显之。上言"交",此言"游",真有天子友匹夫气象。布告天下,使明知朕意。御史大夫昌周昌。下相国,相国酂赞。侯萧何。下诸侯王,御史中执法下郡守,中执法,中丞也。○此诏令颁行次第。其有意称明德者,意实可称明德,非伪士也。必身劝,为之驾,郡守身自往劝,为之驾车。遣诣相国府,诣,至也。署行、义、作仪。年。书其行状、仪容、年纪。有而弗言,郡守不举。觉免。发觉则免其官。年老癃病,勿遣。

347

汇评

[明] 顾锡畴：高抬贤人于古人之上，眼界笔力壁立千仞矣。人言汉高侮士，嗟乎，贤人安可侮哉！汉高亦安肯侮哉！（引自《山晓阁西汉选》卷一）

[清] 孙琮：古天子能文惟汉为盛，诸帝诰命往往有谟诰风，而雄气伟略，高、武尤称迥异。篇中所谓贤者，即《大风歌》所思之猛士耳。（《山晓阁西汉选》卷一）

[清] 谢有煇：高帝平日嫚骂诸儒，及既定天下，求贤如恐不及。观此诏意，鼓舞激劝，委曲真挚，能令贤豪踊跃思奋。（《古文赏音》卷六）

[清] 林云铭：汉《大风歌》思猛士同意。但彼一味雄，此则雄而细矣。开创只用才，守城思及明德，尤见分晓。（《古文析义》卷七）

[清] 吴楚材、吴调侯：高帝平日慢侮诸生，及天下既定，乃屈意求贤，如恐不及，盖知创业与守成异也。汉室得人，其风动固为有本。（《古文观止》卷六）

[清] 浦起龙：求贤，开国首务，此三代下辟举之始事也。辞命、议论、叙事，体备众妙。（《古文眉诠》卷三一）

[清] 余诚：初入关，除苛法，以收拾人心；既平治，求遗贤，以培植国本。两事俱极切要，两诏（指《入关告谕》与本文）俱极真恳。而此诏期望殷勤，法制详细，且能流丽端庄，跌宕劲峭，兼而有之。高帝之雄气伟略，始具足见矣。○首段引王伯起，开局正大；次段归功贤人，立言有体。其曰"共安利"，是所以求贤之故；其曰"尊显"，是安利贤者处。末段复于郡守详加勉戒，一片作人至意，千载如见。（《重订古文释义新编》卷五）

[清] 唐介轩：开诚布公，字字镂心，大足为川岩生色。（《古文翼》卷五）

卷六　汉文

文帝议佐百姓诏

《汉书》

解题　据《汉书·文帝纪》，文帝于后元年(前163)下此诏。

间如字。者数年比去声。不登，间，近也。比，频也。又有水旱疾疫之灾，朕甚忧之。愚而不明，未达其咎。虚喝二句。意者朕之政有所失而行有过与？乃天道有不顺、地利或不得、人事多失和、鬼神废不享与？何以致此？一诘。将百官之奉养或费，无用之事或多与？何其民食之寡乏也？再诘。夫度锋。田非益寡，而计民未加益，以口量地，其于古犹有余，地多于民。而食之甚不足者，其咎安在？三诘。"咎"字呼应。无乃百姓之从事于末谓工商之业。以害农者蕃，蕃，多也。为酒醪牢。以靡糜。谷者多，醪，汁滓酒也。靡，散也。六畜休去声。之食焉者众与？六畜，牛、马、羊、犬、豕、鸡也。细大之义，吾未能得其中。又缴一笔，仍作推究语。其与丞相、列侯、吏二千石、博士议之，有可以佐百姓者，率意远思，无有所隐！求得其中，爱民之诚如见。

汇评

[清]　吴楚材、吴调侯：帝在位日久，佐民未尝不至。至是复议佐之策，可见其爱民之心，愈久而不忘也。(《古文观止》卷六)

［清］　浦起龙：所言民食，皆其平日心口间密密求详者，故达之文句，竟成一篇策问体。篇终"率意远思"四字，可作总赞。(《古文眉诠》卷三一)

卷六　汉文

景帝令二千石修职诏

《汉书》

解题　据《汉书·景帝纪》，景帝后二年(前142)夏四月下此诏。是年"春，以岁不登，禁内郡食马粟，没入之"。

雕文刻镂，漏。伤农事者也；锦绣纂组，纂，赤组也。组，印绂。害女红工。者也。一层。农事伤，则饥之本也；女红害，则寒之原也。二层。夫饥寒并至，而能无为非者寡矣。三层。○起数语作三层写，意甚婉至。朕亲耕，后亲桑，以奉宗庙粢盛、成。祭服，为天下先。以务农蚕为倡。不受献，减太官，省繇同徭。赋，太官，主膳食。○不伤害农事女红。欲天下务农蚕，素有畜同蓄。积，以备灾害。欲绝饥寒本原。强毋攘弱，众毋暴寡，老耆以寿终，幼孤得遂长。攘，取也。六十曰耆。遂，成也。○欲民免于为非。今岁或不登，民食颇寡，其咎安在？未称朕意，必有任其咎者。或诈伪为吏，以诈伪人为吏。吏以货赂为市，行同商贾。渔夺百姓，侵牟万民。渔，言若渔猎之为也。牟，食苗根虫。侵牟，食民比之牟贼也。○咎不在民而在吏。县丞，长吏也，县丞为吏之长。奸法与盗盗，甚无谓也。奸法，因法作奸也。与，助也。渔夺侵牟，吏即为盗。长吏知情而不执法，是助盗为盗矣，殊非设长吏之意也。○咎不在吏而在长吏。其令二千石各修其职；修察长吏之职。不事官职，耗帽。乱者，耗乱，不明也。指二千石言。丞相以闻，请其罪。请其不修职之罪。○咎不在长吏而在

351

二千石。布告天下，使明知朕意。

汇评

[清] 王符曾：精峭处兼绕姿态，百读不厌。(《古文小品咀华》卷二)

[清] 谢有煇：景帝不作雕文刻镂，锦绣纂组，及禁采黄金珠玉，有文帝遗意。此二帝所以致殷富之本也。然恳切真挚，迥不若文帝之语语由中出矣。(《古文赏音》卷六)

[清] 林云铭：主意是察吏安民。以侈靡有妨农桑泛论作冒，随自言节俭为民蓄积御荒之计，转入应有蓄积而无蓄积，实平日为吏所夺，因归咎于长吏挠法受赂，有负官守，令二千石察奏处分。看来许多曲折。(《古文析义》卷七)

[清] 吴楚材、吴调侯：一念奢侈，饥寒立至。起手数言，穷极原委。"奸法与盗盗"一语，透尽千古利弊。国家最患在吏饱，府库空虚，百姓穷困，而奸吏自富，此大害也。二千石修职，诚足民之务。(《古文观止》卷六)

[清] 浦起龙：有吏职，有二千石之职。吏职在安民，二千石之职在察吏。先详民事，吏职也；后言奸盗，乃吏弊也，皆二千石所当察举者，勿混。○责吏专以为民，识治本矣，所由文、景并称与？(《古文眉诠》卷三一)

[清] 余诚：令二千石修职，其实归也。咎县丞以儆众吏，俾民有蓄积备灾害。意极曲折，笔极古朴，可与高、文诸诏媲美。(《重订古文释义新编》卷五)

[清] 林纾：文一气滚下，却分为三段：入手重耕织，崇本之计也；由耕织说到皇躬，词既质朴，期望之意甚深；入后始发官吏之弊端，不多词费，而明简可味。(《古文辞类纂选本》卷七)

武帝求茂材异等诏

《汉书》

解题 据《汉书·武帝纪》，元封五年，"大将军青薨，初置刺史部十三州，名臣文武欲尽"，故有此诏。

　　盖有非常之功，必待非常之人，<small>武帝雄心，露于"非常"二字。</small>故马或奔踶题。而致千里，<small>奔，驰也。踶，踢也。奔踶者，乘之即奔，立即踶人也。</small>士或有负俗之累而立功名。<small>负俗，谓被世讥论也。〇二"或"字活看。</small>夫泛同覂。<small>音捧。</small>驾之马，<small>泛，覂也。覂驾者，言马有逸气，不循轨辙也。〇顶"奔踶"说。</small>跅托。弛之士，<small>跅者，跅落无检局也。弛者，放废不遵礼度也。〇顶"负俗"说。</small>亦在御之而已。<small>只一"御"字，想见英主作用。</small>其令州郡察吏民有茂材异等<small>旧言秀才，避光武讳称茂材。异等者，超等轶群，不与凡同也。〇应"非常之人"。</small>可为将相及使绝国者。<small>绝远之国，谓声教之外。〇应"非常之功"。</small>

汇评

[明] 唐顺之：寥寥数语，而起伏得体，开合有法。汉室之诏，此其尤工。（引自《山晓阁西汉文选》卷一）

[明] 钟惺：武帝雄心，露于"非常"二字。文、景用人，必求长者之意，至此索然矣。（引自《山晓阁西汉文选》卷一）

[清]　王符曾：相马于骊黄牝牡之外，固是九方皋遗法。(《古文小品咀华》卷二)

[清]　孙琮：汉世得人之盛，只是不拘资格。夫"泛驾"、"跅弛"喝出一"御"字，就中有无数作用，至以可使绝国者与将相并举。盖其穷兵好大，一片雄心，言下不觉毕露。试与《猛士歌》同日而唱，觉英风振动，咄咄逼人。(《山晓阁西汉文选》卷一)

[清]　谢有煇：弃瑕录瑜，使怀才负能之士，皆可自效。帝之雄才大略，知人善任，如闻其声于纸上。(《古文赏音》卷六)

[清]　吴楚材、吴调侯：求材不拘资格，务期适用。汉世得人之盛当自此诏开之。至以可使绝国者与将相并举，盖其穷兵好大，一片雄心，言下不觉毕露。与高帝《大风歌》同一气概。(《古文观止》卷六)

[清]　浦起龙：精悍奇矫，武帝雄略本色。(《古文眉诠》卷三一)

[清]　余诚："非常"二字，固足见武帝一片雄心，更可见武帝不拘成格，所以士虽或负俗累，而但能立功名，断不肯弃。后归到一"御"字，揭出自己本领。英君气概，千载如生。至其行文之妙，则起笔严重，能括全诏。"马"、"士"二语，纵横排奡，亦整齐亦参差，亦紧炼亦疏散。"泛驾"、"跅弛"二句，双承双转，对偶之中，饶有机神流利。"御"字一结，不分宾主，而正喻究自分明。末以"茂才异等"点出非常人，"将相使绝国"点出非常功，不应而应，不顾而顾，章法高绝。(《重订古文释义新编》卷六)

卷六　汉文

贾谊过秦论上

《史记》

解题　本文并见于《史记·秦始皇本纪》与《陈涉世家》。《史记·秦始皇本纪》:"太史公曰:秦之先伯翳,尝有勋于唐、虞之际,受土赐姓。及殷、夏之间微散。至周之衰,秦兴,邑于西垂。自缪公以来,稍蚕食诸侯,竟成始皇。始皇自以为功过五帝,地广三王,而羞与之侔。善哉乎贾生推言之也!"《史记·陈涉世家》:"褚先生曰:地形险阻,所以为固也;兵革刑法,所以为治也。犹未足恃也。夫先王以仁义为本,而以固塞文法为枝叶,岂不然哉!"按:裴骃《史记集解》引《班固奏事》"太史迁取贾谊《过秦》上下篇以为《秦始皇本纪》、《陈涉世家》下赞文",谓言"褚先生"者非也,当作"太史公"。高步瀛《两汉文举要》谓:"《过秦》当依小司马《索隐》及贾谊《新书》宋潭州本作三篇为是。上篇过始皇,中篇过二世,下篇过子婴,界画甚明。"

秦孝公据殽函之固,拥雍州之地,君臣固守,以窥周室。殽,山名,谓二殽。函,函谷关也。拥,亦据也。雍州,今陕西。固守,坚守其地也。周室,天子之国,秦欲窥而取之。有席卷捲。天下、包举宇内、囊括四海之意,并吞八荒之心。括,结囊也。八荒,八方也。○四句只一意,而必叠写之者,盖极言秦有虎狼之心,非一辞而足也。当是时也,商君卫鞅。佐之,内立法度,务耕织,修守战之具;外连衡横。而斗诸侯。连六国以事秦,而使之自相攻斗。于是秦人拱手而取西河之外。拱手而取,言易也。西河,魏地名。○秦之始强如此。

355

孝公既没,惠文、武、昭孝公卒,子惠文王立;卒,子武王立;卒,立异母弟,是昭襄王也。蒙故业,因遗策,南取汉中,西举巴蜀,东割膏腴之地,收要害之郡。汉中、巴、蜀三郡,并属益州。膏腴,土田良沃也。要害,山川险阻也。○秦之又强如此。诸侯恐惧,会盟而谋弱秦,不爱珍器、重宝、肥饶之地,以致天下之士,合从宗。缔交,相与为一。以一离六为衡,以六攻一为从,故衡曰连,从曰合。缔,结也。○正欲写秦之强,忽写诸侯作反衬。当此之时,齐有孟尝,田文。赵有平原,赵胜。楚有春申,黄歇。魏有信陵。无忌。此四君者,皆明智而忠信,宽厚而爱人,尊贤而重士,极赞四君,以反衬秦之强。约从离横,兼韩、魏、燕、赵、宋、卫、中山之众。于是六国之士,有宁越,赵人。徐尚,未详。苏秦、洛阳人。杜赫,周人。之属为之谋,齐明、东周臣。周最、周君子。陈轸、秦臣。召滑、依。○楚臣。楼缓、魏相。翟景、未详。苏厉、苏秦弟。乐毅燕臣。之徒通其意,吴起、魏将。孙膑、频上声。○孙武之后。带佗、驼。○未详。儿倪。良、王廖、留。○《吕氏春秋》曰:"王廖贵先,儿良贵后。"此二人者,皆天下之豪士也。田忌、齐将。廉颇、赵奢皆赵将。之伦制其兵。此段申明"以致天下之士"一句,极写诸侯得人之盛,以反衬秦之强。尝以什倍之地,百万之众,叩关而攻秦。叩,击也。关,函谷关。○此正接前"合从缔交,相与为一"句,作一遍,紧峭。秦人开关而延敌,九国之师遁逃而不敢进。秦无亡矢遗镞族。之费,而天下诸侯已困矣。九国,谓齐、楚、韩、魏、燕、赵、宋、卫、中山也。镞,箭镝也。○上写诸侯谋弱秦,何等忙;此写秦人困诸侯,何等闲。于是从散约解,争割地而赂秦。初点连衡,次点合从,三叙约从离横,四叙从散约解,段落井然。秦有余力而制其弊,追亡逐北,伏尸百万,流血漂橹。军败曰北。橹,大楯也。因利乘便,宰割天下,分裂河山。强国请服,弱国入朝。极言秦之强,总是反跌下文。

卷六 汉文

施及孝文王、庄襄王，昭襄王卒，子孝文王立；卒，子庄襄王立。享国之日浅，国家无事。虚叙带过。

及至始皇，方说到始皇。奋六世之余烈，六世，孝公、惠文王、武王、昭王、孝文王、庄襄王。振长策而御宇内，吞二周而亡诸侯，履至尊而制六合，执敲扑以鞭笞天下，振，举也。策，马箠也。振长策，以马喻也。二周，东、西周也。履至尊，践帝位也。六合，天地四方也。敲扑，皆杖也。短曰敲，长曰扑。〇四句亦只一意，极言始皇之强，非一辞而足也。威振四海。南取百越之地，以为桂林、象郡，百越，非一种也。桂林，今郁林。象郡，今日南。百越之君俛同俯。首系颈，委命下吏。言任性命于狱官也。〇极写始皇之强。乃使蒙恬秦将。北筑长城而守藩篱，却匈奴七百余里，胡人不敢南下而牧马，士不敢弯弓而报怨。极写始皇之强。〇前历言秦之强，以其善攻，以下言始皇不善守。于是废先王之道，燔百家之言，以愚黔首。燔，烧也。百家言，经、史之类。黔，黑也。秦谓民为黔首，以其头黑也。隳灰。名城，杀豪俊，收天下之兵聚之咸阳，销锋镝，的。铸以为金人十二，以弱天下之民。隳，毁也。兵，戎器也。咸阳，秦都。锋镝，兵刃也。始皇销锋镝，为金人十二，重各千石，置宫庭中。〇始皇愚民、弱民，适所以自愚、自弱，伏末"仁义不施而攻守之势异"一句。然后践华为城，因河为池，断华山为城，因河水为池。据亿丈之城，临不测之溪以为固。叠上两句。良将劲弩，守要害之处；信臣精卒，陈利兵而谁何。何，问也。谁何，言谁敢问。〇极形容始皇之强盛，比从前更自不同。天下已定，始皇之心，自以为关中之固，金城千里，子孙帝王万世之业也。秦东有函谷关，南有峣关、武关，西有散关，北有萧关，居四关之中，故曰关中。金城，言坚也。秦始皇曰："朕为始皇帝，后世以计数，二世、三世，至于万世，传之无穷。"〇自废先王之道至此，正说秦皇之过，看来秦过，亦只是自愚自弱。

始皇既没，余威震于殊俗。殊俗，远方也。○临说尽，又一振，笔愈缓，势愈紧。然而二字一篇大转关。陈涉，瓮牖绳枢之子，氓隶之人，而迁徙之徒也，陈胜，字涉，阳城人。秦二世元年秋，陈涉等起。瓮牖，以败瓮口为牖也。绳枢，以绳系户枢也。氓隶，贱称。迁徙之徒，谓涉为戍渔阳之徒也。材能不及中庸，不及中等庸人。非有仲尼、墨翟之贤，陶朱、猗顿之富，范蠡之陶，自谓陶朱公，治产积十九年之间，三致千金。猗顿闻朱公富，往问术，十年间，赀拟王公。故富称陶朱、猗顿。○陈涉既非其人，又无其赀。蹑足行伍之间，俛同勉。起阡陌之中，率罢同疲。弊之卒，将数百之众，倦起，不得已而举事也。阡陌，道路也。○不成军旅。转而攻秦。斩木为兵，揭杰。竿为旗，揭，高举也。斩木为兵，而无锋刃，举竿为旗，而无旌旛。○不成器仗。天下云集而响应，赢粮而景同影。从，山东豪俊遂并起而亡秦族矣。云集响应，如云之集，如响之应也。赢，担也。景从，如影之随形也。○前写诸侯如彼难，此写陈涉如此易，反照作章法。

且夫转笔会全神。天下非小弱也，雍州之地，殽函之固，自若也；陈涉之位，不尊于齐、楚、燕、赵、韩、魏、宋、卫、中山之君也；锄耰、棘同戟。矜，同穜。音芹。不铦仙。于钩、戟、长铩，晒。也；耰，锄柄。矜，矛柄。铦，利也。铩，长矛。谪戍之众，非抗于九国之师也；涉谪戍渔阳。抗，敌也。深谋远虑，行军用兵之道，非及曩时之士也。曩时，六国之士。○总承前文，两两比较，句法变换，最耐寻味。然而成败异变，功业相反。略作一顿。试使山东之国与陈涉度长絜大，比权量力，则不可同年而语矣。叠上意又作一飐，文势愈紧。然秦以区区之地，致万乘之权，招八州而朝同列，百有余年矣。招，举也。九州之数，秦有雍州，余八州，皆诸侯之地。○收前半篇。然后以六合为家，殽函为宫。一夫作难陈涉为首倡。而七庙隳，身死人手，为天下笑者，死人手，谓秦王子婴为项羽所杀。○收后半篇。何也？仁义不施,而攻守之势异也。结出一篇主意,笔力千钧。

汇评

[宋] 楼昉：秦始终兴亡之变,尽在此书。(《崇古文诀》卷二)

[宋] 李塗：文字有终篇不见主意,有结句见主意者,贾谊《过秦论》"仁义不施,而攻守之势异也",韩退之《守戒》"在得人"之类是也。(《文章精义》)

[宋] 真德秀：谊之论秦,备述本末,而断以两言,可谓至矣。然谊之意以攻守为二涂。用权谋以攻,而用仁义以守,然后为得。汉初豪杰,所见大抵如此。故陆贾有逆取顺守之言,而谊亦为攻守异势之说。岂知三代之得天下与守天下,初无二道乎？此谊之学,所以为杂于申、韩。(《文章正宗》卷一二)

[明] 陈与郊：秦之强盛莫如孝公,故首揭以立论起。"六国之士"以下三段,是一套事。"为之谋"、"通其意"、"制其兵",词意相应。"以愚黔首"管到上"废先王之道","以弱天下之民"管到上"隳名城,杀豪俊","以为固"管到上"斩华为城",而"谁何"管到上"良将劲弩"。此古人文法,须要识得。后五段长短相兼,文势起伏,二节"也"字,相次而下,有文法。末结"仁义不施"句,是至终篇,方见主意,是精神命脉聚处也。(引自《评选古文正宗》卷四)

[明] 孙鑛：立义雄伟,措词高劲,博大精深,允称西京名笔。(引自《古文集宜》卷一)

[清] 金圣叹："过秦论"者,论秦之过也。秦过只是末句"仁义不施"一语便断尽。此通篇文字,只看得中间"然而"二字一转。未转以前,重叠只是论秦如此之强；既转以后,重叠只是论陈涉如此之微。通篇只得二句文字：一句只是以秦如此之强,一句只是以陈涉如此之微。至于前半有说六国时,此只是反衬秦；后半有说秦

时,此只是反衬陈涉,最是疏奇之笔。(《天下才子必读书》卷七)

[清] 储欣:叙事雄浑,结尾特翻一波。(引自《古文集宜》卷一)

[清] 林云铭:《过秦论》乃论秦之过。三篇中而此篇最为警健。秦之过,止在结语"仁义不施,而攻守之势异"二句。通篇全不提破,千回万转之后,方徐徐说出便住。从来古文无此作法。尤妙在论秦之强处,重重叠叠,说了无数才转入陈涉,又将陈涉之弱处,重重叠叠说了无数,再转入六国。然后以秦之能攻不能守处作一问难,迫出正意。段段看来,都是到山穷水尽之际,得绝处逢生之妙。此等笔力,即求之西汉中,亦不易得也。(《古文析义》卷七)

[清] 吴楚材、吴调侯:《过秦论》者,论秦之过也。秦过只是末"仁义不施"一句便断尽,从前竟不说出。层次敲击,笔笔放松,正笔笔鞭紧,波澜层折,姿态横生,使读者有一唱三叹之致。(《古文观止》卷六)

[清] 浦起龙:俗解通篇四分之三,笼统说作秦强,全无曲势;末句"攻守"二句,又如瘿疣。予自少疑之,岂知前要托高九国,与后撖低陈涉相照。托高则以一当九,难矣,而秦反远攻;撖低则以暴击弱,易矣,而秦惟恃守。恰将九国之众、陈涉之微,分头激射,两路拶逼,如此夹出后段,加倍精采。藏曲于直,故得势。而结尾两言,更字字实落矣。神物无方,固未易识。(《古文眉诠》卷三一)

[清] 蔡世远:势如崩崖,缩之勿坠;气如奔涛,蓄之复注。议论既正,出以绝大魄力,使读者酬快异常。(引自《古文集宜》卷一)

[清] 余诚:其文平铺直叙中具纵横驰骋、向背往来。"且夫"以上是叙事,"且夫"以下是议论。其实叙事内原带有议论,议论内亦兼有叙事,变化错综,不可端倪。至段落之长短相间,承接之虚实相生,句调之整齐参差相杂,更觉笔墨到处,皆妙难尽述,读者当一一细心领取。(《重订古文释义新编》卷五)

[清] 过珙:仁义不施,攻守异势,是一篇过秦主意。却妙在藏过一边,千回万叠只是论秦如此之强,又千回万叠只是论陈涉如此之微,

正不知过在何处。后一点醒，令人豁然，遂觉始皇强暴不仁，并吞不义，其过遂不可言。(《详订古文评注全集》卷四)

[清] 姚鼐：固是合后二篇，义乃完。然首篇为特雄骏闳肆。(《评校音注古文辞类纂》卷一)

[清] 林纾：《过秦论》三篇，合成只一篇耳。第一篇专讲气势。说得极高兴处，却露出败兴样子。着眼在"仁义不施，攻守势异"一语，为画龙之点睛。然初不说明，只说他前胜后败，一个闷葫芦中贮了无数机关，使人扪索不得。难在一层后，又是一层。只不说秦之所以失天下之故，但言关中形胜如此，兵力如此，诸侯败衄又至于此，宜在万不可败之列，何以竟至一败涂地？及到"山东豪俊，遂并起而亡秦族矣"一语，在文势似成结穴，忽又振起"且夫天下非小弱也"句，似有百倍之神力，从积压在万钧之下，忽然以扛鼎之力，打挺而起，真非贾生力量不及此也。(《古文辞类纂选本》卷一)

[清] 唐文治：文气雄骏，大波澜中伏无数小波澜，千回百折，朝宗于海。汉唐以后，未有能及之者。○袁爽秋先生云："仁义不施"言失政，"攻守不同"言失势，图中见匕首只一寸铁，老吏断案只一两语定谳耳，使上文层层笔墨化为烟云，可称极至之作。(《国文经纬贯通大义》卷七)

贾谊治安策一

《汉书》

解题　本文见于《汉书·贾谊传》。传云："是时，匈奴强，侵边。天下初定，制度疏阔。诸侯王僭拟，地过古制，淮南、济北王皆为逆，诛。谊数上疏陈政事，多所欲匡建，其大略曰：'臣窃惟事势，可为痛哭者一，可为流涕者二，可为长太息者六，若其它背理而伤道者，难遍以疏举。进言者皆曰天下已安已治矣，臣独以为未也。曰安且治者，非愚则谀，皆非事实知治乱之体者也。夫抱火厝之积薪之下而寝其上，火未及燃，因谓之安，方今之势，何以异此！本末舛逆，首尾衡决，国制抢攘，非甚有纪，胡可谓治！陛下何不壹令臣得孰数之于前，因陈治安之策，试详择焉！'"

夫树国固，必相疑之势，立国险固，诸侯强大，则必与天子有相疑之势。○开口便吸尽全篇。下数朔。被其殃，上数爽其忧，甚非所以安上而全下也。爽，忒也。上疑下，必讨，则下被其殃而不能全；下疑上，必反，则上爽其忧而不能安。○是立言大旨。今或亲弟谋为东帝，谓淮南厉王长。文帝六年，谋反，废死。亲兄之子西乡向。而击，谓齐悼惠王子兴居为济北王，闻文帝幸太原，发兵反，欲击取荥阳，伏诛。今吴又见告矣。吴王濞，高帝兄刘仲之子，不循汉法，有告之者。天子春秋鼎盛，鼎，方也。○一。行义未过，二。德泽有加焉，三。犹尚如是，况莫大诸侯，权力且十此者乎！因三国之反，乃知他国未有不思反者。然而天下少安，何也？一转，捱入事情吃

362

紧处。大国之王幼弱未壮,汉之所置傅、相方握其事。所以一时暂安。数年之后,诸侯之王大抵皆冠,贯。血气方刚,汉之傅、相称病而赐罢,彼自丞尉以上遍置私人,如此,有异淮南、济北之为邪?逆推将来,指陈利害,诚远谋切虑。此时而欲为治安,虽尧、舜不治。反剔治安,下语斩截。

黄帝曰:"日中必熭,卫。操刀必割。"熭,晒也。○喻时不可失。今令此道顺而全安,甚易;全安,谓全下安上。不肯早为,已迺同乃。堕骨肉之属而抗刭景。之,堕,毁也。抗刭,谓举其头而割之也。岂有异秦之季世乎?季世,末世也。○此言欲全骨肉之属,当及今早图。语带痛哭之声。夫以天子之位,乘今之时,因天之助,尚惮以危为安,以乱为治,"尚惮"一句,指不肯早为。假设陛下居齐桓之处,无位、无时、无助。将不合诸侯而匡天下乎?设一难。臣又知陛下有所必不能矣。一不能。假设天下如曩时,高帝之时。淮阴侯尚王楚,韩信为楚王,人告信欲反,遂械信,赦为淮阴侯。黥布王淮南,英布为淮南王,反,高帝自往击之。彭越王梁,梁王彭越谋反,夷三族。韩信王韩,故韩王孽孙信,与匈奴反太原,高帝自往击之。张敖王赵,贯高为相,张敖嗣父耳为赵王,赵相贯高等谋弑高帝,事觉夷三族,赦赵王敖为宣平侯。卢绾王燕,陈豨在代,陈豨以赵相国守代地反,人言豨反,时燕王卢绾使人之豨所,与阴谋,绾遂亡入匈奴。令此六七公者皆亡恙,当是时而陛下即天子位,能自安乎?又设一难。臣有以知陛下之不能也。二不能。天下淆乱,高皇帝与诸公併同并。起,淆,杂也。○忽论高帝。非有仄同侧。室之势以豫席之也。礼,卿大夫之支子为侧室。席,藉也。言非有侧室之势为之资藉也。诸公幸者乃为中涓,其次廑同僅。得舍人,中涓、舍人,皆官名。材之不逮至远也。角材臣之。高皇帝以明圣威武即天子位,割膏腴之地以王诸公,多者百余城，少者乃三四十县，崽同德。至渥也？渥，厚也。○身封王之。然其后七年之间，反者九起。七年，高帝五年至十一年。九反，韩王信、贯高、淮阴、彭越、英布、陈豨、卢绾并利几五年秋反为八，其一人盖燕王臧荼，五年十月反。○引高帝毕。陛下之与诸公，非亲角材而臣之也，角，校也，竞也。○无材以制其力。又非身封王之也，无德以服其心。自高皇帝不能以是一岁为安，故臣知陛下之不能也。缴应上段。○三不能。

然尚有可诿者，曰疏。臣请试言其亲者。诿，托也。尚可诿言信、越等以疏故反，故"请试言其亲者"。亲者亦恃强为乱，明信等不以疏也。假令悼惠王王齐，高帝子肥。元王王楚，高帝弟交，中子王赵，高帝子如意。幽王王淮阳，高帝子友。共恭。王王梁，高帝子恢。灵王王燕，高帝子建。厉王王淮南，高帝子长。六七贵人皆亡恙，当是时陛下即位，能为治乎？又设一难。臣又知陛下之不能也。四不能。若此诸王，虽名为臣，实皆有布衣昆弟之心，虑亡不帝制而天子自为者。言诸王皆谓与天子为昆弟，而不论君臣之分，无不欲同皇帝之制度而为天子之事。意见下文。擅爵人，赦死罪，同罪。甚者或戴黄屋，黄屋，天子车盖之制。汉法令非行也。虽行，不轨如厉王者，不轨，不修法制也。令之不肯听，召之安可致乎！致，至也。幸而来至，法安可得加！动一亲戚，天下圜圆视而起，圜，惊视也。陛下之臣虽有悍如冯敬者，适启其口，匕比。首已陷其胸矣。悍，勇也。冯敬，冯无择子，奏淮南厉王反，始欲发言节制诸侯王，为刺客所杀。○细写"虑无不帝制而天子自为"一句。陛下虽贤，谁与领此？领，理也。○亦缴应上段"不能"之意。故疏者必危，亲者必乱，已然之效也。三句总收上文亲疏二段。其异姓负强而动者，汉已幸胜之矣，指韩、彭、陈豨言。又不易其所以然。同姓袭是迹而动，既有征矣，指淮南、济北言。其势尽又复然。殃殈同祸。之变，未知所移，明帝处之尚不能以安，后世将如之何！再总收一笔。下入喻。

屠牛坦屠牛者，名坦。一朝解十二牛，而芒刃不顿同钝。者，所排击剥割，皆众理解械。也。理解，支节也。至于髋髀。髀彼。之所，非斤则斧。髀上曰髋，两股间也。髀，股骨也。言其骨大，故须斤斧也。夫仁义恩厚，人主之芒刃也；权势法制，人主之斤斧也。绝好分剖。今诸侯王皆众髋髀也，释斤斧之用，而欲婴以芒刃，婴，触也。臣以为不缺则折。因喻入议，笔甚陗劲。胡不用之淮南、济北？势不可也。二国皆反诛，何不终用仁厚？势不可故也。○自难自解，妙。

臣窃迹前事，大抵强者先反。淮阴王楚，最强，则最先反；韩信倚胡，则又反；贯高因赵资，则又反；陈豨兵精，则又反；彭越用梁，则又反；黥布用淮南，则又反；卢绾最弱，最后反。连用"则又反"三字，有致。长沙乃在二万五千户耳，秦时鄱阳令吴芮，汉为长沙王。功少而最完，势疏而最忠，非独性异人也，亦形势然也。形势弱，故不反。○细数反国，忽带写一不反者，反复乃益明。曩令樊、郦、力。绛、灌樊哙，封舞阳侯。郦商，封曲周侯。周勃，封绛侯。灌婴，封颍阴侯。据数十城而王，今虽已残，亡可也；承上七国。令信、越之伦韩信、彭越。列为彻侯而居，彻侯即通侯。虽至今存，可也。承上长沙。○用反言洗发正意，笔情逸冷。然则天下之大计可知已。接句爽捷。欲诸王之皆忠附，则莫若令如长沙王；欲臣子之勿菹醢，海。○菹醢，肉酱。则莫若令如樊、郦等；将两层作结，下一层入正意。欲天下之治安，莫若众建诸侯而少其力。此句为一篇纲领，从前许多议论，皆是此意。此下天下咸知陛下之明、之廉、之仁、之义，正众建诸侯之效。力少则易使以义，国小则亡邪心。令海内之势如身之使臂，臂之使指，莫不制从；诸侯之君不

365

敢有异心,辐凑并进而归命天子;虽在细民,且知其安,故天下咸知陛下之明。一业。割地定制,令齐、赵、楚各为若干国,若干,豫设数也。使悼惠王、幽王、元王之子孙毕以次各受祖之分地,地尽而止,及燕、梁他国皆然。正所谓"众建诸侯而少其力"也。其分地众而子孙少者,建以为国,空而置之,须其子孙生者,举使君之。须,待也。○子孙少者,有以处之。诸侯之地,其削颇入汉者,为徙其侯国及封其子孙也,所以数偿之。诸侯之地有罪见削而入于汉者,为迁徙其国都及改封其子孙,亦以众建之数偿还之。○国既灭者,有以处之。一寸之地,一人之众,天子亡所利焉,诚以定治而已,故天下咸知陛下之廉。二业。地制一定,宗室子孙莫虑不王,下无倍同背。畔同叛。之心,上无诛伐之志,故天下咸知陛下之仁。三业。法立而不犯,令行而不逆,贯高、利几之谋不生,利几,项氏将,降汉,侯之颍川。高帝至洛阳,举通侯籍召之,利几恐,遂反。柴奇、开章之计不萌,柴奇、开章,皆与淮南王谋反者。细民乡善,大臣致顺,故天下咸知陛下之义。四业。卧赤子天下之上而安,植遗腹,朝委裘,而天下不乱,赤子,幼君也。植,直也。遗腹,君未生者。朝委裘,以君所常服之裘,委之于位,受群臣之朝也。当时大治,后世诵圣。五业。一动而五业附,陛下谁惮而久不为此?总收一句,下又入喻,申言当及今早图意,作收煞。

天下之势方病大瘇。肿。○肿足曰瘇。一胫形去声。之大几如要,同腰。一指之大几如股,平居不可屈信,同伸。一二指搐,触。身虑无聊。搐,动而病也。聊,赖也。失今不治,必为锢疾,后虽有扁辨。鹊,不能为已。扁鹊,良医。○不能为,与上"不肯早为"、"久不为此"两"为"字相应。病非徒瘇也,又苦蹠职。盭。同戾。○足掌曰蹠。蹠盭,言足蹠反戾不可行也。○又从病瘇上推进一层。元王之子,帝之从弟也;王郢。

今之王者,从弟之子也。王戊。惠王之子,亲兄子也;王襄。今之王者,兄子之子也。王侧。亲者或亡分地以安天下,谓亲子弟。疏者或制大权以逼天子。谓从弟之子、兄子之子。○"亲""疏"二字,应前作结。臣故曰非徒病瘇也,又苦跖盭。病瘇,喻疏者制大权。跖盭,喻亲者无分地。可痛哭者,此病是也。

汇评

[汉] 刘向:贾谊言三代与秦治乱之意,其论甚美,通达国体,虽古之伊、管未能远过也。使时见用,功化必盛。为庸臣所害,甚可悼痛。(引自班固《汉书·贾谊传赞》)

[明] 张溥:贾生《治安策》,无过减封爵,重本业,教太子,礼大臣数者,于天子甚忠敬,于大臣无不利也。(《汉魏六朝百三家集题辞·贾长沙集》)

[明] 唐顺之:此文凡七节,而起结变化,节节不同。(《文编》卷五)

[明] 茅坤:论诸侯王僭拟之敝,真洞见肺肝。想天下大势已了然在谊胸中。惜不假以便宜,看他当作何状。(引自《评选古文正宗》卷四)

[清] 金圣叹:幼闻人说:韩昌黎如海,苏东波如潮。便寻二公文章反复再读,深信海之与潮,果有如此也。既而忽见《贾生列传》,读其治安全策,乃始咋舌怪叹。夫此则真谓之海矣:千奇万怪,千态万状,无般不有,无般不起。则真谓之潮矣:来,不知其如何忽来;去,不知其如何忽去。总之,韩、苏二公文章,纵极汪洋排荡时,还有墙壁可依,路径可觅。至于此文,更无墙壁可依,路径可觅。少年初见古文,便先教读一万遍,定能分外生出天授神笔。(《天下才子必读书》卷五)

[清] 林云铭:贾太傅政事疏,语语皆可诵法。其最切于汉朝国势之大

者,莫如"痛哭"一策。劈头云"树国固,必相疑之势"一句,是其利病关头。中段云"众建诸侯而少其力"一句,是其处置要着。人亦知之,但其行文反复处,曲折尽态。(《古文析义》卷七)

[清] 吴楚材、吴调侯:是篇正对当时诸侯王僭拟地过古制发论,主意在"众建诸侯而少其力"一句。此句以前,言不若此而治安之难;此句以后,言能若此而治安之易。起结总是勉以及时速为之意。虽只重少同姓之力,却将异姓层层较量,尤妙于宾主之法。(《古文观止》卷六)

[清] 浦起龙:贾策断推西京文第一。有家令之峻刻,而术非名法;有广川之醇茂,而气更英多。急势缓势相衔,夹喻夹正入化。辟尽眉山匠巧。(《古文眉诠》卷三二)

[清] 余诚:主意又在"众建诸侯而少其力",是处置同姓妙着。细玩通体,文意自明。前面许多议论,皆为此而发。后幅五业之附,则极陈治安之要,以歆动之。末归到痛哭上作结。词旨本自可晓,而其文势苍莽,笔力纵横,非细心人竟莫窥其旨意之微妙,及其界画之分明矣。(《重订古文释义新编》卷五)

[清] 过珙:本末详明,首尾该贯,可谓通达当世之务。特其明目张胆,无所忌讳,未免有激发暴露之气,其才则然也。(《详订古文评注全集》卷四)

[清] 曾国藩:奏疏以汉人为极轨,而气势最盛、事理最显者,尤莫善于《治安策》,故千古奏议推此篇为绝唱。……贾生为此疏时当在文帝七年,仅三十岁耳,于三代及秦治术无不贯彻,汉家中外政事无不通晓,盖有天授非学所能几耳。奏议以明白显豁、人人易晓为要,后世读此文者,疑其称名甚古,其用字甚雅,若仓卒不能解者,不知在汉时乃人人共称之名、人人惯用之字,即人人能解也。(《曾文正公全集·求阙斋读书录》卷三)

卷六　汉文

晁错论贵粟疏

《汉书》

解题　本文见《汉书·食货志》。志云:"文帝即位,躬修俭节,思安百姓。时民近战国,皆背本趋末。贾谊说上曰……于是上感谊言,始开籍田,躬耕以劝百姓。晁错复说上曰:'圣王在上而民不冻饥者……(按:此处略去本文。)塞下之粟必多矣。'于是文帝从错之言,令民入粟边,六百石爵上造,稍增至四千石为五大夫,万二千石为大庶长,各以多少级数有差。"

　　圣王在上而民不冻饥者,非能耕而食寺。之,织而衣去声。之也,为去声。开其资财之道也。此句是一篇主意。故尧、禹有九年之水,汤有七年之旱,而国无捐瘠者,捐,相弃也。瘠,瘦病也。以畜积多而备先具也。圣王为民开资财之道,故有备无患。今海内为一,土地人民之众不避禹、汤,避,让也。加以亡天灾数年之水旱,而畜积未及者,何也?地有余利,民有余力,说出实病。生谷之土未尽垦,山泽之利未尽出也,故地有余利。游食之民未尽归农也。故民有余力。〇后世不能开资财之道,故患在无备。〇以圣王形当时,谓当时畜积未及,弊在不农。下因言不农之害。民贫,则奸邪生。贫生于不足,不足生于不农,逆写不农之害。不农则不地著,丈入声。〇安土谓之地著。不地著则离乡轻家,民如鸟兽,谓轻去其乡。虽有高城深池,严法重刑,犹不能禁也。顺写不农之害。

369

夫寒之于衣，不待轻暖；饥之于食，不待甘旨；饥寒至身，不顾廉耻。申言"民贫则奸邪生"数句。人情，一日不再食则饥，终岁不制衣则寒。夫腹饥不得食，肤寒不得衣，虽慈母不能保其子，君安能以有其民哉！申言"不农则不地著"数句。明主知其然也，捷转。故务民于农桑，所谓"开其资财之道"者以此。薄赋敛，广畜积，以实仓廪，备水旱，承"务民农桑"说。故民可得而有也。应"安能有其民"句。

民者，在上所以牧之，趋利如水走下，四方无择也。三句承上起下。夫珠玉金银，意在重粟，却从金玉折入，大有波致。饥不可食，寒不可衣，然而众贵之者，以上用之故也。其为物轻微易藏，在于把握，可以周海内而亡饥寒之患。此令臣轻背其主，而民易去其乡，盗贼有所劝，亡逃者得轻资也。最便处，却是害处。粟米布帛，生于地，长于时，聚于力，非可一日成也。数石之重，中人弗胜，升。不为奸邪所利，一日弗得而饥寒至。最不便处，却是利处。是故明君贵五谷而贱金玉。一句点出正意。

今农夫五口之家，其服役者不下二人，服役，谓服公家之役。其能耕者不过百亩，二句言民之力有尽。百亩之收不过百石。二句言民之财有尽。春耕夏耘，秋获冬藏，伐薪樵，樵，亦薪也。治官府，给徭役；春不得避风尘，夏不得避暑热，秋不得避阴雨，冬不得避寒冻，四时之间无日休息；承"服役""能耕"三句。言勤于作事之苦。又私自送往迎来，吊死问疾，养孤长幼在其中。承"百亩之收"一句。言勤于应用之苦。勤苦如此，尚复被水旱之灾，急政暴虐，赋敛不时，朝令而暮改。水旱频仍，赋敛愈急，平常勤苦之中，又有意外之勤苦。当其有者半贾同价。而卖，亡者取倍称之息，有谷者，贱卖以应急用；无谷者，称贷于人而听取加倍之息。于是有卖田宅、鬻子孙以偿债者矣。细陈田家辛苦颠连之状,如在目前。下复将商贾相形一番,情事愈透。而商贾转接轻妙。大者积贮倍息,小者坐列贩卖,操其奇赢,日游都市,赢,获利也。乘上之急,所卖必倍。故其男不耕耘,女不蚕织,衣必文采,食必粱肉,亡农夫之苦,有阡陌之得。因其富厚,交通王侯,力过吏势,以利相倾,千里游敖,同遨。冠盖相望,乘坚策肥,坚,好车。肥,好马。履丝曳缟。极写商人之逸乐,句句与农人之勤苦相反。此商人所以兼并农人,农人所以流亡者也。总收一笔,以见当尊农贱商意。今法律贱商人,商人已富贵矣;尊农夫,农夫已贫贱矣。故俗之所贵,主之所贱也;商。吏之所卑,法之所尊也。农。上下相反,好恶乖迕,误。而欲国富法立,不可得也。弃本逐末,法律皆为具文,可为三叹。

　　方今之务,莫若使民务农而已矣。欲民务农,在于贵粟。贵粟之道,在于使民以粟为赏罚。正意作三层跌出。今募天下入粟县官,得以拜爵,得以除罪。如此,富人有爵,农民有钱,粟有所渫。屑。○渫,散也。夫能入粟以受爵,皆有余者也。一折更醒。取于有余,以供上用,则贫民之赋可损,所谓损有余、补不足,令出而民利者也。入粟、拜爵、除罪,固非正论,然实一时备荒良策。顺于民心,所补者三:一曰主用足,二曰民赋少,三曰劝农功。贵粟中,又剔出三项。今令民有车骑马一匹者,复卒三人。车骑马,可以备车骑之马也。复,免也。谓免其为卒者三人。此当日现行事例。车骑者,天下武备也,故为复卒。既有武备,尤赖粟以为守,起下文。神农之教曰:"有石城十仞,汤池百步,带甲百万,而亡粟,弗能守也。"以是观之,粟者,王者大用,政之本务。见粟之当重如此。令民入粟受爵至五大夫以上,乃复一人耳,五大夫,五等之爵也。言入粟多而复卒少。此其与骑马之功相去远矣。与纳马少而复卒多者,相去甚远。○此正见以粟为赏罚,最是良法。爵者,上之所擅,出于口而无穷。粟者,民之所种,生于地而不乏。所以为法之良。夫得高爵与免罪,人之所甚欲也。应上"顺于民心"句。使天下人入粟于边,以受爵免罪,不过三岁,塞下之粟必多矣。结出贵粟正旨。

汇评

[清]　林云铭：农事为国本,而使民务农,自是确论。且叙五谷金玉贵贱及农商苦乐处,无不曲尽。但为粟贱病农,欲使有所散,是矣。而以粟拜爵、赎罪,究竟为富商之利,何益于农徒？轻名器,废法律,佐国有限,害治无穷。故《禹贡》言风俗败坏,皆起于犯法者赎罪,入谷者补吏,此则其计所不及也。(《古文析义》卷七)

[清]　吴楚材、吴调侯：此篇大意只在入粟于边以富强其国,故必使民务农,务农在贵粟,贵粟在以粟为赏罚。一意相承,似开后世卖鬻之渐。然错为足边储计,因发此论,固非泛谈。(《古文观止》卷六)

[清]　浦起龙：与贾疏同时上,意亦略同,而此更画出滋粟之方,在于自上贵之。上以权与粟,则粟贵；上以权予金钱,则粟轻。入粟一议,本计在于抑末,中间将珠玉对勘,正欲去其积重之势,以归权于粟也。后世边储事例,由此而兴,君子病之。至夫事例开而仍用银钱折色,益失其初指矣。字字透肌刻骨,而布局却字字摆开,苏家的乳在此。(《古文眉诠》卷三二)

[清]　过珙：是一篇布帛菽粟文字,不蹈奇险,不立格局,自有照应起伏,而绝无照应起伏之迹。意思详尽,气势优畅,是汉文中不可多得者。(《详订古文评注全集》卷四)

[清]　唐介轩：极言五谷当贵,金玉当贱,反复曲折,意致淋漓。特后以粟为赏罚一策,似可权宜济时,未免开后世卖官鬻爵之渐。汉儒本领,终逊帝王之佐,所以文景之治,难语唐、虞三代也。(《古文翼》卷五)

邹阳狱中上梁王书

《汉书》

解题　此书见《汉书·邹阳传》。传云："书奏孝王，孝王立出之，(邹阳)卒为上客。"

邹阳齐人。从梁孝王景帝少弟。游。阳为人有智略，忼慨不苟合，介于羊胜、公孙诡之间。介，间厕也。胜、诡，皆孝王客。胜等疾阳，恶之孝王。恶，谓谮毁也。孝王怒，下阳吏，将杀之。阳乃从狱中上书曰：

"臣闻'忠无不报，信不见疑'，"忠""信"二字，一篇关键。臣常以为然，徒虚语耳。起便跌宕。昔荆轲慕燕丹之义，白虹贯日，太子畏之；荆轲为燕太子丹西刺秦王，精诚格天，白虹为之贯日。白虹，兵象。日为君，为荆轲表可克之兆。太子尚畏而不信也。卫先生为秦画长平之事，太白食昴，昭王疑之。白起为秦伐赵，破长平军，欲遂灭赵，遣卫先生说昭王益兵粮。其精诚上达于天，太白为之食昴。太白，天之将军。昴，赵分也。将有兵，故太白食昴。昭王尚疑而不信也。夫精变天地，而信不谕两主，岂不哀哉！变，动也。谕，晓也。今臣尽忠竭诚，毕议愿知，尽其计议，愿王知之。左右不明，卒从吏讯，为世所疑。言左右不明，不欲斥王也。讯，鞠问也。是使荆轲、卫先生复起，而燕、秦不寤也。愿大王熟察之。

373

"昔玉人献宝,楚王诛之;楚卞和得玉璞,献之武王。王示玉人,曰:"石也。"刖其右足。武王没,复献文王,玉人复曰:"石也。"刖其左足。至成王时,抱其璞哭于郊。乃使玉人攻之,果得宝玉。李斯竭忠,胡亥极刑。秦始皇以李斯为丞相,始皇崩,二世胡亥立,杀李斯,具五刑。是以箕子阳狂,接舆避世,纣淫乱不止,箕子阳狂为奴。接舆,楚贤人,阳狂避世。恐遭此患也。愿大王察玉人、李斯之意,而后楚王、胡亥之听,毋使臣为箕子、接舆所笑。臣闻比干剖心,子胥鸱夷,比干强谏,纣怒曰:"吾闻圣人心有七窍。"遂剖比干观其心。子胥自刻,吴王夫差取马革为鸱夷形,盛子胥尸,投之江。臣始不信,乃今知之。愿大王熟察,少加怜焉!以上自谓忠而获罪,信而见疑,故引荆轲、卫先生之事明之,又引玉人、李斯、比干、子胥足其意,是为第一段。

"语曰:'有白头如新,倾盖如故。'白头,初相识至头白也。倾盖者,道行相遇,驻车对语,两盖相交,小敬之义也。何则?知与不知也。提出"知"字,开下文之论端。故樊於期逃秦之燕,藉荆轲首以奉丹事;于期为秦将,被谗,走之燕,始皇灭其家,又重购之,会燕太子丹遣荆轲欲刺秦王,无以为藉,於期自刻首,令荆轲赍往。王奢去齐之魏,临城自刭,以却齐而存魏。王奢,齐臣也,亡至魏,其后齐伐魏,奢登城谓齐将曰:"今君之来,不过以奢故也,义不苟生,以为魏累。"遂自刭。夫王奢、樊於期非新于齐、秦而故于燕、魏也,所以去二国死两君者,行合于志,慕义无穷也。是为真知。是以苏秦不信于天下,为燕尾生;苏秦说齐宣王,使还燕十城,又令闵王厚葬以弊齐,终死于燕,是苏秦不出其信于天下,于燕则为尾生之信也。尾生,古之信士,守志亡躯,故以为喻。白圭战亡六城,为魏取中山。白圭为中山将,亡六城,君欲杀之,亡入魏,文侯厚遇之,还拔中山。何则?诚有以相知也。应醒"知"字。苏秦相燕,人恶之燕王,燕王按剑而怒,食之骏决。駃;题。○反食苏秦以异味。駃騠,骏马名。白圭显于中山,拔中山而尊显。

人恶之于魏文侯,文侯赐以夜光之璧。反赐白圭以奇珍。○又申说一遍。何则?两主二臣,剖心析肝相信,岂移于浮辞哉!以上思其见疑获罪之由,皆因于知与不知,故历引王奢、樊於期、苏秦、白圭证之。是为第二段。

"故女无美恶,入宫见妒;士无贤不肖,入朝见嫉。承上起下。昔司马喜膑频上声。脚于宋,卒相中山;司马喜,六国时人。膑,刖刑,去膝盖骨。范雎拉蜡。胁折齿于魏,卒为应侯。范雎,魏人,魏相魏齐疑其以国阴事告齐,乃掠笞敷百,拉胁折齿,后入秦为相,封为应侯。拉,亦折也。此二人者,皆信必然之画,画,计也。捐朋党之私,挟孤独之交,故不能自免于嫉妒之人也。以之自况。是以申徒狄蹈雍之河,申徒狄,殷末人,自沉于雍州之河。徐衍负石入海。徐衍,周末人,负石自投于海。不容于世,义不苟取比周于朝以移主上之心。虽不见容,终不苟且朋党于朝,以感动主上之心。故百里奚乞食于道路,缪公委之以政;百里奚闻秦缪公贤,欲往干之,乏资,乞食以自致。宁戚饭牛车下,桓公任之以国。宁戚为人饭牛车下,扣牛角而歌,齐桓公闻之,举以为相。此二人者,岂素宦于朝,借誉于左右,然后二主用之哉?感于心,合于行,坚如胶漆,昆弟不能离,岂惑于众口哉?又将相知意结,下复就嫉妒深一层说。故偏听生奸,独任成乱。昔鲁听季孙之说逐孔子,齐人归女乐,季桓子受之,三日不朝,孔子行。宋任子冉之计囚墨翟。子冉,子罕也。夫以孔、墨之辩,不能自免于谗谀,而二国以危。何则?众口铄金,积毁销骨也。美金见毁,众共疑之,数被烧炼,以致销铄。谗佞之人,肆其诈巧,离散骨肉,而不觉知。○偏听独任,痛心千古。秦用戎人由余而伯中国,秦穆公求士,西取由余于戎。齐用越人子臧而强威、宣。齐任子臧,威、宣二王所以强盛。此二国岂系于俗,牵于世,系奇偏之浮辞哉?公听并观,垂明当世。公听并观,与上偏听独任相反。故意合则胡越为兄弟,由余、子臧是矣；不合则骨肉为仇敌，朱、象、管、蔡是矣。朱，丹朱，尧子。象，舜弟。管、蔡，管叔、蔡叔。○上无朱、象、管、蔡，忽然插入，古文奇恣不拘如此。今人主诚能用齐、秦之明，后宋、鲁之听，则五伯不足侔，而三王易为也。以上思其不见知之由在于无朋党之私，被谗佞之口，故引司马喜、范雎、申徒狄、徐衍四人为无朋党之证，引齐、秦、宋、鲁四君为信谗、不信谗之证。是为第三段。

"是以圣王觉寤，捐子之之心，而不说田常之贤，燕王哙欲禅国于其相子之，国乃大乱。田常，陈恒也，齐简公悦之，而被弑。封比干之后，修孕妇之墓，武王克商，反其故政，乃封修之。孕妇，纣剖妊妇，观其胎。故功业覆于天下。何则？欲善无厌也。夫晋文亲其仇，强伯诸侯；齐桓用其仇，而一匡天下。寺人披为晋献公逐文公，斩其祛，后文公即位，用其言以免吕郤之难。管仲射中桓公带钩，而用为相。何则？慈仁殷勤，诚加于心，不可以虚辞借也。桓、文欲善无厌。至夫秦用商鞅之法，东弱韩、魏，立强天下，卒车裂之。越用大夫种之谋，禽同擒。劲吴而伯中国，遂诛其身。秦孝公用卫鞅，封为商君，后犯罪以车裂之。越王勾践用文种，败吴王夫差，后被谗赐死。○秦、越待士，有始无终，不能欲善无厌也。是以孙叔敖三去相而不悔，於乌。陵子仲辞三公为人灌园。孙叔敖三为楚相，三去之而不怨悔。楚王闻陈仲子贤，欲以为相，仲子夫妻相与逃而为人灌园。○恐始荣而终败也。今人主诚能去骄傲之心，怀可报之意，士有功可报者思必报。披心腹，披，开也。见情素，堕肝胆，堕，落也。施德厚，终与之穷达，无爱于士，待士有终，与之穷达如一，无所吝惜于士也。则桀之犬可使吠，尧。跖之客可使刺由，跖，盗跖。由，许由。此言被之以恩，则用命也。何况因万乘之权，假圣王之资乎！然则轲湛同沉。七族，要腰。离燔妻子，荆轲为燕刺秦王，不成而死，其族坐之。湛，没也。吴王阖闾欲杀王子庆忌，要离诈以罪亡，令吴王燔其妻子，要离走见庆忌，以剑刺之。岂足为

卷六　汉文

大王道哉！言士皆乐为之用也。○以上思其朋党得援、谗佞得行,皆因于人主之不能欲善无厌,故历引桓、文、秦、越反复明之。是为第四段。

"臣闻明月之珠,夜光之璧,以闇同暗。投人于道,众莫不按剑相眄勉。者。眄,目偏合也。何则？无因而至前也。蟠盘。木根柢,底。轮囷屈平声。离奇,蟠木,屈曲之木也。柢,根下本也。轮囷离奇,委曲盘戾也。而为万乘器者,万乘器,天子车舆之属。以左右先为之容也。容,谓雕刻加饰。○突出奇喻,振起一篇精神。故无因而至前,虽出随珠、和璧,随侯珠、和氏璧。秪同只。怨结而不见德。有人先游,游,谓进纳之也。则枯木朽株,树功而不忘。复说一遍,更有味。今夫天下布衣穷居之士,身在贫羸,贫羸,衣食不充而羸瘦也。虽蒙尧、舜之术,挟伊、管之辩,伊尹、管仲。怀龙逢、旁。比干之意,龙逢,亦纣忠臣。○激昂自负语。而素无根柢之容,虽竭精神,欲开忠于当世之君,则人主必袭按剑相眄之迹矣。是使布衣之士不得为枯木朽株之资也。怀才不遇,宜有此愤激。是以圣王制世御俗,独化于陶遥。钧之上,陶家名模下圆转者为钧,盖云周回调钧耳。言圣王制驭天下,亦犹陶人转钧也。而不牵乎卑乱之语,不夺乎众多之口。故秦皇帝任中庶子蒙嘉之言以信荆轲,而匕比。首窃发;荆轲至秦,厚遗秦王宠臣中庶子蒙嘉,为先言于秦王,秦王见之,献督亢之地图,图穷而匕首见。周文王猎泾、渭,载吕尚归,以王天下。西伯出,遇吕尚于渭之阳,与语,大悦,因载归。秦信左右而亡,周用乌集而王。太公非旧人,若乌鸟之暴集。何则？以其能越挛拘之语,驰域外之议,独观乎昭旷之道也。单顶"用乌集而王"说。今人主沉谄谀之辞,牵帷廧同墙。之制,言为臣妾侍帷墙者所牵制。使不羁之士与牛骥同皁,不羁,言才识高远,不可羁系也。皁,食牛马器。此鲍焦所以愤于世也。鲍焦,周之介士,怨时之不用己,采疏于道,抱木而死。○此

377

段言人君待士不可信左右之人。

"臣闻盛饰入朝者不以私污义，底同砥。厉同砺。名号者不以利伤行。故里名'胜母'，曾子不入；胜母，不孝。邑号'朝歌'，墨子回车。朝歌，不时。今欲使天下寥廓之士寥廓，空大也。笼于威重之权，胁于位势之贵，回面污行，以事谄谀之人，而求亲近于左右，则士有伏死堀同窟。穴岩薮之中耳，安有尽忠信而趋阙下者哉！"应起"忠"、"信"二字。○此段言士之自处，不肯附左右之人。○以上言世主必欲左右先容，而贤者宁有伏死岩穴，以自明其志。是为第五段。

汇评

[宋] 真德秀：此篇用字太多，而文亦浸趋于偶丽，盖其病也。然其论谗毁之祸至痛切，可以为世戒。(《文章正宗》卷一一)

[明] 吴宽：邹阳书意思千翻百转，如九级浮图愈出愈高，词源如万里黄河，滚滚不竭，终归大海。此等文章自是元气未漓时手作，非后世操觚镕铸者可到。然期间援引人事，多是战国权谋之习。(引自《评选古文正宗》卷四)

[明] 袁宏道：此书援古证今，累千百言，词虽烦而不乱，意虽多而自切。起"忠无不报"二句，一篇主意。"昔者荆轲"一段是一头。"昔卞和献宝"以下，分作十段看。"臣闻盛饰入朝者"至末，结归己意，以终上十段，是一尾。前后过渡处，全然不觉，是一笔呵成文字。(引自《评选古文正宗》卷四)

[清] 谢有煇：被谗而不知所以，则其事无可辨；谗者方见信于王，则其人不可攻。故援古为喻，而复沓其间，穷极古来忠信受枉之酷，而王自悟矣。(《古文赏音》卷一二)

[清] 林云铭：总言己必不能与胜、诡阿合，而胜、诡之谗必不可听也。虽用古过多，不免伤气，议论过多，不免伤格，然衔接处却成一片

妙文。(《古文析义》卷七)

[清] 吴楚材、吴调侯：此书词多偶俪，意多重复，盖情至窘迫，呜咽涕洟，故反复引喻，不能自已耳。其间段落虽多，其实不过五大段文字。每一援引、一结束，即以"是以"字、"故"字接下，断而不断，一气呵成。(《古文观止》卷六)

[清] 浦起龙：只反复谗蔽之旨，不落一乞怜语，高绝。○赋者，古诗之流。此又词赋之流也。邹、枚以赋手为文章，似连而断，似断而连，层见复出，色蒨而缕微，其中自具清骨。若王褒、吾邱终童辈，则卑卑矣。(《古文眉诠》卷三三)

[清] 过珙：向读太史公赞，谓阳辞虽不逊，其比物连类有足悲者，予正病其比物连类，未免用事太多。然其论谗毁之祸，最为痛切。学者但取其长，未可以少疵短之也。(《详订古文评注全集》卷四)

[清] 李兆洛：迫切之情，出以微婉；呜咽之响，流为激亮。此言情之善者也。(《骈体文钞》卷一六)

[清] 刘熙载：邹阳狱中上书，气盛语壮。(《艺概·赋概》)

司马相如上书谏猎

《汉书》

解题　本文见《汉书·司马相如传》。传称,见此书后,"上善之"。

相如从上至长杨猎。长杨宫也。是时天子武帝。方好自击熊豕,驰逐壄同野。兽。相如因上疏谏曰:

"臣闻物有同类而殊能者,兼人、兽说。故力称乌获,捷言庆忌,勇期贲、育。乌获,秦武王力士。庆忌,吴王僚子,阖闾尝以马逐之江上,而不能及。贲,孟贲,古之勇士,水行不避蛟龙,陆行不避狼虎。育,夏育,亦勇士。臣之愚,窃以为人诚有之,兽亦宜然。从猛士引出猛兽。今陛下好陵阻险,射石。猛兽,卒猝。然遇逸材之兽,骇不存之地,犯属车之清尘,逸材,过于众也。不存,不可得而安存也。属车,从车。言犯清尘,不敢指斥之也。○"卒然"二字,伏下"不及"、"不暇"、"不得用"等字。舆不及还旋。辕,人不暇施巧,虽有乌获、逢旁。蒙之技不得用,枯木朽株尽为难矣。枯木朽株,阻险中塞道之物。○危言悚听。是胡、越起于毂下,而羌、夷接轸也,岂不殆哉!轸,车后横木。起毂接轸,有如寇敌,喻祸之不远。○此段以祸恐之。虽万全而无患,然本非天子之所宜近也。一折落下。

"且夫清道而后行,中路而驰,犹时有衔橛掘。之变。衔,马勒衔也。橛,车钩心也。衔橛之变,言马衔或断,钩心或出,则致倾败以伤人也。况乎涉丰草,骋邱墟,丰,茂也。骋,驰也。前有利兽之乐,而内无存变之意,利,犹贪也。变,即衔橛之变。其为害也不亦难矣!此段以理谕之。夫轻万乘之重不以为安,乐出万有一危之涂以为娱,鱼。臣窃为陛下不取。结清道后行一段。

"盖明者远见于未萌,而知者避危于无形,既同祸。固多藏于隐微而发于人之所忽者也。结卒然遇兽一段。故鄙谚曰:'家絫同累。千金,坐不垂堂。'惧瓦堕而伤之。言富人之子,则自爱深也。此言虽小,可以喻大。一喻更醒。臣愿陛下留意幸察。"

汇评

[明] 张鼐:武帝长杨射猎,自击熊豕,真轻万乘者也。相如不敢斥言,故借兽为喻,所指者一而所讽者百也。他年帝居建章宫,见一男子带剑入东龙华门,命收之不获。夫细旃广厦中犹有此变,况原野之地可勿戒乎!(《评选古文正宗》卷四)

[清] 金圣叹:一段出色写兽之骇发,一段出色写人之不意,并不作一儒生蒙腐之语,后始反复切劝之。(《天下才子必读书》卷五)

[清] 孙琮:相如文多谲谏,《上猎》一书则正言也。先以人之勇力形出兽之勇力,极言其势可畏。至万全无害一转,以下则又谕之以理。末又以"明者远见"数语宕开一步,而引谚作结。要言不烦,亦复名论亹亹。熟此机致,可得进言之法。(《山晓阁西汉文选》卷四)

[清] 储欣:切直而不逆耳。其辞,文也。文之不可已也,如是夫!(引自《古文集宜》卷一)

[清] 谢有煇:以万乘之尊,而好自击熊豕,此其雄心欲逞之下,颇难从谏。相如本以辞赋为帝所爱幸,而此书复于宛转中,寓爱君之意,宜其相入之易也。(《古文赏音》卷六)

［清］ 林云铭：其行文平叙处作倒入势，总上处作生下势，对处作递势，断处作续势。初阅之，似平实无奇，再三读之，方见其转换卸接处，笔力之高，人不能及。(《古文析义》卷七)

［清］ 吴楚材、吴调侯：卒然遇兽一段，写兽之骇发。清道后行一段，写人之不意。末复反复申明之，悚然可畏之中，复委婉易听。武帝所以善之也。(《古文观止》卷六)

［清］ 过珙：通篇只是"轻万乘之重"一句作主，见武帝长杨射猎真轻万乘者也。相如不敢斥言博浪之椎，但出色写兽之骇发，而不虞窃发之奸跃然言外。所指者一，而所讽者百也。意思婉转，深属可思。(《详订古文评注全集》卷四)

［清］ 唐介轩：危言动听，全是以爱君为心，可为谏法。(《古文翼》卷五)

卷六　汉文

李陵答苏武书

《文选》

解题　《汉书·苏武传》："初,武与李陵俱为侍中。武使匈奴明年,陵降,不敢求武。久之,单于使陵至海上,为武置酒设乐,因谓武曰:'单于闻陵与子卿素厚,故使陵来说足下,虚心欲相待。终不得归汉,空自苦亡人之地,信义安所见乎?……人生如朝露,何久自苦如此!陵始降时,忽忽如狂,自痛负汉,加以老母系保宫,子卿不欲降,何以过陵?且陛下春秋高,法令亡常,大臣亡罪夷灭者数十家,安危不可知,子卿尚复谁为乎?愿听陵计,勿复有云。'武曰:'武父子亡功德,皆为陛下所成就,位列将,爵通侯,兄弟亲近,常愿肝脑涂地。今得杀身自效,虽蒙斧钺汤镬,诚甘乐之。臣事君,犹子事父也;子为父死,亡所恨。愿勿复再言。'陵与武饮数日,复曰:'子卿壹听陵言。'武曰:'自分已死久矣!王必欲降武,请毕今日之欢,效死于前!'陵见其至诚,喟然叹曰:'嗟乎,义士!陵与卫律之罪,上通于天。'因泣下沾衿,与武决去。……(武将归汉)李陵置酒贺武曰:'今足下还归,扬名于匈奴,功显于汉室,虽古竹帛所载,丹青所画,何以过子卿!陵虽驽怯,令汉且贳陵罪,全其老母,使得奋大辱之积志,庶几乎曹柯之盟,此陵宿昔之所不忘也。收族陵家,为世大戮,陵尚复何顾乎?已矣!令子卿知吾心耳。异域之人,壹别长绝!'陵起舞,歌曰:'径万里兮度沙幕,为君将兮奋匈奴。路穷绝兮矢刃摧,士众灭兮名已隤。老母已死,虽欲报恩将安归!'陵泣下数行,因与武决。"

子卿<small>苏武字</small>。足下:

383

勤宣令德，策名清时，荣问同闻。休畅，幸甚，幸甚！策，立也。荣问，令闻也。休，美。畅，通也。○先劳子卿。

远托异国，昔人所悲，望风怀想，能不依依！望风，远望也。依依，愁思也。昔者不遗，远辱还答，遗，忘也。陵前与武书，武有还答。慰诲勤勤，有逾骨肉，陵虽不敏，能不慨然！次谢遗书。

自从初降，以至今日，身之穷困，独坐愁苦。终日无睹，但见异类；韦韝毳幕，毳吹去声。幕，莫。以御风雨，韦，皮也。韝，衣袖。毳，毡也。幕，帐也。膻扇平声。肉酪洛。浆，以充饥渴；膻，羊臭。酪，乳浆。举目言笑，谁与为欢？胡地玄冰，边土惨裂，玄冰，冰厚色玄也。惨裂，寒之甚也。但闻悲风萧条之声；凉秋九月，塞外草衰，夜不能寐，侧耳远听，胡笳佳。互动，笳，笛类，胡人吹之为曲。牧马悲鸣，吟啸成群，边声四起。边声，即笳曲、马鸣之属。晨坐听之，不觉泪下。嗟乎，子卿！陵独何心，能不悲哉！次写自初降至今日，景况之甚惨。

与子别后，益复无聊，上念老母，临年被戮，妻子无辜，并为鲸鲵。武帝以陵降匈奴，杀其母、妻。临年，临老之年也。鲸鲵，鱼名，《左传》："取其鲸鲵而封之，以为大戮。"身负国恩，为世所悲，子归受荣，我留受辱，命也何如！顿挫。身出礼义之乡，而入无知之俗，违弃君亲之恩，长为蛮夷之域，伤已！令先君之嗣，先君，谓其父当户，即广之子。更成戎狄之族，又自悲矣！次写无数冤毒在心。功大罪小，不蒙明察，孤负陵心区区之意。功，谓战功。罪，谓降房。不蒙明察，谓诛及全家。陵心区区之意，即下所云欲"报恩于国主"是也。每一念至，忽然忘生。陵不难刺咸。心以自明，刎颈以见志，不难自杀，以表昔日之降非畏死，顾国家于

卷六　汉文

我已矣，顾，念也。全家被诛，国家与我恩义已绝。杀身无益，适足增羞，故每攘臂忍辱，攘，奋也。辄复苟活。次明不自引决之故。左右之人，陵之左右。见陵如此，以为不入耳之欢，来相劝勉，异方之乐，洛。秖同祇。令人悲，增忉刀。怛耳。不入耳之欢，谓富贵之乐，忉怛，内悲也。○次写忽忽之状，非人所能解劝。

嗟乎，子卿！人之相知，贵相知心。前书仓卒猝。未尽所怀，故复略而言之。自此以下，重述战败降胡之事。昔先帝授陵步卒五千，出征绝域，先帝，谓武帝也，作书是昭帝时。绝域，远国也。五将失道，陵独遇战，五将，谓军将有五。与陵相期不至，故称失道。陵独遇匈奴，与之合战。而裹万里之粮，帅徒步之师，出天汉之外，天汉，武帝年号。言师出正朔所加之外，见其远耳。入强胡之域，以五千之众，对十万之军，策疲乏之兵，当新羁之马。羁，马络头也。然犹斩将搴搴，旗，追奔逐北，搴，拔取也。师败曰北。灭迹扫尘，斩其枭帅，杀敌之易，如灭行迹、扫尘埃。枭帅，勇将也。使三军之士视死如归。陵也不才，希当大任，意谓此时，功难堪矣。堪，胜也。言此时功大，不可胜比。○此段叙战胜之功，下段叙败北之故。

匈奴既败，举国兴师，更练精兵，强逾十万，单蝉。于临阵，亲自合围。单于，匈奴号。客主之形，既不相如；陵为客，匈奴为主。步马之势，又甚悬绝。陵步卒，匈奴马骑。疲兵再战，一以当千，然犹扶乘创昌。痛，决命争首。创，伤也。以少敌众，见伤者多，然士卒用命，皆扶其创，乘其痛，争为先首而战也。死伤积忿。野，余不满百，而皆扶病，不任干戈。然陵振臂一呼，创病皆起，举刃指虏，胡马奔走；兵尽矢穷，人无尺铁，犹复徒首奋呼，争为先登。徒，空也。○忠勇之气凛凛。当此时也,天地为陵震怒,战士为陵饮血。血,泪也。○精诚有以格天人。单于谓陵不可复得,便欲引还,恐汉有伏兵。而贼臣教之,遂使复战,贼臣,管敢也。先亡入匈奴,至是告匈奴以汉无伏兵。故陵不免耳。只一句说败降,极蕴藉。○以上两段,极力铺叙,以见功大罪小。

昔高皇帝以三十万众,困于平城。当此之时,猛将如云,谋臣如雨,然犹七日不食,仅乃得免。况当陵者,岂易为力哉?高祖自将击韩王信,遂至平城,为匈奴所围,七日不得食,用陈平密计,始得免。○引高帝,正是自写处。而执事者云云,苟怨陵以不死。执事,汉朝执事之人也。云云,谓多言也。言皆责陵以不死而降。然陵不死,罪也。顿挫。子卿视陵,岂偷生之士而惜死之人哉!宁有背君亲、捐妻子、而反为利者乎?慷慨悲歌,如闻变徵之声。然陵不死,有所为也。故欲如前书之言,报恩于国主耳。陵前与苏子卿书云:"若将不死,功成事立,则将上报厚恩,下显祖考。"诚以虚死不如立节,灭名不如报德也。昔范蠡不殉会稽之耻,曹沫妹。不死三败之辱,卒复勾践之仇,报鲁国之羞。区区之心,窃慕此耳。范蠡,越之贤也。殉,死也。吴败越,越王勾践走于会稽,后七年,用范蠡计,遂破吴。是复勾践之仇也。曹沫,鲁将,与齐三战三败,失其境土。后鲁与齐盟,曹沫以匕首劫桓公于坛上,曰:"反所侵地。"桓公许之。是报鲁国之羞也。陵遂心慕此,欲为汉报功。何图志未立而怨已成,计未从而骨肉受刑。此陵所以仰天椎心而泣血也!以上申"不蒙明察,孤负陵心区区之意"二句。

足下又云:"汉与功臣不薄。"子为汉臣,安得不云尔乎!武为汉臣,何得不云如此?其实薄也。○跌一句,妙。昔萧、樊囚絷,萧何为民请上林苑,高祖怒,下廷尉,械系之。高祖病,有人恶樊哙党于吕氏,欲尽诛戚氏、赵王如意之属,高祖大怒,乃使陈平载绛侯代将,执哙诣长安。韩、彭菹醢,陈豨反,韩信在长安，欲应之。事觉，吕氏使武士缚信，斩于长乐钟室。彭越反，高祖赦之，迁处蜀道。吕后白上曰："徙蜀自遗患，不如诛之。"遂夷三族。菹醢，肉酱。晁错受戮，晁错患诸侯强大，请削其地。七国反，遂诛错。周、魏见辜；周勃免相就国，人有上书告勃欲反，下廷尉捕治之。魏其侯窦婴，坐灌夫骂丞相田蚡不敬，论弃市。其余佐命立功之士，贾谊、亚夫之徒，皆信命世之才，抱将相之具，而受小人之谗，并受祸败之辱，卒使怀才受谤，能不得展，彼二子之遐举，谁不为之痛心哉！文帝欲以贾谊任公卿之位，绛、灌、冯敬之属尽害之，于是天子疏之不用，后出为长沙王太傅。梁孝王与周亚夫有隙，孝王每朝，常言其短，后谢病免相，以事下狱，呕血而死。是不展周、贾二子远举之才，谁不为之痛心哉！〇讲"薄"字第一层。陵先将军，功略盖天地，义勇冠三军，徒失贵臣之意，到身绝域之表。此功臣义士所以负戟而长叹者也！何谓"不薄"哉？先将军，谓李广也。贵臣，谓卫青也。大将军卫青击匈奴，广为前将军，青自部精兵，而令广出东道，东道回远，迷惑失道，大将军因问失道状，广遂引刀自刭。〇讲"薄"字第二层。

且足下昔以单车之使，适万乘之虏，遭时不遇，至于伏剑不顾，流离辛苦，几死朔北之野。武奉使入匈奴，卫律欲武降，武谓"屈节辱命，虽生，何面目以归汉！"引佩刀以自刺。卫律惊，自抱持武。武气绝半日复息，乃徙武北海上无人处。丁年奉使，皓首而归，丁年，谓丁壮之年也。武留匈奴凡十九岁，始以强壮出，及还，须发尽白。老母终堂，生妻去帷，武奉使既久，母死、妻嫁也。此天下所希闻，古今所未有也。一折。蛮貊之人尚犹嘉子之节，况为天下之主乎？二折。陵谓足下当享茅土之荐，受千乘之赏，茅土、千乘，皆谓封诸侯之事。〇三折。闻子之归，赐不过二百万，位不过典属国，武自匈奴还，赐钱二百万，今之二千贯；拜为典属国，秩中二千石。无尺土之封，加子之勤；勤，劳也。而妨功害能之臣尽为万户侯，亲戚贪佞之类悉为廊庙宰。子尚如此，陵复何望哉？

且汉厚诛陵以不死，薄赏子以守节，欲使远听之臣听，闻也。望风驰命，谓归于汉。此实难矣，所以每顾而不悔者也。讲"薄"字第三层。陵虽孤恩，汉亦负德。孤，负也。力屈而降，则孤恩。汉诛陵家，亦负德。○二句，收上起下。昔人有言："虽忠不烈，视死如归。"忠于君者，虽不激烈，亦不爱死。陵诚能安，而主岂复能眷眷乎？陵诚能安于死而不孤恩，汉岂能眷眷念陵而不负德？男儿生以不成名，死则葬蛮夷中，谁复能屈身稽颡，还向北阙，使刀笔之吏弄其文墨耶！刀笔之吏，狱吏也。愿足下勿复望陵。忽复望陵归于汉。

嗟乎，子卿！夫复何言？相去万里，人绝路殊，生为别世之人，死为异域之鬼，长与足下，生死辞矣。伤心悲绝。幸谢故人，勉事圣君。指霍光、上官桀。足下胤子无恙，勿以为念。武在匈奴娶胡妇，生子名通国。努力自爱。时因北风，复惠德音。望后书也。李陵顿首。

汇评

[明] 张鼐：此书附合传，纤毫必备，昔人谓其伪作。《遯斋闲览》则引江文通"此少卿仰天槌心，泪尽而继之以血"语，证其非伪。第其慷慨悲壮，读之使人眶眦欲裂，怒发上指，英雄不遇，时命奈何？观者勿以成败吠声。（《评选古文正宗》卷四）

[清] 金圣叹：相其笔墨之际，真是盖世英杰之士。身被至痛，衔之甚深，一旦更不能自含忍，于是开喉放声，平吐一场。看其段段精神，笔笔飞舞，除少卿自己，实乃更无余人可以代笔。昔人或疑其伪作，此大非也。（《天下才子必读书》卷五）

[清] 王符曾：彼此相形，愈增凄楚，较后重答书，差不失体。（《古文小品咀华》卷二）

[清] 谢有煇：文之格调，虽异西汉，然一种淋漓悲壮之致，似亦非六朝

人所有。留以俟能辨之者。(《古文赏音》卷七)

[清] 林云铭：是书虽痛发其不平，大半强自分疏，然笔力矫劲，其一往悲壮愤激之气，直透纸背，令千载下读者无不为之惋惜。考《汉书》载陵事甚详，独无此书。细味之，另是一种出色文字，与西汉朴真平实风气迥别。先辈谓出六朝高手，想当然耳。(《古文析义》卷七)

[清] 吴楚材、吴调侯：天汉二年，陵率步卒五千人出塞，与单于战，力屈乃降匈奴。中与苏武相见。武得归，为书与陵，令归汉。陵作此书答之，一以自白心事，一以咎汉负功。文情感愤壮烈，几于动风雨而泣鬼神。除子卿自己，更无余人可以代作。苏子瞻谓齐、梁小儿为之，未免大言欺人。(《古文观止》卷六)

[清] 余诚：陵之降虏，罪当族矣。汉误族陵家，虽未免过当，然正未可谓为负陵也。盖既已降虏，陵已负汉。汉之诛陵母、妻，罪状纵或不实，要非妄加无罪人可比，况陵所云报恩国主，不但势所难能，亦恐原无此意。书中洗冤处，尽属强词。然说来生气勃勃，兼之行文有法度，最足以启发后学性灵矣，故录之。或曰六朝人拟作。(《重订古文释义新编》卷六)

[清] 过珙：击节悲壮，大有英雄失跌，无可奈何光景。读《项羽记》，顿令人气郁；读《答苏武书》，顿令人气伸。昔人疑其膺作，必天下更有李陵之遇者，始写得李陵心事出。然天下若更有李陵之遇，又当别写一李陵心事，何必借卿为美谈哉？真作无疑。(《详订古文评注全集》卷四)

路温舒尚德缓刑书

《汉书》

解题 《汉书·路温舒传》："路温舒字长君,钜鹿东里人也。父为里监门。使温舒牧羊。温舒取泽中蒲,截以为牒,编用写书。稍习善,求为狱小吏,因学律令,转为狱史,县中疑事皆问焉。太守行县,见而异之,署决曹史。又受《春秋》,通大义。举孝廉,为山邑丞,坐法免,复为郡吏。元凤中,廷尉光以治诏狱,请温舒署奏曹掾,守廷尉史。会昭帝崩,昌邑王贺废,宣帝初即位,温舒上书,言宜尚德缓刑。……上善其言,迁广阳私府长。"按:省略号处略去本文。

昭帝崩,昌邑王贺废,宣帝初即位,昭帝崩,无嗣,迎昌邑王贺为嗣。既至即位,行淫乱。大将军霍光率群臣白太后废之,迎武帝曾孙病已嗣昭帝后,是为宣帝。路温舒钜鹿人,守廷尉史。上书,言宜尚德缓刑。其辞曰:

"臣闻齐有无知之祸,而桓公以兴;齐襄公无道,公子小白奔莒,子纠奔鲁。及公孙无知弑襄公,小白自莒先入,得立,是为桓公。晋有骊姬之难,而文公用伯。晋献公伐骊戎,得骊姬,爱幸之。姬谮三公子,申生自杀,重耳、夷吾出奔。后重耳入晋为文公。近世赵王不终,诸吕作乱,而孝文为太宗。高祖宠戚姬,生如意,封为赵王。帝崩,惠帝立,吕太后酖杀赵王。及惠帝崩,吕太后临朝,诸吕专权,欲危刘氏。诸大臣谋共诛之,迎立代王,是为孝文帝,庙号太宗。由是观之,祸乱之作,将以开圣人也。此句为下"昭天命"、"开至圣"张本。故桓、文扶微兴坏,尊文、武之业,泽加百姓,功润诸侯,虽不及三王,天下归仁焉。承上说桓、文。文帝永思至德,以承天心,崇仁义,省刑罚,通关梁,一远近,敬贤如大宾,爱民如赤子,内恕情之所安,而施之于海内,恕情,谓推己之心。是以囹陵。圄语。空虚,囹圄,狱名。天下太平。承上说文帝。夫继变化之后,必有异旧之恩,此贤圣所以昭天命也。再下一断,虚引"尚德缓刑"之旨。往者,昭帝即世而无嗣,大臣忧戚,焦心合谋,皆以昌邑尊亲,援而立之。然天不授命,淫乱其心,遂以自亡。深察祸变之故,乃皇天之所以开至圣也。应上"将以开圣人"意。故大将军霍光。受命武帝,股肱汉国,披肝胆,披,开也。决大计,黜亡义,废昌邑。立有德,立宣帝。辅天而行,然后宗庙以安,天下咸宁。

"臣闻《春秋》正即位,大一统而慎始也。立宣帝。陛下初登至尊,与天合符,宜改前世之失,正始受命之统,涤烦文,除民疾,存亡继绝,以应天意。主意要宣帝缓刑。缓刑即尚德也。以上却不直说,只反复极写兴废之际,以深动之。

"臣闻秦有十失,其一尚存,治狱之吏是也。此句方入正意。秦之时,羞文学,一失。好武勇,二失。贱仁义之士,三失。贵治狱之吏,四失。正言者谓之诽谤,五失。遏过者谓之妖言,六失。故盛服先生不用于世,盛服,竭力以佩服也。○七失。忠良切言皆郁于胸,八失。誉谀之声日满于耳,九失。虚美熏心,实祸蔽塞。十失。此乃秦之所以亡天下也。结过秦。方今天下赖陛下恩厚,亡金革之危、饥寒之患,父子夫妻勠六。力安家,勠力,并力也。然太平未洽者,狱乱之也。一阖。夫狱者,天下之大命也,一开。死者不可复生,䉂古绝字。者不可复属。祝。《书》曰:'与其杀不辜,宁失不经。'

391

辜，罪也。经，常也。谓法可以杀，可以无杀，杀之则恐陷于非辜，不杀之恐失于轻纵，然与其杀之而害彼之生，宁姑全之而自受失刑之责。今治狱吏则不然，上下相驱，驱，逐也。以刻为明，深者获公名，平者多后患。故治狱之吏皆欲人死，非憎人也，自安之道在人之死。惨痛之音。是以死人之血流离于市，被刑之徒比肩而立，大辟閜。之计岁以万数，此仁圣之所以伤也。太平之未洽，凡以此也。又束应前。夫人情安则乐生，痛则思死。棰楚之下，何求而不得？棰楚，以杖鞭扑也。故囚人不胜升。痛，则饰辞以视同示。之；饰，假也。视，告也。吏治者利其然，则指道以明之；狱吏利其假辞以相告，为指引道理，以明其罪之实。上奏畏却，则锻练而周内同纳。之。却，退也。畏为上所却退，则精熟周悉，致之法中。○三句尽酷吏折狱之情。盖奏当去声。之成，奏当，谓处当其罪而上奏也。虽咎繇同皋陶。听之，犹以为死有余辜。何则？成练者众，文致之罪明也。成练，谓成其锻练之辞。文致，文饰而致人罪也。○可见酷吏爱书，不可为据。是以狱吏专为深刻，残贼而亡极，媮偷。为一切，媮，苟且也。一切，权时也。不顾国患，此世之大贼也。故俗语曰：'画地为狱，议不入；刻木为吏，期不对。'画狱、木吏，尚不入、对，况真实乎？议，拟也。期，必也。此皆疾吏之风，悲痛之辞也。故天下之患，莫深于狱；败法乱正，离亲塞道，莫甚乎治狱之吏。此所谓一尚存者也。应前文作一大束。下更推开一步，是上书主意。

"臣闻乌鸢之卵不毁，而后凤皇集；诽谤之罪不诛，而后良言进。故古人有言：'山薮藏疾，川泽纳污，瑾瑜匿恶，国君含诟。'垢。○四句出《左传》，晋大夫伯宗之言。薮，大泽也。疾，毒害之物。瑾、瑜，美玉也。恶，玉瑕。诟，耻病也。唯陛下除诽谤以招切言，开天下之口，广箴谏之路，扫亡秦之失，尊文、武之德，省法制，宽刑罚，以废治狱,则太平之风可兴于世,永履和乐,与天亡极。首尾以"天"字应。天下幸甚!"

上善其言。

汇评

[清] 金圣叹:前幅用反复感动之笔,极说废兴之际,以故应天意;后幅用层层快便之笔,极说狱吏之毒,宜加意民命。(《天下才子必读书》卷五)

[清] 林云铭:夫德虽可尚,刑安可废,书末何以有"废治狱"之说?但玩前段叙秦之失,提出"诽谤妖言"字样,末复云"除诽谤以招切言",则所谓"治狱之吏",乃专指治诽谤之狱无疑矣。(《古文析义》卷九)

[清] 吴楚材、吴调侯:论者谓宣帝好刑名之学,温舒此疏切中其病,非也。是时宣帝初立,未有施行。盖自武帝后,法益烦苛,宣帝即位,温舒冀一扫除之,故发此论。其言深切悲痛,宣帝亦为之感悟。(《古文观止》卷六)

[清] 过珙:此书专指治诽谤之狱言,深切痛快,语语刺入狱吏心肠。正如镬汤炉炭中,现出一片清凉世界,竟不知培汉家元气多少!(《详订古文评注全集》卷四)

[清] 唐介轩:宣帝性喜综核,未免用刑过峻。《尚德》一书,深中时务,妙在立言有体,说出天意所在,民命攸关,恺切恳挚,语语动听。(《古文翼》卷五)

杨恽报孙会宗书

《汉书》

解题 此书见《汉书·杨恽传》。传云："恽，字子幼，以忠任为郎，补常侍骑。恽母，司马迁女也。恽始读外祖《太史公记》，颇为春秋，以材能称。"杨恽书报孙会宗之后，传载："会有日食变，驷马猥佐成上书告恽'骄奢不悔过，日食之咎，此人所致。'章下廷尉案验，得所予会宗书，宣帝见而恶之。廷尉当恽大逆无道，要斩。妻子徙酒泉郡。……召拜成为郎，诸在位与恽厚善者，未央卫尉韦玄成、京兆尹张敞及孙会宗等，皆免官。"

恽蕴。既失爵位家居，杨恽，华阴人，与太仆戴长乐相忤，坐事，免为庶人。治产业，起室宅，以财自娱。鱼。岁余，其友人安定太守西河孙会宗，知略士也，与恽书谏戒之，为言大臣废退，当阖门惶惧，为可怜之意，不当治产业，通宾客，有称誉。恽宰相子，父敞为丞相。少显朝廷，一朝晻暗。昧，语言见废，内怀不服，报会宗书曰：

"恽材朽行秽，文质无所底，底，致也。幸赖先人父敞。余业，得备宿卫；宿卫，常侍散骑官。遭遇时变，以获爵位，霍氏谋反，恽先闻知。霍氏伏诛，恽封为平通侯。终非其任，卒与祸会。谓见废也。足下哀其愚蒙，赐书教督以所不及，殷勤甚厚。先谢赐书。然窃恨足下不深惟其终始，而猥随俗之毁誉也。猥，犹曲也。言鄙陋之愚心，若逆指而文过；逆会宗之指，而自文饰其过。默而息乎，恐违孔氏'各言尔志'之义，故敢略陈其愚，唯君子察焉。入报书意。

"恽家方隆盛时，乘朱轮者十人，朱轮，以丹漆涂车毂。二千石皆得乘朱轮。位在列卿，爵为通侯，总领从官，与闻政事，曾不能以此时有所建明，以宣德化，又不能与群僚同心并力，陪辅朝廷之遗忘，遗忘，缺失也。已负窃位素餐之责久矣。顿宕。怀禄贪势，不能自退，遭遇变故，横被口语，口语，即戴长乐所告也。身幽北阙，妻子满狱。恽系在北阙，不在常禁之所，○自叙始末，俱含牢骚之意。当此之时，自以夷灭不足以塞责，又顿宕。岂意得全首领，复奉先人之丘墓乎？此非幸语，正自恨语。伏惟圣主之恩，不可胜升。量。良。君子游道，乐以忘忧；宾。小人全躯，说以忘罪。主。窃自私念，过已大矣，行已亏矣，长为农夫以没世矣。连用三"矣"字，情词慷慨。是故身率妻子，戮力耕桑，灌园治产，以给公上，给君上之赋税，以免官为庶人故也。不意当复用此为讥议也。不意会宗以此为讥谤之议。○一束。

"夫人情所不能止者，圣人弗禁，转笔会全神。故君父至尊亲，送其终也，有时而既。终，没也。既，尽也。臣子送君父之终，丧不过三年，其哀有时而尽。○起下句。臣之得罪，已三年矣。今我得罪已三年，惶惧之怀亦可以少杀也。田家作苦，岁时伏腊，烹羊炰羔，斗酒自劳。去声。家本秦也，能为秦声，妇赵女也，雅善鼓瑟，奴婢歌者数人，酒后耳热，仰天拊缶，而呼乌乌。缶，瓦器也，秦人击之以节歌。李斯上书曰："击瓮扣缶，而呼乌乌快耳者，真秦声也。"○激骚之音，短歌促节。其诗曰：'田彼南山，芜秽不治，喻朝廷荒乱也。种一顷豆，落而为萁。其。○喻贤人放弃也。萁，豆茎。人生行乐耳，须富贵何时！'须，待也。言国既无道，但当行乐,欲待富贵职位,亦何时也!○含讥带诮,恽之得祸在此。是日也,拂衣而喜,奋袖同袖。低昂,顿足起舞,诚淫荒无度,不知其不可也。满纸不可人意。恽幸有余禄,方籴贱贩贵,逐什一之利,此贾竖之事,污辱之处,恽亲行之。下流之人,众毁所归,不寒而栗。栗;竦缩也。虽雅知恽者,犹随风而靡,尚何称誉之有?明明讥刺会宗。董生不云乎:'明明求仁义,常恐不能化民者,卿大夫意也;明明求财利,尚恐困乏者,庶人之事也。'此董仲舒对策文。故'道不同,不相为谋。'大夫、庶人,道不同也,我亦与子殊矣。今子尚安得以卿大夫之制而责仆哉!纯是怨望。

"夫西河魏土,西河,会宗所居。文侯所兴,有段干木、田子方俱魏贤人。之遗风,漂飘。然皆有节概,知去就之分。漂然,高远意。顷者,足下离旧土,临安定,安定山谷之间,昆戎旧壤,子弟贪鄙,岂习俗之移人哉?于今乃睹子之志矣。言子岂随安定贪鄙之俗而易其操乎?今乃见子之志与我不同也。○何谩骂至此。方当盛汉之隆,愿勉旃,毋多谈。"旃,之也。○结语愤绝。○后有日蚀之变,人告恽"骄奢不悔过,日蚀之咎,此人所致。"下廷尉按验,又得与会宗书,宣帝恶之,廷尉议恽大逆无道,腰斩。

汇评

[宋]　楼昉:杨敞子,太史公外孙。宣帝虽刻深,取祸亦有自。(《崇古文诀》卷六)

[宋]　真德秀:恽文气豪荡似史迁,然其辞涉怨望,又不以荒淫为不可,故附注于此,而不入正宗之目。(《文章正宗》卷一六)

[清]　金圣叹:愤口放言,不必又道,道其萧森历落,真为太史公妙甥。(《天下才子必读书》卷五)

[清] 谢有煇：昔人谓恽此书慷慨激烈，规模布置，宛然太史公《报任安书》风致。然细玩之，史公不免污辱自恨，而恽直欲污辱己以为汉累。宣帝见而恶之，当谓恽书之骄纵尚尔，则长乐所告非诬耳。故以一书受重诛，在帝固不免用刑刻深，在恽亦有以自取矣。（《古文赏音》卷六）

[清] 林云铭：孙会宗所规杨恽处，确似爱恽。恽书过于抒恨，大与会宗相忤，犹可忍也。末赞西河而讥安定，几于痛骂会宗，令人不堪其辱，此贾祸之由，不必复道。然余以会宗亦真小人。若与恽无平生之素，则不必相规以义。既相规以义矣，受吾言欤，而吾固尽忠告之心也；即不受吾言欤，而吾又有不可则止之义也，何必以是非为介介乎？夫日食固有常度，与恽书何预？且汉宣亦何从求而得之？吾意会宗得书之时，必有大不能忍者，或宣之于朝，或谤之于友，故使众得其闻。虽文致其罪肇于会宗之谋与否俱不可知，但出其书以成其狱，实会宗为之矣。始以爱恽者规恽，继以怒恽者杀恽，如此净友，诚不如无。吾故曰会宗真小人也。（《古文析义》卷九）

[清] 吴楚材、吴调侯：恽，太史公外孙。其报会宗书，宛然外祖答任安书风致。辞气怨激，竟遭惨祸。宣帝处恽，不以戴长乐所告事，而以报会宗一书，异哉帝之失刑也。（《古文观止》卷六）

[清] 浦起龙：兀傲恢奇，笔阵酷类其外祖；而旷荡之襟与偃蹇之态，不双管而并行，亦怪事也。（《古文眉诠》卷三五）

[清] 余诚：满腹牢骚，触之倾吐。虽极蕴藉处，皆极愤懑，所谓诚中形外，不能掩遏者也。篇中有怨君王语，有恨会宗语，皆足取祸。虽子幼之死必由会宗出其书，以致其罪，会宗自不免为小人，而正可以为言之不慎者警。○《纲目》载恽性刻害，好发人阴私，由是多怨。按此数语，恽取祸者未必仅在此书，而此书又适可见罪。虽死非其辜，而恽正自有取死之道矣。至行文之法，字字翻腾，段段收束。平直处皆曲折，疏散处皆紧炼，文法则皆肖其外祖。（《重

订古文释义新编》卷六)

[清] 过珙：同一罢黜耳，彼多买田园，日饮醇醪者，何反以弥祸，而恽独不免哉？无他，亦迹同而心殊也。盖恽内怀愤懑，怀怏望之心日久，即无此书，亦当以他事中之，而况适逢其会乎！人谓读此书，全无怨望之语，而不知句句引过，即是句句怨望。然文之感慨淋漓，正足令人振衣起舞。(《详订古文评注全集》卷四)

[清] 唐介轩：激昂奋迅，不可羁绁。惜有才太露，卒罹法网也。(《古文翼》卷五)

卷六　汉文

光武帝临淄劳耿弇

《后汉书》

解题　《后汉书·耿弇传》："帝在鲁,闻弇为(张)步所攻,自往救之,未至。陈俊谓弇曰:'剧虏兵盛,可且闭营休士,以须上来。'弇曰:'乘舆且到,臣子当击牛醖酒以待百官,反欲以贼虏遗君父邪?'乃出兵大战,自旦及昏,复大破之,杀伤无数,城中沟堑皆满。弇知步困将退,豫置左右翼为伏以待之。人定时,步果引去,伏兵起纵击,追至钜昧水上,八九十里僵尸相属,收得辎重二千余两。步还剧,兄弟各分兵散去。后数日,车驾至临淄,自劳军,群臣大会。帝谓弇曰:'昔韩信破历下以开基……有志者事竟成也!'弇因复追步,步奔平寿,乃肉袒负斧锧于军门。弇传步诣行在所,而勒兵入据其城。树十二郡旗鼓,令步兵各以郡人诣旗下,众尚十余万,辎重七千余两,皆罢遣归乡里。弇复引兵至城阳,降五校余党,齐地悉平。振旅还京师。"按:省略号处略去本文。

车驾至临淄,自劳军,群臣大会。是时张步屯祝阿,弇击拔之,进攻临淄,又拔之。帝谓弇甘。曰:"昔韩信破历下以开基,今将军攻祝阿以发迹,此皆齐之西界,功足相方。齐田广屯历下,今历城县。祝阿故城在长清县,俱属济南府。○天然吻合。而韩信袭击已降,将军独拔勍敌,其功乃难于信也。田横立兄子广为齐王,而横相之。汉王使郦食其说下齐王广,及其相国横。横以为然,解其历下军。韩信用蒯彻计袭破之。○特为表章。又田横烹郦生,及田横降,高帝诏卫尉不听为仇。田横以郦生卖己,烹之。卫尉,郦生弟商也。高帝诏之曰:"齐王田横即至,人马从者敢动摇者,致族夷。"张步前亦杀伏隆,若步来归命,吾当诏大司徒释其怨,帝使伏隆拜步为东海太守,刘永亦遣使立步为齐王。步欲留隆,隆不听,求得反命,步遂杀之。大司徒,伏隆父湛也。又事尤相类也。"其功乃难于信也"下可直接"将军前在南阳建此大策"句矣,偏又横插入此一段,妙绝。将军前在南阳建此大策,常以为落落难合,有志者事竟成也!"先是弇从帝幸春陵,自请北收上谷兵,定彭宠于渔阳,取张丰于涿郡,还收富平获索,东攻张步,以平齐地,帝壮其意,许之。落落难合,谓疏阔而不易副也。○天下无难成之事,特患人之无志耳。有志竟成一语,大堪砥砺英雄。

汇评

[清] 王符曾:帝以马上得之,而文采秀发如许。是篇格调尤为特创,西京以来无此体制也。(《古文小品咀华》卷二)

[清] 谢有煇:鼓舞英雄,牢笼叛寇,想见帝之神武大智,尽寓于仁柔中。(《古文赏音》卷七)

[清] 林云铭:耿弇之破张步,由于力战。时帝赴救,而步已败遁,临淄劳军,此帝最快心之事也。其称弇功比以韩信,而谓力战过之,诚为确论。但步虽穷寇,彼时尚未归诚,其胸中必有以伏湛在朝,不能忘情于杀其子者,妙在趁口补出高帝待田横故事,把自己比方一番,以释其疑。有意无意之间,无非妙用,然恰恰都在平齐上凑合,所以为奇。末言弇克成前志,欣幸中带有鼓舞之意,既而弇穷追而步诣降,未必非此数言致之也。帝王作用,固自不同。(《古文析义》卷九)

[清] 吴楚材、吴调侯:前一段表弇之功,末一段佳弇之志。中间将自己处张步与高帝处田横比方一番,以动步归诚之意。英主作用,全在此数语。(《古文观止》卷六)

卷六　汉文

马援诫兄子严敦书

《后汉书》

解题　《资治通鉴》卷四三："（建武十七年）拜马援为伏波将军，以扶乐侯刘隆为副，南击交趾。"《后汉书·马援传》："初，兄子严、敦并喜讥议，而通轻侠客。援前在交趾，还书诫之曰：'吾欲汝曹闻人过失……是以不愿子孙效也。'季良名保，京兆人，时为越骑司马。保仇人上书，讼保'为行浮薄，乱群惑众，伏波将军万里还书以诫兄子，而梁松、窦固以之交结；将扇其轻伪，败乱诸夏。'书奏，帝召责松、固，以讼书及援诫书示之，松、固叩头流血，而得不罪。诏免保官。伯高名述，亦京兆人，为山都长，由此擢拜零陵太守。"按：省略号处略去本文。

援兄子严、敦并喜讥议，而通轻侠客。援前在交趾，帝拜援伏波将军，南击交趾。还书诫之曰：

"吾欲汝曹闻人过失曹，辈也。如闻父母之名，耳可得闻，口不可得言也。名论，未经人道破。好议论人长短，妄是非正法，此吾所大恶也，宁死不愿闻子孙有此行也。申明上意。汝曹知吾恶之甚矣，平日常以此相戒。所以复言者，施衿结缡，离。申父母之戒，欲使汝曹不忘之耳。今又复言之者，犹父母送女，亲为施衿结缡，申其训戒，不惮再三，盖欲使汝曹不遗志耳。衿，佩带也。缡，佩巾也。○以上诫其喜讥议。

"龙伯高名述，京兆人，时为山都长。敦厚周慎，四字总。口无择言，谦约节俭,廉公有威,敦厚周慎如此。吾爱之重之,愿汝曹效之。杜季良名保,京兆人,时为越骑司马。豪侠好义,四字总。忧人之忧,乐人之乐,清浊无所失,善恶皆与为交。父丧致客,数郡毕至。豪侠好义如此。吾爱之重之,不愿汝曹效也。龙、杜之行,并堪爱重,而当效与不当效,则有别。效伯高不得,犹为谨敕之士,所谓刻鹄不成尚类鹜务。者也。效季良不得,陷为天下轻薄子,所谓画虎不成反类狗者也。申明上意,设喻更新奇。讫同迄。今季良尚未可知,郡将下车辄切齿,州郡以为言,吾常为寒心,是以不愿子孙效也。"又单言季良取祸之道,以重警之。○以上诫其通轻侠客。

汇评

[南朝宋] 裴松之：援之此诫,可谓切至之言、不刊之训也。凡道人过失,盖谓居室之愆,人未之知,则由己而发者也。若乃行事,得失已暴于世,因其善恶,即以为诫,方之于彼,则有愈焉。然援《诫》称龙伯高之美,言杜季良之恶,致使事彻时主,季良以败。言之伤人,孰大于此？与其所诫,自相违伐。(引自《三国志·魏书·王昶传》注)

[清] 王符曾：轻则品低,薄则福浅。世之为轻薄子者,不自知其类狗耳。(《古文小品咀华》卷二)

[清] 林云铭：伏波以兄子严、敦并好讥议而通轻侠客,故自交阯还书诫之。盖讥议人过,则敛众怨；通轻侠客,则扞文网。内既丧德,外复媒祸,大非士大夫门户之幸也。书中若直指其有是好,势必令其无以自容。故前半段止言吾愿如此,不愿如彼,以申平日所戒,使讥议人过者,有所记而不遗忘。下半段止提出龙伯高、杜季良二人行径,俱称其美,做一榜样,轻轻说个当效不当效。且不论其效得,俱论其效不得。再单举季良之犯时忌,可为寒心处,使通轻

侠客者,有所惧而不敢为。笔法异样婉切,总是一幅近里着己学问。凡教子弟,皆当书一幅置其座右。(《古文析义》卷九)

[清] 吴楚材、吴调侯:戒兄子书,谆谆以黜浮返朴为计,其关系世教不浅。(《古文观止》卷六)

[清] 唐介轩:戒词淳切,借证分明,凡为子弟者皆当书之座右。(《古文翼》卷五)

诸葛亮前出师表

《三国志》

解题　《三国志·蜀书·诸葛亮传》："章武三年春,先主于永安病笃,召亮于成都,属以后事,谓亮曰:'君才十倍曹丕,必能安国,终定大事。若嗣子可辅,辅之;如其不才,君可自取。'亮涕泣曰:'臣敢竭股肱之力,效忠贞之节,继之以死。'先主又为诏,敕后主曰:'汝与丞相从事,事之如父。'建兴元年,封亮武乡侯,开府治事。顷之,又领益州牧。政事无巨细,咸决于亮。南中诸郡,并皆叛乱,亮以新遭大丧故,未便加兵,且遣使聘吴,因结和亲,遂为与国。三年春,亮率众南征,其秋悉平。军资所出,国以富饶,乃治戎讲武,以俟大举。五年,率诸军北驻汉中,临发上疏。"按:此疏即《前出师表》。

臣亮言："先帝创业未半而中道崩殂,_{先帝,汉昭烈帝刘备也。即位才三年而没。}○万难心事,已倾泻此二语。今天下三分,_{蜀、吴、魏。}益州疲敝,_{益州,蜀也。蜀小兵弱,敌大国,故云疲敝。}此诚危急存亡之秋也。_{先提明事势。}然侍卫之臣不懈于内,忠志之士忘身于外者,盖追先帝之殊遇,欲报之于陛下也。_{次叙群情,起下用人。}诚宜开张圣听,以光先帝遗德,恢宏志士之气,不宜妄自菲薄,引喻失义,以塞忠谏之路也。_{菲,轻也。言必上法尧、舜,高自期许,不当妄自轻薄,引喻浅近,以失大义。○连说宜与不宜,发起一篇告诫之意。}

"宫中府中,俱为一体,陟罚臧否,_{比。}不宜异同。_{宫中,禁中也。}

府中,大将军幕府也。陟,升也。臧否,善恶也。若有作奸犯科作奸伪,犯科条。○否。及为忠善者,臧。宜付有司论其刑赏,陟罚。以昭陛下平明之治,平明,无异同也。不宜偏私,使内外异法也。内、外,谓宫、府。○宫中亲近,府中疏远,出师进表,著意全在此一段。侍中、侍郎郭攸之、费祎、衣。董允等,郭攸之、费祎俱为侍中。董允为黄门侍郎。此皆良实,志虑忠纯,是以先帝简拔以遗陛下。愚以为宫中之事,事无大小,悉以咨之,然后施行,必能裨悲。补阙漏,有所广益。此段言宫中之事宜开张圣听。将军向宠,向宠为中部督,典宿卫兵,迁中领军。性行淑均,晓畅军事,试用于昔日,先帝称之曰能,是以众议举宠以为督。愚以为营中之事,事无大小,悉以咨之,必能使行阵和穆,优劣得所也。此段言府中之事宜开张圣听。○时宵人伺伏,必有乘孔明远出而蛊惑其君者,故亟亟荐引贤才,布列庶位以防之。亲贤臣,远小人,此先汉所以兴隆也;亲小人,远贤臣,此后汉所以倾颓也。六句承上,作一关锁。先帝在时,每与臣论此事,论兴隆、倾颓之事。未尝不叹息痛恨于桓、灵也。东汉桓帝、灵帝用阉竖败亡。○后主宠任黄皓,复蹈覆辙,尤可叹恨。侍中、尚书、陈震。长史、张裔。参军、蒋琬。此悉贞亮死节之臣也,愿陛下亲之信之,则汉室之隆,可计日而待也。三人皆孔明所进,恐出师后未必用,故又另嘱,缴应"亲贤臣"六句。下乃自叙出处本末。

"臣本布衣,躬耕于南阳,南阳,郡名。苟全性命于乱世,不求闻达于诸侯。孔明学问过人处在此。先帝不以臣卑鄙,猥自枉屈,三顾臣于草庐之中,谘臣以当世之事,由是感激,遂许先帝以驱驰。猥,曲也。南阳邓县西南有诸葛亮宅,是刘备三顾处。○观其出处不苟,真伊、傅一流人。后值倾覆,献帝建安十三年,曹操败备于当阳长坂。受任于败军之际,奉命于危难之间,尔来二十有一年矣。刘备以建安十三年败,遣亮使吴，求救于孙权。亮以建兴五年抗表北伐。自倾覆至此，整二十年。然则备始与亮相遇，在军败前一年也。先帝知臣谨慎，孔明一生，尽此"谨慎"二字。故临崩寄臣以大事也。先主于永安病笃，召亮嘱以后事曰："君才十倍曹丕，必能安国，终建大业。"又敕后主曰："汝与丞相从事，事之如父。"〇伏后"遗诏"句。受命以来，夙夜忧叹，恐托付不效，以伤先帝之明，故五月渡泸，泸，深入不毛。建兴元年，南中诸部，并皆叛乱。三年春，亮率众征之，其秋悉平。泸，水名，出牂柯郡，中有瘴气，三、四月渡必死。不毛，谓不生草木也。今南方已定，兵甲已足，当奖帅三军，北定中原，中原，魏也。向之不即伐魏者，以南方未定，有内顾之忧耳。今毕南征，当兴北伐。庶竭驽钝，攘除奸凶，兴复汉室，还于旧都。奸凶，谓曹丕也。旧都，谓雍、洛二州，两汉所都也。此臣之所以报先帝，而忠陛下之职分也。心事光明宏伟。至于斟酌损益，进尽忠言，则攸之、祎、允之任也。收到攸之、祎、允处，极有关应。

"愿陛下托臣以讨贼兴复之效；不效，则治臣之罪，以告先帝之灵。若无兴德之言，则责攸之、祎、允之咎，以彰其慢。二层，引起下一层。陛下亦宜自谋，以咨诹善道，察纳雅言，深追先帝遗诏，责重后主。应前"开张圣听"数语。臣不胜升。受恩感激。今当远离，临表涕泣，不知所云。"

汇评

［宋］　苏轼：诸葛孔明不以文章自名，而开物成务之姿，综练名实之意，自见于言语。至《出师表》，简而尽，直而不肆，大哉言乎！与《伊训》、《说命》相表里，非秦、汉以来以事君为悦者所能至也。（《苏轼文集》卷一〇《乐全先生文集叙》）

[宋]　楼昉：规模正大，志念深远，详味乃见。吴、魏二国未识有此人物、有此文章否？（《崇古文诀》卷七）

[宋]　真德秀：三国非无文章，独取武侯一表者，以其发于至忠也。（《文章正宗》卷一〇）

[清]　金圣叹：此文，自来读者皆叹其矢死伐魏，以为精忠，殊不知此便是了没交涉也。看先生自云："临表涕泣。"夫伐魏即伐魏耳，何用涕泣为哉？正惟此日国事实当危急存亡之际，而此日嗣主方在醉生梦死之中。"知子莫如父"，惟不才之目，固已险矣；岂"知臣莫如君"，而自取之语，乃遂敢真蹈也。于是而身提重师，万万不可不去；心牵钝物，又万万不能少宽。因而切切开导，勤勤叮咛，一回如严父，一回如慈姒。盖先生此日此表之涕泣，固自有甚难甚难于嗣主者，而非为汉贼之不两立也。后日杜工部有诗云："干排雷雨犹力争，根断泉源岂天意？"正是此一副眼泪矣。哀哉，哀哉！（《天下才子必读书》卷六）

[清]　林云铭：表为出师而作，而"出师"语，却只在末段点过，前后惓惓惟以君德为词。……篇中段段提出先帝大旨，以兴复汉室必当追先帝之遗德，欲追先帝遗德，止在用贤纳谏，刑赏无私一着。贤臣用，则小人自远矣。（《古文析义》卷九）

[清]　吴楚材、吴调侯：后主建兴五年，诸葛孔明率军北驻汉中，以图中原，临发上此疏。大意只重亲贤远佞，而亲贤尤为远佞之本。故始以"开张圣听"起，末以"咨诹"、"察纳"收。篇中十三引先帝，勤勤恳恳，皆根极至诚之言，自是至文。（《古文观止》卷六）

[清]　浦起龙：伊尹频称先王，武乡频引先帝，其圣贤气象，兼骨肉恩情，似老家人出外，丁宁幼主人。言言声泪兼并，而一时外攘内顾，双管并下。于事则主行师，于情则主居守，平侧自见也。（《古文眉诠》卷三七）

[清]　余诚：出屯汉中，以图中原，此番大事，固所难已。而后帝资禀昏懦，比昵嬖幸，关系不小，又难远离。计惟荐人自代，上匡主德，下

昭平明。一片忠心，千古如见。其文笔之古茂，亦且突过西京。昔人谓诸葛君真名士也，自是定评。(《重订古文释义新编》卷六)

［清］ 过琪：恳恳恻恻，是君臣语，亦是父子语。看其叙宠遇，则曰"三顾臣"，曰"谘臣"，曰"寄臣以大事"；叙报效，则曰："许先帝"，曰"受任"，曰"恐付托不效"。当年心事，自有耿耿不可磨灭处。(《详订古文评注全集》卷五)

［清］ 唐介轩：亲贤远佞，是通篇主意。说到叹息痛恨处，千古而下，为之扼腕。前后"先帝"凡十三见，忠爱勤恳，此心可贯金石，循环讽咏，不忍释手。(《古文翼》卷五)

［清］ 曾国藩：古人绝大事业，恒以精心敬慎出之。以区区蜀汉一隅，而欲出师关中，北伐曹魏，其志愿之宏大，事势之艰危，亦古今所罕见。而此文不言其艰巨，但言志气宜恢宏，刑赏宜平允，君宜以亲贤纳言为务，臣宜以讨贼进谏为职而已，故知不朽之文必自襟度远大、思虑精微始也。(《曾文正公文集·求阙斋读书录》卷四)

［清］ 林纾：并不着意为文，而语语咸自血性中流出。精忠之言，看似轻描淡写，而一种勤恳之意，溢诸言外。(《古文辞类纂选本》卷三)

诸葛亮后出师表

《三国志》

解题 《三国志·蜀书·诸葛亮传》裴松之注引《汉晋春秋》："亮闻孙权破曹休,魏兵东下,关中虚弱,(建兴六年)十一月上言。"按:此处"上言",即呈进《后出师表》。《汉晋春秋》称:"此表亮集所无,出张俨《默记》。"

先帝虑汉、贼不两立,王业不偏安,故托臣以讨贼也。汉,自谓。贼,谓曹。偏安,谓汉僻处于蜀。○伸大义当讨。以先帝之明,量臣之才,固知臣伐贼才弱敌强也;然不伐贼,王业亦亡,惟坐而待亡,孰与伐之? 是故托臣而弗疑也。审大势当讨。臣受命之日,寝不安席,食不甘味,思惟北征,宜先入南,故五月渡泸,深入不毛,并日而食。"北征"四句,解见前表。并日而食,谓两日惟食一日之供。臣非不自惜也,顿挫。顾王业不可偏安于蜀都,故冒危难以奉先帝之遗意,应上两"托臣"句。而议者谓为非计。时议者多以伐魏为疑,故有下六段未解之论。今贼适疲于西,后主五年,亮攻祁山,南安、天水、安定三郡皆叛魏应汉,关中响振。又务于东,曹休东与吴陆逊战于石亭,大败。兵法乘劳,此进趋之时也。贼固当讨,时又不可失。谨陈其事如左:以上作一冒。

高帝明并日月,谋臣渊深,然涉险被创,昌。○创,伤也。危然后安。今陛下未及高帝,谋臣不如良、平,张良、陈平。而欲以长策取胜,坐定天下,此臣之未解一也。此段言不可以坐定取胜。刘繇、王朗各据州郡,刘繇,据河曲。王朗,守魏郡。论安言计,动引圣人,论安危,言计策,动引古之圣人。群疑满腹,众难塞胸,用人,则妒能嫉贤,群疑满于腹内。临事,则畏首畏尾,众难塞于胸中。今岁不战,明年不征,使孙策孙权兄。坐大,遂并江东,不务战征,使孙策坐以致大,江东遂为其所并。○繇、朗皆守一隅以致破败者。引证蜀事,最切。此臣之未解二也。此段言不可以不战资敌。曹操智计殊绝于人,其用兵也,仿佛孙、吴,孙膑、吴起。然困于南阳,操与张绣战于宛,为流矢所中。险于乌巢,袁绍拒操于官渡,辎重万余,在故市乌巢。时操粮少,走许避之。危于祁连,操征西域,几危于祁连。逼于黎阳,袁谭据黎阳,操用兵吴、蜀,谭兵逼迫其后。几败北山,夏侯渊败,操争汉中,运粮北山下数千万囊,赵云遇之,乃入营闭门,操引去,云擂鼓震天,以大弩射之,操军惊骇,躁践堕汉水中。殆死潼关,操讨马超、韩遂于潼关,操将北渡,与许褚留南岸断后,超将步骑万余人,来奔操军,矢下如雨,诸白操,乃扶上船。然后伪定一时尔,伪定,非真。一时,未久。况臣才弱,而欲以不危而定之,此臣之未解三也。此段言难以不危而定。曹操五攻昌霸不下,东海昌霸反,操遣刘岱、王忠击之,不克。四越巢湖不成,魏以合肥为重镇,其东南巢湖在焉。孙权围合肥,魏自湖入淮,军合肥者数矣。任用李服而李服图之,图,谓转谋操也。其事未详。委任夏侯而夏侯败亡。操留夏侯渊守北边,为先主所杀。先帝每称操为能,犹有此失,况臣驽下,何能必胜?此臣之未解四也。此段言难以庸才取胜。自臣到汉中,时亮率军北驻汉山。中间期年耳,然丧"丧"字贯至"一千余人"。赵云、阳群、马玉、阎芝、丁立、白寿、刘郃、合。邓铜等及曲长、屯将七十余人,曲,部曲也。突将无前冲突之将,无有敌者。賨、叟、青羌皆亮南征所得渠率。散骑、武骑皆骑兵。一千余人,以上乃计其士卒物故也。此皆数十年之内所纠合四方之精锐,非一州之所有;若复数年,则损三分之二也,当何以图敌?此臣之未解五也。此段言缓之则无人,难以图敌。今民穷兵疲,而事不可息;事不可息,则住与行谓守与战。劳费正等,而不及早图之,欲以一州之地与贼持久,此臣之未解六也。此段言不早图则兵疲,难以持久。○六未解俱用反说,驳倒群议,独伸己见。文势层叠,意思慷慨。

夫难平者,事也。顿一句。起下。昔先帝败军于楚,先主十二年,刘璋降,先主跨有荆、益,操恐先主据襄阳,将精兵五千追之,及于当阳之长坂,先主乃弃妻子走。当此时,曹操拊手,谓天下已定。操当兴。然后先帝东连吴、越,赤壁破曹。西取巴、蜀,进兵围成都,取刘璋。举兵北征,夏侯授首,斩夏侯渊。此操之失计而汉事将成也。汉又当兴。是操之事难料。然后吴更违盟,关羽毁败,孙权遣吕蒙袭关,定荆州。秭子。归蹉跌,秭归,地名。先主痛关之亡,奋力复仇,又为陆逊所败。曹丕称帝。操子丕废献帝为山阳公,自称帝。○汉又忽败。是汉之事难料。凡事如是,难可逆料。两举先主、曹操难料之事,见今事亦难料,正与上六未解相照。臣鞠躬尽力,死而后已,至于成败利钝,非臣之明所能逆睹也。一篇意思全在此处收结。忠肝义胆,照耀简编。

汇评

[宋] 楼昉:一篇首尾多是说事不可已之意,所以不可已者,以"汉、贼不两立,王业不偏安"故也。血脉联属,条贯统纪,森然不乱,宜与前表兼看。(《崇古文诀》卷七)

[清] 林云铭:篇中六"未解",皆为议者以为非计而发,全局打算,可谓反复详尽。或以"冒危难"三字,疑有侥幸成功之意,与前表"谨慎"二字相悖,不知"谨慎"乃小心翼翼,公而忘私,原非畏怯,所谓鞠躬尽力,不计成败利钝者是也。"冒危难"亦即此意。王佐之

才,岂有两副本领耶?(《古文析义》卷九)

[清] 吴楚材、吴调侯:时曹休为吴所败,魏兵东下,关中虚弱,孔明欲出兵击魏,群臣多以为疑,乃上此疏,伸讨贼之义,尽托孤之责,以教万世之为人臣者。"鞠躬尽力,死而后已"之言,凛然与日月争光。前表开导昏庸,后表审量形势,非抱忠贞者不欲言,非怀经济者不能言也。(《古文观止》卷六)

[清] 浦起龙:祁山数出,关陇未窥,宜来议者纷纷之口。文以解其惑而坚此行也。起曰"汉、贼不两立,王业不偏安",分义明矣;结曰"鞠躬尽力,死而后已",精诚决矣。彼纷纷者,由成败利钝之见蟠据胸中,势必分义轻而精诚薄,须与他六个"未解"。(《古文眉诠》卷三七)

[清] 余诚:出师大意,首段数语已尽。然此表特为众议纷纭而上,故次段既揭出"议者谓为非计",作全表发端语,入后六段,每段但作诘问,绝不作一煞笔,而段末均以"未解"束住,局势整练中气自疏越。盖逐段皆以发明首段之意,亦即逐段皆以辨难议者之所谓非,或借端发论,或直抒己见,顿挫抑扬,反复辨论,似是平列,而文义实由浅入深,一气贯注。末段以但知尽忠而不能逆料成败利钝作结,结得理足,众议可以毕息矣。"鞠躬"八字且能暗顾次段"受命"以下数语,章法笔力,尤为两绝。(《重订古文释义新编》卷六)

[清] 过珙:一篇只是说事势成败难以逆料,然却条陈利害,已若烛照数计而龟卜。其意以为听臣之言,则有如前所云云者,否则利钝所不敢知,亦冀先帝阴有以谅之也。忠款之意,溢于毫端,真有古纯臣进谏之风。(《详订古文评注全集》卷五)

[清] 唐介轩:起手提出主意,下分六段"未解",总是汉贼不肯两立,王业不可偏安也。读到"鞠躬尽瘁"等语,不禁一击节,一堕泪矣。(《古文翼》卷五)